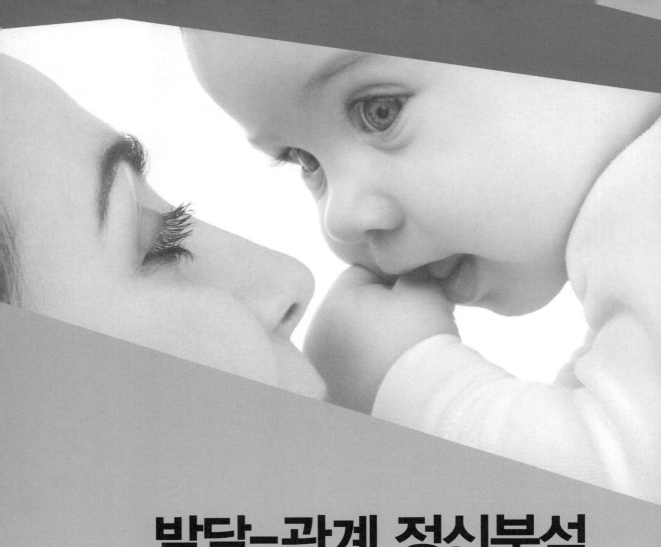

발달-관계 정신분석
유아기, 상호주관성, 애착에 관한 통합적 접근

Stephen Seligman 저

박영란 · 박혜원 · 송영미 · 조성민 · 이은경 · 최정희
김양자 · 최미선 · 류혜진 · 김태완 · 신원일 · 이현아 · 허 준 공역

RELATIONSHIPS
IN DEVELOPMENT
INFANCY, INTERSUBJECTIVITY,
AND ATTACHMENT

학지사

역자 서문

    스테판 셀리그만Stephen Seligman 박사님의 『Relationships in Development』의 한국어 번역본을 한국임상정신분석연구소(ICP)에서 출간하게 된 것을 매우 기쁘게 생각합니다.

    셀리그만 박사님과 ICP의 인연은 2017년에 시작되었습니다. ICP는 2013년부터 정신분석을 공부하는 수련생들을 위해 해외에 계시는 명망 있는 분석가들을 영상으로 초대하여 슈퍼비전을 받을 수 있는 시간을 마련해 왔는데 그 시기까지 성인 분석 및 심리치료에 도움을 주신 여러 분석가들을 만나게 되면서 아동 분석에도 임상 지도를 받고 싶은 마음이 생기기 시작하였습니다. 그런 필요를 채워 주신 분이 미국에서 아동분석전문가로서 이미 잘 알려져 있는 셀리그만 박사님이셨고 몇 학기에 걸쳐 진행된 박사님의 슈퍼비전 시간은 아동과 성인의 심리치료에 대한 깊이 있고 풍성한 논의들로 가득했으며 수련생들은 많은 도움을 받을 수 있었습니다.

    그 과정에서 셀리그만 박사님의 사례에 대한 접근 방식은 이전까지는 경험할 수 없었던 임상 실제에서의 생생함과 정교함을 발견할 수 있었습니다. 임상가들은 흔히 자신의 과거의 개인적 경험과 가치관, 관심을 기울였던 여러 사회 현상들과 그것에 대한 이해의 틀, 자신의 정신분석 수련기관의 분석적 지향에 많은 영향을 받게 되는데, 사례를 그토록 생생하게 접근하시는 박사님의 분석적 관점은 어떻게 만들어졌는지 시간이 갈수록 궁금함이 더해졌습니다. 그런 중에 박사님께서 책을 집필하고 계신다는 것을 알게 되었고 ICP는 반가운 마음으로 한국어 번역본을 출간하기로 결정했습니다.

    셀리그만 박사님의 '견고한 발달적 관점robust developmental perspective'은 발달 정신분석, 그동안의 심리학에서의 연구 결과들, 아동 정신의학, 최근의 발달신경과학, 그리고 실제 임상경험을 통합하는 관점입니다. 우리가 정신분석 훈련을 받을 때 고전 정신분석 이론들로 시작하여 최근의 여러 정신분석 이론과 논문들을 접하고 그것이 변천해 온 역사도 공부하지만, 많은 사람이 갖게 되는 고민은 그런 관점들 사이에서 과연 어느 위치에 서서 각각의 임상 세션에 실제로 무엇을 해야 하는가에 대한 것이라고 생각합니다. 또한 현재 실행되고 있는 다양한 심리치료 방식들의 상반된 입장에 대해서도 우리는 어떤 방식을 서로 얼마나 받아들일 수 있는지 여전히 혼란스러운 것도 사실입니다.

이런 고민과 혼란 중에 셀리그만 박사님의 '관계–발달적 정신분석'은 분석적 관점들의 통합이란 여러 다른 것들을 그저 조합하거나 각 사례에 맞추어 다르게 적용하는 것이 아니라 그 안의 각 입장과 관점들을 상호주관적으로 소통하는 것임을 새롭게 인식할 수 있게 해 주었습니다. 상호관계성이 발달에서 중요한 역할을 하며 어머니와 유아 간의 관계가 행동과 경험에 근원적인 동기를 부여하고 몸과 정신을 조직화한다는 인식의 방식은, 그동안 다르다고 여겨졌던 관점들이 어떻게 유기적으로 얽혀 있는지에 대해 새로운 눈을 뜨게 해 주었습니다. 박사님이 본문에서 이 관점을 설명하실 때, 성장과 적응에 대한 관심, 아동과 직접 접촉하기, 시간의 흐름에 따른 변화와 연속성의 변형적 상호작용을 강조하는 단계 이론들, 그리고 이것에 기인하는 시간성temporality에 대한 복합적인 시각, 과거와 현재와 미래 사이의 관계, 정신분석 외의 학문과 환경에서 발견한 사실을 받아들이는 열린 태도, 그리고 복합성과 통합을 지향하기 등을 핵심적인 요소로 꼽았습니다.

셀리그만 박사님이 제시하시는 방식이 고전 이론을 폐기하는 것이 아니라 실제 정서적–관계적 경험을 강조하여 고전 이론의 개념을 보강하고 재개념화한다는 면에서, 그리고 최근의 신경생물학의 발견들로 발달에서의 핵심적인 관계성을 재조명한다는 점에서, 더불어 정신분석과 애착 이론과의 관계에 대해 명료화하고, 임상심리학의 연구 결과들과 소통하는 방식을 접하게 된다는 점에서, 이 분야에서 일해 온 많은 분들이 큰 도움을 받을 수 있으리라 생각합니다.

그 몇 가지 예를 들면 페미니즘과 유아 관찰 연구, 발달에 관한 관계적 접근 사이의 상호 관련성은 어머니의 주관성과 개별성을 새롭게 인식하게 해 주고 또한 페미니즘 관점으로 수정한 발달에 관한 정신분석적 설명은 어머니의 독립적 특성에 대해 생각할 기회를 주면서, 그동안 우리 안에 은연중에 가졌던 아버지의 권위/어머니의 보살핌이란 위계적 구분을 재고하게 되어 오이디푸스 콤플렉스에 대한 관점을 새롭게 합니다. 정신분석의 주요 개념인 전이에 대해서도 '객관성'의 부재인 이러한 심리 상태를, 여러 양상이 만들어 내는 메타인지적 변이metacognitive variant로 더 잘 개념화할 수 있다는 것, 섹슈얼리티를 환원할 수 없는 원초적인 요인으로 여기는 대신, 안전감과 흥분, 쾌락과 고통, 기쁨과 혐오 같은 다양한 정동과 관계 이슈들의 상호작용에 스며든 것으로 보는 시각, 정상적인 투사적 동일시에 대한 설명, 유아와 어머니와의 2자 관계에서 일어나는 매우 풍성한 교류에 대한 미시분석적 도식 등은 오랜 세월 동안 우리가 주로 병리적 현상을 통해 아기의 원초적인 특성에 초점을 맞추고 우리 자신의 어린 시절을 회고할 때조차 결핍과 병리에 더 큰 무게를 두었던 시선이 이 책을 읽어가면서 변화하고 확장될 수 있기를 기대해 봅니다.

상담 혹은 정신분석 수련을 받고 이 일에 가치를 두는 분들은 아마도 사람들을 위해 과연 무엇을 할 수 있는가 하는 자문을 늘 하리라 생각합니다. 이 점에 대해 셀리그만 박사님이 쓰신 표현이 감동으로 다가옵니다. 그것은 '환자의 성장을 위해 사용할 수 있는 모든 잠재 가능성을 발견하는 조력자'라는 분석가의 이미지입니다. 임상가들은 사람들의 병리적인 부분들이 해결되면서 막연히 그들의 삶이 이전보다는 더 나아질 거라는 기대를 하게 됩니다. 하지만 우리는 사람들과의 관계에서 더 깊고 풍성한 상호관계성이 이미 있어 왔으며 그것이 얼마나 더 소중한 행복과 지속적인 성장으로 이어질 수 있는지에 대해서는 그리 많이 생각해 보고 느껴 보지 못했던 것 같습니다. ICP는 이 책을 통해 여러분의 임상이 더욱 풍성해질 뿐만 아니라 여러분의 삶이 상호관계가 빚어내는 소중한 경험들로 인해 좀 더 생생해지기를 바랍니다.

번역을 마칠 때까지는 약 4년의 시간이 걸렸습니다. 서로 다른 임상 일정으로 차 있는 역자들의 시간을 짬짬이 맞추는 것도 쉽지 않았으며, 원문에 인용되는 여러 연구 결과들과 다른 분야의 전문 용어들이 나올 때 이 내용들을 파악해야 했고, 길고 복잡한 문장들은 독자들이 이해하기 쉽도록 장고의 시간 속에서 여러 번 수정을 해야 했습니다. 독자들에게 생소한 개념들만 역자가 각주에 설명을 덧붙였고, 정신분석 용어들은 현재 가장 보편적인 용어들을 사용하되 '과도적 대상, 과도적 과정transitional objects/processes, 괜찮은 어머니good enough mother' 같은 용어들은 기존에 사용된 용어들(중간 대상/과정, 충분히 좋은 어머니)보다 임상에서 더 의미가 가까운 용어로 바꾸어 전달하려고 했습니다. 조금 더 설명이 필요한 용어나 내용은 셀리그만 박사님이 후주에 붙인 설명이 도움이 되리라 생각합니다.

지난 겨울 한국임상정신분석학회(KSCP)와 한국임상정신분석연구소(ICP)가 공동 주관한 학술대회에 셀리그만 박사님을 주요 연사로 초대했는데, 참석하신 분들에게 이 책을 보여드릴 수 없어서 아쉬웠습니다. 그럼에도 불구하고 그 학술대회에서 박사님이 유아와 어머니와의 초기 상호작용을 영상으로 보여 주시고 그 상호작용의 의미를 설명하신 것은 큰 울림이 있었습니다. 한국의 임상을 위해 좋은 안내자가 되어 주시고 기꺼이 시간을 내 주신 박사님께 깊은 감사를 드립니다.

연구소가 15주년을 맞기까지 서로를 격려해 왔고, 바쁜 시간 중에도 이 책의 가치를 공유하며 번역에 참여해 주신 동료 교수님들께 애틋한 감사의 마음을 전합니다. 그리고 이 번역 작업을 처음부터 끝까지 책임 맡아준 박영란 교수님, 박혜원 교수님에게 각별한 감사의 마음을 드립니다. 또한 바쁜 와중에도 교정 작업을 도와주신 차영임 교수님, 번역에 참여해 주셨을 뿐 아니라 복잡한 번역문을 읽기 쉽게 다듬어 주신 류혜진 박사님에게도 깊은 감사의 뜻을 전합니다.

셀리그만 박사님과 관계를 열어 주시고 이곳에 정신분석의 좋은 논의들을 알리려는 제자들의 노력과 성장을 늘 지켜봐 주시는 우리의 스승이신 김성호 박사님, 서상봉 박사님, 신현근 박사님도 이 책의 출간을 흐뭇해 하시리라 믿습니다.

끝으로 이 책의 출판을 맡아 주시고 오랫동안 기다려 주셨을 뿐 아니라 정성을 다해 편집하고 세심하게 교정 · 교열을 봐주신 학지사에도 심심한 감사를 드립니다

역자 대표 송영미

한국어판 서문

이 책은 20세기와 21세기 초에 정신분석이 유아기, 아동기 및 인간 발달 전반에 어떤 관심을 기울여 왔는지에 대한 역사와 이론을 추적합니다. 이러한 시도는 사람들의 삶에서 어려움을 만드는 것이 무엇인지 그리고 그 어려움이 더 나은 방향으로 어떻게 개선될 수 있는지를 이해하는 데 있어 가장 필수적인 요소인데, 비단 정신분석이나 심리학뿐만 아니라 정치, 경제, 종교에도 해당된다고 할 수 있습니다. 이러한 이해가 중요한 만큼, 다양한 문화권에서 아동기를 매우 다른 방식으로 이해하는 것은 놀라운 일이 아닙니다. 이 책에서 다루어지는 아이디어와 역사는 유로-아메리칸 세계에서 발달한 것인데, 시간이 흐름에 따라 나타나게 된 이론과 임상적 차이 중 일부는 지역 및 국가적 차이를 반영한 것이고 여기에는 지역 및 국가마다 다른 마음과 행동의 특성, 이민, 전쟁, 경제 및 정치 등이 포함됩니다.

이 한국어 번역본은 저에게 특별한 의미가 있는데, 이미 다른 언어들로 번역이 되었지만 아시아 언어로는 첫 번째 출간이기 때문입니다. 꽤 최근까지 정신분석은 아시아 문화―아프리카 문화와, 유로-아메리칸 문화 안에서도 다양한 이유로 주변화된 문화를 포함하여―에 노출되지 않았던 것 같습니다. 그러나 최근에 변화가 일어나고 있으며, 이러한 변화는 이 책의 번역을 기꺼이 감당해 주신 한국임상정신분석연구소(ICP) 같은 그룹들의 노력으로 가능해지고 있다고 생각합니다. 그러므로 저는 이제 정신분석이 더 다양한 관점들과의 만남을 통해 변화해 갈 것이라고 상상하고 희망하며, 또한 이 책에서 다루는 주제들에 대해 한국의 동료들이 접근하는 방식을 배우고 소통할 수 있는 기회가 주어진 것에 대해 특별히 감사한 마음입니다. 번역은 단지 단어들을 다른 언어로 옮기는 것이 아니라, 한 문화에서 무엇을 어떻게 알 수 있는지를 표현하는 방식을 다른 문화에서 찾아가는 것입니다. 아동에 대한 태도, 규범 및 실천은 문화의 이상, 신념 및 필요성을 표현하므로, 이를 고려하는 것이 우리의 대화를 확장하는 데 특히 영향력이 크다고 생각합니다. 아동에 대한 관심이 종종 무시되거나 희석되는 경우들이 있지만, 우리들 대부분은 아동에 대한 관심으로 연결되어 있습니다. 이런 관심이 윤리적이자 영혼의 필수 요소이며, 임상 및 경제적으로도 중요하기 때문입니다. 유아 및 아동을 돌보는 것은 좀 더 도덕적인 세계를 만들고 현재 및 향후 세대의 사회적 비용을 줄이는 것이기도 합니다. 필자는 정신분석이 아동들이 생생하게 살아가며 경험하고 성장하는 데 기여한다는 점을 처음부터 명백히 밝혔습니다. 아동기는 매우 중요한 의미를 지니며, 성인의 삶에 결정적인 영향을 미칩니다.

한국의 동료들은 필자를 특별히 환영해 주었고, 서로의 문화를 연결하고 차이점을 적응해 가는 데 도움을 주었습니다. 필자의 책에 관심을 갖고 환대해 주었으며, 이 번역 작업에 수고를 아끼지 않은 ICP의 허준 교수님, 송영미 교수님, 그리고 ICP의 리더십과 동료들께 특별히 감사드립니다. 김성호 박사님과의 활기 넘치면서도 따뜻했던 만남도 저에게는 특별한 기억으로 남아 있습니다. 또한 이 책의 출판을 맡아 주신 학지사에도 깊은 감사의 말씀을 드립니다.

스테판 셀리그만

이 책이 기대되는 이유

이 책은 유아기와 초기 애착에 대한 발달 연구 결과를 정신분석 및 정신역동적 치료에 통합합니다. 이 프로젝트를 정신분석의 역사적 맥락과 현재의 상호주관적–관계적 전환 속에 위치시키며, 관련된 핵심 개념과 임상적 함의를 명확히 합니다. 서론 부분에서는 발달 정신분석의 역사와 다양한 분석적 접근에서 유아기와 아동기가 차지하는 위치를 추적합니다. 서로 다른 '분석적 아기'들이 기술되고 비교되는데, 이 과정에서 필자는 관련 기관과 인물들을 소개하여 아이디어를 맥락과 관련시키며 생동감 있게 하고, 이를 자신들에게 영향을 미친 유럽과 미국의 역사적, 문화적 배경과 연결합니다.

필자는 비환원주의적 통합을 제공하고자 합니다. 이런 통합은 언어적 의미, 담론, 환상 등과 아울러 마음의 그리고 인간 상호작용의 비합리적이고 격동적이며 알 수 없는 측면에 대한 고전적 정신분석의 관심을 유지하면서도, 발달과 정신분석적 치료 행위에서 관계와 돌봄의 중요성에 대해 오래전에 이루어졌어야 하는 분석적 사고의 새로운 방향 전환을 포기하지 않습니다. 이는 현대 상호주관성 모델 및 비선형 발달 체계 이론과 통합되면서, 애착, 유아–부모 상호작용 연구, 발달 신경과학, 트라우마 등의 분야에서 지난 수십 년간 나온 새로운 발견들에 뿌리를 두고 있습니다. 이 초점은 정신분석의 위대한 전통, 즉 프로이트의 원래 모델, 아동 정신분석과 심리치료, 클라인 학파, 비온 학파, 독립 학파의 대상관계 관점, 그리고 발달 정신분석으로 전향한 영미 자아 심리학에서 여전히 생명력 있는 것을 재발견하는 과제와 결합합니다.

이를 위해 필자는 이 모든 것을 따르고 유아기에 대한 새로운 지식과 분석이 이미 강력하게 통합되어 있는 것에 덧붙이고자 합니다.[1] '유아–부모'와 '환자–치료사' 상호작용 패턴 간의 유추 적용, 몸의 생생한 경험을 분석에 다시 불러들이기, 비언어적이고 정서적인 상호작용의 영역이 얼마나 중요한지 특별히 주의를 기울이기, 정신역동과 관련 학문 간의 새로운 연결고리 정교화하기, 정신분석적 장field에서 관계성에 대한 현대적 강조점 기술하기 등등. 필자는 이러한 주제들과 더불어, 초기 경험이 후기 심리적 구조로 변형되고 그런 다음에 성인 분석의 복잡한 상황에서 떠오르게 되는 상호관련된 미묘한 것들에 특별히 주의를 기울입니다.

이 책의 광범위한 범위는 필자의 다양한 경험(성인과 아동을 대상으로 한 일상적인 분석 실천, '양육자 안의 유령' 모델을 개발한 셀마 프라이버그Selma Fraiberg(1980)의 전통에 따른 유아 정신건강 분야의 작업, 유아기와 아동 발달 연구를 정신분석 이론과 실천에 통합하는 데 관련된 집필 및 교육 활동)에서 비롯됩니다. 필자는 또한 『정신분석 대화: 관계적 관점의 국제 저널』의 공동 편집장으로서도 역사적, 현대의 정신분석 현장에 대한 개괄을 유지해 왔습니다. 발달 연구와 분석을 한데 모으는 것은 한편으로는 학제 간 수렴의 열정과 다른 한편으로는 모순과 번역의 긴장 사이를 모두 포함합니다. 필자는 이 생동감 넘치는 경계를 강조하고자 합니다. 이 모든 영역에서 '살아온' 경험을 통해 필자는 아동들, 그들의 보호자, 그들의 문화의 세계에 미치는 다차원적 영향력을 전달할 수 있는 가능성을 갖게 되었을 것이며, 동시에 정신분석적 실천의 매력 및 깊이와 아울러 다양한 분석적, 비분석적 사고방식 사이에서 공통성과 다양성을 포착할 수 있게 되었을 것입니다.

필자는 이 모든 것을 아기와 부모, 그리고 치료사와 환자와의 직접적이고 생동감 넘치며 즉각적인 경험에 닻을 내리고자 합니다. 이 책은 복잡한 이론적 개념과 논쟁을 생생한 유아와 부모의 이미지와 엮어 소개함으로써, 때로는 추상적인 문제들을 즉각적이고 경험에 가깝게 만듭니다. 예를 들어, '상호주관성' '정신화' '투사적 동일시' 등과 같이 자주 논의되지만 잘 이해되지 않는 개념들이 재검토되고 조명됩니다. 통합이 발전함에 따라, 임상적 주제들이 지속적으로 환기되며 일련의 철저한 임상 챕터들을 포함하여 임상 자료가 전반에 걸쳐 제시됩니다. www.routledge.com/9780415880022에서 추가 이미지, 동영상 및 기타 자료가 포함된 온라인 부록을 찾을 수 있습니다.

후주

1 고전 중에서는 알바레즈Alvares(1992, 2012), 비비와 라흐만Beebe and Lachmann(2002), 보스턴변화과정연구모임(2002), 리히텐버그Lichtenberg(1983), 쇼어Schore(1994, 2003a, 2003b) 그리고 스턴D. N. Stern(1985) 참조.

차례

1부

우리는 어떻게 여기까지 왔나
―아동기와 발달에 대한 정신분석 이론의 지침―

서론

왜 발달 정신분석인가

우리가 이 넓은 세상에서 어떻게 자신의 길을 찾아가는지, 자신의 강점과 고통을 어떻게 구조화하는지, 자신을 어떻게 이해하게 되는지, 정신분석은 이렇듯 아동기가 어떻게 성인의 삶에 영향을 미치는지 밝혀준다. 그와 동시에 고립된 환경에서 집중적으로 이루어지는 성인 분석은 치료실 너머에 존재하는 세상을 간과하도록 분석가를 유혹한다. 이 책은 이러한 틈을 메우려는 시도에서 비롯되었다.

아동기의 이미지는 언제나 정신분석적 상상력을 자극했고 또 표출했다. 분석가는 아동기, 특히 유아기를 일종의 자연 상태, 곧 근원적인 정신 원리 및 원인을 살펴보는 영역으로 되살려낸다. 프로이트Freud(1905b)가 아동기에 유아 성욕infantile sexuality이란 개념을 입힌 이래, 분석가들은 유아와 아동에 대한 자신의 견해에 관찰과 상상력을 다양하게 조합하고 폭넓게 결합하면서 발달과 인격personality, 정신병리에 대한 여러 이론과 임상 분석 사이의 일관성을 확립하려는 거대 서사를 구축했다.

각 정신분석 학파는 저마다 고유한 '아기의 은유metaphor of the baby'(Mitchell, 1988, p. 127)에 근거하여 각기 독특한 핵심 가정을 세웠다. '정신분석적 아기'는 이론적 지향이 제각각인 정신분석 학파의 수만큼이나 많다. 유아기와 아동기에 대한 정신분석 관점은 간혹 코끼리의 몸 일부를 몸 전체라고 착각하는 속담 속 맹인의 관점처럼 보인다. 필자는 한편으로는 실제 아동의 흥미진진한 세계와, 다른 한편으로는 정신분석 이론과 그 임상 작업 사이를 오가며 좀 더 개략적인 전망을 제시하고자 한다. 필자는 이 둘이 통합되면, 흥미를 불러일으키는 즉각적이고 정서적으로 생생한 아동기, 특히 유아기 세계와 접촉하게 되어, 파악하기 어렵고 무의식적이며 비이성적인 마음에 대한 본래의 분석적 통찰이 더 강화되리라고 믿는다.

이런 견해는 필자가 '견고한 발달 정신분석Robust Developmental Psychoanalysis'이라 부르는 개념으로 이어진다. 발달 정신분석은 유아기와 아동기의 실제성actualities과 그 실제에 상응하여 성인의 정신병리 및 치료가 어떻게 확장되는가에 가장 면밀한 주의를 기울였다. 20세기 초에 뿌리 내린 발달 정신분석은 그동안 심리학과 소아과학, 아동 정신의학과 교육, 지역사회 중심의 자녀교육과 사회·역사의식, 그리고 보다 최근에는 발달신경과학 같은 인접 분야는 물론, 유아와 아동을 직접 대면하는 분석적 치료 작업의 성과를 이끌어 냈다(1, 2부 참조). 이 책은 지난 수십 년 동안 이런 분야에서 이루어 낸 놀라운 진보를 다양한 정신분석 관점에 통합한다. 유아에 관한 전통적인 분석 이론이 좀 더 비이성적이고 유아론적인solipsistic 감정과 동기motivation에 집중했다면, 이제 유아는 태어나는 순간부터 양육자와 그 외 다른 중요한 인물에게 반응하며 감정을 유발하는 존재로 여겨진다. 필자는 유아와 아동을 직접 만나며 배워온 것들과 더 광범위한 분석 영역을 매개하는 복합적이고 비환원적인 방법론을 제시하고자 한다.

어떤 분석가 집단은 발달 관점에 수용적이지만, 이 관점을 경계하는 집단도 있는데, 이들은 경험적empirical 연구와 비임상적non-clinical 관찰이 임상 정신분석에서만 가능한 심리적 현실에 대한 보다 순수한 이해를 저해한다고 주장한다. 필자는 이런 관점을 이해하지만, 분석 작업에서 매우 중요한 딥 포커스deep focus[1]를 희생시키지 않으면서 아동기와 유년기의 즉각성immediacies과 조화를 유지하는 것이 가능하다고 믿는다. 물론 확연히 다른 관점들을 하나로 묶으면, 내적으로 일관된 이론과 임상적 도식에서 얻을 수 있는 안정감을 거스르게 되어 우리가 지닌 기존의 이론적 틀이 어지럽혀지고 상상력이 왜곡된다. 그러나 기존의 경계에 도전한다는 점에서, 그리고 만약 도전하지 않으면 당연하다고 여겼을 수도 있는 것을 깊이 이해하게 해 준다는 점에서 그 정도의 혼란은 감수할 가치가 있다. 새로운 견해와 접근 방식이 등장하면, 더 이상 유용하지 않은 기존의 개념은 새롭게 수정되거나 대체될 수 있고 심지어 폐기될 수도 있다.

유아와 아동을 직접 면담하면, 그렇게 하지 않을 경우 정신분석가들이 잠정적인 추론만 하게 될 경험에 접근할 수 있는 예외적인 길이 열린다. 분석에서 최고의 순간에 그렇듯, 유아기의 강렬한 신체적, 정서적 즉각성은 가장 흥미로운 직접적 경험에 뿌리를 둔 분석 모델

---

1) deep focus. 영화에서 사용하는 용어로 근경과 원경을 아울러 선명하게 잡는 초점 조절법(역자 주).

의 가능성을 보여 준다. 유아와 부모의 상호작용은, 형식과 동작이 시간에 따라 변하면서 가장 강렬한 감정을 불러일으키는 춤과 음악, 영화 같은 순수 예술과 공통점이 많다. 아동기의 경험은 어른이 된 뒤의 놀랄 만큼 복잡한 삶에서 계속 유지되기 때문에 유아와 아동을 이해하게 되면 우리는 치료사와 환자 사이에 일어나는 상호작용은 물론, 시간의 흐름에 따라 아동기의 경험을 변형시키는 그 모든 놀라운 복잡함을 더 풍부하게 이해하게 된다.

'아기²⁾의 은유': 유아기, 아동 발달, 그리고 임상 작업

아동과 부모의 이미지는 일상적인 정신역동적 심리치료 작업 전반에 두루 존재한다. 우리는 환자의 아동기에 대해 우리가 무엇을 할 수 있는지 배우게 되고, 아동기의 경험이 어떻게 환자의 현재를 형성했는지 그림과 이야기를 만들며, 우리 자신을 실제나 상상의 부모 혹은 과거에 중요했던 다른 인물이라고 상상한다. 분석가는 다소 직접적인 다양한 방식으로 여러 개입 방법을 구상하여 아동기의 상처를 치유하고 새로운 미래의 가능성을 열고자 한다. 우리는 아동과 환자가 변해가는 여러 과정 사이에 내면화와 정동 조절affect regulation, 담아주기containment와 성찰의 고양, 통찰 등 기본적인 공통점이 있다고 본다.

각 분석 학파의 지지자들은 정신병리와 분석 실습 및 치료에 대한 설명에서 서로 다른 차원들을 우선시하면서, 순간순간의 임상적 생각과 상호작용에 환자에 대한 자신들의 아동기 이미지를 적용하고 자신들의 분석적 지향성을 제시한다. 그리고 이 모든 것은 우리의 기존의 문헌과 훈련 프로그램, 임상 감독과 개인 분석, 각 기관의 문화에 전해진다(Seligman, 2006). 예를 들어, 적대적 전이에 대해 반응할 때, 현대 클라인 학파는 (공격 본능과 씨름하는 유아의 이미지에 영향을 받아) 환자의 심리적 현실에서 발생하는 파괴성에 주목할 가능성이 더 큰 한편, 자기 심리학자는 (공감을 적절한 정서적 성장의 열쇠라고 생각하면서) 환자가 아동기에 잃어버린 공감 반응에 대해 생각해 볼 것이다. 이러한 차이가 절대적인 것은 아니지만 영향을 미치기는 한다. 그런 영향력이 겉으로 드러나지 않는다고 해서 덜 중요한 것은 아니다.

따라서 우리는 아동기와 아동 발달, 그리고 이 두 요인이 성인의 인격, 정신병리, 정신역동 치료의 관련성에 접근하는 방식을 통해 각각의 분석적 지향성을 이해할 수 있다. 이러한

---

2) 발달 심리 분야에서 body(아기, 영유아)라는 용어는 출생부터 만 6세까지의 아동을 통칭한다(역자 주).

사실을 염두에 두고 이 책에서는 정신분석의 핵심뿐 아니라 그 경계에 놓인 이러한 문제와 더불어 다른 중요한 임상적, 이론적 문제를 다루고자 한다.

- 유아기와 아동기에 관한 지식은 성인의 심리치료 및 정신분석과 어떻게 관련되는가?
- 정신병리를 비롯해, 살아가면서 겪는 여러 문제의 근원은 무엇인가?
- 핵심 동기들은 무엇인가?
- 심리치료, 특히 정신분석 심리치료에서 변화를 가져오는 것은 무엇인가?
- 현실과 환상, 내면과 외면, 사회적 참여와 사적인 개인의 경험의 상대적 무게는 어느 정도인가? 유아와 아동을 관찰하면서 성인의 '심리구조'에 대해 무엇을 알 수 있는가?
- 유아와 걸음마 시기 아이의 비언어적 세계에서, 성인기에 적용할 수 있는 것은 무엇인가? 판타지phantasy[1]와 내적 대상관계, 자기 상태와 애착 범주와 성격character 방어, 뇌 해부학과 생리학을 연구하는 최선의 방법은 무엇인가?
- 과거는 지금 일어나는 사건 속에 어떤 방식으로 나타나는가? 임상 작업에서는 현재의 관계와 과거의 재구성 사이의 균형을 어느 정도 유지할 수 있는가?
- 우리는 어떻게 해야 가장 효율적으로 대다수 사람의 삶을 진정으로 변화시킬 수 있는가?

유아 발달 연구와 관계적 아기, 상호주관적 흐름

이 책은 정신분석 역사에서 활기 넘치면서도 분열로 소란스러운 시기에 나오게 되었는데, 이 시기에 특히 미국에서 다수의 정신분석 핵심 가정들과 많은 기관들이 변화를 겪었다. 관계–지향적인 '2인two-person' 접근은 내인성endogenous 원초적 본능을 중심으로 삼았던 많은 핵심 정설에 혼란을 가져왔을 뿐 아니라, 분석가에게는 신탁과도 같은, 반응이나 개입을 절제하는 자세와 관련된 임상 방향에 혼란을 일으켰다. 즉, 심리적 삶을 근본적으로 조직하고 동기화하는 것은 욕동drive이 아니라 관계이며, 개인과 환경, 특히 타인들은 서로 분리될 수 없을 정도로 얽혀 있다는 것이다. 이 '상호주관적intersubjective' 관점은 특히 아동의 발달과 관련된 여러 분야, 즉 발달 심리학, 애착 이론 및 연구, 신경과학 등에 나타났는데, 이러한 분야는 모두 현대 발달 정신분석을 지지한다.

필자는 지난 수십 년 동안 꾸준히 부상한, 유아와 부모의 상호작용과 유아와 양육자의 초기 관계를 직접 관찰하여 연구하는 정신분석의 함의를 탐구했고, 이 같은 탐구는 위에서 언급한 문제들에 대한 필자의 접근에 반영되어 있다. 이러한 연구는 몇 가지 핵심 전제로 집약된다. 유아는 부모와 타인에게 반응하고 그들의 보살핌을 유발할 준비를 하고 태어난다는 것, 타인과의 유대를 만들어 내고 유지하는 일은 유아뿐 아니라 실은, 일반적으로 인간의 근본적이고 주된 동기라는 것, 유아와 양육자의 관계는 초기 발달의 근본 단위라는 것이다. 예를 들어, 신생아는 다른 형상보다 인간의 얼굴을, 다른 소리보다 인간의 목소리를 더 좋아하며, (대략 자신을 돌봐주는 엄마의 얼굴과 떨어진 거리인) 27cm가량 떨어진 대상에게 시각적으로 가장 정확하게 초점을 맞추고 성인과 똑같은 기본 감정을 표현하여 자신의 내면 상태의 많은 부분을 직접 전달하는데, 이는 모든 문화에 걸쳐 나타난다. (필자가 글을 쓰기 한 시간 전에 그런 것처럼, 슈퍼마켓에서 두 달 된 아기가 웃으면서 옹알이를 하는 모습과 착륙하는 비행기 안에서 아무리 달래도 울음을 그치지 않는 아기의 모습에서 받는 각기 다른 느낌을 상상해 보라.) '관계적 아기relational baby'는 매우 의존적이긴 하지만, 아기의 마음은 이미 복잡함과 통합을 준비할 체계를 갖추고 자신에게 민감하게 반응하는 돌봄 환경을 마주한다. (이런 사실은 이 책의 2부, 6장부터 10장까지 상세하게 설명되어 있고 상호주관성intersubjectivity과 애착 이론은 3부의 11장과 12장에서 보다 명확하게 다루고 있다.)

초기 발달이 진행되면서 유아와 부모는 점점 더 복잡한 패턴의 상호작용과 상호조절에 참여하며 서로의 경험과 행동에 신호를 보내어 영향을 미친다. 유아와 부모는 성인과 아동처럼 좀 더 뚜렷한 행동에 이어서 서로의 뇌와 몸에 변화를 일으키는데, 이런 변화는 의식에 반영되어 이해하게 되는 속도보다 더 빠른, 100만분의 1초 간격으로 일어난다. 전반적으로 초기 발달에서, 그리고 성인이 된 뒤의 인격과 정신병리를 결정하는 주요 인자로서, 돌보는 사람과 유아의 양자적dyadic 상호관계의 중요성을 새롭게 이해하고 주목하는 연구가 폭발적으로 증가했다(9장 참조). 이러한 연구결과 중에는 전통적인 분석 모델과 일치하는 것도 있지만, 대다수는 그렇지 않다.

정반대로, 고전적 접근방식 중 가장 영향력 있는 일부 견해는 유아 발달 연구자들의 직접적인 관찰 방법과 거리가 있어 보인다. 이런 현상은 정신분석의 임상 작업에서 드러나는 매우 흥미롭고 비이성적이며 환상적인 자료에서 특히 두드러진다. 필자는 그동안 주로 한 영역의 언어를 다른 영역의 언어로 해석하는 가능성을 탐구하면서 양측의 개념과 임상 전략을 정교하게 다듬고자 노력했다. 그러나 이런 일이 늘 가능한 것은 아니다. 조정할 수 없는 불일치와 모순점이 있기 마련이고, 이론이나 임상에서 선택이 필요할 때도 있다. 언어도 다양하고 기초과학 연구에서부터 임상 적용에 이르기까지 영역도 다양한 까닭에 번역은 보통 복잡하고 조심스러운 작업으로, 여러 역자의 손에서 다양한 결과물이 만들어진다(Davis, 2016; Galassi, 2012).

관계-발달 정신분석

유아 발달 연구는 **관계적**Relational이고 상호주관론적 자기 심리학 경향의 분석 학파를 이론적으로 가장 많이 뒷받침했지만, 이후의 모든 프로이트 학파가 그 영향을 받았다. (정도는 덜하지만 대인관계론자들 역시 영향을 받았다.) 고전 정신분석의 핵심 가정들, 특히 유아론적이고 혼돈스러운 아기의 이미지와, 원초적이며 내인성의 리비도적, 공격적 본능, 그리고 정상적인 유아기와 심각한 정신병리 사이의 유사성에 관한 가정들이 도전을 받았다. 동시에, 임상 치료 기법의 유연성을 추구하고 분석 상황을 환자와 분석가가 함께 만들어 가는 상호작용 체계로 이해하는 흐름이 계속 이어졌다. 아기와 부모가 그렇듯, 분석가와 환자의 조합도 서로 맞춰가는 그들만의 독특한 관계를 형성하여 공동으로 기획하며 지속적으로 이해하고 성장할 수 있다는 것이다. (물론 이 기획이 언제나 조화로운 것도, 심지어 언제나 발전적인 것도 아니다). 유아 및 아동의 발달과 정신역동적 과정의 이 같은 공통점과 맞물려, 치료 행위는 다양한 방식을 따르는 것으로 보인다. 여기에는 차단되었던 적응 가능성을 재활성화하는 것, 새로운 경험의 직접적인 영향, 그리고 관계에 대해 이전에 품었던 기대가 사실과 일치하지 않았다는 확인 등이 해당된다. 이는 해석 뒤에 오는 통찰이 진정한 치료에 필수적이라는 고전적인 견해와는 상반된다. 해석은 탁월한 전술이지만, 유일한 전술은 아니다.

현대 정신분석 무대 안팎에서 또 다른 영향력 있는 관점이 속속 등장하고 있다. 이를테면, 페미니즘과 퀴어 이론, 여성이 정신분석 전문가 집단으로 유입되는 현상, 비평 이론과 문화 연구, 신경과학과 정신약리학, 나아가 다수의 역사적, 정치·경제적 요인이 그것이다. (정신분석 발달 이론과 그에 따른 유아와 아동의 이미지가 역사적으로 어떻게 전개되는가는 이 책의 1부, 1장부터 5장에서 설명할 것이다.) 심리학의 발전에서처럼, 분석의 장field 자체의 흐름 속에서 다양한 차원과 상황이 활발하게 상호작용 중이다. 이 책은 전체적으로, 우리의 경험을 구체화하는 다양한 영역이 서로 뒤얽혀 나타난 영향은 그 영역들 사이의 모든 복합적인 상호관계 안에서 고려되어야 한다는 전제를 기반으로 전개된다. 개인적, 심리적 요인뿐 아니라 역사적, 사회적, 가족적, 생물학적 요인, 이 모든 것은 시간이 흐름에 따라 스스로 변하는 동시에 서로를 변형시킨다.

이 모든 것은 '**관계**−발달 정신분석Relational-Developmental Psychoanalysis'[2]이라는 용어로 집약된다. 이 표현은 관계가 여러 차원의 사회적, 신체적 경험에 영향을 미치는 동시에 이런 경험의 영향을 받으면서, 인간의 행동과 경험에 근원적인 동기를 부여하고 또 조직화한다는 관점으로 연구의 초점이 이동했음을 보여 준다. 여기서 의미하는 여러 차원이란 경제활동과 문화생활, 지역 주민과 교류하는 것에서부터 성생활과 가정생활 등 모든 종류의 친밀한 관계를 거쳐, 세포와 유전자를 포함한 유기체적 요소에 이르기까지 다양하다. 이 모든 것들 간의 상호관계는 각각의 지속 기간과 문화에 따라 시간이 가면서 다양하게 변형되고 통합되어 개인의 내부에서, 동시에 개인과 그들의 다양한 환경 사이에서 어느 정도 조정되기도 하고 왜곡되기도 한다. 과거와 현재, 미래의 지속적인 상호작용은 다양한 모든 진보와 후퇴의 가능성, 그리고 상상할 수 있는 다양한 조합의 특징을 지닌다. 이러한 생각을 염두에 두고 필자는 지난 수십 년 동안 등장한 비선형적 역동체계 모델nonlinear dynamic systems models에 이끌렸고, 최근에는 이 모델을 심리학과 정신분석에 적용했다. (이러한 모델은 이 책의 4부, 18장부터 20장에서 상세히 설명하고 있다.)

저자의 개인적 배경

발달 정신분석에 대한 필자의 관심이 깊어진 과정을 간략하게 살펴보면 이 책에 생명을 불어넣는 주제들을 또 다른 관점으로 바라볼 수 있다. 1981년 필자는 정신분석, 여러 심리학 이론, 아동 발달 이론과 함께 생명과학과 신경생리학, 신경해부학의 강도 높은 입문과정을 포함하는 혁신적인 박사학위 교육과정을 이수하고 대학원을 졸업했으며, 이후 3년 동안 병원에서 임상훈련을 받았다. 그 과정에서 필자는 한계를 알고 있었음에도 물리적으로 현존하는 육체의 즉각성immediacy과 의학 및 자연과학의 방법론과 그 성과에 깊이 매료되었다. 동시에 필자는 십대 후반부터 대학 졸업 이후 몇 년을 활기차게 해 주었던 정치적 · 철학적 주제를 계속 공부했고 그런 주제를 함께 탐구했던 단체에도 계속 관여했다. 1960년대 대학 시절 필자는 신좌파였고, 이후에는 노조 조직책이면서 지역의 정신보건 임상의로 활동하면서 발달과 관련한 개인적인 관심을 해결하는 동시에 여전히 정의롭다고 여기는 일을 위해 활동했다. 필자는 사회 · 정치 이론과 정신분석 두 분야에 모두 지적 흥미를 느꼈으며, 그와 더불어 일상에서도 사회봉사 및 사회적 실천 의제에 관심을 가졌다.

필자에게 영향을 끼친 사회이론들, 예를 들면 마르크스주의와 프랑크푸르트 학파(W. Benjamin, 1968; Marcuse, 1955), 구조−기능주의 사회학(Parsons, 1964)과 푸코(1978) 의 이론 같은 신흥 비판적 사회이론과 정신분석 사이에 간극이 있어 보였다. 대개 이런 이론들은 권력 불평등에는 관심이 있지만 유력한 심리학 이론을 제시하지는 않았다. 반면 정신분석은 사람들이 자신에게 좌절감과 박탈감을 안겨주고 억압까지 하는 세력과 협력하게 만드는 숨은 역학을 밝혀내려는 혁명적 기획에 적합한 방법을 제시할 때조차, 사회라는 맥락을 도외시하고 비(非)사회적인asocial 개인적 동기와 인격 구조를 우선시했다. 그러나 만약 원초적 본능이 이런 체계를 움직이는 것이라면, 그토록 절실한 근본적 변화가 가능하리라 어떻게 계속 낙관할 수 있겠는가? 게다가 신좌파 운동을 함께했던 수많은 동지가 운동이 시들어가자 개인적이고 직업적인 삶이라는 무료한 일상으로 되돌아갔을 때, 이러한 보다 사적인 영역에 우리가 사회 정의를 부르짖던 지난날의 열정을 어떻게 똑같이 품고 있을 수 있겠는가 (Harris, 2012; Seligman, 2012a)?

임상훈련을 받는 동안 필자는 아이들과 작업하며 꽤 많은 시간을 보냈다. 아동 치료에서는 성인 치료 환경에서 보통 간과되었던 사회적 환경에 개입할 기회가 더 많아 보였고, 무엇보다 필자는 아이들과 노는 것이 좋았다. 필자는 환경적 요인과 기질적 요인의 비교 효과와 영향에 관한 개념에 관심이 있었으므로, 이런 실천적 편향은 더 강화되었다. 이즈음, 유아와 부모의 상호작용에 대한 직접 관찰이 무르익을 때였기 때문에, 대담하면서도 섬세한 새로운 세대의 연구자들을 알게 되었다. 이들은 아기를, 날 때부터 적극적이고 사회적이며 심리 활동이 활발한 존재로 새롭게 이해했으며, 더 광범위하게 정신분석 지형을 변화시킬 새로운 패러다임의 씨를 뿌리고 있었다(Bowlby, 1969; Brazelton, Kozlowski and Main, 1974; Emde, 1988a; Greenspan and Pollock, 1989; Sander, 2002; Stern, 1985).

이 시기 '**관계적** 혁명Relational revolution'은 정신분석 내에 확고하게 자리 잡고 있었다. 미국 정신분석협회 산하의 저명한 정신분석 연구소에서 공식적인 정신분석 훈련을 받기 시작했을 때 이미 필자는 **관계적** 추세가 통합적이며 탄력적으로 정신분석을 종합하는 중심 틀로 가장 적합하다는 사실을 깨달았다.[3] 폭넓고 포괄적인 이 접근은 저항적 페미니즘과 비판적 사회이론, 새로운 발달 연구뿐 아니라 더 사회 지향적 전통을 지닌 대인관계 정신분석의 영향도 받았다. 그리고 그 본질을 거부하는 것은 아니지만 프로이트 학파 정신분석에는 비판적이었다. 기존의 관점에 비판적인 유연한 관계적 접근을 임상 분석에 적용하는 것은 필자의 기질과 지적 성향에도 잘 맞았고, 지금까지 훈련받았던 전통적 정신분석의 임상 방법을 진지하게 고려해 볼 만한 대안이 되어주었다. 자아 심리학에 경도된 필자의 많은 스승은 대단히 헌신적이고 지성적이며 사려 깊었고, 그 가운데 몇몇 분은 특히 훈련 중에 상당히 유연했지만, 여전히 욕동과 중립성 등에 대한 기존의 이론과 기법상의 관행을 다소 무비판적으로 받아들였다. 게다가 자기 심리학과 라캉을 비롯한 프랑스 학자들의 혁신적인 이론, 그리고 당연히 한동안 필자에게 가장 많은 영향을 미쳤던 영국의 대상관계 그룹들을 포함하여, 필자가 감지하기 시작한 분석계의 다양한 흐름을 공유하려는 국제적인 교류가 턱없이 부족했다. 주도권을 잡은 북미의 자아 정신분석은 정신분석학계 안팎에서 자기비판을 하지도, 관점이 다른 학파와 대화를 하지도 않고, 지나치다 싶을 정도로 자기 학파의 관점을 옹호하고 전파하는 것처럼 보였다.

아동과 지속적으로 작업하면서, 특히 유아 및 그 부모와 함께 작업하는 데 각별한 관심을 기울이면서 폭넓은 관점을 얻고자 하는 열정이 더욱 타올랐다. 유아와 진실한 마음으로 만나면 자발성과 진정성을 가로막는 장막을 걷어낼 수 있다. 즉, 유아는 언어를 미묘하게 사용하지 않고도 직접적이며 효율적으로 자신의 의사를 전달하고 반응할 수 있으며, 보통은 정서적, 물리적 환경의 사소한 변화도 잘 받아들인다. 필자는 성인을 만나면서도 아동 심리치료를 계속하는 동시에 셀마 프레이버그 등(1975, 1980)이 제안한 유아-부모 심리치료 모델을 발전시키는 일에도 참여했는데, '양육자 안의 유령Ghosts in the Nursery'[3)]에 대한 정신분석의 관심을, 심리사회적이며 경제적 측면에서 위태로운 가정, 대개는 아프리카계 미국인 가정과 라틴계 여성의 가정에 적용했다(Seligman, 1994, 2014b). 심리치료 중에 아동의 반응이 늘 그렇듯, 거기서도 솔직하고 즉각적인 반응성은 유아와 그 부모에게는 대단히 흥미롭게 보였다. 이런 사례 중 많은 경우, 아동의 학대 및 방치, 최근에 이루어진 이민, 빈곤 속에서 빠져든 중독을 비롯해 여타의 사회문화적 곤경을 겪고 있었다. 필자는 그런 문제 많은 가정에서,

---

3) Ghosts in the Nursery. '양육자 안의 유령들' 셀마 프레이버그가 쓴 아티클의 주 제목(풀제목: '양육자 안의 유령들: 엄마-아기 관계의 장애가 야기하는 문제에 대한 정신분석적 접근')
    주요 내용은 부모의 과거로부터 온 기억되지 않은 유령 같은 방문자들이 어떻게 가족관계에 영향을 끼치며, 이 영향력이 어떻게 양육이 잘 이루어지지 않도록 하는가에 대한 것. 어떤 경우, 이런 과거로부터의 방문자들이 가족관계에서 나타나더라도 그들이 자리 잡지 못하고 그들이 원래 있어야 할 영역으로 잘 돌아가기도 하지만, 비록 건강한 가족과 부모라 하더라도 어떤 부분에서 부모가 미처 자각하지 못하는 그들의 과거로부터의 영향력이 현재 가족관계에서 재상연되고 이런 부분들이 현재 가족관계 안에 부분적으로 과거로부터 온 유령들에게 새 거주지를 마련하게 되기도 하며, 이 정도가 더 심각해지면, 현재 가족관계 자체가 이들로 인해 커다란 문제를 겪게 되는 현상(역자 주).

그리고 다양한 사회복지, 정부와 의료 체계 속에서 핵심적인 정신분석적 아이디어가 명확하고 활용 가능하며 경험에 근접한 방식으로 구상하여 제시된다면 이렇게 예외적이고 만만찮은 상황에서도 강력한 힘을 발휘할 수 있다는 사실을 발견했다(이 책의 7, 8장과 Seligman, 1994 참조).

필자는 임상 작업 중에, 특정 순간 특정 자료를 의식하지 않고도 각각의 분석 상황에 따라 불려 나오는, 필자에게는 대부분 익숙한 모든 분석적 지향의 가치를 발견했다. 고전적 프로이트 학파와 방어 및 심리적 갈등을 중시하는 구조적 모델, 판타지phantasy와 깊은 내면의 대상 관계를 중시하는 클라인 학파, 매우 창의적이며 발달 지향적인 중도 그룹과 자기 심리학, 그리고 분석가의 관여와 참여를 긍정적으로 보는 최근의 **관계적** 관점이 모두 여기에 해당한다. 인류학자 클리포트 기어츠Clifforf Geertz(1973)는 어떤 현상을 다양한 관점으로 동시에 바라보는 방법으로 동시적인 '중층 기술thick description'을 제안한 바 있다. 다양한 관점으로, 진행 중인 현상을 어느 정도 깊이 있게 전달하고 표현할 수 있는 일련의 세부적인 사항과 과정을 짜임새 있게 서술하도록 제시한다. 여러 측면에서 볼 때 정신분석은 일상적 실천 속에서 이러한 방법을 실행한다(Chodorow, 1999 참조).

정신분석은 언제나 이런 진지하고 열의 넘치는 자세를 지향한 듯 보이지만, 말이 가장 중요하다는 단정과 함께 내부의 조직적이고 절차적이며 인식론적인 위계와 경직성으로 인해 이런 가능성에서 멀어지는 경우가 비일비재하다. 하지만 이런 한계를 뛰어넘어, 모호함과 갈등, 환상 그리고 인간 존재의 비합리적이고 파악하기 어려운 본질에 대한 프로이트 학파의 설명은 우리 정신분석학계뿐 아니라 문화 전반에 매우 중요하다. 미리 포장된 소통과 상품으로 가득한 세상에서, 내면성을 저버리는 쪽으로 마음이 기울었다고 보일 때는, 특히 더 절실하다. 그러나 프로이트 학파의 이런 중심적인 미덕은 최근의 실용적 접근을 가로막는 신비화와 고전적 정설 때문에 제 역할을 하지 못하는데, 이 실용적 접근을 활용하면 좋은 감정을 불러일으켜 주는 동시에 가장 정확하며, 감히 말하건대 가장 진실한 경험으로 우리의 눈을 돌리게 할 수 있다.

다리 놓기: 새로운 지식으로 전통적 통찰 강화하기

필자는 이 모든 것을 염두에 두고, 필요하다면 낡은 견해를 버리고 어떤 자료에서든, 가장 가치 있는 통찰을 담아내는 통합적인 접근을 택하려 한다. 정신분석의 생명력은 이 책에서 제시하는 성인 분석과 발달 연구, 아동 정신분석과 유아의 임상 작업 사이의 다양한 교류 과정에서 가장 인상적으로 드러나게 되리라 믿는다. 이 통합 작업에는 일부 모순되기도 하는 분석 작업의 다양한 개념에 대한 조화와 대립의 균형이 필요하다. 폐기해야 할 신념과 견해가 많지만, 해결되기보다는 존중되어야 할 모순된 견해도 있다. 불일치는 정신분석의 핵심이다.

이로 인해 온갖 지적, 문화적, 제도적 긴장이 발생한다. 유아기 연구를 적용하는 것에 비판적인 이들은 직접 관찰이 지나치게 강조되면 해석을 통해 그리고 정신분석 상황의 다양한 측면들을 통해 역동적 무의식을 알아가는 정신분석의 핵심 방법이 약화된다고 여겼다. 필자는 이 주장에 동의하지 않는다. 현대의 발달 관점을 수용하는 것이 그런 핵심적인 분석 개념을 폐기한다는 의미는 아니다. 오히려, 더 유연하게 제시되어, 다른 분야의 동료들뿐 아니라 환자들에게도 더 명료해지고 이해하기 쉬워지면 이런 핵심적인 분석 개념은 더 견실해질 수 있다. 마찬가지로 **관계론자들**과 상호주관론자들처럼, 날카로운 통찰력으로 기존의 전통을 계속 비판했던 현대 분석 집단들도 마음에 대한 새로운 발견과 이해를 바탕으로 프로이트 학파의 시각이 새롭게 수정되면, 그것을 활용할 수 있을 것이다(Cooper, 2014; Corbett, 2014; Seligman, 2014a 참조). 필자의 견해로는 초기 발달 연구를 정신분석에 적용하면서, 정신분석은 더욱 깊어졌고 기존의 정설이 지녔던 결함이 드러났으며, 심리치료 과정 중에 양자적 상호작용dyadic interaction에서 관찰되는 세부 사항과 패턴이 주목받게 되었고, 무엇보다 생생한 경험, 특히 정서적 경험과 실제 몸이 겪는 경험이 분석 영역으로 들어오게 되었다. 이러한 적용은 고통 속에 있는 사람들을 세심하고 사려 깊게 접촉할 수 있는 기본적인 분석 전략을 지원하는 동시에, 우리가 매일 직면하는 다양한 정서적, 대인관계적 스트레스에 대해 깊이 생각해 볼 공간을 열어준다.

효과적이고 현실적인 적용 사례도 등장한다. 예를 들면, 부모가 유아에게 책을 읽어주도록 격려하는 프로그램은 뇌 과학 연구에 확고하게 자리 잡을 수 있으며, 내적 표상과 방어 분석에 관한 이론은 학대받는 아동과 그 부모를 치료하는 토대가 되어준다. 또 소년 법원을 관계 중심으로 구성된 치료 프로그램과 연결할 수 있는데, 이런 치료 프로그램은 다시 원초적인 역전이 및 이와 관련된 환상을 이해함으로써 구체화될 수 있다. fMRI(기능적 자기공명영상)의 지원을 받아 이루어지는, 겉으로 드러나지 않는 매우 빠른 감정적 소통에 관한 연구는 피분석자로 인해 격렬한 감정에 사로잡힌 분석가에게 도움이 될 수 있다.

정신분석이 심오하고 생산적인 작업이긴 하지만 우리는 너무 오랫동안 지나친 자신감에 젖어 있었다. 21세기의 이론은 21세기에 행해지는 다른 시도들처럼 복합적인 감수성이 필요하다. 분석가들은 자신이 알고 있는 것을 다른 사람들에게 말해 주는 데만 지나치게 열성적일 뿐, 자신들이 다른 사람들의 지식에 영향을 받으려고 하지는 않는다. 우리가 받아들이는 일을 더 잘할 수 있다면 우리는 더 명확하게 사고하고 더 효율적으로 일할 수 있을 것이다.

이 책의 구성

이 책은 역사적–개념적 측면을 보다 종합적으로 개관하는 데서 출발하여(1부), 최근의 관찰에 기초한 아기 이미지를, 분석 이론 및 실천에 관계–지향적인 상호주관적–발달 접근에서 파생한 유사 이미지들과 함께 상세히 설명한 다음(2부), 각 분야의 핵심 주제들에 대한 보다 구체적인 탐구를 확장하는 시리즈들로 끝맺는다(3, 4부). 1, 2, 3, 4부 모두 짧게 요약한 서문으로 시작한다. 이처럼 서두에 서문을 배치한 의도는 전체적인 방향을 설명해 줄 뿐 아니라, 익숙한 자료가 제시된 몇몇 장들을 찾을 수 있도록 독자들을 안내해 주기 위함이다. 그리고 본문에서 소개하는 유아–부모 간의 상호작용과 기타 아동기의 사건을 담은 비디오 영상이 링크된 출처를 밝혔는데, 온라인 부록은 www.routledge.com/9780415880022에서 볼 수 있다.

1부에서는 아동기가 정신분석에서 차지하는 중요성과 인간 발달에 대한 논의를 확장한다. 즉, 아동기 경험이 성인의 인격을 결정한다는 프로이트의 '발견'과 유아 성욕 이론에서 시작하여, 자아 심리학과 클라인 학파의 정신분석, 중도학파의 대상관계 이론, 2차 세계대전 이후 만개한 미국 정신분석학계에서 이루어진 아동 분석의 진전과 분석 이론의 중요한 발전 과정을 다룬다. 필자는 발달 관점의 전진적인, 성장–지향적 움직임을 포함하고자 프로이트의 퇴행 위주의 모델에서부터 정신분석 이론의 변천 과정을 추적하지만, 분석 지향점이 제각각인 학파들 사이에서 때로 논쟁을 일으키는 복잡한 상호작용과, 유아기와 아동기를 바라보는 각 학파의 시각, 그리고 이런 시각이 등장하게 된 보다 광범위한 문화적이고 역사적인 맥락도 언급한다.

이 과정에서 필자는 '프로이트의 아기' '클라인의 아기' '위니컷의 아기' 등 각각의 분석 집단이 지닌 유아에 대한 관점을 제시한다. 다양한 담론과 훈련은 임상 작업과 이론에서 무엇이 존재하고 중요한 것은 무엇인지 저마다 다르게 이해한다. 이런 것들을 통합하면 우리는 새로운 방식으로 '아기'를 이해할 수 있다. 달리 말하면 은유로, 임상의 이미지로, 가장 많은 것을 불러일으키고 가장 빨리 발달하는 취약한 인간 유형으로, 우리의 희망(과 두려움)을 구현하는 존재로, 가족 차원에서든 종의 재생산 차원에서든 놀랄 만한 영향력으로, 심지어 신성한 존재로 아기를 이해할 수 있다는 것이다.

2부에서는 20세기 후반에 등장한 유아 관찰 연구를 요약하여 '관찰된, 상호주관적 아기'의 보다 방대한 개요를 제시한다. 여기서는 이러한 연구 결과와 관계−상호주관적 분석 이론 및 임상 작업이 어떻게 서로 영향을 미치며 지지해 주는지 상세히 설명한다. 끝으로, 이 영역의 특정 주제들, 곧 애착 이론, 유아기와 성인기의 연속성, 상호주관성 이론, 그리고 젠더와 섹슈얼리티, 오이디푸스 콤플렉스에 대한 현대 관계−발달적 견해 등을 제시하는데, 이것이 '실행 개요서'와 유사한 역할을 해 주기를 바란다. 1, 2부에서는 특정한 **이론적 쟁점들**의 전개 과정을 추적하는 '이론적 갈래'를 다룬다. 이와 같은 이론상의 미묘한 차이점들이 핵심적인 임상 실천과 태도를 결정짓는 근거가 되어주었지만, 필자는 이 차이들을 분리했다. 이것들은 몇 가지 점에서 개념상 뚜렷이 구별되기도 하거니와 따라서 관심을 덜 보이는 이들도 있기 때문이다. 1부 4장에서는 이 책의 중심축인 '견고한 발달 관점'을 상세히 설명한다.

3, 4, 5부는 인식, 성찰, 상호조절; 활력과 활동성; 비선형적 역동체계 이론과 불확실성이 지닌 창조적 가능성이라는 세 가지 핵심 주제를 중심으로 구성된, 보다 구체적이고 확장된 탐구 내용을 제시한다. 또한 저마다 개념적 자료의 임상적 함의를 예를 들어 설명하고 확장하는 광범위한 사례 보고서를 제시한다. 다른 방법도 많겠지만, 이런 식의 분류는 유아 발달과 정신분석의 교차 지점의 다양한 차원을 체계화하는 필자의 방식을 어느 정도 반영한다.

필자는 분석가가 한편으로는 유아기와 아동기의 관계를 개념화할 때, 그리고 다른 한편으로는 성인의 인격과 정신병리와 치료를 개념화할 때 떠올랐다 가라앉은 다양한 이론적 틀과 논쟁, 통합에 독자를 끌어들이고 싶다. 이런 열망을 품은 필자는 이 책의 여러 장에 걸쳐 제시되는 근원적인 중요한 주제와 연결 지점들이 분명해져서, 심오한 정신분석적 사고와, 발달 특히 유아 발달에 대한 생물학적, 사회적, 임상적 개념들이 실용적이며 현대적으로 통합되는 과정을 보게 되기 바란다. 상호주관적−관계적 관점을 바탕으로 임상 정신분석이 유아−부모 간의 상호작용 연구 혹은 애착 이론과 교류한 덕분에 이 책의 많은 장이 활기에 넘친다. 그 외의 장에서는 이론을 정립하는 데 집중하며, 여러 장에서 정신분석적 아동 심리치료, 특히 유아-부모 심리치료를 고찰하고, 대부분의 장은 교류-역동체계 모델transactional-dynamic systems model을 활용한다. 그 과정에서 방법론, 철학, 그리고 과학과 관련된 문제도 등장한다. 그러나 폭넓은 발달 연구 분야에서처럼 이런 문제는 대부분 줄곧 눈에 띄지 않게 암시적으로 다뤄지는데, 자세히 설명하거나 중점적으로 다루지 않아도 영향력이 크다. 필자는 복잡하게 얽혀 있는 주제를 반영하는 다양한 이론적 분파와 갈래들을 때로는 분리하고 때로는 하나로 묶으면서 이 책을 역동적이며 '사용자에게 편리한' 방식으로 구성하고자 했다.

후주

1   영어로 된 정신분석 문헌에서 환상/판타지fantasy/phantasy란 용어는 두 가지 다른 철자로 병기되고 있다. 환상fantasy은 영국과 미국의 자아 심리학자들이 가장 폭넓게 사용하는데, 주로 미국에서 더 많이 사용한다. 반면 판타지phantasy는 클라인 학파의 전통 이론에서 가장 많이 사용한다. "휴가철을 맞아 우리 가족이 모두 재회한 환상을 보았는데, 그중에는 이미 돌아가신 분들도 계셨어요."에서처럼, '환상fantasy'은 소망과 욕구, 공포와 기억 등의 표상인, 더 전통적 의미의 이미지나 사고를 의미한다. '판타지phantasy'는 육체적 본능이 정신적 삶을 향해 움직일 때, 그 출발점에 형성되는 심층구조를 의미한다(Isaacs, 1948; Spillius et al., 2011). 투사적 동일시는 클라인 학파의 중심적인 판타지들 가운데 하나이다. 즉, 원초적 구강기에서 발현하는 배출evacuation과 함입incorporation에 대한 훨씬 더 기초적인 판타지들로부터 구축된 판타지이다. 필자는 이 책 전반에 걸쳐 불일치의 위험을 감수하면서 의도한 의미를 가장 잘 표현할 것 같은 철자를 맥락에 따라 선택적으로 사용할 것이다. (본 역서에서는 이 주석에서처럼 fantasy를 환상으로, phantasy는 판타지로 옮긴다).

2   애드리엔 해리스Adrienne Harris(2005)도 유사한 용어를 사용한다.

3   필자는 '**관계적**Relational'이라는 용어를 특정한 정신분석적 움직임을 언급하기 위해 가끔 사용한다. 다른 경우에는 발달과 인격에서 차지하는 관계relationship의 중심적 역할에 중점을 두는, 더 일반적인 관점을 언급할 때 사용한다. 이 두 용어에 두 의미가 겹쳐질 때가 자주 있지만, 첫 번째 의미를 암시할 때는 대문자 R을(본 역서에서는 굵은 글자로) 쓰고, 두 번째 의미를 내포하는 경우에는 소문자로 표기했다.

1부
우리는 어떻게
여기까지 왔나

−아동기와 발달에 대한 정신분석 이론의 지침−

　이 책 1부에서는 이후 전개할 논의를 준비하는 일종의 '지침'을 제시한다. 필자는 이 글에서 프로이트가 초기에 체계화한 이론에서부터 이제는 대세가 된 발달 정신분석에 이르는 전개 과정을 추적한다. 이는 발달 정신분석이 대부분의 전통적인 분석 이론과 현대 상호주관론 및 **관계** 정신분석, 성인의 임상 정신분석과 유아 발달 연구와 아동 분석, 유아 정신건강 훈련 등의 영향을 받으며 발달했기 때문이다. 이런 흐름을 추적하면서, 각기 다른 핵심적인 분석 이론들이 아동기와 아동 발달 그리고 이 두 요인과 성인의 인격, 정신병리, 정신분석 치료와의 관련성에 어떻게 접근하는지 탐색함으로써 몇몇 핵심적 분석 이론들의 기본 지향점을 제시할 수 있기를 바란다.

　프로이트는 자신의 혁명적인 심리학의 중심에 아동기를 의미 있고 영향력 있는 개념으로 자리매김하고는 기본적으로 과거에 초점을 맞추는 방식으로 접근했다. 즉, 그는 환상에 의해 왜곡된 기억과 트라우마가 환자를 괴롭히는 병리의 근원이라고 생각하여, 그렇게 왜곡된 기억과 트라우마에서 끌어온 상상적 재구성에 의존했다. 그는 아동기를 조직화되지 않은 일차 과정primary process과 비사회적asocial 본능을 구현하는 시기라고 제시했는데, 이 둘을 인간 본성의 원초적 핵심으로 이해했다. 아동기에 대한 정신분석 관점이 진화하는 데는 프로이트의 핵심 측근을 비롯한 동료들이 영향을 미쳤는데, 그 가운데는 아동과 그 가족, 학교에 각별한 관심을 기울였던 여성도 일부 있었다. 그들 중에는 끝내 존재감을 드러내지 못한 이들도 있지만, 일부는 정신분석의 차세대 지도자가 되었다. 프로이트는 자신의 이론이 한층 진화함에 따라 사회적이며 성장 위주의 동기를 포함했다. 즉, 아동기를 성적 본능 및 공격적 본능과 아울러 내인성의 점진적이며 적응적인 동기가 공존하는 시기로 설정했다. 핵심적인 정신분석 모델 전반에서, 특히 임상 작업에서 이러한 적응적 경향이 얼마나 중심적 위치에 있는가에 따라 분석가 집단이 분열하기 시작했다. 이 같은 분열은 처음에는 클라인 학파와 자아 심리학파, 영국의 중도학파를 중심으로 이루어졌다.

　그러나 아동 발달의 중심적 위치는 분석학계에서 신체의 성장과 마찬가지로, 외부 현실 및 사회와 '전진적인forward-moving' 연결 가능성이 생겨나는 것으로 확립되었다. 이런 관점은 아동기에 관한 가설을 세울 때 '과거를 되돌아보는backward-looking' 회고적 방식에만 의존하는 것에 더해졌다. 결국, 관계를 주된 동기로 보려는 좀 더 일반적인 추세는 정신분석학계, 특히 미국 정신분석학계를 장악했다. 최근의 역사적, 이론적 흐름을 비롯해 유아-부모 상호작용 및 유아에 대한 직접 관찰의 이론적 뒷받침을 받는 **관계** 정신분석과 상호주관론적 자기 심리학이 특히 영향력을 발휘했다. 그리고 대인관계 분석과 유럽 대륙 및 라틴 아메리카에서 시작된 새로운 견해들이 점점 주목받게 되었으며, 전체적으로 좀 더 유연하고 다양한 치료 기법이 잇따라 나타났다.

정신분석적 서사: 역사적-발달적 접근

영미 정신분석의 중심적인 지향점이 현대 정신분석학계로 흘러왔기에 그 지향점의 일반적인 체계를 따르기는 하지만, 이러한 설명은 어떤 분야가 진리나 과학적 타당성에 점점 근접하고 있다는 실증주의적 서사를 의미하는 것은 아니다. 필자는 변화하는 분석 이론과 유아기 및 아동기에 대한 각 이론의 관점을 그러한 이론이 등장한 분석 문화나 조직뿐 아니라 더 광범위한 역사적, 문화적, 경제적 환경의 맥락을 고려하여 가능한 몇 개의 장에서 간략히 설명했다. 개인의 발달과 마찬가지로, 어느 때든 그 순간 제시되는 모든 견해와 방법론과 전문어가 다 결정적인 영향력을 발휘하는 것은 아니다. 그 영향이 두드러지든 그렇지 않든 말이다. 그중에는 관심을 못 받은 것도, 억제되거나 억압된 것도 있으며, 변형되고 약해지고 심지어 함부로 차용 당한 것도 있다. 또 주변으로 밀려나거나 때로는 훗날 재발견되는 것도 있는데, 그 역시 명확할 때도 있지만 그렇지 않을 때도 있다.[1]

이 모든 것은, 정신분석 조직과 담론들이 매력적으로 조직되지는 않았더라도 인격 중심으로 형성될 정도로 한층 확대되었다. 이 같은 부침은 모든 담론의 역사에, 그중에서도 특히, 이해하기 어려운 분야인 정신분석의 역사에 기록될 것이다.

어떤 의미에서, 필자는 정신분석의 발달 지향점에 대해 발달적 관점을 취하고 있는데 이 관점이 다양한 영향과 환경을 반영한다고 생각하기 때문이다. 분석 이론의 변화는 진공상태에서는 일어나지 않는다. 아동 발달의 각 요인이 한 인간과 더 넓은 주변 환경에 영향을 미치기도 하고 또 영향을 받기도 하듯이, 아동에 대한 분석적 시각도 학계의 동향, 임상 작업, 일련의 이론, 여러 학파와 지역 및 전국 조직이 있는 기관 그리고 독자적인 핵심 관심사와 방식을 갖춘 담론 같은, 정신분석 전반의 발전과 맞물려 나타났다. 정신분석이 확립되는 과정에서 여성의 위치, 두 차례의 세계대전과 유럽에서 파시즘과 반유대주의 발흥, 이후 중유럽 분석가들이 영국과 미국으로 이주, 제2차 세계대전 이후 특히 미국의 경제적 번영 등 역사적, 문화적 맥락 역시 늘 관련되어 있다. 필자는 이 같은 접근이, 그동안 분석적 발달 모

델의 특성에 좀 더 집중된 여러 유용한 설명에 도움이 되길 기대한다.[2]

정신분석 발달 관점의 등장

• 정신분석의 기원 :

  − 프로이트는 유아 성욕과 원초적 본능을 개념화하는 과정에서 아동기를 '발견'하고, 회고하는/재구성하는 방식으로 접근했다.

  − 초기 프로이트 학파의 맥락에서 아동 정신분석이 등장했는데, 이는 여성들이 주도했으며 그들은 그로 인해 프로이트의 핵심 측근으로 인정받았다.

• 다음의 세 학파 덕분에 생애 초기 발달에 대한 새로운 관심이 점차 늘었고, 그에 따라 더 완전한 발달 접근에 관한 관심도 높아졌다:

  − 영국과 미국에서 동시에 발달한 (전후 미국 정신분석의 팽창과 '시야의 확장'을 비롯한) 구조 모델과 자아 심리학적 접근

  − 클라인 학파의 대상 관계 이론

  − 중도학파와 영국의 대상 관계 이론

• 특히 미국에서 다음과 같은 사항을 비롯한, 정신분석의 다각화와 다원화:

  − 특히 미국에서 제2차 세계대전 이후 정신분석의 번성

  − 프로이트 이후 정신분석의 주도권 와해와, **관계적** 지향의 '2인' 정신분석의 등장

  − 20세기 최근 몇십 년 동안 유아 관찰−상호주관적 추세와 아울러 유아와 양육자에 대한 직접 관찰과 사회적 상호작용에 대한 관심의 증가

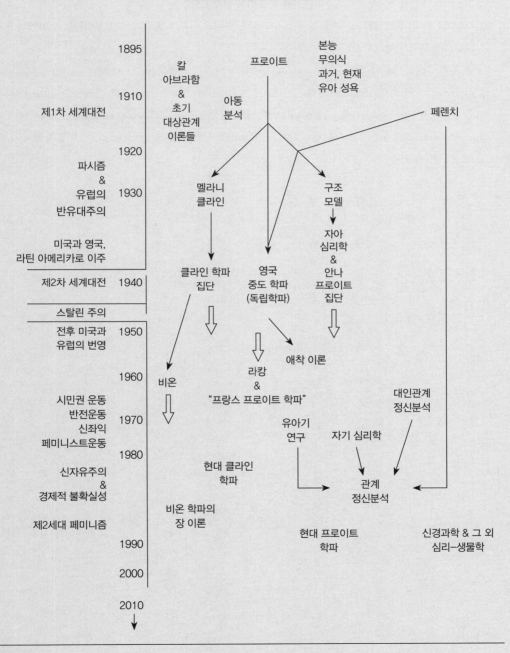

〈정신분석 지향점: 연대표〉

도표 I.1

후주

1 이 일반적인 영미 정신분석의 서사는 때로 프랑스를 비롯한 다른 대륙의 정신분석 학파들을 과소평가했다. 필자는 이런 비판을 인정하면서도, 아동기를 중요하게 다루기보다는 프로이트 초기 모델의 과거 회고적인 접근에 의존한 이 학파들을 이 책에서는 많이 다루지 않는다. 어쩌면 필자도 필자가 비판했던 이들과 똑같은 과실을 범하고 있는지도 모른다.

2 예를 들면, 블랭크와 블랭크Blanck and Blanck(1994), 리츠Lidz(1968/1983), 타이슨과 타이슨Tyson and Tyson(1990)의 고전적 저작과 최근에 출간된 포나기Fonagy(2001), 길모어Gilmore와 미어샌드Meersand(2014), 메이스, 포나기와 타겟Mayes, Fonagy, and Target(2007), 팔롬보, 벤디센과 코흐Palombo, Bendicsen, and Koch(2009) 그리고 렌Renn(2012)의 실용적인 저작 참조. 정신분석 이론의 전반적인 개요를 살펴보려면 미첼과 블랙Mitchell and Black(1995) 참조.

1장
아동기는 아동기만의 의미가 있다
-프로이트와 정신분석의 탄생-

정신분석은 20세기에 일어난 위대한 문화 혁명 중 하나이다. 아동기는 이제 그 자체로 의미를 부여받고 성인의 정서적 고통과 정신건강의 핵심 근원으로 여겨진다. 프로이트가 '아동기를 발견'한 것은 이 주목할 만한 변화의 핵심적인 요소이다. 프로이트가 아동기 리비도 단계를 체계적으로 이론화하면서 발달 단계에 대한 더 일반적인 개념화가 확립되었다. 이는 본능의 만족에 적응해 있는 비이성적인 무의식적 삶에 대한 모델과 밀접히 관련되어 있다. 아동기 트라우마로의 퇴행과 고착은 프로이트의 정신병리 이론과 분석 치료 행위의 핵심이었다. 프로이트는 일반 대중의 사고와 임상적 사고를 모두 변화시키며 아동이 겪는 정서적, 신체적 경험을 정신분석 시야 안으로 끌어들였다.

프로이트의 초기 모델은 이후 전개될 정신분석 역사의 원천이다. 전부는 아니더라도, 현재 널리 수용되는 혁신과 논쟁은 대부분 프로이트의 저작에서 예견된 것들로, 너무 기초적이고 통합되어 있어서 간과하기 쉽다. 프로이트는 임상에서 분석을 실행하는 것을 의학적 치료이자 연구 방법의 하나로 보았다. 그리고 여기서 얻은 지식과 경험을 바탕으로 꿈과 섹슈얼리티, 심리적 고통과 가족생활, 문화와 종교, 역사 등 가장 폭넓은 인간 경험을 설명하는 포괄적인 이론 체계를 정립할 수 있었다.[1]

프로이트는 발달 정신분석을 위한, 어떤 의미에서는 발달 이론 전체에 적용될 토대를 확립했다. 하지만 그의 획기적인 발견이 완전한 발달 모델을 구성하지는 못했다. 그리고 과거 회고적 방법에 의존한 결과, 시간상으로는 뒤로, 심리적으로는 '아래로' 파고들 수 있었지만, 대신 아동기가 지니는 보다 적응적이고 사회 지향적이며 전진적인 측면을 놓치고 말았다.

그는 성장과 점진적 변화를 아동기 또는 정신분석 치료 행위의 주된 측면으로 여기지 않았고 오히려 본능을 다스리는 문제를 더 중요하게 생각했다.[2]

　정신분석 초기의 동향은 아동 심리치료와 아동 분석으로 이어졌는데, 본래 이 두 흐름은 주로 여성들이 자연스러운 상황에서 아동을 직접 만나면서 얻은 중요한 결과를 바탕으로 등장했다. 결국에는 아동 분석의 영향력이 매우 커졌지만, 대부분의 초기 아동 관찰은 수십 년 동안 정신분석의 '주류'로 적극적으로 받아들여지지 않았다.

발달 정신분석을 위한 프로이트의 유산: 기원으로서의 아동기

본능, 아동기, 무의식: 마음은 어떻게 드러나는가

　현재 우리의 담론에서 프로이트가 아동기, 기억, 무의식, 트라우마를 인간의 기쁨, 고통, 성취와 연결한 것은 오늘날에도 여전히 가장 생산적인 사유이다. 프로이트는 아동기가 개인의 발달을 결정하는 데 결정적인 역할을 한다고 보고, 인격 및 문화의 기본 형식과 영향력에 접근하는 가장 명확한 방식을 제시했다. 프로이트는 연구 초기(1895~1915)에 아동기의 트라우마와 유아 성욕에 특히 관심이 많았다. 이는 아동기와 그 지속적인 영향에 관한 설명과 아울러 나타난, 유아 성욕, 본능적 충동, 무의식, 억압 이론 등과 밀접히 관련되어 있다. 이 모든 이론에 무척 익숙한 독자가 많겠지만, 잠깐 개관해 보고자 한다.

아동기, 유아 성욕, 회고적 방법: 기원 모델

　프로이트는 현재를 바탕으로, 특히 환자가 겪는 증상으로부터 과거를 재구성해 보려고 시도했는데, 환자를 괴롭히는 어려움의 근원('기원')을 탐색하고자 **재구성적** 방법에 의존했다.[3] 나아가 회고적-역사적 관점을 '기원 모델'이라 했다. 아동기 특히 아동기 트라우마는 성인의 인격의 핵심적인 결정요인이었다.

　프로이트는 이 방법을 발전시키면서 '유아 성욕' 이론을 확립했다. 아동기의 동기와 경험은 본능적 욕동[4]에 지배되고, 구강, 항문, '남근' 등의 신체 부위와 연관된, 내인성의 예정된 일련의 심리성적(리비도적) 단계를 통해 조직되는데 이 단계는 잠재기의 활동정지에 의해 중단되고 이후에 성난 파도 같은 청소년기가 뒤따른다. 아기는 가장 '원초적'이며, 타인을 비롯한 외부 환경과 심리적으로 융합되어 있고, 내적으로는 조직화되지 않은, '일차적 자기애' 상태에 있다.

동기와 인간 본성의 중심인 육체적 본능: 역동적-경제적 관점

프로이트에게 본능은 정신적 삶의 근본 원천이자 동기를 부여하는 요인이다. 본능은 육체에서 발생하는 에너지의 긴장으로, 사람이든 사물이든 이미지든 가능한 모든 경로를 통해 방출되어야 한다. 따라서 본능은 '쾌/불쾌 원리pleasure/unpleasure principle'를 따른다. 대인관계도 본래 그 자체로 중요하다기보다는 욕동 만족에 대해 이차적이다. (이 견해는 본질적임에도 현대 독자들은 곧잘 간과한다). 프로이트는 이런 **역동적**이며 **경제적**인 관점에서, 에너지를 유동체 같은 힘이 작용하는 것으로 여기는, 당대에 유행한 물리주의적 과학 모델의 흐름에 따라 동기 이론motivational theory을 전개했다. 프로이트는 자신을 과학자 겸 의사라고 생각했기 때문에 과학적 정당성에 열정적인 관심을 보였다. 본능을 바라보는 프로이트의 시각은 자신의 대부분의 모델과 아울러 수십 년간 저술하고 임상 작업 과정에서 변화했지만, 이런 핵심 원리는 그대로 유지되면서 새로운 혁신과 논쟁을 일으켰다.[5]

뚜렷이 구조화되(지 않)고 억압된 무의식: 지형학적 모델

프로이트는 당연히 **무의식**을 정신분석의 중심에 두었다. 대부분의 정신 활동은 내적 양심에 의해 적극적인 억압을 받는다. 더욱이 무의식적인 정신 과정은 혼돈스럽고 유동적이며 쾌감 원리의 지배를 받기에 현실과는 거리가 있다. 구조화되어 있다고는 하나 무의식적 '아이디어들'은 환상과 꿈, 날것 그대로의 정서와 불안, 신체 증상과 긴장 등 비교적 '원초적인' 형태로 존재한다. 프로이트 학파의 문헌에 따르면 '무의식'은 '응축condensation'과 '전치 displacement'처럼 내용도 형식도 일상적인 인식과 다르다. (최근 등장한 무의식에 대한 몇몇 새로운 모델은 7장과 8장에서 논의될 것이다.)

프로이트(1911)는 혼돈스럽고 소용돌이치는 이런 기질을 묘사하고자 '일차 과정'이라는 용어를 제안했다. 그는 초기 모델에서 일차 과정과 무의식을, 마치 지도(지형학적 모델) 위의 특정한 위치(무의식)에 그려진 지형(일차 과정)처럼 같은 영역에 위치하고 있는 것으로 보았다. 일차 과정이 정신적 삶의 토대이며 시간상 가장 먼저 나타난다는 점에서 일차 과정의 일차성primariness은 일차 과정의 근본적이고도 일시적인 위치를 말해 준다.[6]

종합하면, 심리내적이고 무의식적이며 본능적인 요소들은 특히 아동기의 (아동기만은 아니지만) 행동과 주관적 경험의 가장 중요하고 강력한 결정요인이다. 이처럼 프로이트의 초기 모델들은 필자가 이 책에서 사용하는 의미로 완전한 '발달' 모델은 아니다(4장 참조). 시간이 흐르면서 사회적 세계와 몸이 통합되는 적응적인 성장 지향적 과정은 부차적인 것으로 여겼다.

프로이트와 유아기

프로이트가 유아기를 가장 의존적이고 조직되어 있지 않으며 신체에 집중하는, 경계가 없는 단계로 기술하면서, 유아기와 가장 심각한 병리의 유사성이 드러나게 되었다. 욕동이 더 초기 발달에 고착되어 있을수록 병리의 뿌리는 더 깊었다. 정신증 환자의 마음과 유아기의 마음은 둘 다 일차 과정에 지배된다.[7] 프로이트는 아동에 대해 생생하고, 상당히 생산적으로 이미지화했지만, 아동 관찰은 거의 보고하지 않았다.[8] 유아와 아동의 직접 관찰과 연구에 대한 정신분석적 관심은 정신분석의 발전과 함께 상당히 증가했다. (이것이 이 책의 중심 주제로, 필자는 이 중심 주제의 등장을 초반 몇몇 장에서 추적한다.) 그러나 여전히 일부 분석가들은 임상 정신분석과정에서 과거를 회고하는 방법이 마음에 관한 가장 심오한 지식에 도달할 수 있는 유일한 경로라고 주장한다(Green, 2000).

문명화를 통한 사회화로서의 발달: 오이디푸스 콤플렉스와 그 변천

본능은 반사회적은 아니라도 비사회적asocial이며 만족과 탐욕 그리고 파괴(프로이트가 자신의 이론에 공격적 욕동을 추가한 이래 포함된)에 탐닉한다. 그리고 거침없는 방출 압력을 통해 인격을 앞으로 밀어붙이면서 동시에 아래로, 뒤로 끌어당긴다. 이렇듯 인간의 생물학적 본성과 교양은 한편으로는 본능과, 다른 한편으로는 정신적 삶을 조직하는 원천인 집단적 도덕성과 양심 사이에서 갈등하며 대립한다. 욕동을 길들여 사회화를 이루는 최적의 순간은 오이디푸스 콤플렉스가 해소되는 시기이다. 아동은 원초적이고 유아기적인 성적, 공격적 힘을 억누르는 부모의 권위를 내면화하여 문명화된 사회적 삶으로 들어간다.[9]

프로이트는 훗날 언어, 부모를 비롯한 성인과의 동일시, 애도와 상실을 포함하는, 자신의 모델을 확장하면서 협력과 문명화가 내면화되어 가는 과정과 적응적 동기를 강조한다. 그러나 오이디푸스 콤플렉스는 여전히 그의 사회화 개념의 중심이었다. 실제로 발달에 관한 분석적 접근이 다양하다는 것은, 비사회적, 비이성적 동기와 대조되는 사회적, 현실 지향적 동기와 구조의 균형, 인간관계의 본질이 욕동 방출의 대상이 아니라 일차적 동기 유발 요인 이라는 것(그리고 무엇이 '일차적'인 것인지에 대한 모든 논의를 비롯하여) 등등 이렇듯 제각각 다른 강조점을 반영하고 있다. 이런 점은 역사를 개관하는 부분에서 그리고 이 책 전체를 관통하며 구체적으로 드러날 것이다. (10장에서 현대적 관점에서 고찰한 오이디푸스 콤플렉스 이론을 다시 다룰 것이다.)

임상적 함의: 트라우마, 고착과 퇴행, 그리고 억압된 것의 회복

이후 프로이트는 성인의 인격은 아동기에 형성된다는 견해를 바탕으로 임상적 이론 체계를 세웠다. 신경증 증상은 초기 아동기에 겪은 트라우마에서 욕동 에너지가 전치되면서 나타나는데, 이는 이런 트라우마 경험을 의식하지 못하게 하면서 욕동 에너지를 묶어두는 방식을 통해 이루어진다. 프로이트(1917b, 1917c, 1917d)는 처음에는 트라우마의 기억에 역점을 두었다가 나중에 트라우마 경험에 뒤따르는 욕동과 환상으로 옮겨갔다. 정신분석 치료 행위는 이러한 증상-고착 콤플렉스를 이해하기 쉽게 풀어내는 것(화학적 혼합물이 기본 요소로 분석될 때처럼 분석하는 것)과 관련되는데, 따라서 문제의 환상들과 기억은 과거를 기억하고 재작업하는 데 유용할 수 있고, 묶여버린 욕동 에너지는 이제 외적 현실 쪽으로 좀 더 방향을 틀어, 좀 더 유연하고 적응적인 목적에 쓰일 수 있다. 이렇듯 증상은 회고적인 해석을 통해 완화되었다. 프로이트는 처음에는 트라우마에 대한 직접적이고 신속한 해석을 주장했으나 나중에는 특히 전이에서 이 같은 해석을 무리하게 반복한 것에 대해 변명해야 했다 (Freud, 1914a, 1914b).

이 모든 것에 비추어 보면, 초기 정신분석 방법은 꿈, 환상, 말실수, 정신분석 상황 그 자체의 퇴행에서처럼, 개별 환자의 무의식적인 일차 과정을 더 인식할 수 있게 하는 경로를 향하고 있다. 이런 맥락에 따르면 환자에게 카우치에 누워 자유연상을 하라고 권하는 것은 억압 장벽을 통과하는 수단일 뿐 아니라, 더 자유로워진 아동기 언어의 특성에 다가가는 방법이기도 하다. 마찬가지로 분석가가 감정을 드러내지 않고 초연해야 한다는 전통적인 지침의 목표는 심리내적 기반과 이를 둘러싼 갈등으로 돌아가기 위해 환자에게 욕동의 좌절을 극대화하는 것이다. 전반적으로, 이렇게 하면 초기 고착을 인식하는 데 도움이 된다. 통찰을 통해 이런 것들을 원래대로 돌려놓는 만큼 더 많은 자유를 누리고 증상도 줄어든다. 환자의 마음에 초점을 맞추고, 분석 작업은 환자가 자신의 '내면'에 참여할 수 있게 설계된다. 프로이트가 실제로 환자와 작업한 방식이 언제나 이와 같지는 않았지만, 그의 전반적인 접근은 분명 '1인 정신분석one-person psychoanalysis'이었다.

현실의 여성과 아동들: 아동 분석의 출현

1910년대 이래 아동 정신분석의 등장으로 좀 더 완성되고 견고한 발달 접근을 향한 새로운 길이 열렸다. 이런 초기에 아동과 작업한 이들은 주로 어머니나 교사 등 '여성적' 역할을 담당하는 여성들이었다. 이들은 자신의 상담실에서 그리고 (자신의 가정을 포함하여) 학교와 병원, 가정처럼 실생활에서 아이들을 직접 접촉하며 시간을 보냈다.

이처럼 아동과 직접 접촉하게 된 결과, 직접 관찰과 아동과의 상호작용에 대한 새로운 경향이 등장했으며, 직접 관찰과 참여를 중요시하는 새로운 연구 방법과 임상 태도도 나타났다. 치료사뿐 아니라 교사와 사회복지사와 어머니로서, 아동 분석가들은 '유아의' 정신(과 신체) 상태에 관심을 두었는데 이는 분석적 이론화에 크나큰 영향을 미쳤다. 그러나 환자의 기억 및 환상의 재구성과 추론에 의존하기보다는, 아동의 물리적 현존, 언어, 상상에 접속했다. 아동 치료사는 놀이와 환상, 과도적 공간transitional space과 상징적 동등시symbolic equivalence, 언어습득 이전의preverbal 정동, 즉각적인 행동 등, '객관적인' 것과 상상 사이의 일반적인 구분이 희미해지는 세계에서 어린 환자와 만난다. 아동과 접촉한다는 것은 평범한 성인의 존재 방식을 잠시 멈추고, 다른 상황이라면 인정받지도, 이해받지도 못할 경험과 의사소통한다는 의미이다. 아동 분석가들은 이런 식으로 접근해서, 아동기에 더욱 눈에 띄는 환상과 전치와 응축의, 강렬하면서도 일상적으로 일어나는 '일차 과정'과 더불어 아동기의 육체적, 정서적 직접성을 목격할 수 있었다.

안나 프로이트(1936, p. 38)는 이것을 다음과 같이 요약했다.

유아 분석을 위해 영국학파English school가 지지한 놀이 치료 기법(Melanie Klein, 1932)은,

자유연상의 결여를 가장 직접적인 방법으로 보충할 수 있다. 이 분석가들은 아동의 놀이
가 성인의 연상에 해당된다고 판단하여, 성인의 연상을 해석하듯 아동의 놀이를 해석 목
적으로 활용한다.

따라서 아동의 놀이를 활용하면 성인의 분석 작업에서는 상당한 시간이 걸려야 저절로
드러나는 영역을 보다 직접 경험해 볼 수 있다. 이 시점에서 필자가 직접 분석한 두 사례의
삽화를 소개하고자 한다. 이 두 사례는 일차 과정 사고primary process thinking의 응축된 전치가
놀이 치료에서 어떻게 활용되어, 신속한 치료적 진전의 특별한 기회로 이어지는지 예시해
준다.

일곱 살 잭은 부모의 쓰라린 이혼에 대한 이미지와 두려움을 생생하게, 감정을 가득 실어
묘사하면서도 부모의 이혼을 분명하게 말하는 경우는 거의 없었다. 필자는 이 사건에 대한
잭의 고통스러운 경험을 이해할 수 있었으며, 특별한 놀이치료 방식으로 잭이 그 사건을 깊
이 생각해 보도록 도우려 했다. 잭의 부모는 잭이 태어나 자란 7년 동안 늘 잭이 보는 앞에서
부부싸움을 했으며, 따로따로 진행하는 부모 상담 시간에도 계속 상대방을 비난하는 데 시
간을 썼다. 잭은 매 회기 두 집단으로 나뉘어 교전 중인 레고 인형들 사이에 전투를 준비하
는 데 시간을 보냈다. 우리는 매주 분쟁을 취재하고 기사를 쓰고 사진을 찍는 저널리스트 흉
내를 내며 놀았고, 다음 주가 되면 이 놀이를 다시 시작했다. 우리는 좀처럼 부모의 이혼 얘
기를 입에 올리지 않았지만, 이 전쟁을 연출하는 동안 잭이 자신의 부모가 상대방을 계속 공
격하는 이야기를 하는 것은 확실했다. 필자는 잭에게 죽도록 싸우는 것을 지켜보며 아무도
도울 수 없는 상태로 힘없고 혼자라고 느꼈을 테니 아주 힘들었겠다고 얘기해 주었다. 그런
다음 필자는 잭이 압도적인 감정들을 훈습work through할 수 있는 안정되고 유용한 공간을 제
공해 주었다.

또 한 환자는 두 살 된 남자아이로, 엄마가 직장으로 복귀한 뒤로는 죽 엄마를 그리워하다
가도 정작 엄마가 퇴근하면 엄마를 때렸다. 이 걸음마 아기는 엄마에 대한 그리움과 엄마와
의 일시적인 분리를 둘러싸고 일어나는 일련의 감정에 방어적이며 명백히 모순적인 반응에
몰두했다. 그러면서 좌절감, 무력감, 불안과 더불어 엄마와 밀도 높게 접촉하고 격렬하게 부
딪치고 싶은 소망을 드러내면서도 은폐하는 강렬한 접촉 방식에 의존하고 있었다. 정신분
석과 애착 이론 두 분야의 지식을 모두 갖춘 아동 치료사라면 엄마가 아들이 느끼는 고통을
더 많이 인식하도록 도우면서 다음과 같이 반응하라고 제안할지도 모른다. '아가야, 엄마는

우리 아기가 얼마나 엄마를 보고 싶어 했는지 알아. 엄마도 우리 아가 보고 싶었어. 그래도 엄마를 때리면 안 돼. 그럼 엄마가 아프잖아.'

이러한 다소 평범한 삽화들 중 전자는 어떻게 어린 아동이 의사소통 수단으로 상징적이면서도 비언어적 놀이를 이용하는지 보여 준다. 반면, 후자는 공간을 통한 움직임 및 근육의 힘과 아울러, 정동과 신체를 이용하는 것을 보여 준다. 아동이 자신의 몸을 사용하는 데는 특히 즉각적이고 뭔가를 불러일으키는 어떤 것이 있다. 이 두 상황에서 언어는 의미와 소통의 중요한 중재 역할을 하지 못한다. 유아는 자신에게 주의를 기울이는 사람들에게 매우 명료하게 그리고 뭔가를 불러일으키는 힘을 갖고서 자신의 욕구와 갈망, 쾌감과 속상함 그리고 다른 내면 상태를 조직하고 표현하는 데 감각 능력과 운동 능력을 각별히 효과적으로 활용한다. 옹알거리거나 울고 있는 아기 또는 부모의 무반응에 몇 분이나 울고 나서 기진맥진해서 축 늘어진 유아를 상상해 보라(6장 참조). 이보다 나이가 좀 더 많은 아이는 다양한 목록의 비언어적 양태에 의지한다. 네 살 된 한 여자아이는 나와 상담실에 있다가 참을 수 없는 감정이 일어나 겁이 나면 내게서 달아난다. 세 살 된 남자아이는 엄마가 자기를 어린이집에 두고 떠나면 문손잡이에 매달린 채 문을 두드려대지만, 엄마가 보이지 않게 되면 몇 분 내에 친구들에게 달려가 신나게 함께 논다.

대체로 아동 분석가들은 현실과 환상에 대한 아이들의 기발하고 창의적인 상호작용에 각별한 관심을 기울이고 따라서, 아동기에 가장 눈에 잘 띄긴 하지만 성인기까지 지속되는 다양한 형태의 비언어적 의미를 직접 접하게 된다. 아동들과 작업하는 이들은 직접적인 신체적 돌봄의 중요성과 함께 아이들이 어느 순간 깨닫게 되는 이질적인 사회 환경의 중요성을 인식하지 않을 수 없다. 지금껏 아동 분석가들은 아이들이 매우 취약하고 의존적임에도 불구하고, 놀랍도록 창의적이고 뛰어난 성장 능력이 있다는 명백한 역설을 강조했다. 마찬가지로 그들은 이러한 역동이 시간이 지나면서 보편적인 삶과 각 아동의 삶에서 어떻게 전개되는지, 그리고 아동과 성인의 심리치료에서뿐 아니라 다양한 사회, 경제, 문화적 환경에 의해 아동의 잠재된 가능성이 어떻게 고양되거나 지연될 수 있는지 알게 된다. 3, 4장에서 자세히 설명하겠지만 이 모든 것은 발달 정신분석 관점이 형성되어 가는 길을 열어놓았다. (에릭 에릭슨Erik Erikson(1950/63)의 '아동기와 사회childhood and society'의 관계 탐구, 그리고 뒤이어 발표된 (1958, 1969) 루터와 간디의 정신분석적 전기에서 밝힌 새로운 혁신은 아직도 이러한 작업이 상담실을 넘어 확장될 수 있음을 입증하는 뛰어난 실례들이다).

실용적이며 과학적인 아동 분석과 인접 분야들

아동기의 세계로 직접 다가가는 과정에서, 아동 분석은 교육학과 사회사업, 발달 심리학 같은 분야와 공통된 영역을 공유했다. 많은 아동 분석가들이 대부분 여성인 까닭에 이러한 분야에서 직업적 경력을 쌓기 시작했다. 안나 프로이트는 교사였고, 아동 분석의 '창시자들'인 헤르미네 후-헬무스Hermine Hug-Hellmuth(1921)와 멜라니 클라인(1932)은 자주 자신의 자녀들을 주의 깊게 관찰했다. 칼 아브라함Karl Abraham(Geissman and Geissman, 1998)도 마찬가지였다. (찰스 다윈(Darwin, Ekman, and Prodger, 1872/1998)이 선구적인 정서 연구를 하면서 그러한 관찰에 의지한 적이 있긴 하지만, 이는 매우 독창적인 접근이었다). 이후 가장 영향력 있는 아동 치료사 중 많은 이가 사회복지사였거나, (아동 심리치료가 독립된 직업이었던 영국에서 가능했던) 직접 아동 치료 훈련을 받았다. 수많은 아동 분석가 중에서 앤 알바레즈Anne Alvarez와 셀마 프레이버그Selma Fraiberg, 아담 필립스Adam Phillips도 이 집단의 일원이었다(Seligman, 1997). 필자는 특히나 아동 분석 전통의 영향을 크게 받았는데, 아동 분석이 깊은 분석적 통찰력과 아동 및 그 가족에 대한 진정한 관심을 갖는 데 꼭 필요한 실용적 감수성을 결합했기 때문이다.

아동 분석 임상가들이 열린 태도를 갖고 있었기에, 관련 분야의 실무자, 연구자와 협력하는 경향이 있다. 아동 발달은 가족과 개인, 교육과 정동, 인지 등 많은 영역 간 교류의 영향을 받는데, 동시에 이러한 몇 개 영역에 개입하면 흔히 상승효과가 일어난다. 무척 창의적인 사비나 시필레인Sabina Spielrein의 작업은 이러한 관련 학문 간 협업의 가능성을 반영한다. 시필레인은 자신의 자녀들에 대한 관찰을 바탕으로 언어 발달과 관련해 상당한 공헌을 했으며, 시간의 경과에 따른 변형과 통합에 관한 중요한 견해들을 정신분석 문헌에 소개했다(Harris, 2015). 시필레인에게 정신분석을 받은 장 피아제Jean Piaget도 자녀들을 체계적으로 관찰하여 그만의 인상적인 연구를 확립한 것을 보면 시필레인의 영향을 받았을 것이다. 그녀는 또한 젊은 시절 정신분석에 관심이 있었던, 러시아의 영향력있는 발달론자인 레프 비고츠키Lev Vygotsky(1962)와 만났으니 그에게도 영향을 주었을 것이다. 비고츠키의 '근접 발달 영역zone of proximal development' 개념은 그가 처음으로 제안한 지 한 세기가 다 되어 가지만 여전히 영향력이 있다.

아동 분석은 발달 정신분석이 더 넓은 분야로 확장되는 데 주된 원천이 되었다(4장 참조). 여러 관련 학문 분야 간의 상반된 흐름은 발달 심리학 및 아동 정신의학과 교류를 통해, 때로는 인류학과 사회학, 신경과학과 언어학, 철학 같은 인접 분야와 교류를 통해 정돈되었다. 가장 좋은 상황에서, 이 모든 것은 아동기의 시간적 틀 속에서 외부와 내부, 환경과 개인 간에 복잡하게 교류하면서, 그리고 이런 교류에는 엄청난 변화의 잠재력을 지닌 채 이루어졌다. 아동 분석가들은 아이들을 직접 관찰하고 그들과 상호작용하는 것이 분석에 유익하다고 제안하면서, 무의식적 환상과 신체적 과정에 대한 정신분석 초기의 이미지를 활기차고 생생하게 새로 그려냈다. 아동들의 환상과 놀이의 관찰은 프로이트 학파의 많은 견해를 이론적으로 뒷받침하기도 했지만, 아동기에 대한 회고적이고 심리성적 중심의 견해를 혼란에 빠뜨리기도 했다.

아동 분석 프로젝트의 진전과 저항: 정신분석 방법 및 정치에서 젠더와 권위

초창기 아동 분석가들은 실력이 있었음에도, 빈에서 주로 활동했던 초기 분석 이론 및 협회의 주변부에서 작업했다. 프로이트 측근 구성원 대부분은 남성 의사들이었고, 고급 학위 없이 주로 상담실 밖에서 아이들과 작업하는 여성들보다 더 의학적인 기반을 갖추고 있었다. 부모나 교사가 아이들과 맺는 관계는 초창기 분석가들이 이론과 임상경험을 쌓았던 신탁적인 의사 특유의 사고방식보다는 덜 형식적이고 덜 권위적이었다. 고전적인 해석 방법론으로 작업했던 분석가나 의사는 환자의 내면을 들여다보고 무엇이 잘못되었는지 파악한 뒤 환자에게 이야기해 줌으로써 환자가 치료될 수 있었다. 프로이트는 전통적이고 제국주의적이며 아버지를 중심으로 구조화된 관습과 자신이 속한 빈 중심의 유럽에서 통용되는 권위와 덕목에 대한 정의에 익숙해 있었다. 자신의 혁명적 작업이 그런 속박에 저항했고, 결국엔 그것을 돌파했을 때조차도 그러했다.

후주

1 해럴드 블룸Harold Bloom(1997)은 셰익스피어의 '인간의 발명invention of the human'을 자세히 설명하면서, 셰익스피어가 사람이 된다는 것이 어떤 의미인지에 대한 이후의 논의를 형성하는 이미지와 용어를 제시했다고 본다. 프로이트가 아동기를 두고 한 작업이 이와 똑같다.
2 발달 단계 모델의 복합성을 모르지 않았던 프로이트(1917c)는 위에서 언급한 강연 논고에 다음과 같은 문장을 써넣기도 했다.

모든 예비 단계가 똑같이 성공적으로 지나가는 것은 아니며 또 완벽하게 다른 단계로 대체되는 것도 아니다. 즉, 일부 기능은 영구적으로 이런 초기 단계에서 정지될 것이며, 발달의 전반적 상황은 발달이 얼마나 억제당하느냐에 따라 달라질 것이다. … 나는 모든 성적 경향의 발달이라는 문제에서 성적 경향의 다른 부분들은 최종 목표에 도달했을지라도 그 일부가 발달의 더 초기 단계에 뒤쳐져 있을 가능성이 있다고 본다. … 우리는 이러한 모든 경향을, 출생의 순간부터 지속되어 왔지만, 각기 연속적인 진전을 이어가도록 다소 인위적으로 분리한 어떤 흐름으로 묘사하는 중이다(pp. 339-340).

3 훗날 프로이트(1905a, 1914b)가 전이를 과거에 대한 가장 풍부한 표상으로 생각하게 된 것은 아주 중요한 발전이었다.

4 프로이트는 처음에는 성적 본능을 강조했으나 나중에 파괴 욕동을 추가했다.

5 프로이트(특히 1927, 1930)는 정신분석가로서 말년에 쓴 일련의 사회 이론 관련 논문들에서 폭도와 종교, 독재자 등 자신을 괴롭혔던 다양한 사회 현상의 본능적 근원을 묘사했다. 많은 이들이 이러한 논문을, 그의 주변에서 발흥하는 파시즘에 대한 프로이트 자신의 불안이라는 맥락에서 읽었지만, 프로이트는 이 둘 사이의 관련성을 분명히 밝힌 적이 거의 없다(자세한 내용은 2장 참조).

6 **일차적**primary이라는 용어는 정신분석 문헌의 여러 핵심 단계에서 등장하는데, 각각의 단계에서 비슷한 의미를 내포한다. '일차적 자기애primary narcissism'와 '일차적 동일시primary identification,' 위니컷의 '일차적 모성 몰두primary maternal preoccupation' 같은 것들이 그 예다. 이것들은 모두 유아기와 연결되어 있다.

7 에드워드 사이드Edward Said(1978)는 '원초적' 본능에 대한 프로이트의 '타자화othering'를 자신이 '오리엔탈리즘Orientalism'이라고 부른 형식으로 여겼는데, '오리엔탈리즘'에 따르면 서구의 이데올로기는 비서구 문화를 발달이 덜 되고 어린아이 같으며/같거나 미개한 특징을 지녔다고 본다. 이렇게 본다면 많은 프로이트 학파의 분석에서 유아기는 '동양화된orientalized' 상태인 것이다(6, 8장 참조).

8 주목할 만한 예외적인 두 사례가 자주 인용된다. 「쾌락 원리를 넘어Beyond the Pleasure Principle」(Freud, 1920)에 소개된 그 유명한 **실타래 놀이**fort-da 사례와 어린 한스의 사례(Freud, 1909)가 그것이다. 그러나 이 두 사례가 빈번하게 인용된다는 사실은 프로이트의 막대한 양의 저작에서 나이를 불문하고 아동을 직접 관찰한 다른 예가 얼마나 적은지를 반증한다. 더욱이 프로이트는 어린 한스의 아버지를 통해 그를 치료했기 때문에 한스를 실제로 본 적이 단 한 번도 없었다.

9 대조적으로, 최근의 관계-지향적 발달론자들은 협력과 상호 조절을 출생 순간부터 계속 유지되는 기본 동기로 본다.

2장
이론 1
-전조: 초기 프로이트 이론의 핵심 주제와 논쟁-

가장 창의적이고 독창적인 철학적, 과학적 체계의 심오한 주제들은 직접적인 정교화 작업에서뿐 아니라 핵심적인 논쟁에서도 분명히 표현된다. 한계, 생략, 그리고 민감한 부분들이 정작 이 같은 체계의 가장 생산적인 차원들을 보여 준다. 예를 들어, 뉴턴의 고전 물리학은 뒤이어 드러난 문제점과 자료들을 설명할 수 없음이 밝혀지면서 아인슈타인의 상대성 이론을 잉태하는 질문들이 제기되었는데, 그 질문들 자체가 또 새로운 패러다임의 전환의 대상이 되었다. 이런 과정이 과학적 변화의 핵심이다(Kuhn, 1970). 새로운 사상은 앞서 확립된 이론이 예견하지 못했을 수도 있는 일련의 새로운 질문을 낳는데, 새로운 사상의 본질적 가치는 흔히 이런 식으로 확인된다.

앞서 말했듯이, 정신분석에서 아동기가 중요한 까닭은 위와 같은 과정들이 더 광범위한 영역에서 제기되는 핵심적인 질문을 끝까지 밝혀주는 중심 영역이기 때문이다. 이 장에서 필자는 이런 핵심적인 질문들이 초기 프로이트 학파의 맥락에 등장했을 때처럼, 더 완전한 발달 정신분석 관점의 등장 과정에서 이런 질문들이 어떻게 전개되었는지 염두에 두면서 다음의 핵심적인 문제 몇 가지를 상세히 설명할 것이다. 본능적 동기와 사회적 동기 사이의 긴장, 트라우마에 대한 '유혹 이론'으로부터의 방향 전환을 비롯하여 환상과 실제 경험의 상대적 영향, 정신분석에서 몸이 차지하는 위치, 그리고 젠더와 섹슈얼리티와 오이디푸스 콤플렉스 등이 그것이다.

대상관계와 대인관계 세계

많은 이들이 타인과 맺는 관계를 가리키기 위해 '대상관계'라는 용어를 사용하는 반면, 프로이트는 의도적으로 이 용어를 사용하여, 앞서 말했듯, 가까이에 있는 것은 무엇이든 사람뿐 아니라 무생물, 아이디어, 몸 일부분이나 몸속 내용물, 몸에 대한 다른 정신적 이미지든 간에 방출에 이용하려는 본능의 성향을 암시하였다. 유아 성욕의 핵심 이론은 사람 자체가 아니라 사람의 몸에 난 구멍을 중심으로, 각 구멍의 내용물(입-음식물, 항문-대변)에 초점을 맞춰 정립됐다는 것이다. 프로이트의 구강기는 유아가 어머니에게 전적으로 의존하는 것에 관한 은유가 아니다. 오이디푸스기가 사회적 방향으로 전환하는 것임을 보여 줄 때도, 성기적 만족과 불안이 이 시기의 기본 역동이다. 이러한 복잡함은 프로이트의 독창적 제안의 결과로, 20세기에 일어난 다양한 논쟁과 발전의 주된 특징이 되었다.

이런 맥락에서, '대상관계 이론'이란 이름을 얻게 된 것은 대상관계 이론이 관계를 개인 대 개인의 교류에 더 가깝게 이론화했기 때문이다. 멜라니 클라인의 이론처럼 이러한 관계가 사실상 환상을 바탕으로 이루어진 것으로 묘사하는 이론들조차 대인관계에서 흔히 나타나는 욕구와 위협—안락함, 허기, 유기와 멸절 등—에 관심을 가질 때도. 이런 욕구와 위협이 이론의 주류 안에서 거의 인정받지 못했다. 제이 그린버그Jay Greenberg와 스테판 미첼Stephen Mitchell(1983, p. 4)은 권위 있고 영향력 있는 그들의 책『정신분석적 대상관계 이론Object Relations in Psychoanalytic Theory』[1]의 서론에서 다음과 같이 기술했다.

> 이제까지 정신분석 사유의 역사 속에서 중요한 개념적 문제는 대상관계의 엄청난 임상적 중요성을 어떻게 설명할 것인가였다. 주요 정신분석 저술가들은 이 문제를 다루어야 했으며, 이 문제를 해결하는 방식에 따라 기본적인 접근법이 결정되고 뒤이은 이론화 작업을 위한 토대가 마련된다.

(고딕체는 원문)

---

1) 원서에는 'Object Relations in Clinical Psychoanalysis'로 표기되어 있으나 'Object Relations in Psychoanalytic Theory'로 확인되었기에 수정하였다(역자 주).

자아 심리학자들은 실제적인 현실 및 관계의 역할에 점점 더 비중을 둠으로써 이와 같은 딜레마를 해결하려 노력하면서도 자아 심리학 모델에 본능과 일차 과정을 남겨두었다. (실은 프로이트가 중간에 자신의 초기 이론을 수정한 것에 자극을 받았기 때문이다.) 영국의 중도 학파와 미국의 자기 심리학자들은 사회적 동기와 실제 돌봄 관계가 삶과 죽음의 욕동보다 더 중요하다고 주장했는데, 이로 인해 이 두 학파의 관심은 분석가와 환자가 맺는 관계의 직접적인 효과로 확대되었다. 대인관계Interpersonal 분석가들과 **관계적**Relational 분석가들도 이와 유사한 주장을 하면서, 한발 더 나아가 분석가 개인의 주관성과 환자의 주관성이 서로 주고받는 영향을 분석치료 행위의 일부로 포함시켰다. 서로 다른 임상적, 이론적 교류를 통해 이런 긴장을 다양한 방식으로 해결하는 것이 이 책의 핵심이다. 그동안 필자의 '정신분석적 지향'에 대한 난처한 질문에 할 수 없이 대답해야 할 때면 필자는 '상호주관론적 대상관계 프로이트 학파'라고 말했다. 이런 서로 다른 다양한 관점이 임상 작업이나 이론화 과정에서 항상 명확히 드러나지는 않지만, 필자는 이런 관점들을 늘 염두에 두었다.

페렌치: 실제 관계는 아동기에도, 치료실에서도 중요하다

초창기 정신분석가들과 아동 분석의 선구자들도 그런 논쟁에 몰두했다. 그 가운데 가장 두드러진 인물이 프로이트의 초기 측근의 핵심 일원이었던 산도르 페렌치Sandor Ferenczi였다.[1] 페렌치는 실제 사건의 충격과, 사회적 공동체, 특히 가족이 자녀에게 가한 손상을 인정하지 않을 때 생기는 혼란을 중요하게 보았다. 그리고 무엇보다 욕구와 권력의 비대칭을 비롯해, 분석가-피분석자 관계의 실제에 주목했다. 그는 안심시키기와 상호성reciprocity, 자기 개방을 주장했으며 분석가의 활발한 참여를 삼가야 할 것이라기보다는 치료 과정의 일부라 단언했다. 그리고 분석가가 자신의 경험에 주의를 기울이는 것이 환자에게 도움을 주는 가장 중요한 요소로 생각해서 좀 더 참여도가 높은 분석가의 역할을 실험했다(Aron and Harris, 1993; Bass, 2015; Dupont, 1995).

정신분석이 정지되었던 발달 과정을 재개할 수 있다고 이해되면서, 페렌치의 시각은 더 분명한 발달적 관점에 열려 있었다. 그리하여 페렌치는 중도 그룹과 자기 심리학, **관계적** 분석을 앞당기며 영향을 주기까지 했다. 페렌치는 프로이트의 소수의 공식적 최측근 중에서도 가장 신뢰받는 핵심 일원이었지만 나중에는 주변부로 밀려났다. 그러나 프로이트가 사망했을 때 페렌치가 쓴 감동적인 부고에서 확인할 수 있듯이 페렌치는 끝까지 프로이트 (1933a)를 칭송했다. 페렌치는 최초의 '2인' 정신분석가로 널리 인정받는다.

본능 이론의 몸과 (인간) 대상

프로이트의 정신분석은 다른 사람에 대한 경험과 몸에 복잡한 태도를 취한다. 본능 이론은 그 중심에 몸이 있기는 하나, 몸을 갖고 있는 것이나 그 몸 안에 깃드는 또는 타인의 몸과 접촉하는 직접적이고 생생한 경험이 그 특징은 아니다. 다양한 몸의 경험은 성감대 이미지에 포괄된다. 프로이트는 생리적인 것과 정신적인 것 사이의 간극을 메우려고 열심히 연구했지만 결국에는 마음-몸 이원론을 유지했는데, 이로 인해 고전 정신분석은 몸에 대해 좀 더 직접적인 견해를 밝히는 것과는 거리를 두었다.[2]

유아 연구는 필자가 정신분석에서 몸에 접근할 때 임상적으로나 이론적으로 특별한 역할을 한다. 유아 연구는 우리가 세상에서 우리 자신을 어떻게 느끼는지 밝혀준다. 말을 못 하는 유아가 어떻게 그토록 사람의 눈길을 빼앗는지 관찰하다 보면 몸의 자세나 정서, 몸짓이나 발성, 손길이나 눈길 등이 어떻게 마음의 상태를 조직하고 또 소통하는지 파악할 수 있게 된다. 이렇게 우리는 (위니컷이 '정신신체psychesoma'란 말을 만들어 낼 때 이해했듯이) 정신과 신체가 긴밀하게 얽혀 있다고 이해하는 쪽으로 방향을 전환 중이다. 뇌 연구와 신체 연구, 물리치료와 작업 치료occupational therapy, 트라우마 연구와 현상 철학과 같은 다양한 분야는 정서와 움직임, 감각의 즉각성을 강조하는 데도 영향을 미쳤다. 이 모든 것은 정신분석적 임상 치료, 특히 **관계적** 학파와 자기 심리학 집단에게 영향을 미쳤다(Knoblauch, 2000; Ringstrom, 2001; Sletvold, 2014 등). 이런 추세는 트라우마-중심의 치료사들 사이에서 최근에 특별히 조명을 받았는데, 이들 중 일부는 정신분석에 상당히 비판적이었다(Perry, 2007; Van der Kolk, 2014 등).

환상과 현실, 트라우마: 발달과 치료에서 차지하는 실제 사건의 중요성

프로이트는 가장 초기의 이론들, 특히 '유혹 이론'에서 트라우마를 일으킨 실제 사건이 발병에 직접적으로 영향을 미친다고 강조했다. 기억 및 다른 감정들은 트라우마를 드러내는 동시에 숨기는 증상들과 해리되곤 했다. 치료 행위에 대한 초기 이론들은 이러한 장애물을 제거하는 데 집중했다. 예를 들어, 에미 폰 엔 부인 사례에서, 환자가 최면의 도움을 받아 혼란케 하는 경험과 감정을 떠올리면 일련의 신체 증상에서 회복된다(Breuer and Freud, 1895).

그러나 1900년대의 처음 10년 동안 프로이트는 관심의 초점을 실제로 일어난 사건에서 본능과 환상으로 전환했다. 증상이 외부 사건의 자극을 받았을 수도 있지만, 궁극적으로 발병은 내면의 역동, 특히 외부 사건에 대한 환상에 그 원인이 있곤 했다. 프로이트의 두 번째 이론에서 정신병리는 기억 자체의 문제라기보다는 일차 과정과 본능 에너지의 문제였다. 그동안 페미니스트와 역사학자, 정신분석가 등은 프로이트가 유혹 이론을 폐기한 것은 실제 성적 학대와 그 외 다른 실제 트라우마를 숨기는 것이라고 비판했다. 일례로, 프로이트 (1905a)가 도라라는 젊은 여성을 분석했는데, 도라의 아버지는 가족의 지인인 유부녀와 불륜 관계를 맺고 있었다. 프로이트는 도라의 아버지가 내연녀를 만나는 동안 딸이 내연녀의 남편과 시간을 보내도록 계획했다는 사실을 도라에게 말하지 않은 채, 프로이트 자신에 대한 도라의 성적 전이를 해석했다(Bernheimer and Kahane, 1990; Erikson, 1964 등).

이는 정신분석에 대한 더 광범위한 비난으로 주위를 돌리게 한다. 즉, 심리내적인 것을 과도하게 강조하면, 심리내적인 것이 실제로 겪은 트라우마를 평가절하하듯, 주목해야 할 사회 현실에 주의를 기울이지 않게 된다는 것이다. 현실과 환상 사이의 이 같은 긴장은 다양한 방식으로 형성되어 온 정신분석 내부의 주된 관심사다. 그동안 정신분석 이론과 임상 작업에서 실제 사건과 환경의 조건에 관심이 꾸준히 증가했다. 이런 흐름은 다음 장들에서 자세히 다룰 것이다. 견고한 발달 관점은 내적 세계와 외부 세계를 모두 포함하여 아동기에 일어난 실제 사건에 더 큰 관심을 기울이도록 정신분석학계를 압박한다.

심리내적인 것을 넘어서: 사회적 세계와 정치적 세계

프로이트의 초기 측근들 중 일부는 중부 유럽에서 정신분석이 출현하던 수년 동안 매우 활발하게, 다양한 정치 문화적 사건들을 정신분석과 연결함으로써 초창기 정신분석의 초점을 확장했다. 여기에는 젠더와 계급, 정치 권력이 포함되었다. 일례로 프로이트의 초창기 측근의 일원이었던 빌헬름 라이히Wilhelm Reich(1927/1933)는 독일 공산당 당원이자 활동가였다.

라이히는 그런 위치에서 노동자계급 공동체 안에 무료 진료소를 조직했다. 이런 활동은 유럽 사회민주주의의 국민 의료보험 제도부터 1970년대 이탈리아와 미국, 영국 등 평등 지향적 공동체의 정신건강 진료소에 이르는 다양한 현장에서 자주 반복되었다.

또한 라이히는 섹슈얼리티와 아울러, 문화와 계급의 문제가 어떻게 마음과 몸에 새겨지는지를 이론화했다. 그는 증상보다는 좀 더 보편적이었지만, 본능을 둘러싼 갈등과 긴장을 중심으로 조직화된 기본적 삶의 방식인 심층적이고 지속적인 구조를 설명하고자 '성격'이라는 중심 개념을 제안했다.[3] 라이히는 이 개념을 더 확장하여 다양한 조절 방식과 자기-표현 및 욕구 충족의 금지를 통해, 본능 에너지를 조직화할 때 문화가 맡는 심층적, 구조적 역할을 포함하였다. 그리고 레비-스트로스Levi-Strauss(1949/1971)와 파슨스Parsons(1964)가 근친상간 금기의 사회적 기능에 기울인 관심에서부터, 다른 많은 힘들 중에 정치적, 이념적 힘이 어떻게 개인의 인격에 '영향을 미치는지'에 대해 알튀세르Althusser(1971)가 마르크스-라캉 학파의 관점을 중심으로 사유한 개념에 이르기까지, 이후 전개될 정신분석과 사회학 이론의 통합을 예견했다(Aron and Starr, 2013 참조).

젠더와 섹슈얼리티에 대한 프로이트의 시각과 오이디푸스 담론

프로이트는 섹슈얼리티와 욕망에 대한 자신의 솔직한 이야기로 당대 빅토리아 시대의 감수성을 돌파했다. 그러나 소녀와 여성을 바라보는 그의 시각은 여성이 남성보다 열등하다는 당대의 젠더-이데올로기적 관점을 그대로 따랐다. 다양한 성적 선호와 성적 지향이 인간의 선천적인 특성이라고 주장할 때조차, 그는 남자아이가 아버지에게 보복당할지 모른다는 환상 속 위험에 대한 반응으로 어머니를 향한 성적 욕망을 포기하고, 결국 보다 '성숙한' 이성애 대상을 선택하게 된다는 규범적인 오이디푸스 서사를 중심으로 이론을 세웠다.

아버지의 권위는 개인의 충동impulse과 사회 질서 사이의 갈등을 부각하는 동시에 해결하므로 특별한 정당성을 인정받는다. 여기서 핵심적인 불안은 거세였기 때문에 남성의 도덕적, 자기조절 능력은 임박한 위협에 근거한 것이었다. 반면, 여성의 도덕적, 자기조절 능력은 이미 거세를 당했다는 사실, 따라서 소녀와 여성은 '남근 선망penis envy'을 품고 산다는 이론 때문에 제대로 된 평가를 받지 못했다. 프로이트는 도덕성을 공감이나 상호관계로 보기보다는 규제의 문제로 인식했기 때문에, 남성이 여성보다 양심을 더 견고하게 발달시켰으며, 초기 단계의 '다형 도착polymorphous perversity'이 억제당한 것처럼, 이성애는 오이디푸스 콤플렉스가 사회 규범에 따라 해소된 결과라고 생각했다.

오이디푸스 콤플렉스 이론은 유아기와 초기 아동기의 영향에 대한 프로이트의 무관심을 반영하는 것이기도 하다. 이것은 자녀를 돌보는 '여성의 일'에 대한 일종의 가부장적 몰이해로 볼 수 있다. 여성이 어머니로서 하는 일에 대한 (적어도 암묵적인) 이 같은 평가절하에 더해, 본능적 아기에 관한 프로이트 학파의 이론화는 인간 본성 중에서 가장 덜 문명화되고 본능에 가장 잘 휘둘리는 측면을 어머니와 결부시킨다. 모성적 돌봄을 평가절하함으로써 여성, 특히 어머니가 자녀와 사랑, 그리고 일반적인 인간 발달에 대해 알고 있는 모든 것에 대해 정신분석의 접근도 줄어들었다.

오이디푸스 중심의 접근은 창의적이고 혁신적이며 생산적이지만, 분석 역사의 초기부터 비난을 받았으며(일례로 Horney, 1935), 오늘날까지도 광범위한 분야에서 신빙성이 떨어지고 있다. 사실, 이런 접근은 현대의 상황에 대한 분석에 많은 반감을 느끼는 근원이다. 그동안 다양한 관점과 모델이 등장했고 이것들은 특히 페미니스트와 젠더, 퀴어 이론뿐 아니라 아동 분석과 유아 연구, 사회 지향적 다른 흐름의 영향을 받았다. (이러한 내용은 이 책의 뒷부분, 특히 10장에서 현대 관점을 검토할 때 좀 더 자세히 논할 것이다.)

오이디푸스 콤플렉스에 대한 강조 그리고 임상적 이론과 실제에서 오이디푸스와 전-오이디푸스의 구분

이 문제 역시 임상에 영향을 미쳤다. '오이디푸스/전-오이디푸스Oedipal/pre-Oedipal'의 구분은 그동안 많은 정신분석학파에서 공인되었다. '오이디푸스적' 병리는 갈등으로 조직된 '분석 가능한' 신경증을 일컫는 것이고 '전-오이디푸스적'인 것은, 이제는 자기애성, 경계성, 정신증적 인격 조직이라 불릴 수 있는 병리를 일컫는다. 이러한 병리는 심리적 갈등을 중심으로 조직되지도 않았고 해석을 통해 치료할 수도 없어서 분석에 '부적합'했다. 이처럼 더 심각한 진단적 범주는 그동안 발달을 중심으로 개념화하는 경우가 흔했다. 이런 범주는 유아기와 걸음마 시기toddlerhood의 유기와 방치, 학대 그리고 그 외 다른 아동기의 트라우마, 특히 만성적 트라우마를 입게 되는 양육에 근원을 두는 것과 유사하다고 여겨진다.

3장부터 6장에 걸쳐 설명하겠지만, 분석적 조망이 바뀌고 다수의 새로운 개념과 치료 전략이 등장하면서 이 모든 것도 변했다. 자아 심리학자들은 고착 및 퇴행과 함께 발달상의 '결함'에 더 많은 관심을 기울이게 되었다. 클라인 학파와 중도 학파 분석가들은 유아의 마음에 대한 깊이 있고 상상력 넘치는 이미지와 '괜찮든good enough' 그렇지 않든 초기 양육의 영향을 정교하게 이론으로 다듬었다. **관계론자**, 대인관계론자와 자기 심리학자들은 어떻게 본능보다 관계가 갈등의 원인이 될 수 있는지 살펴보았고, 유아와 부모의 상호작용과 분석가와 환자의 상호작용 사이에 있는 직접적인 유사성을 탐구했으며, 이런 관점들은 20세기 후반에 폭발적으로 증가한 유아 연구에 의해 보강되었다. 정신분석 정전正典에서 '전-오이디푸스/오이디푸스'가 사라진 적은 없지만, 특정한 신경증적 갈등보다는 모든 환자의 기본 성격 조직을 고려하는 방향으로 광범위한 변화가 있었다. 이러한 발전은 모두 정신분석 영역—이론적, 임상적, 조직적—에서 변화 및 긴장과 뒤얽혀 있다.

역사적 상황에 대한 정신분석의 무관심: 중부 유럽의 혼란과 격돌의 한복판에 있던 프로이트

달리 표현하면 프로이트는 정치·경제·문화·이념적 상황을 고찰하는 데 있어 일대 약진을 했을 때도 이 모든 것을 외면했다. 마찬가지로 그는 전쟁의 기원에 대해 아인슈타인과 주고받은 유명한 서신에서 평한 것처럼(Freud, 1933b), 당시 일어난 사건에 대해 때때로 논평을 했지만, 그 자신이 겪는 역사적 상황이 이론적 발전에 미치는 영향은 고려하지 않았다. 주목할 만한 예외가 많긴 하지만, 그동안 정신분석은 당면한 사회적 상황—이론에서도, 정신분석 자체에 대한 설명에서도, 상담 현장에서도—을 간과했다.

프로이트는 성인의 정신건강 문제를 과거의 트라우마가 반복되는 문제로 이해하고, 당시 부상하던 정신의학과 심리학 분야에 개인적-역사적 관점을 소개했다. 그러나 그는 개별적인 아동기의 트라우마를 중심으로 자신의 이론을 세웠고, 정신병리에 대한 설명을 좀처럼 가족을 넘어서거나 성인기로 확장하지 않았다. 우리는 프로이트의 비이성론적irrationalist 본능 이론을 제1차 세계대전과 오스트리아-헝가리제국의 몰락, 파시즘 및 스탈린주의와 이와 유사한 국가 주도 테러리즘의 부상, 그리고 그의 말년에 일어난 홀로코스트를 비롯해 20세기 초 수십 년간 중동부 유럽을 휩쓸었던 격렬하고 지극히 불안정한 상황에 대한 반응으로 읽을 수도 있다. 빈은 이 같은 격동의 한복판이었지만,[4] 프로이트는 그것을 거의 언급하지 않았으며, 두 차례 세계대전 사이에 본능에서 비롯되는 사회적 혼란의 위험을 분석하는 일련의 사회이론 저작들을 집필하면서도 자신을 둘러싼 끔찍한 사건들은 거의 언급하지 않았다. 마찬가지로 마을의 불량한 패거리가 아버지의 새 모자를 진흙 바닥에 던지고 아버지가 그 모자를 줍게 하는 모욕을 당했다는 이야기를 전해 들었고, 유대인이라는 정체성 때문에 빈 의과대학 교수에 임명되는 데도 어려움을 겪는 등, 반유대주의가 평생 그를 짓누른 주된 폭력이었음에도 프로이트는 자신의 유대교에 대해 의견을 밝힌 적이 거의 없다(Gay, 1988).[5]

필자는 이어지는 몇 개의 장에서 정신분석이 특히 아동의 이미지와 발달 정신분석에 영향을 미치기도 하고 또 그것을 반영하여 발전하게 된 역사·문화적 환경의 의의를 염두에 두고 기술하고자 한다. 아동기가 성인기로 이어지는 것과 똑같이 우리 자신의 이론과 실천도 역사적으로 사고할 때 더 풍부해질 것이다.

후주

1 융은 본능과 환상을 포함한 많은 프로이트의 핵심 개념을 다른 방식으로 재구성했다. 그러나 프로이트 학파에게서 떨어져 나와 독립된 정신분석 기구를 설립했음에도 비융학파 분석가들에게는 영향력이 없었다.

2 이는 '1인' 심리학이라는 데카르트 사상에 대한 당대의 비판적 견해이다. 데카르트는 마음을 몸 안에 깊숙이 박힌 것이 아니라 몸과 분리된, 보다 고차원적인 존재로 여겼다. 후설Husserl과 같은 현상학자들, 특히 메를로 퐁티Merleau-Ponty는 직접적인 몸의 경험을 바탕으로 심리학 이론을 세우기 시작했다.

3 이 책에는 라이히가 고안하여 현재 널리 사용되는 '성격'뿐 아니라 설리반Sullivan의 '자기 체계self-systems,' 자기 심리학의 개념인 '심리구조psychic structure'를 비롯하여 다른 정신분석 개념들과 유사한 것이 다수 등장하는데, 이 개념들은 나중에 자세히 설명할 것이다.

4 티모시 스나이더Timothy Snyder의 책 『Bloodlands』(2010)는 1933년과 1945년 사이, 역사상 가장 살의殺意 넘치는 지역으로 기록을 남긴 독일과 러시아 사이의 땅을 소름 끼치게 묘사했다. 조셉 로스Joseph Roth(1924/1987; 1932/2011)의 책들은 빈에서 목격한 오스트리아-헝가리제국의 몰락과 제1차 세계대전 이후의 혼란상을 다룬다. 다양한 작가들이 프로이트가 처했던 사회적 환경의 좀 더 보편적인 측면을 그의 새로운 이론과 연계시킬 것을 제안했다(최근의 예로는 Makari, 2008 참조). 예를 들어, 피터 게이Peter Gay(1988)는 프로이트가 당대 빅토리아 시대의 성적 도덕 관념에 대해, 애매하긴 하지만 부정적인 비판을 했다는 복잡한 주장을 한다. 프레드 와인슈타인Fred Weinstein과 제럴드 플래트Gerald Platt(1969)는 오이디푸스 콤플렉스 이론을 가족과 관련된 새로운 상황에 대한 반응, 즉 모든 가족이 함께 일했던 농촌 경제에서 도시 산업경제로 바뀌면서 홀로 일하러 나가는 아버지가 다가가기 어려운 권위적인 인물로 보일 수 있는 현상에

대한 반응으로 본다. 제1차 세계대전 이전의 저명한 독일 문화사가인 칼 쇼르스케Carl Schorske(1961/1981)는 프로이트의 이론과 세기말적 불안에 빠진 빈 정부의 권력 투쟁의 유사점에 주목하면서 이것이 프로이트에게 크나큰 관심사였다고 주장한다.

5 비슷한 예로, 프로이트와 동시대인 작곡가 구스타브 말러Gustav Mahler는 빈 필하모닉 오케스트라의 지휘자로 임명되기 위해 천주교로 개종했다.

3장
갈림길에 선 아기
-구조 모델, 자아 심리학, 대상관계 이론-

1920년대, 프로이트는 이드id, 자아ego, 초자아superego 세 부분으로 이루어진 정신 구조와 그 구조에서 기인하는 심리적 갈등을 중심으로 조직된 새로운 '구조 모델'을 제시했다. 새롭게 등장한 '자아 심리학'은 정신 기능의 더 적응적인 측면이 포함되면서, 아동 발달에서 성장을 촉진하는 잠재력에 점점 더 관심을 기울였다.

프로이트 사후 새로운 논쟁이 등장했는데, 그 핵심은 유아기와 아동기에 대한 서로 다른 해석의 대립이었다. 멜라니 클라인과 그 추종자들은 좀 더 이른 시기의 환상과 본능을 중시하는 프로이트의 초기 관점을 유지한 채, 가장 원초적인 본능에 휘둘리는 아기를 묘사했다. 반면 '안나 프로이트 학파'는 욕동과 욕구, 돌봄에 적응하려는 경향이 뒤섞인 아기를 제시했다.[1]

클라인은 어머니-유아 관계로 형성된, 내적 대상관계와 판타지phantasy라는 파괴적이고 본능에 휘둘리는 세계를 이론의 중심으로 삼았다. 클라인과 그 추종자들은 매우 어린 아동들과의 분석 작업에 큰 영향을 받았다. 그들은 저항을 훈습하는 대신 심리성적이고 공격적인 자료를 직접적이고 직설적으로 해석하라고 요청했다.

영국 학회의 다수는, 이 두 접근의 요소들을 결합한 몇 가지 관련된 유아 이론을 제안하고 있는 독립적인 '중도 학파Middle Group'에 소속되지 않았다. 그러나 중도 학파는 실제의 인간관계가 중심적이고 근본적인 동기라는데 대체로 동의하는 데서 더 급진적이었다. 이렇게 그들은 사회적-상호주관주의적 모델로의 최근 변화를 앞당겼다.

자아 심리학—심리구조와 적응, 외부 현실

프로이트의 혁신적 개념인 '비탄'과 구조 모델의 강화

제1차 세계대전 전후 수십 년 동안, 프로이트는 자신의 기존 모델을 수정했다. 그리고 대상관계와 나르시시즘, 우울증과 마조히즘, 만성적 죄책감과 집요함, 그리고 방어와 저항과 전이 같은 무의식적 특성을 다룬 새로운 이론을 발전시켰다. 마침내 1920년대에 그는 새로운 '구조 모델'을 확립했다. 이 모델은 원초적, 본능적 이드와 자아, 그리고 문화에 대한 도덕적, 규범적 금기를 내면화한 초자아, 이렇게 세 부분으로 이루어진 정신 구조가 특징이다. 본능적 욕동과 비합리적인 일차 과정은 여전히 이드 안에 핵심적으로 자리를 잡았다. 하지만 '안으로는' 욕동으로 향하고, '밖으로는' 현실의 요구 및 초자아의 요구와 직면하고 있는 자아 안에 타고난 적응적인 동기가 새로이 강조되었다. 자아와 초자아는 모두 중요한 사람 및 사회 구조와 동일시를 통해 진화했고, 따라서 발달에는 지속적으로 사회적 세계와 상호작용하고 그 세계를 체현하는incorporating 과정이 포함되었다.

자아 심리학: 적응적-발달적 관점으로 한발 더 나아가기

초기의 구조 이론은 특히 미국에서 새로운 '자아 심리학'으로 확장되었다. 자아 심리학자들은 자아를 독립적이며 적응적인 역동과 기능—통합, 인지, 적응, 현실 검증, 만족을 지연시키고 좌절을 견디는 힘, 언어, 대상 관계, 충동 통제, 판단, 그리고 특히 방어—을 지닌 존재로 연구하며 이론화했다. 이제 자아는 욕동의 '강력한 기수騎手'가 되었다. 에릭 에릭슨Erik Erikson(1950/1963), 하트만Hartmann(1958)과 동료 연구자를 비롯한 중견 자아 심리학자들은 타고난 현실 적응적 동기를 강조하면서 '일차적 자율 기구apparatuses of primary autonomy'와 '자아 핵ego nuclei' 같은 구조를 중요하게 여겼다.[2] 발달, 정신병인론psychopathogenesis, 분석적 치료 행위에 대한 새로운 모델들은 이렇듯 연구의 초점이 변화하는 과정에서 등장했다.

이제 여러 심리적 실행체들agencies 간의, 특히 욕동과 자아 사이의 조화와 갈등이 중요한 특징이 되었다. 억압에 대한 초기 개념화는 충동이 유발하는 불안에 대항하기 위해 세상에 대한 인식을 조직하고 이드-충동의 표출을 억제하거나 변경하는 합리화와 부인, 투사와 반동 형성, 해리 등과 같은 다수의 정신 작용을 포함하는 것으로 확장되었다. 이에 따라 방어는 임상적 지향을 결정하는 과정에서 무엇보다 중요해졌다. 방어는 시간이 지남에 따라, 특히 트라우마 상황에 대한 반응으로 발전하면서 구조화되기 시작했다. 또한 방어는 경험과 행동 패턴을 이끌어 내면서 비교적 안정적인 '심리구조'를 형성하는 데 이바지할 수 있었다. 신경증은 점점 개별 증상의 문제인 동시에 성격의 문제로 보게 되었다(Reich, 1927/33).

여기서 불안은 방어를 (종종 무의식적으로) 촉발하는 특별한 역할을 하는데, 프로이트(1926)는 불안을 (본능의 좌절로 생긴 잔여물이 아니라), 그 근원이 내부에 있든 외부에 있든, 위험에 대한 심리적 신호로 수정했다. 프로이트는 새로운 발달 모델의 토대가 되어준, 발달 시기에 따른 뚜렷한 불안들—유아기와 관련된 멸절(전체적이고, 파편화된, 끔찍한 존재의 소멸), 분리와 상실, 대상 사랑의 상실, 거세(육체의 손상이자 자기self의 손상, 처벌에 대한 공포), 끝으로 초자아 불안(죄책감)등—을 제시했다.[3] 이 '일련의 불안'은 특히 자아 심리학뿐 아니라 새롭게 부상하는 대상관계 이론에도 영향을 미쳤다. 클라인과 위니컷의 대부분의 연구는 멸절 불안에 대한 확장된 설명으로 읽을 수도 있으며, 볼비Bowlby는 프로이트의 분리 불안을 참고하여 애착과 상실을 다룬 기념비적인 연구를 시작했다. 종합적으로 보면, 1920년대에 프로이트가 수정하고 첨가한 내용은 구조 모델을 가장 직접적으로 따르지만, 대부분의 정신분석 지향점들을 거치며 보다 정교한 발달적 접근을 향해 열려 있었다.

임상 기법

방어, 불안, 심리구조를 강조한 결과, 기법에 미묘하면서도 의미 있는 변화가 이어졌다. 분석가는 초기에 프로이트가 연구하고 클라인이 계승한 것처럼 본능적 충동이나 억압된 환상이나 기억을 직접 해석하기보다는, 환자의 방어와 성격 구조를 비롯하여 방어를 작동시키는 불안을 훈습해야 했다. 방어는 새로운 내용으로 바뀔 뿐 아니라 새로운 방어와 불안에 자리를 내주겠지만, 이러한 순환은 장기간 되풀이될 수도 있다. 전이는 여전히 가장 중요한 개념이었지만, 또 다른 전이를 비롯한 다른 역동을 은폐할 수도 있어서, 이제는 저항의 근원일 뿐 아니라 저항을 받을 수 있는 것으로도 이해되었다(이러한 입장에 대한 더 권위 있는 평론으로는 Greenson, 1967; 그리고 Sandler et al., 1991 등 참조).

방어기제가 적절하지 않다면 심리적 붕괴가 일어날 수도 있다. 프로이트는 신경증과 좀 더 심각한 기질적characterological 정신병리 사이에 중요한 차이가 있음을 분명히 밝혔다. 더 만연된 정신병리는 전-오이디푸스적 발달의 결함을 반영하는 것으로 여기게 된 반면, 신경증은 완벽하지는 않더라도 좀 더 만족스러운 오이디푸스적 해결을 반영했다. 프로이트(1923)는 구조 모델에 대한 명확한 견해를 밝힌 「자아와 이드」에 이렇게 적었다. "특히 신경증 환자와 관련해서는 완전한 오이디푸스 콤플렉스의 존재를 가정하는 게 바람직하다"(p. 33). 신경증은 거세와 죄책감 같은 좀 더 '진화한' 불안을 중심으로 조직된 반면, '전-오이디푸스의' 정신병리는 멸절과 분리, 사랑받지 못함에 관한 더 기본적이고 '원초적인' 공포와 관련이 있다.

분석 기법과 치료 행위에 대한 2단계 접근은 표준으로 자리를 잡았다. 즉, 신경증적인 '오이디푸스 수준의' 환자에게는 방어와 심리적 갈등이 해석되었고, 기질적인 전-오이디푸스 수준의 환자에게는 발달 지향적 접근이 적용되었다. 새로운 임상 이론은 불완전하거나 차단된 발달의 영향에 큰 비중을 두었으며, '발달 지체'와 '결함' '고착' 같은 용어가 상당히 보편적으로 쓰이게 되었다(A. Freud, 1965; Group for the Advancement of Psychiatry, 1966). 이것은 치료 관계와 그것의 성장-촉진적이고 양육적 효과는 심리적 갈등의 해석과 연계해서든 혹은 그런 해석을 대신해서든 심리구조의 진정한 변화를 일으킬 수 있음을 시사한다. 이처럼 심리적 성장을 위한 힘은 길러질 수 있으며, 따라서 다시 활성화될 수 있다. 이런 접근은 아직도 논쟁 중인데, 일부 분석가들이 심층적인 '구조의 변화'는 전이와 저항, 방어 그리고 그 외 갈등들을 해석할 때만 성취될 수 있다고 계속 주장해 왔기 때문이다.

더 완전한 발달 정신분석을 향하여: 점진적 발달과 임상 작업, 분석적 치료 행위

더 복잡한 발달 접근은 적응적이며 사회적/현실 지향적 차원의 구조적-자아 심리학 모델에서 비롯되었다. 외부 세계와 관계를 맺고 적응하려는 기본적인 타고난 성향은, 적절한 환경의 지원이 있어야 발현되는, 아동기와 아동 발달의 자연스럽고, 일차적인 점진적 발달의 측면을 촉진시킨다. 발달은 좌절을 견디거나 그것에 적응하는 수동적 과정일 뿐 아니라, 능력이 증가하고 숙달되고 전체적으로 확장되며 사회로 진입하는 적극적 과정이기도 하다. 아동기(와 심지어 성인기)의 전진하는 움직임은 미해결된 과거와 본능의 뒤로 당기는 힘과 아울러 근본적인 것으로 개념화되고 고찰되었다. 대체로 내면과 외부의 통합, 사회적인 것과 개인적인 것, 일과 사랑, 잠재력과 실제와 한계, 이 모든 것은 정신분석의 관심 대상이 되었으며, 동시에 임상적 평가 및 개입과 관련되어 있다. 이것은 정신분석의 관심이 환경의 개입으로 향하는 것을 암시하기도 하는데, 이는 (실제로 심리내적인 것에 이를 때조차) 인격 발달과는 차이가 있을 수 있기 때문이다.

프로이트의 딸 안나 프로이트는 새로운 발달적 사고에서 특별한 역할을 했다. 그녀는 몸과 자아가 성숙해 가는 과정에서 발달의 전진적 움직임에 맞춰, 섭식의 자율성과 자기 돌봄, 대인관계 등으로 귀결되는, 전 생애에 걸친 '발달 라인 개념concept of developmental lines'(A. Freud, 1963)을 제안했다. 안나 프로이트는 런던에 있는 햄스테드 클리닉(현 안나 프로이트 센터)의 동료들과 함께 아동과 청소년, 성인에게 적용할 일련의 통합된 발달 개념을 발전시켰다. 그녀는 발달 라인 외에도 '아동기의 정상과 병리'(A. Freud, 1965)를 연구했으며, 환자의 불안과 고착과 퇴행, 방어 구조와 결핍 등을 개괄하는 상세한 체계를 지원했다. 그녀는 1940년대 영국 정신분석학계를 갈라놓은 클라인 학파와 '논쟁적 토론'을 벌일 때 프로이트 학파의 리더였으며, 1982년 사망할 때까지 영미 자아 심리학 운동의 정치적 지도자 자리에 있었다. 그녀와 그 동료들이 감독하여 발행한 아동 분석 연보인 『정신분석적 아동 연구The Psychoanalytic Study of the Child』는 제2차 세계대전 이후 수십 년 동안 큰 영향력을 발휘했다. 이뿐 아니라, 안나 프로이트(1936)는 발달적 임상과 이론의 옹호자일 때에도 「자아와 방어기제」라는 권위 있는 연구논문을 집필했는데, 이는 여전히 해당 주제에 대한 핵심적인 진술서이다.

자아 심리학과 발달 정신분석 그리고 학제 간 동향

실제 환경과 상호작용을 향한 관심은 자연스러운 환경에서 이루어지는 직접 관찰과, 분석과 관련된 경험 중심 연구, 이 둘을 모두 지원했다. 이것은 자아 심리학 그룹의 지도자 다수가 아동 분석가였기 때문에 초창기 아동 정신분석가들이 비임상적 환경 및 자료에 기울인 관심과 함께 지속되었다. 이런 현상은 2차 세계대전 중에 그리고 그 이후에도 가속화되었다. 안나 프로이트는(Freud and Burlingham, 1943), 존 볼비와 마찬가지로, 2차 세계대전 중 영국 도시들이 폭격을 받는 동안 부모와 떨어진 아이들을 관찰했다. 지향점이 다른 분석가들, 특히 아동 분석가들은 아동 심리학과 정신의학, 소아과학을 활용했으며, 소아과 병동과 학교, 소년법원과 아동복지기관 같은 점점 더 보편화된 다양한 아동 중심 환경으로 작업을 확대해 나갔다. 이에 따라 아동 분석은 정신분석학계뿐 아니라 더 광범위한 정신건강 분야에서도 점차 위상이 높아지고 영향력이 커졌다. 이런 상황은 제2차 세계대전 이후 미국과 유럽의 경제적 번영 속에서 더 가속화되었다.

'가장 넓은 의미에서 **일반 심리학**'(Hartmann, 1958, p. iii)이 되고 있는 정신분석 연구에 전념한 논문집인 『심리학 이슈』 창간호에서, 편집자들은 최첨단의 자아 심리학 이론 및 연구의 핵심을 간추려 제시했다.

> 지난 25년 동안 정신분석은 정신병리, 무의식적 환상 속의 삶, 치료 과정을 훨씬 뛰어넘어서까지 관심이 확장되었고, 그 과정에서 소득이 있었다. ⋯ 이것이 의미하는 바는 정신분석의 이론적 잠재력을 발전시키려면 심리학 및 정신의학 연구와 관련된 모든 분야의 자료를 철저히 조사해야 한다는 것이다.
>
> 지난 사반세기 동안 일어난 자아 심리학의 발전은 그동안 정신분석 이론이 어떻게 범위를 넓히고 관점을 바꾸었는지 보여 주는 좋은 예이다. 구조의 형성과 변화, 그리고 적응과 현실은 정신분석에서 점점 더 중요한 문제가 되었다. 이에 따르는 중요한 이론적 개정들은 발달 관련 진술로 발전하였다. 이러한 맥락에서 피아제의 연구와 생태학자들의 연구는 정신분석학계의 관심을 불러일으켰고, 따라서 인지와 사고의 역학, 그리고 학습이 적응의 도구로 연구되었다. 이론이 한층 더 발전하려면 비치료적 방법으로 수집한 새로운 형태의 자료만으로는 부족하다. ⋯ 우리는 임상 연구뿐 아니라 실험적 연구와 더불어, 정신분석 치료 자체의 심리내적 기원에 관한 설명은 물론, 통제된 발달 연구가 여기에 상당히 기여할 수 있으리라고 본다.
>
> (p. xx)

자아 심리학에 대한 비판과 한계

구조와 기능에 관한 언어는 지나치게 기계적으로 보여서, 구조와 과정에 열중하는 개인을 못 보고 넘어갈 수도 있다(특히 이 일반적인 비판에 대한 신랄한 진술을 확인하려면 Lacan, 1953 참조). 특히 클라인 학파는 자아 심리학자들이 본능과 환상, 무의식에 대한 프로이트의 위대한 발견을 외면했다고 주장한다. 반면 일부 학파는 자아 심리학자들이 적응에 관한 관심이 지나치게 '적응론자적'이었으며, 사회적 제약과 마주한 개인의 내면에서 일어나는 중압감뿐 아니라 다양한 사회적 · 경제적 갈등과 불평등을 간과했다고 주장하기도 한다. 이때까지만 해도 인간관계는 일차적 동기로 생각되지 않았다. 그럴 수도 있다고 암시하는 순간에도 중요한 것은 대인관계의 근본적인 동기 체계가 아니라, 자아 구조와 본능적 욕구였다.

자아는 여전히 근본적으로 개별적인 구조로 인식되었고, 따라서 자아 심리학은 훗날 관계 지향적 분석가들의 지지를 받게 될 '2인' 심리학이 되기에는 한참 모자란 상태였다.

이어지는 몇 개의 장에 걸쳐 설명하겠지만, 더 완전한 발달 관점으로 관심이 이동함에 따라 프로이트의 초기 이론에서 (클라인의 이론에서도) 예측되지 않았으나 현대 정신분석에서 받아들일 만한 많은 것들을 보여 주는 창이 열렸다. 필자는 구조 모델과 자아 심리학이 각각의 분석에서 일어나는 다양한 모든 현상을 명확히 밝히고 조직하는 많은 유용한 방법을 제시한다는 사실을 알게 되었다. 예를 들자면, 필자의 직관적인 생각에는 주로 적응적이고 퇴행적인 동기와 과정이 뒤섞여 있는 것과 아울러 방어와 저항, 특정 불안을 관찰하는 것도 포함된다. 필자는 많은 동료들—심지어 분석적 지향이 다른 동료들—도 생각이 비슷할 거라고 본다.

클라인 학파의 정신분석—내적 대상과 판타지, 유아의 원초적 마음의 구심성

1939년 프로이트 사망 후, 영국 정신분석학회의 이론적, 정치적 주도권을 쟁취하기 위한 안나 프로이트 학파와 멜라니 클라인 학파 간의 대결이 확대되었다. 이 투쟁은 열정적이고 창조적인 '논쟁적 토론'이었고, 토론 과정에서 대립하는 양 진영의 구성원들은 영국 정신분석 연구소의 동료들에게 자신들의 이론적 토대가 되는 논문들을 제시했다. 이 논쟁은 영국 정신분석협회가 세 협력 그룹, 즉 앞서 언급한 두 그룹과 '중도 학파'(훗날의 '독립 학파')로 나뉘면서 마무리되었는데, 중도 학파는 위의 두 학파와는 계속 거리를 두었다. 한편, 자아 심리학자들은 1980년대까지 미국에서 주도권을 장악했고 그 이후 클라인 학파가 영국은 물론, 점차 라틴 아메리카와 미국에서 영향력을 행사하였는데 그들의 관점은 비온Bion, 로젠펠드Rosenfeld, 시걸Segal, 조셉Joseph 같은 핵심 공헌자들 덕분에 상당히 발전했다.

클라인은 유아기를 정신분석 심리학의 주된 은유로 삼으면서 분석학계에 변화의 바람을 일으켰다. 클라인에게 유아의 정신적 삶은 판타지phantasies와 내적 대상관계로 조직된 것이었다. 판타지와 내적 대상관계는 항상 판타지가 만들어 내는phantasmatic 투사와 동일시, 내사를 통해 중재되기 때문에 아기가 양육자와 주고받는 상호작용의 영향은 미미했다. 이런 견해는 유아는 너무 미분화되어 있어서 그런 능력을 발휘할 수 없으므로 그 어떤 관계도 존재

하지 않는다는 프로이트의 관점과도 대조적이었다.[4]

이처럼 어머니는 처음에는 희미한 형태로, 나중에는 더 현실적인 관점에서 정신분석 무대 위의 배우가 되었다. 유아기에 더 큰 관심을 보이는 움직임은 불가피하게 모성적 돌봄의 역동과 영향에 관한 관심으로 이동하게 되었다. 클라인은 최초의 대상관계 이론가였고, 클라인 학파가 연구의 초점을 유아기에 맞추자 위니컷과 발린트Balint, 볼비를 비롯해 매우 영향력 있는 중도 학파 분석가 다수가 양가적인 지점에서 클라인 학파를 떠났는데, 이들은 모두 아동 분석 훈련 과정에서 클라인에게 임상 감독을 받았었다.[5] 매우 다양한 방식으로, 중도 학파 분석가들은 유아기와 심각한 정신병리, 원초적 불안과 판타지에 기울인 클라인 학파의 관심에 크게 의존했다. 하지만 그들은 또한 가장 공공연히 사회적, 발달적 모델을 제안했고, 사회적 동기의 우선성과 실제의 양육 관계, 기타 환경의 영향과 이전에 고착된 발달 잠재력을 다시 활성화하는 분석의 가능성을 강조하였다.

클라인 학파의 아기

멜라니 클라인과 그녀의 추종자들에게 유아기는 평생에 걸쳐 지속되는 심층적인 심리적 삶의 중심적 은유이다. 클라인은 매우 어린 아동을 분석하는 임상 경험과 자신의 이론을 끊임없이 연결시켰다. 하지만 오늘날의 유아 발달론자와 달리, 그녀는 일차 과정의 놀이와 환상이 리비도적 본능과 파괴적 본능 사이의 갈등의 문제라는 데 초점을 맞추고, 심층적인 환상fantasy의 자료에 대한 직접적인 해석을 강조했다. 일례로, 중요한 사례인 열 살 된 리차드 사례(1961)에서 클라인은 리차드에게 그가 가지고 노는 장난감 기차가 그의 성기와 배설물을 상징한다고 곧바로 말해 주었다. 이런 접근은 성인의 분석 작업으로 확장되었다. 이로 인해 그녀는 안나 프로이트를 비롯한 구조 모델을 지향하는 분석가들과 불화를 빚게 되었다.

클라인은 정신적 삶의 일차적인 본능적 측면, 특히 파괴적인 '죽음 충동'이 성인기까지 이어지는 동시에 그 중심에 자리하고 있다는 점을 강조했다. 프로이트(1923)는 이런 견해를 리비도 욕동을 보완하는 개념으로 소개했지만, 클라인은 이 견해를 좀 더 중심적인 개념으로 그리고 정신적 삶에서 파괴적인 세력으로 보다 명확하게 설명했다. 판타지와 내적 대상은 전 생애에 걸쳐 인격의 바탕이었다. 사회적인 적응 동기와 실제 환경에 대한 인식은 초기 유아기에 영향을 미치기보다는 시간이 지나면서 드러난다.

실제 양육자에 대한 경험은 판타지가 만들어 내는 이러한 내적 대상관계에 의해 매개된다. 클라인 학파가 사용하는 판타지phantasy는 현실과 만나기 전 본능 구조의 깊이, 즉 가장 기본적인 수준에서 신체 감각(감각-지각을 포함한)과 본능을 결합하는 근저의 심리 과정을 암시한다(이 개념을 빼어나게 요약한 글로는 Isaacs, 1948 참조). 이는 욕동 에너지와 소망, 기억 흔적 및 그 밖의 동기와 의미의 보관 장소로서, 서로 다른 이미지를 몽상처럼 다소 더 평범하게 사용하는 것을 일컫는 '환상fantasy'이라는 용어의 전형적인 쓰임과는 대조를 이룬다. 판타지는 외부 현실을 경험하는 것보다 앞서 있다는 의미에서 일차적이며, 클라인 학파 모델에서 정신적 삶의 첫 번째 구성형식format이다.

클라인 학파 유아는 심리적 비상 상황과 매우 가까이 있다. 서로 대립하는 본능을 바탕으로 조직되어 있고, 투사와 내사에 의존하는 유아는 자신과 자신의 대상들을 각각 이상화된 것과 파괴적인 것으로 분리시킨다. 나쁜 내적 대상은 좋은 내적 대상에게 너무 위협적이어서 좋은 내적 대상과 양립할 수 없기에, 구강기의 구성형식에 따라 방출되거나 투사된다. 그러나 이 과정에서 투사된 증오 대상이 이제는 박해 대상으로 변해, 투사를 통해 보호하려 했던 생존을 위협하기 때문에 심리적 위협은 더욱 가중된다. '클라인의 아기'는 이처럼 잔인한 순환, 곧 '편집-분열 포지션paranoid-schizoid position'에 빠진다.[6] 이러한 근본적인 불안은 성인기까지 지속되고 우리 중 누구도 정신증 환자처럼, 자기self와 대상의 감각이 산산이 부서지는 것에서 벗어날 수 없다.

클라인과 대상관계 이론의 기원

클라인의 이론은 초기 유아기를 내적이고 환상적이긴 하지만, 관계로 기술함으로써 정신분석학계의 판도를 바꿔놓았다. 따라서 클라인은 대상관계를 정신분석의 중심으로 끌어들였다. 만년에 쓴 '유아의 정서적 삶에 관한 몇 가지 이론적 결론'이라는 기품 있는 요약문에서(1952, p. 209) 클라인은,

생후 3~4개월 된 유아의 정신적 삶의 몇몇 측면을 기술했다. (그러나 개인차가 크기 때문에 발달 단계의 기간에 대해서는 개략적 추정만 가능하다는 점을 유념해야 한다.) 내가 제시했듯, 이 단계의 묘사에는 뚜렷한 특징이 있다. 편집-분열 포지션이 지배적이며, 내사와 투사—재-내사와 재-투사—사이의 상호작용은 자아의 발달을 결정한다. … 또 파괴 충동과 박해 불안이 최고조에 달하며, 유아는 박해 불안뿐 아니라 끝없는 만족에 대한 욕망으로 인해

이상적인 젖가슴과 집어삼키는 위험한 젖가슴이 모두 존재하지만, 유아의 마음속에서 이
둘은 아주 멀리 떨어져 있다고 느낀다.

클라인(1935, 1940)은 결국 더 '성숙한' 발달 포지션―애도, 상실 그리고 보상이 가능한 '우
울' 포지션―을 제시했다. 클라인은 편집―분열 포지션과 우울 포지션을 단순히 유전적 위계
가 아니라 각 성격 조직의 대안적 양태로 이해했다. 그녀는 본능에만 집중하기보다는 (갈망
과 '그리움', 해체 같은) 각기 다른 관계의 특징적 정서 상태로 사고의 방향을 돌렸다. 그리고
통합을 비롯한 다른 발달 과정에 더 많은 관심을 기울이게 되었다. 그녀는 투사적 동일시 개
념을 정교하게 다듬고 응용하여, 이후에 등장하는 거의 모든 정신분석 접근에 영향을 주었
다. 대체로 클라인의 글은 논조와 내용이 점점 명확하고 솔직해졌다. 만년에 쓴 역작 「시기
심과 감사」(1957)는 갈망과 비탄에 바치는 섬세하고 연민 어린 송시이다.

이후 발달 이론의 정교화와 발달에 관한 현대 클라인 학파의 관점: 비온과 '생각하기'의 발전

물론, 영국 클라인 학파 안에서 아이디어를 수없이 다듬고 세밀히 서술하고 혁신하면서
주목할 만한 임상과 이론 작업이 이루어졌다(Isaacs, 1948; Rosenfeld, 1971a; 그리고 Segal,
1957의 예 참조[7]). 그중 중요한 것은 클라인 학파의 이론을 지향하는 타비스톡 집단이 유아
관찰은 영국의 성인 정신분석 및 아동 심리치료 훈련에서 꼭 필요한 부분임을 확실히 해 주
었다는 것인데, 이 접근은 분석학계 전반에서 폭넓게 수용되어 큰 영향을 미쳤다.[8]

비온(1962)은 멜라니 클라인 이후 클라인 학파에서 영향력이 가장 큰 인물이었다. 비온이
기술한 바에 따르면 어머니는 아기의 견디기 힘든, 파괴적이며 판타지가 만들어 내는 감정
의 투사를 '담아주고containing' 아기에게 다시 되돌려 줌으로써 아기의 투사를 변형시킨다. 이
과정을 통해 아기는 원초적인 내적 세계를 좀 더 잘 관리할 수 있는 수준으로 나아가는데,
비온은 이를 '생각하기thinking'라고 불렀으며, 이는 외부 현실로 열려 있었다. 이처럼 비온
은 유아가 본래의 본능적 심리 현실에 대한 공포에서 벗어날 수 있는 과정을 상세히 설명했
다. 그리고 이 모델을 치료 행위로 확장했으며, 당면한 문제를 숙고할 수 있는 분석가의 능
력과 주의력을 포함해, 심리적 현실을 분석적으로 변형시키는 유사한 과정을 포착하여 '담
아주기/담기기container/contained'란 용어를 제시했다. 이런 맥락에서 분석가가 환자의 투사적

동일시를 다루는 것과 역전이를 면밀하게 주목하는 것이 현대 클라인 학파(일례로 Heimann, 1950) 사이에서도 분석 과정에 가장 중심적인 것으로 여겨진다. 분석가는 이 과정에서 환자가 분석가에게 불러일으킨 정서를 활용하는데, 처음에는 그 정서를 담아주었다가 결국에 이런 감정을 해석으로 돌려준다(최근에 발전한 애착과 정신화mentalization에서 이 문제를 다룬 논의는 13, 14장 참조).

비온은 결국 기존의 클라인 학파 모델을 넘어서서 심리적 변형에 대해 보다 급진적인 관점을 발전시켰다. 그는 런던 정신분석학계를 떠나 로스앤젤레스에 정착했는데 말년이 되어서야 런던으로 돌아왔다. 후기 비온 학파의 견해는 비온 학파의 장 이론가들Bionian Field theorist(예를 들어 Baranger and Baranger, 2008; Bleger, 1967; Civitarese, 2005; Ferro, 2002; Ogden, 2007)을 비롯하여 현대 다수의 저자들에게, 특히 라틴계 언어를 사용하는 국가의 분석가들에게 결정적인 원천이 되었다.

클라인 학파 모델에 대한 비판과 통합

자아 심리학과 중도 학파의 지향성과 비교해 볼 때, 클라인 학파 모델에서는 아기의 관계 지향성과 타고난 성장 잠재력은 거의 신뢰를 받지 못한다. 심리내적이고 원초적인 것을 극단적으로 고수함에 따라 유아 돌봄, 이후 아동기, 심지어 청소년기에서 직접 경험되는 창조적인 신체적, 심리적 활력은 희생된다. 의존성과 취약성은 드러나지 않은 채, 과도하게 강조되는 파괴성 이면에 숨겨져 있다. 클라인 학파의 유아 이미지는 양육자 혹은 유아 발달 연구자들과 함께 있는, 일상적으로 경험하는 유아와 일치하지 않는다.

현대 상호주관적 비평가들은 클라인 학파 모델이 어머니 자신의 성격이나 돌봄 관계의 현실에 주목하지 않는다고 지적한다. 이는 클라인 학파가 역전이의 근원으로 환자를 주목하는 것과 유사하지만, 분석가가 전이-역전이에서 개인적으로 독특한 기여를 하는 것과는 대조적이다. '클라인 학파의 어머니'도, 클라인 학파 분석가도, 잠재적으로 생산적이며 서로 상호작용하는 상호 과정(**관계**Relational 분석의 그리고 어느 정도는 중도 학파의 발달 지향성의 특징)의 협력자라기보다는, 아기/환자의, 판타지가 만들어 내는 과정의 수용자일 뿐이다. 비온의 연구에서조차 유아의 혹은 어머니-유아 관계의 본질적 성장을 강조하는 것이 아니라, 본능으로 들끓는 파괴적인 면에서 비롯된 (바로 그) '나쁜' 경험을 관리하는 데에 방점이 찍혀있다. 필자는 담아주는 어머니/분석가에 대한 비온의 모델을 '1.5인' 정신분석의 예라고 생각한다.

이러한 한계에도 불구하고, 내적 경험의 고통스럽고 심각하게 해체된 측면에 관한 심리내적인 독특한 설명은 필자의 임상 작업에 꼭 필요하다고 생각한다. 클라인 학파는 그들이 주목하지 않았다면 우리가 무시했을 수도 있는 어떤 것을 유지하고 주장한다. 혼돈스럽고 때로는 기괴한 (내적, 외적) 관계와 투사, 전이와 역전이 딜레마 등 클라인 학파의 초기 및 그후의 견해를 염두에 두면서 트라우마 이후 상태나 정신증같이 마음을 불안하게 하는 다양한 심리 상태를 더 잘 이해하고 견딜 수 있게 되었다. 이 모든 것이 아니었다면 필자는 지금처럼 임상을 실천할 수 없었을 것이다.

어떤 면에서 보면, 가장 기본적인 정신 과정들은 (비록 내적이긴 하지만) 관계 속에서 조직된다는 클라인 학파의 핵심 가정 덕분에 타인과 맺는 관계에 대한 보다 현실 지향적인 인식이 가능해진다. 그뿐만 아니라 클라인 학파의 접근이 심리내적인 역동의 우선성을 강조할 때조차, 투사와 투사적 동일시를 중심에 놓음으로써 자기와 대상이 뒤얽혀 있음을 보여 준다. 상호주관론과 대상관계 그리고 구조적 접근을 종합하려는 노력은 이 책에 생기를 불어넣는 것이며, 필자의 일상적 사고의 체계화를 설명하려는 노력이기도 하다(14, 15장 참조). 클라인 학파가 심리내적인 과정에 전념하면서도 보다 사회적인 패러다임을 지향한 것 사이의 분명한 모순에 대해 필자는 이 둘을 정신분석학계를 규정하는 동시에 정신분석학계에 활기를 불어넣는 역설로 이해하며 둘 사이의 모순이 해소되기보다는 서로를 활기차고 깊이 있게 하기 위해 나란히 놓이는 것으로 이해한다.

중도 학파—환경과 심리적 현실 이론에 근거한 관계를 향하여

중도 학파 분석가들은 인간관계가 심리와 생리를 조직하는 핵심 인자라는, 당시에는 급진적인 관점을 제시하여 대상관계 이론을 다음 단계로 진전시켰다. 성장과 발달이 연구계획의 핵심 주제였지만, 그들은 대부분 프로이트 학파가 상상의 정서적 내적 세계가 지닌 숨겨진 특유의 특성에 초점을 맞췄던 것을 그대로 유지했다. 중도 학파는 독립 정신과 함께 정신분석적 이해관계가 양가적이었던 만큼, 구성원 각각의 접근에 상당한 차이가 있어서, 공통된 개론을 제공하는 것이 타 그룹에 비해 더 어렵다(그들은 훗날 '독립 학파'로 불리게 되었다). 중도 학파의 스타일은 개방적이면서도 우유부단한 면이 있었는데, 이는 랭R. D. Laing, 크리스토퍼 볼라스Christopher Bollas, 아담 필립스Adam Phillips, 줄리엣 미첼Juliet Mitchell, 네빌 사이밍
턴Neville Symington 등의 최근 연구자에게까지 이어져 내려왔다. '독립의 전통'에는 '고정관념에
서 벗어난' 학문적인 요소가 있는 법이다.

중도 학파의 아기: 위니컷과 볼비

중도 학파의 연구 범위와 상상력은 위니컷과 존 볼비의 매우 영향력 있는 작업을 나란히
비교해 보면 명확해진다. 둘 다 실제의 유아―부모 관계를 중요하게 다뤘는데, 이미지와 강
조점은 매우 달랐다. 그러나 그들의 모델은 대체로 대립되지 않고 서로를 보완해 준다.

상호주관성 발달에 대한 위니컷의 정신분석: 관계와 정신신체에서의 상상 및 역설

위니컷의 이론은 널리 보급되고 파급력이 대단했음에도 불구하고 이론의 깊이와 상상력,
참신함은 저평가될 때가 많았다. 위니컷은 다양한 관점에서 프로이트의 모델을 다시 읽고
보완했다. 그의 출발점은 본능이 아니라 아기의 실제 몸이었다. 같은 맥락에서 그는 양육 환
경과 불가분하게 맞물려 있는 체화된 아기를 가장 기초적인 단계에 배치했다. 이것이 흔히
인용되는 (어머니 없이는) '유아는 존재하지 않는다'(1960b)는 표현의 의미이다. 위니컷은 지
지적인 환경에서 아동의 신체적, 심리적 성장과 마주하면서 타고난 적응적 역동을 발견했
다. 그는 이 과정에서 관찰 가능한 것들로부터 주목할 만한 일련의 새로운 개념을 고안했는
데, 동시에 그 개념은 프로이트 학파의 연구에서 그토록 중요했던 무의식적 깊이에 도달해
있다.

대상관계 이론가인 위니컷은 가장 기본적인 수준에서, 내적, 외적 대상관계의 세계가 최
초의 관계 속에서 어떻게 구성되느냐에 따라 드러나는 인간 경험의 형태와 특성을 살펴본
다. 그는 정신분석 문헌에서 독보적인 시적 해석과 직접적 묘사를 결합하여, 생후 몇 년 동
안 일어나는 대상관계 발달의 세 단계를 상세히 묘사하는데 이 세 단계는 평생 지속되는 심
리 조직의 기본적인 세 양태에 해당된다.

처음에 아기는 분리된 개인이나 심지어 분리된 내적 대상으로 보이는 어머니가 아니라,
몸과 마음이 분화되지 않은 모성적 돌봄 환경에 몰두한다. 아기는 단지 존재('존재의 계속성')
의 매개로서 어머니와 관계를 맺는다. 이는 클라인이 제안한 좀 더 분화된 내적 대상 세계와
(훗날의 유아 관찰 연구자들과도) 뚜렷한 차이를 보인다. 따라서 아기는 자신의 절대적 의존

상태에 대한 때 이른 자각에서 비롯됐을 수도 있는 극심한 무력감을 느낄 가능성을 차단한다. 위니컷이 '일차적 모성 몰두'라는 용어에서 포착했듯이, 어머니와 그녀의 지원체계가 유아의 신체적 생존을 보장하는 것과 똑같이, 어머니가 아기에게 전념하면 유아의 가장 기본적인 심리적 욕구를 충족시킬 수 있다.

위니컷에게 유아의 '전능성'은 왜곡이나 환상이 아니라, 아기가 자신이 절대적 의존 상태에 있는 엄청난 취약성을 깨닫지 못하게 하는 상상의 '일루젼illusion'이다. 위니컷은 이런 다소 평범한 말을 사용하여, 개인과 세상을 연결하는 기본적인 상상력을 포착하였다. 그는 이 시기를 '주관적 대상' 단계라고 했다. 어머니의 보살핌이 '괜찮았다goof enough'면 아기는 유아-부모 환경에서 '존재의 계속성going-on-being'을 믿게 될 것이다. 프로이트와 클라인의 아기가 불가피하게 겪은 긴장 상태는 유아가 충분한 보살핌을 받았다면 위니컷의 아기와는 별 연관성이 없다.[9] 그러나 양육 환경이 유아를 보호하지 못했다면 '인격의 해체'나 '우주로 떨어지는 것' 같은 정서적 재앙으로 설명되는 '기본적인 결함basic fault'(Balint, 1968, p. 149)이 나타난다. 위니컷은 이것을 아동기를 지나 성인기까지 지속되는 '원초적 고통primitive agonies'[10]이라고 했다.

아기가 자라고 어머니는 어머니가 되어가면서 '과도적transitional' 대상관계가 나타난다. '최초의 나 아닌 소유물'과 관련해서 자기/타인, 내부/외부 같은 핵심적인 심리적 경계가 더 적절해졌지만, 아직은 정의가 모호했다. '일루젼'과 전능성은 이제 투사와 놀이 등에서 변형되고 재등장하는데, 투사와 놀이 등에는 외부 대상이 독립된 존재로 다뤄짐과 동시에 외부 대상의 독립성을 무효화시키는 과도적 능력이 이용된다. 소중히 여기는 담요나 곰 인형, 가족이나 놀이 친구가 그 대상이 될 수 있다. 한편, 유아나 걸음마 아기가 상상 속에서 자신의 신체적, 심리적 경계를 넓혀가는 동안 양육자는 쉽게 눈에 띄지 않는 배경을 제공한다. 예를 들어, 놀이에서 사려 깊은 어른이라면 놀이가 현실이 아니라는 것을 아이에게 상기시키지 않는다. 위니컷은 이것을 종교나 낭만적 사랑, 예술 등 상상이 '현실'만큼 중요한 다양한 상황에 확대 적용했다. 중요한 것은 위니컷이 과도적 공간의 '가상적as if' 특성을 전이 능력의 결정적 요인으로 생각하며, 놀이할 수 있는 능력을 심리적 활력과 분석치료의 핵심으로 본다는 점이다.[11]

세 번째 단계에서 분리를 향한 이러한 움직임이 관계성의 맥락 안에서 좀 더 분명해진다. 이것은 아동이 상상 속에서 반복적으로 '대상을 파괴'하는데 그럼에도 그 대상이 살아남을 때 나타난다. 이 과정에서 '객관적 현실'은 발견되는 동시에, 위니컷이 강조하듯, **창조된다**.

이때 아동은 손을 뻗어 상황을 변화시키는 능력을 발휘하며 타인과 적극적으로 만남으로써 사물과 사람을 이 새로운 독립적 존재의 영역에 데려다 놓는다(Winnicott, 1965b, 1970).[12]

위니컷은 아동이 이 모든 것을 실제로 일어나는 것처럼 대하더라도 그것은 근본적으로 심리적 과정임을 분명히 했다. 이러한 **분명한 모순**이야말로 위니컷 학파 방법론의 핵심이다. 그는 지금 일어나는 모든 것이 **심리적 현실** 수준에서 어떻게 **경험**되는지 추적하는 프로이트 학파의 연구를 변함없이 지지하며, 상상의 심리 과정을 가장 흥미로운 주제로 삼는다. 하지만 프로이트와 클라인, 초기 비온과는 달리, 위니컷은 적응적이고 협력적이며 현실 지향적인 심적 태도mindset의 발달을 지원하기 위해 이러한 심층적인 심리 과정이 억제되어야 하는 것으로 보지 않는다. 오히려 그 과정은 그런 발달의 근원이다. 같은 맥락에서, 아침에 소아과 진료를 하던 위니컷은 현실의 관찰 가능한 몸, 욕구와 정서가 지닌, 감동적인 좋은 힘을 가까이에서 경험했다. 따라서 그는 유아기와 아동기에 일어나는 많은 것들이 몸과 사물의 세계와 물리적 접촉 속에서 그리고 관계 속에서 어떻게 진행되는가에 관심을 기울였다.

여기에 역설이 있다. 즉, 관찰되는 물리적인 것은 늘 존재함에도, 보통은 정신신체적 상상 속에서 아기가 지어내는 것을 통해 드러난다. 기본적으로 위니컷은 인간이 살아가면서 하게 되는 평범한 구분, 즉 '현실'과 '환상', 내부와 외부, 주체와 대상, 자기와 타자, 심지어 부모와 유아 혹은 분석가와 환자 사이의 구분이 실제로는 얼마나 파악하기 어렵고 유동적인지에 관심이 있다. 그리고 자신만의 관점에 따라 프로이트 학파의 핵심 연구를 충실히 따른다. 위니컷은 이 역설에 힘입어 이러한 분명한 대립들이 긴장을 견디면서 어떻게 서로 다른 상황과 발달 단계에서 서로 다른 방식으로 통합되는지 설명한다. 그 결과 그의 작업은 난해하면서도 매력적이고 울림이 있으며, 때로는 마음을 열게 하고 교육적이다. 필자는 위니컷이 이 책에서 다루려는 상호주관론적 프로이트 학파 지향성의 가장 심오한 근원이라고 생각한다.

볼비: 일차적 동기와 심리구조의 근원으로서, 어머니와 아동의 유대

애착 이론의 영감 넘치는 창안자인 존 볼비는 정신분석 전통과의 복잡한 관계 속에서 좀 더 경험적인 방향에서 작업했다. 그는 위험과 안전과 방어, 상실과 애도, 무엇보다 분리와 그 외 다른 불안에 관한 정신분석 개념의 영향을 받았다. 하지만 그는 영장류를 비롯한 여러 종種의 어미-새끼 유대관계에 관한 행동학적 연구가 포함된 폭넓은 발달 연구에 의지했을 뿐 아니라, 제2차 세계대전 중 부모를 잃었거나 헤어진 아기들과 겪은 자신의 경험을 비롯해 유아와 아동 관찰에 의지했다. 본능적 동기에 대한 기존의 정신분석 이론을 직설적으로 비판한 볼비(1969, p. 179)는 최고의 저서 『애착과 상실』 3부작을 시작하면서 "어머니에 대한 아동의 애착은 … 성과 배고픔만큼이나 중요하다."고 선언하였다.

볼비는 초기 어머니-유아 사이 애착이 영장류 특유의 진화 과정에 뿌리를 둔 근본적인 동기 체계라고 생각했다. 애착은 안정 애착과 불안정 애착으로 조직되는 특정 형태를 취하는데 이는 생애 전반에 영향을 미친다. 여기서 확장된 연구는 발달 심리학자들과 정신분석가들에 의해 만들어져 왔다. 이 책의 12장에서는 임상적 함의를 비롯해 이 점을 자세히 설명하고, 9장에서는 유아기와 아동기, 성인기의 연속성을 다룬 연구 결과를 제시한다. 그 외의 장에서는 성찰 기능과 정신화 같은 최근의 개념화를 검토하고 적용해 본다. 13장과 14장에서 상세하게 제시되는 임상 예화들은 성인의 애착 안정성을 높여주는 동시에 정신분석 심리치료의 또 다른 진전에 도달하는 발달 과정을 보여 준다.

볼비의 연구는 안나 프로이트와 클라인 학파의 신랄한 비판을 받았는데, 이들은 볼비가 성적 본능과 파괴 본능 및 비합리적인 일차 과정을 철저히 외면한 것에 이의를 제기했다. 볼비 사후에 영국 정신분석학회는 이에 대해 공식적으로 사과했는데, 아들인 리차드 볼비가 이 사과를 받아들였다.

중도 학파에서 발달과 정신병리, 임상 유형: 아동 분석과 기타 영향들

위니컷과 볼비처럼 다른 중도 학파 분석가 다수도 다양한 학문과 임상에 영향을 미치며 상담실 너머 세상에 깊숙이 관여했다. 이들은 대부분 아동 분석가였고 아이들의 세계에 관심이 많았다.[13] 마이클 발린트Michael Balint는 아동병원을 이끌었고, 개업의가 환자를 대하는 정서적 반응에 관한 영향력 있는 접근을 에니드 발린트Enid Balint와 공동으로 발전시켰다. 발린트와 그의 첫 아내 앨리스는 헝가리에서 이민 가기 전 페렌치에게 깊은 영향을 받았다. 마리온 밀너Marion Milner는 분석가이자 화가로, 『그림을 그릴 수 없음에 대하여』와 『살아 있는 신의 손』이라는 책을 집필했다. 페어베언W. R. D. Fairbairn은 에딘버러에서 주로 독립적으로 작업을 하며 매우 영향력 있는 이론을 발전시켰다.

중도 학파가 환경의 실패와 그 실패가 내적 대상관계에 미치는 영향을 매우 중요시한 것은 놀라운 일이 아니다. 마이클 발린트(1968)는 부적절한 초기 모성적 돌봄이 어떻게 '기본적 결함'을 초래하는지 기술했다. 한편, 위니컷(1960c)이 '거짓 자기'와 해리, 그리고 정신적 고통을 덜어주는 기타 방어 작용들을 일깨웠듯이, 페어베언(1952)은 내적 대상 세계의 분열과 '나쁜 대상'에 대한 고통스러운 애착을 중요하게 다뤘다. 예를 들어, 양육자와의 장기간 분리, 생애 초기의 학대 그리고 초기 부모−유아 사이의 소통 장애가 경계선 인격 장애와 관련되어 있다는 것이 점차 밝혀지고 있다. (검토를 위해서는 Dozier, Stovall-McClough and Albus, 2008 참조; Hesse and Main, 2000은 정신분석과 더 깊은 연관성을 제시한다.)

대체로 이 관점은 더 창의적이고 유연한 기법을 발전시키는 방향으로 흘러갔다. 중도 학파 분석가들은 적절한 사례에서 갈등과 해석의 힘을 계속 존중하면서도 정신분석 관계가 자연스러운 동기를 불러일으키는 동시에 이전에 얼어붙은 발달 잠재력을 재가동시키는 가능성을 인정했다. 일대일로 적용되지는 않지만, 이것은 분석치료에서 강렬한 정서적 긴장 및 특별한 취약성, 의존성 그리고 유아기에 특히 결정적이고, 아동기에도 내내 중요한 돌봄에 대한 욕구 등을 비롯하여, 실제 부모가 실제 자녀를 돌보는 행위의 복잡함과 많은 공통점이 있음을 의미했다. 위니컷은 민감한 분석 세팅에서 '의존으로 퇴행'할 때 일어날 수도 있는 발달 과정의 재가동을 언급했고, 분석은 이전에 고착됐거나 중단됐던 발달 과정을 가동시키는 것이라고 보았다. 마이클 발린트(1968)는 정신분석이 어떻게 '새로운 시작'을 가능하게 하는지 설명하면서 환자가 치료의 전환점에서, 오랫동안 자신을 옥죄었던 억압에서 벗어나 춤을 춘 임상적 삽화의 예를 들었다.[14] 위니컷(1947)은 유명한 논문인 「역전이에서의 증오」에서 순간적으로 격노에 가까운 충동에 휩싸여 자신과 함께 살게 됐던 사춘기 환자를 어떻게 현관문 밖으로 내보냈는지 묘사했다. 그리고 다른 글(1970)에서 성인 분석에서 변화가 일어나는 것은, 특히 전이에서 함께 놀이할 수 있는 환자와 분석가의 능력에 달려 있다고 제안했다. 명시적이든 아니든, 페렌치와의 연결은 오늘날 알려진 것보다 더 중요할 수도 있다.

중도 학파와 현대 정신분석

중도 학파 분석가들은 자아 심리학과 클라인 학파의 영향을 받았지만, 그들의 임상 접근은 급진적이지는 않더라도 좀 더 혁신적이었다. 이론적으로도 중도 학파 분석가들은 기존의 본능 이론, 특히 파괴성이 일차적 동기라는 견해에 대해 다른 프로이트 학파보다 더 단호하게 이의를 제기했다. 중도 학파가 유아기의 실제성actuality과 발달을 위한 분투에 기울인 관심은 다수의 유아 발달 연구를 비롯하여 오늘날의 발달 정신분석의 전조가 되었을 뿐 아니라 그것에 영향을 미쳤다.

일부 현대 관계 분석가들은 중도 학파가 분석 과정에서 분석가의 역전이가 미치는 영향에 무관심했다고 지적했다. **관계** 분석가들은 분석가들에게 분석가 자신의 성격을 고려하라고 요구할 때, 어머니에 대한 중도 학파의 이미지가 어머니의 성격과 주관성을 배제하고, 어머니의 지위를 유아의 욕구 대상으로 지나치게 강조한다는 것과 유사한 우려를 표명했다. 그들은 이 과정에서 유아-부모 관계가 양육자와 아기 사이의 양방향적 교류와 관련되어 있다는 현재 관점에서 지지를 받게 되었다(15장 참조). 일부 **관계** 정신분석 저자들은 이 틈을 메우려는 작업을 했다(J. Benjamin, 1988; Seligman, 2003; Slochower, 1996 등 참조).

그렇긴 하지만, 중도 학파는 몸의 생생한 현존 및 감정, 그리고 사회 문화적 환경에서 점하는 개인의 위치를 논의에 끌어들임으로써, 일반적인 언어와 상호작용의 표면 너머에 있는 것에 대한 프로이트 학파의 관심을 확장할 수 있는 풍부한 가능성에 주목한다. 일련의 독특한 목소리로 그리고 병리의 관점으로 보지 않고, 중도 학파의 전통은 몸의 경험과 정서, 인간의 실제 상호작용과 환상, 일루전과 내적 대상 등에서 무엇이 진짜이고 무엇이 불러일으켜지는 것인가에 대한 감각을 사람들이 어떻게 형성하는지 포착한다. 이 모든 것은 유아기와 아동기의 다차원적 세계와의 강렬한 접촉에서 깊은 영향을 받는다.

에릭 레이너Eric Rayner(1990, p. 9)는 『영국 정신분석의 독립 정신』이라는 저서에서 이 점을 다음과 같이 포착했다.

독립적으로 활동하던 분석가들이 하나로 모이는 이유는 우선 그들 모두 정신분석에 헌신적이며, 다음으로는 모임 안에서 특정 이론을 지지하지 않으면서도 공통된 태도를 갖고 있기 때문이다. 이는 이론이 어디에서 나왔든, 그 쓰임과 진실의 가치로 평가하고 존중하는 것이다. 여기서, 의심을 긍정적으로 활용하고 즐기는 것이 핵심이다. 이념적 확신과 파벌주의는 그들의 정신에 반하는 것이었다. 이견이 발생하면 독립학파는 토론과 타협을 통한 해결을 선호한다. 다른 분석가들에게 이런 태도는 엉성한 절충주의로 보일 때도 있다. 확실히 그렇게 변질될 가능성이 있지만, 핵심적으로 이런 태도는 진지한 학문적 연구와 강도 높은 지적 훈련이 필수적이다. 독립 학파 정신에 대한 요구는 매우 높다.

후주

1 자크 라캉Jacques Lacan과 그 이후의 많은 프랑스 분석가는 여러 진보적인 뛰어난 문헌에서 급진적인 '(초기) 프로이트로의 회귀'를 주창했다. 필자는 라캉 학파를 비롯한 프랑스 학파를 여기에 포함하지 않았다. 일반 적으로 이들의 모델은 필자가 이 책에서 다루고자 하는 의미의 발달과는 거리가 멀며, 필자가 이들의 일부 견해에 줄곧 관심을 기울이고 있지만, 이들이 필자의 발달론적 사고에 끼친 영향이 크지 않았기 때문이다.

2 이 연구의 핵심 설계자 중 다수는 미국에서 안전한 피난처를 발견한 동유럽 출신 분석가들로, 에릭 에릭 슨, 하인즈 하트만과 그의 동료들, 어네스트 크리스Ernst Kris와 루돌프 로웬스테인Rudolph Loewenstein, 데이비 드 라파포트David Rapaport 등이 여기에 속한다. 일부는 자아 심리학이 적응을 강조한 점은 전후 미국의 (비 록 표면적일지라도) 낙관적 동화 이데올로기를 반영한 것이라고 주장했는데, 망명자(그리고 종종 유대인 인) 분석가들은 나치 치하에서 겪은 트라우마 경험을 외면하려는 동시에 (이전의) 공산주의자를 비롯한 좌 파 지식인에 대한 매카시스트의 박해를 두려워했다(Jacoby, 1975).

3 정동 조절에 관한 현대 정신분석 이론은 불안이 방어 기제를 조절하는 중심적인 정동이라는 프로이트의 설 명에 명백하게 빚지고 있으며(Bowlby, 1969; Emde et al., 1991 참조), 처리하기 힘든 위협에 대한 반응 인 트라우마에 대한 현재의 관심 역시 프로이트의 견해와 놀랍도록 일치한다(일례로 헤세와 마인Hesse and Main(2000)의 해체된 애착이 '해결책 없는 두려움'이라는 설명, 혹은 포게스Porges(2011)의 내면의 위협이든 외부의 위협이든 신경계가 위협을 처리하는 서로 다른 방식을 논한 '다미주신경 이론polyvagal theory' 참조).

4 여기서 필자는 토마스 코헨Thomas Cohen의 설명을 빌렸다.

5 위니컷(1962)의 소론 '클라인 학파의 논문에 관한 개인적 견해'는 평가의 세부 항목에서뿐 아니라, 자신이 채택하고 수정한 개념 그리고 이전의 개념을 폐기하고 계속 수정해 나가면서 사용한 개념과 관련하여, 자 신의 연구에 끼친 클라인의 영향을 설명하는 관점에서도 귀중한 문헌이다. 이 소론은 위니컷 특유의 섬세 함이 이루어 낸 걸작으로, 여기서 그는 언뜻 보면 부드럽지만 좀 더 유심히 들여다보면 단호하게 표현되는 강한 비판과 함께 클라인에게 힘입은 바가 크다고 밝힌다.

6 박해라는 의미에서의 편집 그리고 분리splitting라는 의미에서의 분열.

7 도널드 멜처Donald Meltzer(1978)가 명명한 것처럼 '클라인 학파의 발달 이론'은 매우 광범위하고도 심대 한 영향을 끼쳤다. 여기에 몇 가지 예만 소개한다. 아이작Isaacs(1948)의 「판타지의 본질과 기능」은 아직도 이 주제를 논한 가장 생산적인 논문이다. 시걸(1957)은 상징의 발달을 다룬 클라인의 초기 작업을 정교 하게 다듬었으며, 로젠펠드(1971a)는 박해적인 내적 대상에게 생존 가치를 부여하는 병리 조직pathological organization 같은, 더 복잡하고 미묘한 형태의 정신병리 구조를 제시했는데 이런 병리 구조는 심리 변화를 가로막는 완강한 힘이었다. 그리고 베티 조셉(1988)은 '전체 상황total situation'에서 전이가 어떻게 표현되었 는지 이해함으로써 전이에 대한 현대의 관점을 변화시켰다. 이뿐 아니라, '제2의 피부'(Bick, 1964)와 정상 적인 발달에서 자폐 상태가 차지하는 중요성(Tustin, 1981)과 함께 유아를 바라보는 시각이 전보다 유연해 졌다.

8 타비스톡의 유아 관찰 접근은 상호주관적 유아기 연구자들의 접근과는 다르다. 이 상호주관적 유아 발달 론자들은 주로 (자연적인 동시에 양적인) 경험적 방법에 의존하는 반면, 타비스톡의 접근은 의식되거나 추

정되는 유아의 환상과 감정의 정교화를 비롯하여, 가정이나 그와 유사한 환경에서 분석과 유사한 유아 관찰이 포함되어 있다.

9 유아기의 가장 중요한 성취인 '기본적 신뢰'에 대한 에릭 에릭슨(1950/1963)의 개념화는 이와 공통점이 많아 보인다.

10 위니컷은 여기서 프로이트의 '멸절 불안'을 뒤집는다. 소멸된 것은 존재하기를 멈췄지만, '괜찮은' 돌봄은 유아에게 신체적, 심리적 영역에서 자신의 존재를 보장한다.

11 필자는 앞서 묘사했듯이, 부모가 이혼하는 동안 필자와 전쟁놀이를 했던 일곱 살 남자아이에게 '요새'를 쌓는 블록이 그냥 블록일 뿐이라는 사실을 일깨워주지 않았다. 그랬다면 놀이 공간을 설정하는 일루전과 전능함의 기본 '규칙'을 위반하게 되었을 것이다. (『아동기와 사회』에 실린 '장난감과 사유', Erikson, 1950/63 참조).

12 클라인과는 반대로, 파괴성이 발달의 주요 요인이 되는 때는 유아가 다른 사람이 현존하면서 자신을 독립적 존재로 인식하게 될 때뿐이다. 다시 말해 파괴성은 타고나는 것이 아니다. 「클라인 학파의 논문에 대한 개인적 견해」라는 소론에서 위니컷(1962, p. 177)은 이렇게 썼다. "나는 죽음 본능이란 개념의 가치를 모르겠다." 이에 더해 에릭슨(1950/63)은 비슷한 입장에서 다음과 같이 썼다. "프로이트가 초기에 원초적 본능이란 **신화**에 몰두한 결과, 우리가 중요하게 다룰 많은 자료에 마땅한 설명 없이 빈번히 등장하게 될 어떤 힘에 관한 임상 연구가 모호해졌다. 나는 그것을 … 격노라 칭한다."(p. 68, 강조는 인용자)

13 발린트와 볼비, 위니컷을 비롯하여 중도 학파의 많은 분석가는 아동 분석 훈련 과정에서 클라인에게 임상 감독을 받았다. 이들은 하나같이 클라인에게 감사하면서도 그녀의 견해에 부정적이었다. 필자는 이 같은 긴장을 중도 학파의 독창적인 이론에서 매우 생산적인 면으로 이해했다. 볼비(1969)는 클라인 학파 추종자들이 실제 사건과 그 영향을 간과하도록 잘못된 지도를 받았다고 거침없이 말하면서도, 위니컷과 마찬가지로 클라인의 영향을 받았음을 인정했다. 그는 팔순 축하연에서, 클라인에게 아동 분석 임상 감독을 받았던 이야기를 들려주었다. 어린 환자가 그에게 자기 어머니의 심리 상태가 악화 중이라고 알려주었는데, 아이가 대기실에 앉아 있을 때 그 같은 상황을 목격한 볼비는 아이의 어머니와 직접 대화해야 한다는 데 동의해 달라고 클라인을 설득했다. 하지만 클라인은 심리내적인 역동을 우선시해야 한다고 고집하며 동의해 주지 않았다. 얼마 지나지 않아 아이의 어머니는 정신병이 발병했고 아이는 더는 분석을 받으러 오지 않았다.

14 이런 교류의 치료 행위에 대한 발린트의 이해를 **관계적** 관점에서 비판한 스테판 미첼(1988)의 논평을 참조하라. 미첼은 발린트가 환자에 대한 자신의 경험이 발전하는 것과 그 경험이 환자에게 미치는 영향을 간과했다고 보았다.

4장

이론 2

–'견고한 발달 관점'이란 무엇인가–

　필자가 언급하는 '견고한 발달 관점robust developmental perspective'은 폭넓고 다양한 자료와 이론을 정신분석의 핵심 문제들에 적용하여 포괄적이고 통합적인 접근을 하는 것이다. 그 핵심 문제들은 과거와 미래, 변화와 연속성, 반복과 새로움, 사회적인 것과 개인적인 것, 분리와 관계성, 생리적인 것과 심리적인 것 등의 다양한 관계를 말한다. 발달 정신분석은 에릭 에릭슨(1950/1963, p. 359)의 표현대로 '사물을 바라보는 방식'으로서, 다수의 개념과 은유, 거대서사를 포함하며, 임상 정신분석과 분석 이론, 발달 연구와, 일상에서 살아가는 아동 및 청소년과의 직접적인 경험, 인지 및 정동, 신경과학, 아동 및 성인 정신의학과 유아기 개입을 비롯한 다양한 담론과 학문의 영향을 받으며 발전했다. 최근의 발달 정신분석은 아동기 사건과 무의식적 판타지, 과거 및 현재의 관계와 가족, 모든 역사적인 흐름과 제도, 정서와 뇌 구조, 문화 등 광범위하고 다양한 현상과 맞물려 있다. 이런 문제에 대한 각 분석 학파와 개별 분석가의 태도는 매 순간 그리고 일반적으로 사고할 때도 치료 행위 및 임상 작업과 관련된 이론에 실질적인 영향을 미친다.

　발달 정신분석은 모든 정신분석과 발달 그 자체처럼, 언제나 미해결된 문제가 존재하리라는 것을 받아들이는 통합성을 우리에게 요구한다. 필자의 발달–분석적 관점을 명확히 정의하는 것은 어렵겠지만, 몇 가지 핵심적인 요소는 타고난 성장과 적응에 대한 관심, 아동과 직접 접촉하기, 시간의 흐름에 따른 변화와 연속성의 변형적 상호작용을 강조하는 단계 이론들, 그리고 이것에 기인하는 시간성temporality에 대한 복합적인 시각, 과거와 현재와 미래 사이의 관계, 정신분석 외의 학문과 (가족, 학교, 소아과 의원 같은) 환경에서 발견한 사실을 받아들이는 열린 태도, 그리고 복합성과 통합을 지향하기 등이다.

실제 아동 관찰하기

초기 아동 분석가들과 함께 태동한 발달 관점의 가장 중요한 요소는 아동과 직접 접촉하는 것이다. 아동 특히 유아와 어린 아동을 관찰하다 보면 긍정적이든 부정적이든 강렬한 감정을 느끼게 된다. 물론 이것은 평온한 아기를 보면서 자연스럽게 기뻐하는 것에서, 혹은 학대받거나 방치된 아동을 보면서 매우 불쾌해질 때 생생하게 느껴진다. (마음을 편하게 해 주는, 아이의 소리와 똑같은 리듬으로 조곤조곤 이야기하고 등을 쓰다듬으며 우는 아기를 달래는 어머니를 바라볼 때 어떤 느낌이 들지 상상해 보라. 반대로, 긴 하루의 일과를 마치고 슈퍼마켓의 통로를 걸을 때 두 살 반 된 딸과 어머니가 서로를 향해 소리를 지르는 모습을 지켜본다고 상상해 보라.) 아이들은 자신의 감정과 몸, 자신을 둘러싼 사람과 사물에 온 마음을 기울여 열중한다 (이렇게 무엇인가 불러일으키는 두 상황에 대한 보다 더 상세한 설명은 15장 참조).

이처럼 신체 경험과 정동, 생명 작용은 생리적 성장에 대한 관심과 함께, 발달 이론에 직접적으로 관련되어 있다. 정신분석적 사고에서 몸은 이처럼 더 많은 비중을 차지하게 되었다. 신체 기능이란 개념이 심리학에 들어왔을 때조차, 초기 프로이트 학파의 혁신적 견해들은 몸의 실제 경험을 지나치게 이론적이고 가상적인 본능 구조로 분리시켰다. 발달론자들은 정상적인 생리적 성장 그리고 정서적, 신체적 경험에 따르는 활기와 고통에 관심을 기울이게 되면서 초기 본능 이론을 재해석하고 그 맥락을 재설정했다. 일반적인 상황 속에서 아동과 접촉하고 그들을 직접 관찰하면서 발달적 접근은 초기 모델을 확장하고 때로는 수정했다.

핵심 동기로서의 성장과 적응

실제 아동 관찰은 정신분석학계에서 아동기의 역동적이고 전진적인 측면에 대한 관심을 뒷받침해 주기도 한다. 누구라도 '성장하는 것'이 어떤 것인지, 더 커지고, 강해지고, 말을 배우고, 친구를 사귀며, 사랑과 성에 흥미를 갖게 되는 것과 같은 일들이 어떤 것인지 알고 있다. 아이들은 자라면서 몸집이 더 커지고 더 자유롭게 움직이며 더 유능해지고 자기 생각을 더 또렷하게 표현하면서 물리적, 사회적 세계를 확장한다. 아이들이 신체적, 심리적, 사회적으로 성장하는 모습은 가장 눈길을 끄는 것 중 하나이다. 대다수 사람이 아는 이 사실을 정신분석은 간과할 때가 종종 있다.

아동기에 대한 프로이트의 혁신적 접근 방식은 주로 과거를 회상하는 것, 즉 그가 병리의 근원이라고 본 트라우마와 아동기 기억에 대한 환상이 가미된 추론에서 이끌어 내는 것이었다. 프로이트는 궁극적으로 현실과 외부세계에 대한 타고난 지향성을 자신의 이론에 포함함으로써 정신분석학계가 자연 세계의 일부인 전진적이고 점진적인 동기를 포함하는 방향으로 길을 열어주었다. 성장과 적응은 분석적 담론의 일부가 되었으며, 발달 관점은 고전적인 프로이트 학파의 회고적 관점에 앞으로 향하는 시간성forward temporality을 추가했다. 전 생애에 걸친 이러한 역동의 잠재력과 한계는 임상 평가 및 개입과 관련된 정신분석 관심의 대상이 되었다. 중단되었거나 궤도를 벗어난 발달의 흐름을 정신분석이 작동시킬 수 있다는 견해는 최근에 등장하고 있는 치료 행위 이론들의 일부가 되었다.

발달 단계 이론, 시간 개념, 통합적 변형

점진적 발달 과정에서 새로운 가능성이 등장한다. 발달 체계의 서로 다른 부분에서 일어나는 변화는 주로 비슷한 시기에 나타나서, 새로운 사회적-심리적-생물학적 질서와 기존의 질서에 통합된다. 여기에는 자신의 신체적, 심리적, 사회적 세계에서 살아가는 방식을 근본적으로 수정하는 것도 포함된다. 이것이 인간 체제의 본성이다.

예를 들어, 유아기에서 걸음마 시기로 이행하는 한 살 무렵이면 신경 근육의 발달은 걷기를 비롯한 운동 능력을 지원할 정도로 진행된다. 이 무렵, 유아-부모 애착 관계는 좀 더 조직화되어, 유아가 이전과는 다르게 독립적으로 양육자에게 다가가거나 멀어지는 정서적 토대를 제공하고, 애착은 위험에 처한 유아를 다시 부모 쪽으로 끌어당겨 보호막이 되어주는 정서적 대인관계 체계를 유지시킨다. 같은 시기 부모는 점차 자신의 자율성을 고려하여, 직장을 찾거나 다른 식으로 가정 밖에서 더 많은 시간을 보내려 할 것이다. 이렇게 명백하게 다른 여러 변화의 조화가 발달 과정의 핵심이다.

이와 유사하게 청소년기에는 십 대의 신체 및 인지 능력과 성, 사회적 특권 (예를 들면, 운전 또는 취업 허가) 등의 변화가 일어난다. 상황이 순조로우면 사생활과 성적 접촉, 재정적 자유 등과 관련된 문화적 관습처럼, 교육 및 가족 체계도 서로 영향을 주고받으며 변화를 겪는다.

대체로 발달 이론가들은 이러한 과정을 단계(혹은 시기나 포지션)로 체계화했는데, 그런 단계는 운동 근육의 발달, 대상관계, 리비도 영역, 인지 능력 등에 대한 핵심 주제와 일단의 다양한 능력과 발달상의 지표를 중심으로 구조화되었다. 예를 들면, '구강기'에 관한 프로이트의 초기 개념화는 리비도 영역인 입을 강조하는 것에 머물지 않고, 대상관계의 일차적 양태로서의 함입incorporation, 욕구를 충족시켜 주는 대상에 대한 의존성, 그리고 관계와 정신 및 심리 사회적 조직의 다른 많은 관련 특성을 포함하는 데까지 확장되었다. 서로 다른 특성들은 삶의 각 과정뿐 아니라, 다양한 발달 이론의 메타−구조meta-structure 속에서 구조적으로 관련되어 있어서 어떤 구성을 유지하게 하는 발달의 어느 순간 함께 고려될 수 있다. 각각의 단계 이론은 아동기를 설명해 주고, 임상 자료를 체계화하는 방식을 제시하는 거대 담론이 된다.

여러 단계를 거치는 정상적인 발달과 점진적 움직임

한 단계에서 다음 단계로 나아가는 움직임은 세상에서 새로운 자기 감각의 가능성을 동반하는 정상적인 '발달의 위기'로 여겨진다. 예를 들어, 필자가 설명한 바, 만 한 살이 될 무렵, 한꺼번에 일어나는 여러 변화는 공간과 무생물 대상, 타인과 새롭고 더 독립적이고 합당한 관계를 맺기 시작하는 움직임으로 이어진다. 이 같은 변화에는 발달이 경로를 벗어나게 될 위험과 긴장이 생긴다. 뒤이은 발달 과정에서 일어나는 문제들은 흔히 하나 이상의 단계에 '고착'된다는 용어로 개념화되며, 한 단계가 다음 단계에도 지속되거나 다음 단계를 왜곡시키는 난제를 해결하지 못하거나 해결책에 문제가 있게 된다. 정신분석적 발달 이론은 퇴행과 고착, '반복 강박'과 발달적 결함 및 발달 정지, 아동기의 트라우마 등 시간의 흐름에 따른 정신의 이러한 후진과 전진을 묘사하는 다수의 개념을 제시한다.

각 단계의 주제 및 구조, 그리고 각 단계에 대한 해결과 재조직은 변형을 겪으면서도 다음 발달 단계로 이어진다. 각 단계는 건설 중인 건물의 층처럼 먼저 세워진 단계 위에 세워진다. 아래층이 부실하거나 형태가 비뚤어지면 그 위에 세워진 층들은 흔들릴 것이다. 그러나 각 단계의 고착은 다소 저항이 있더라도, 나중에 재검토되고 수정될 수 있다. 발달 과정에는 앞뒤로 영향을 미칠 가능성이 있는데, 과거가 현재의 심리구조 안에 유지되고 있어서 현재는 과거의 영향을 받기 쉽기 때문이다.

시간의 양방향성은 이렇듯 견고한 발달 지향의 독특한 부분이다. 과거가 미래에 미치는 영향은 강력하지만, 현재는 (즉, 그 미래는) 그 과거의 영향력을 바꿀 수 있다. 이것이 심리치료의 치료 행위therapeutic action에 대한 발달 개념의 기본적인 측면이다. 발달 관점에서 볼 때, 사례 개념화와 개입은 과거의 영향과 새로운 행동 및 경험이 지닌 잠재력 사이의 역동적 관계를 이해해야 한다.

일례로, 생후 18개월부터 연속해서 아동보호시설 열 곳을 전전했던 네 살 아이는 극도로 충동적이어서 치료실에서 5분 이상을 머무를 수 없었다. 치료사는 이것이 트라우마를 입었던 과거와 관련이 있다고 생각했고, 아울러 아이가 좀 더 안정적인 현재의 양부모인 대고모와 애착을 형성할 수 있다는 사실도 알 수 있었다. 이를 통해 치료사는 아이의 어머니가 약물에 중독되어 아이를 버리기 전에 모자 사이에 꽤 안정적인 관계가 있었을 것이며 그것은 이후 관계에 토대를 놓았을 것으로 추측했다. 또 다른 사례를 보면 이처럼 어린 시기에 트라우마를 겪지 않았는데도 치료 예후가 유의미하게 비관적일 수도 있다.

단계 이론은 분석가들(그리고 대부분의 기타 발달론자들)이 아동 발달의 빠른 진행 그리고 그것이 성인기에 미치는 영향과 관련하여, 전 생애에 걸친 변화와 연속성이라는 매우 중요한 문제를 체계화하는 전형적인 방법이다. 가장 강력한 단계 이론은, 한 단계에서 다음 단계로의 이동을 대체replacement의 문제로 개념화하지 않고, 각 단계에서 가장 두드러진 패턴과 구조의 변형을 강조한다. 무수한 예 가운데 하나를 선택하자면, 클라인 학파의 용어인 **포지션**position이 이런 의도에 부응하여 단계stage라는 용어를 밀어냈고, 따라서 이제는 '우울하고 상호주관적인 기능 양태와 그보다 원초적이고 자아 중심적인 편집─분열적 양태 사이에 끊임없는 변동이 … 있다'는 사실이 널리 받아들여진다(Likierman, 2002, p.116; 클라인 학파의 발달 이론에 대한 보다 정교한 논의는 3장 참조). 클라인은 다음과 같이 썼다. "포지션이라는 말을 선택한 이유는 비록 관련된 여러 현상이 발달의 초기 단계들에서 처음으로 일어나기는 하지만, 그러한 현상은 이 단계들에서만 일어나는 게 아니라, 아동기의 첫 몇 년 동안 반복적으로 나타나는 특정한 불안과 방어의 조합을 보여 주기 때문이다"(Spillius, 1988, p. 69).

연속성과 변화: 발달 관점의 시간과 시간성

이처럼 발달 과정은 변화와 연속성 사이의 복잡하고 다양한 관계의 문제이다. 아동기와 청소년기에는 아주 극적으로, 성인이 되어서는 그보다 천천히 성장하고 변화함에도 우리는 또한 '동일한' 몸으로 대개는 같은 가족과 같은 장소에서 사는 '동일한 사람'이다. 가까운 과거와 좀 더 먼 과거의 패턴들이 함께 새롭게 출현하는 패턴들로 수정되는데, 이 새로운 패턴에는 과거의 구조와 의미, 내적 및 외적 관계가 포함된다.

시간은 언제나 분석적 사고의 핵심이었다. 과거와 현재, 미래는 발달 정신분석의 상상 속에서 서로에게 흘러들어간다(일례로 Loewald, 1980 참조). 우리는 임상 분석에서 우리가 현재 보고 듣고 느끼는 것에서 과거를 상상하며, 환자에게 성장의 기회 등이 더 많이 있었다면 맞이했을 미래를 생각한다. 정신분석은 처음 등장한 이래로 지금까지 시간적 차원을 포착한다는 점에서 현대 심리학 가운데 가장 심오한 것이었다. 그러나 초기의 접근들은 현재에 미치는 과거의 영향력을 주로 강조했다. 아동기의 성장과 발달을 직접 관찰하면 미래를 향한 역동적 움직임이 분명하게 보이는데, 이는 개별 인간뿐 아니라 종의 생존 및 진화에 있어 대부분 생물체의 핵심 부분이다(임상적 함의를 비롯해 정신분석에서의 시간성에 대한 집중적인 논의는 16장 참조).

강력한 발달 사고는 '전진'하는 움직임과 '후진'하는 움직임이 서로 뒤얽힌 복잡한 망 안에 시간성을 부여하므로, 시간 자체가 틀어지게 된다. 이것은 일상의 '현실'을 구조화하는 여타의 인식과 지각의 일반적인 관례를 따르지 않는 일차 정신 과정에 대한 프로이트 고유의 정신분석적 상상력과 일치한다. 처음에, 일차 정신 과정은 시간적으로는 뒤로, 퇴행과 고착 같은 작용에서는 '아래로' 정신을 끌어당기는 심리내적인 갈등이나 트라우마의 형태를 취했다. 이렇듯 개인 심리의 역사화는 유럽 문화와 정신건강 임상 작업에 급진적이면서도 필수적으로 추가되었다.

발달 관점이 등장하면서, 정신병리 역시 점진적인 발달 과정의 전진적이며 적응적인 움직임에 대한 장애와 중단이라는 시각에서 이해하게 되었다. 정신분석 치료 행위에 대한 개념들도 이와 유사하게 확대되어 갈등의 해석이나 억압된 기억과 환상을 복원하는 것을 넘어 점진적인 발달을 재가동하는 다양하고 복잡한 가능성을 포함하기에 이른다. 이러한 방식의 발달 지향적 치료에 대한 비판이 있었지만, 아동기에서든 심리치료에서든 성장과 발달은 단순히 지지해 주거나 '교정적 정서 경험'을 제공하는 문제는 아니다(이 점에 대한 좀 더 상세한 설명은 6, 7, 8장 참조).

관계가 중심이다

관계는 발달 과정의 중심이다. 대부분의 발달 지향적 모델은 욕동이 아니라 관계가 일차적 동기라는 가정에서 출발한다. 관계는 발달이 일어나는 기본 단위로, 가족에서 시작해서 학교와 사회 집단, 직장 등으로 확대된다. 발달은 더 넓은 시야에서 보면 신경생물학적, 심리적, 사회적, 경제적, 문화적 요소 내부와 이 여러 요소 사이의 관계를 생명 체계의 서로 다른 수준과 차원에서 조직화하고 재조직화하는 보다 폭넓은 개념으로 이해할 수 있다(이 내용은 이 장 후반부에서 일부 논하고, 19장에서 집중적으로 논한다).

복합성과 통합: 비선형적 역동체계 이론들

그렇다면 발달은 시간의 경과에 따른 변화와 통합의 문제이며, 발달의 어느 순간에 나타나든 서로를 변화시키는 서로 다른 능력과 환경의 변화와 통합의 문제이다. 새로움과 반복 사이에 지속적인 역동적 균형이 존재하는 새로운 양태가 등장한다. 이 모든 것은 새로운 환경과 자원, 능력들이 다양한 원천에서 나타날 때 일어난다. 종합적으로 보면 이러한 강조점들은 유동적이며 전방위적인 시간 개념에서 우리의 위치를 알려주는 좀 더 완전한 발달 정신분석 사고방식을 특징짓는다.

필자가 주장했듯, 그러한 통합적 변화는 발달 과정의 핵심적 원리다. 개방적이고 시야가 넓은 발달 관점에서 볼 때 유전학과 생리학, 가족과 개인사, 모든 종류의 제도적, 문화적, 정치·경제적 영향 등과 같은 일상생활과 관련된 다양한 요소들이 존재한다. 이러한 요소들은 복잡한 네트워크 속에서 시간의 흐름에 따라 그 상호관계가 바뀌면서, 개별적인 요소라고 하는 것이 무의미할 정도로 뒤얽혀 있다. 발달 과정은 RNA(리보핵산)의 변화부터 신경해부학과 신경화학, 걷기나 달리기 같은 운동 발달, 인지 발달이나 언어 발달을 거쳐 취학과 직업선택 그리고 결혼, 이민과 민족성, 정치 및 경제적 변화 등 매우 다양하고 수많은 요소가 관련된 거의 무한한 형태를 띤다. 이들은 모두 서로를 변화시키는 관계에 있으며, 따라서 특정 요소들과 그 요소들이 맺는 관계는 시간이 흐르면서 바뀌고, 다시 한번 변화하고 통합된다. 예를 들면, 아동에게 조현병에 걸리기 쉽게 하는 유전자가 있긴 하지만, 이 유전자를 지닌 모든 이가 조현병 환자가 되지는 않는다. 발병은 많은 요인의 영향을 받는데, 그 대부분은 여전히 충분히 설명되거나 이해되지 못한다. 대부분의 유전적 요인들도 마찬가지이다.

발달 정신분석을 비롯한 현대의 발달 접근은 시간이 흐르면서 비선형적 역동체계 이론에 점점 더 의지했는데, 이 이론은 체계의 다양한 구성요소들과 능력을 통합하고 변화시키며, 시간의 흐름에 따른 체계 고유의 발달과 새로운 환경조건에 반응하여 변화하면서 체계를 조직화하고 재조직화하는 방식을 강조한다. 특정 요소의 특성과 영향은 서로 분리될 수 없다. 유아는 양육 환경과 상호의존적이기 때문에 이러한 모델은 그동안 유아발달 이론과 연구에서 특히 두드러졌다(필자는 19장에서 이 같은 체계 이론이 포괄적이며 경험에 근접한 메타-사고 체계meta-framework를 정신분석에 제공할 수 있다고 제안한다).

학제 간 연구

아동을 직접 만나면 우리는 상담실 너머 아동의 발달과 관련된 여러 분야와 학문에 관심을 기울이게 된다. 발달지향 정신분석은 정신분석적 아동 심리치료와 더불어 발달 연구와 교육, 인지 및 정동 신경과학, 아동 및 성인 정신의학, 유아기 개입과 소아과 등 유아 및 아동과 가장 관련이 깊은 여러 분야 사이에 다리를 놓았다. 발달 정신분석은 비분석적 지식이 정신분석 담론에 들어오게 된 발단이 되었다. 현대 발달 정신분석은 혼합 감수성에 적합하다. 이런 의미에서 이러한 관점을 좁은 의미의 '정신분석적'이라고 하기보다는 '정신역동적'이라고 부르는 것이 더 정확할 수도 있다. 서로 다른 분야의 연구결과를 종합하려 노력하는 만큼, 발달 정신분석은 의학을 비롯한 건강 관련 분야의 임상 작업과 기초 생명과학 연구를 연결하는 데 점점 더 보편화되고 있는 '과도적' 방법을 따른다.

발달적 사고와 임상 작업

　이런 개방적이고 포괄적인 정신은 일상적인 임상 작업에 적용되고 아동기는 물론 정신분석에서 가장 영감을 주는 것을 성취한다. 우리는 환자가 아동기에 겪은 일을 눈으로 볼 수는 없지만, 아동과 그의 가족에 대해 알 수 있고 우리가 알게 된 것을 전달해 줄 수 있다. 발달적 접근은 아동기의 사건과 무의식적 판타지, 과거에 맺었거나 현재 맺고 있는 관계, 제도와 정서, 뇌 구조 등, 다양한 현상에 관심을 불러일으킨다. 이 모든 것은 우리가 사례를 다루고 임상 관련 토론을 하고 이론을 정립하는 데 유용한 이미지와 담론을 제공한다. 필자는 성인 환자를 아동이나 심지어 유아로 상상하는 일종의 혼합 이미지를 만들어 낼 때가 종종 있다. 그런 경우 그 환자의 몸은 현재의 어른 몸과 유사하지만 좀 작고 어린아이 같은 특징이 있으며, 부모나 과거의 다른 중요한 인물이 있던 어린 시절의 집이나 어떤 장소에 있으며 종종 필자가 들어서 알고 있는 일부 상호작용이 포함되는 경우도 흔한데, 이 모든 것은 필자의 상상이다. 심지어 필자는 기능적 자기공명영상을 상상할 때도 있는데, 여기에서 뇌의 한 부분이 정동의 움직임에 상응하는 혈액의 흐름을 보여 주는 강렬한 색상으로 나타난다. 이러한 상상은 필자가 트라우마 환자에게 강렬한 정서를 느낄 때 아주 흔한 일이다. 이 모든 것은 필자의 정서적, 신체적 경험과 상호작용을 하는데 때때로 억압과 반복, 내적 대상관계 같은 추상적 개념으로 설명된다.

　이 모든 것은 대단히 가치 있지만, 일종의 근사치, 즉 여러 가용한 이미지 중에서 상상적 선택과 관련이 있다. 따라서 이미지가 다양하다는 것은 우리의 묘사와 공식화, 개입이 모호하고 불완전하다는 사실을 가리킨다. 우리에겐 바로 활용할 수 있는 수많은 이미지와 방법이 있지만, 이런 것들은 유용하고 심지어 설득력 있어 보일 때조차도 서로 모순되거나 효과를 반감시킨다. 발달 정신분석은 이 필연적인 모호성 속에 자리 잡게 되면서, 역동적 상호교류에 관한 다양한 관점과 언어를 지닌 정신분석의 비전을 갖게 한다. 이것은 내용의 문제이자 방법의 문제인데, 인간의 발달이 계속 움직이면서도 단단하며, 변화무쌍하고 복잡한 과정을 포함하기 때문이다. 필자가 보기에 이것은 모든 진실한 분석적 관점의 핵심이다. 그것은 예를 들면, 현재에서 과거의 존재를 탐색하는(과거를 회고하는), 실제로는 현재에서 미래를 탐색하는(미래를 예측하는) 파악하기 쉽지 않은 과정에서 명백히 드러나고 있다. 최고의 경지에 이르러서 발달 관점은 복합성과 불확실성, 폭넓고 깊이 있는 논쟁, 그리고 해결되지 않는 문제는 언제든 존재하리라는 깨달음을 받아들이게 한다.

정신분석의 다양성과 발달 정신분석 그리고 이 책

이 모든 것 덕분에 필자는 도그마에 저항하는 그리고 치료 기법과 변화 행동에 관한 다양한 시각에 관심을 둔 폭넓고 포괄적인 임상 이론에 다다랐다. 필자는 상호주관적—관계적인 이론적 지향이 가장 포괄적이라고 생각하면서도, 프로이트의 초기 연구와 이후의 연구에서 등장했던 근본적으로 심리내적인 것에 관한 전통적인 분석적 관심은 탐구가 가능할 뿐 아니라 매우 중요하다고 믿는다. 필자가 보기에 정신분석에서는 편협성의 위험이 산만함의 위험보다 더 큰 것 같다. 분석가들이 외부에 소개해야 하는 것에 대해서는 지나치게 확신하는 반면, 내부로 들여와야 할 것에 대해서는 지나치게 신중하다. 필자의 견해로는 강력한 사고(이해하기 어려운 개념을 포함해)를 명료화하고 통합하며 잘못 판단한 견해를 수정하면서, 다양한 학제 간의 관점에서 다양한 분석 모델과 임상적 접근을 (재)고찰하는 것은 매우 유익하다.

견고한 발달 관점을 통해 정신분석은 가족 관계의 중심성과 더 넓은 사회 공동체에서부터 시간의 단순한 전진적 흐름 이상의 시간성과 기억이라는 더 복잡한 시각을 망라하여 분석가가 자신의 사고를 점검하고 새로운 생각을 자극하는 연관 학문에도 열려 있게 되었다. 현실의 아이들과 그들이 세상에서 성인이 되어 가는 과정에 대해 더 많이 알수록, 우리는 심층적인 분석 모델을 수립하고 환자를 최대한 도울 수 있는 다양한 차원에 대해 더 많이 알 수 있다. 필자는 여러 차원에서 동시에 생각하는 것이 가능할 뿐 아니라 필요하다고 믿는다.

5장
전후 미국 정신분석의 다양화와 다원화
–학제 간 연구의 확대와 임상 범위의 확장, 새로운 발달론–

제2차 세계대전 이후 수년 동안 클라인 학파와 중도 학파가 매우 창의적인 연구를 이어가긴 했지만, 영미 정신분석학계를 대부분 장악한 것은 자아 심리학이었다. 전후 경제 성장과 사회 보장제도의 확충 덕분에 더 많은 사람들을 대상으로 한 연구와 정신건강 서비스가 확대되었으며, 특히 미국에서는 더 다양하고 유연한 정신역동 기법에 대한 요구가 있었다. 이 외에도 유럽 대륙과 라틴 아메리카에서 새로운 흐름이 표면화되고 더 많은 관심을 받게 되었다.

정신분석은 영미 세계에서 1960년대를 거치며 정신건강 분야를 통틀어 방향성을 선도하였다. 이후, 정신약리학을 비롯한 비분석적 치료 개입의 발전과 경제적 제약, 정신건강 치료에 대한 보험회사의 규제와 페미니즘 그리고 여타의 사회·정치적 비판 등 다양한 영향들이 정신분석의 주도권에 도전하였다. 이런 상황에서 상호주관론적/**관계적**Relational 운동이 부상하는 것을 비롯해 정신분석학계 내부에서 새로운 관점들이 점점 더 주목받게 되었다.

더 완전한 발달 정신분석을 향하여: 전후 미국과 유럽에서 진행된 '영역 확장'

전후의 번영과 정신분석 치료의 발전

두 차례 세계대전 사이에, 특히 중유럽 분석가들이 미국으로 이주하면서 정신분석은 미국에 뿌리를 내렸으며, 제2차 세계대전 이후 번성했다. 전쟁 기간과 그 이후, 트라우마를 입은 병사들에게 신속하고 실용적인 도움이 필요했고, 시간이 흐르면서 소득이 증가하고 의료보험이 등장하여 더 많은 내담자들을 위한 치료가 지원되었다. 전후 번영의 여세를 몰아, 진단 범위가 확대되어 더 많은 사람에게 정신건강 서비스를 제공하게 되었다. 또 정부의 넉넉한 재정 지원 덕분에 치료와 연구를 담당하는 정신건강 분야 전문 인력을 양성해 내는 속도가 빨라졌다. 보통, 정신분석 접근은 입원 환자와 외래 환자 모두 선택하는 치료였다. 전반적으로, 정신분석과 학술 기관이 점점 더 연계하여 학술 센터, 의과대학, 사회사업 부처에서 정신분석을 연구하고 훈련했다. 넓게 보면, 정신분석은 1950년대와 1960년대를 거치며 (이해하기 힘들긴 하지만) 지식인과 많은 예술가 사이에서 꼭 필요하고 유용한 실천이자 사고방식으로 대중문화 속에 정착했다.

이러한 상황에서 정신분석 치료를 받는 사람이 늘어나는 동시에 새로운 개입 방법들이 등장했는데, 이 모든 변화 덕분에 분석 치료의 '범위가 확대'되었고(Stone, 1954), 유연한 새로운 기법이 나타나게 되었다. 이러한 변화는 발달을 강조하는 새로운 움직임과 관련이 있었는데, 결핍이 극심한 환자와 병리가 더 심각하거나 좀 더 직접적인 주의가 필요한 환자에게는 권위적이며 해석 중심의 전통적인 분석 기법이 큰 도움이 되지 못했기 때문이다. 게다가 많은 환자를 장기간 주 4~5회기씩 치료하는 것이 불가능했는데, 무엇보다 전문성을 갖춘 정신건강 전문가가 부족했기 때문이다. 정신건강 서비스 시장은 주로 정신분석 연구소에서 전통적인 정신분석을 중심으로 서서히 성장했지만, 치료법은 다양했다. 많은 이들이 '적절한proper' 정신분석을 받고 싶어 했지만, 주로 교육받은 부유층만 정신분석을 받을 수 있었다. 정신건강 전문가는 스스로 엄선한, 한정된 엘리트를 형성하는 정신분석가와 변형된 형태의 정신분석적 심리치료를 제공하는 치료사, 두 부류로 구성되었다.

훗날, (예를 들어 1973년 지역사회 정신건강 증진법이 제정되자(Seligman and Bader, 1991)) 아동과 의료 취약 계층, 만성적인 정신질환자가 정신분석 치료 대상에 포함되었다. 이제, 정신병리가 심각한 환자를 포함해 '분석될 수 없다'고 여겼던 환자에게 '지지' 치료가 제공될 수 있었다. 대체로, 초기의 치료 방향성은 심리구조의 변화로 이어질 수 있는 해석보다는 조심스럽게 방어를 강화하거나 지지하는 방향이었다. 정서적 따뜻함과 조언 같은 직접적인 개입은 지지적 접근의 일환이었으며, 아동 분석과 아동 심리치료에서 자발성과 직접성은 점차 성인 심리치료사들의 관심을 끌게 되었다. '할 수 있다'는 미국식 낙관주의와 자유주의 사회복지 정책도 이러한 변화에 영향을 끼쳤다.

두 갈래의 임상 이론

개념상으로 볼 때, 임상 이론 역시 분석가와 비분석가 사이의 위계와 완전히 똑같지는 않지만 비슷하게 두 갈래로 발전했다. 한 갈래는 오이디푸스 수준의 신경증 환자에게 적합한 해석과 심리내적 갈등을 강조하는 전통을 반영했다면, 다른 갈래는 '전-오이디푸스적' '부신경증subneurotic' 환자의 자아 결함ego deficits에 대한 좀 더 발달적 접근을 반영한다. 이론과 임상에서 공통되는 부분이 많았는데, 해석은 발달을 더 지향하는 상황에서 폐기되지도 않았지만, 늘 중심에 있지도 않았다. 오히려 임상에서는 많은 노련한 분석가가 비해석적인 도움에 상당히 관여하면서 다양한 환자에게 이런 도움을 제공했다. 그렇지만 미국 전역에서 '오이디푸스기/전-오이디푸스기'의 위계가 유지되었으며, 많은 분석가가 전이 상황에서 이상적으로는 해석이 순수한 '정신분석'의 결정적인 요소라고 주장했다. 미국 정신분석협회 산하 유력 연구소 내에서는 신경증 환자의 치료가 여전히 가장 권위 있는 것으로 남아 있다.[1]

전후 미국에서 더 확대된 학제 간 연구

전후의 풍요롭고 과학을 중시하는 미국에서 전반적으로 확대된 연구가 정신분석에도 적용되었는데, 특히 정신분석이 대학의 정신의학과와 심리학과에서 중심적인 위치를 차지하고 있었기 때문이다. 1950년대까지 심리학과에서 인기가 많았던 행동주의 심리학(Dollard and Miller, 1950)과, 그 이후 피아제의 이론(Greenspan, 1979)과 정신분석을 연결하려는 시도가 있었다. 인류학자와 사회학자는 오이디푸스 이론을 복잡하게 적용하는 것을 비롯하여 성격과 사회 구조에 관한 통합 이론을 세우려고 할 때 정신분석을 가장 중요한 원천으로 여겼다(예컨대, Parsons, 1964 등). 일례로, '구조적-기능적' 사회학 운동의 저명한 두 지도자인 하버드대학교의 탈코트 파슨스Talcott Parsons와 캘리포니아 버클리대학교의 닐 스멜서Neil Smelser는 그들 자신이 공식적인 정신분석 훈련을 받았다.

분석가와 대학의 발달론자들이 유아와 아동, 청소년을 대상으로 하는 직접 관찰 또한 영향력이 점점 커졌다. 르네 스피츠Rene Spitz(1965)는 육체적 욕구가 채워졌어도 정서적 돌봄이 박탈되면 잘 자라지 못하거나 심지어 사망에 이르는 입원한 유아들을 연구하여 관계의 중요성을 입증했다. 마가렛 말러Margaret Mahler와 그 동료들(Mahler, Pine, and Bergman, 1975)은 어머니와 떨어진 걸음마 시기 유아를 장기간 관찰한 결과, 유아가 부모와 맺는 관계를 내면화하여 더 자율적이 되고 '리비도의 대상 항상성'이 발달해서 '분리—개별화'에 도달하는 과정을 설명하였다. 이 과정에는 심리적 성장의 일부로 애도가 포함된다.

이론적, 임상적 가교

성인 중심 분석가들 다수가 다양한 정신분석적 견해를 포괄하고 혁신하는 새로운 통합 과정에서 발달적 사고를 받아들이기 시작했다. 예를 들어, 오토 컨버그Otto Kernberg는 클라인의 학설을 비롯한 대상관계 이론에 근거하여 경계성 인격 병리와 일반적인 정신 구조를 이론화했으며, 하인츠 코헛Heinz Kohut과 그의 동료들인 자기 심리학자들은 공감과 직접적 반응에 대한 견해를 받아들였다. (컨버그와 코헛의 저작은 1970년대 말부터 1980년대 초에 정신과 의사들 사이에서 가장 널리 읽혔다). 한스 로우왈드(1960, 1979, 1980) 역시 더 분명하게 발달 관점을 받아들여 무의식적 힘과 환상에 관한 관심을 강하게 유지하면서도 성장과 발달의 적응적 동기를 강조했다. 분석가가 환자에게 쏟는 건설적이며 창의적인 관심의 직접적 영향을 단언하면서 한스 로우왈드는 분석가가 환자의 더 나은 미래에 대한 비전을 갖고 있을 때 일어나는 점진적인 효과를 뛰어나게 설명했고, 분석에서 시간성이 차지하는 중요성을 재평가했으며, 코헛(1977)이 그랬듯, 오이디푸스 콤플렉스에 관한 더 완전하고 확장된 발달 관점을 제시했다. 중도 학파 학자들(페어베언, 발린트 그리고 두드러지게 볼비, 위니컷)이 미국에서 주목을 받기 시작했다.

에릭 에릭슨: 사회적 정신분석을 향해서

필자가 보기에, 에릭 에릭슨이 정신분석적 관점에서 아동 발달을 인류학, 사회학, 역사학과 통합한 것은 자아 심리학의 가장 야심 차고, 광범위하고 생산적인 작업이었다. 에릭슨은 인류학과 역사학에 근거하여 인격 발달을, 몸의 경험 및 기질과 사회 · 경제 · 역사 구조의 통합으로 간주했는데, 이 구조는 가족과 이념을 비롯한 제도 및 문화 형식의 맥락에서 형성된 것이었다. 그는 프로이트의 본능 이론을 재작업했는데, 아동기의 자연스러운 생명력 그리고, 아동 및 청소년과 그 부모의 열정적인 참여가 개인이 발달하는 사회적, 역사적 환경 안에서 조직되고 재조직되는 방향으로 다듬었다. 개인과 사회가 긴밀하게 얽혀 있다는 사실이 프로이트의 연구를 재해석하기 위한 토대라고 생각한 에릭슨은 자기와 자아에 대한 정신분석 개념을 확장했으며, 차원이 서로 다른 생물학적, 개인적, 가족적, 역사적 영향 사이의 '상호 조절mutual regulation'을 강조했다. 이처럼 에릭슨은 이후 매우 중요해진 발달에 관한 체계적 접근은 물론 상호주관적 접근의 등장을 예견했다(이 책 11장과 19장 및 Seligman and Shanok, 1996 참조).

에릭슨은 분석적 발달 이론을 전 생애 주기로 확장하면서 8단계 모델을 제안했다. 사춘기에 특별히 관심이 많았던 에릭슨은 현대 사회에서 성인이 되는 과정에서 겪는 모든 변화와 요구에 적응하는 데 필요한, 점점 복잡해지는 종합 능력을 설명하기 위해 **정체성과 정체성 위기**라는 개념을 발전시켰다. 더 나아가 그는 역사적 변화가 개개인에 미치는 상호 인과 관계를 탐구하는 정신분석에 전념하여 '심리역사학psychohistory'의 기초를 닦았다. 여기에는 전기적 연구(루터와 간디에 대한 에릭슨의 논문 1958, 1968)를 비롯하여, (에릭슨과 다른 이들이 했던) 자아 심리학의 영향 아래 생애 주기 전체에 걸친 많은 발달 연구가 포함된다(Erikson, 1968).

에릭슨이 신진 세대의 유아 연구자들에게 끼친 영향(6장 참조)은 대단했다. 예를 들어, 영향력 있는 발달론자 분석가인 루이스 샌더Louis Sander(사적인 대화: 20장 참조)는 정밀한 유아 발달 모델이라는 자신의 획기적 연구가 에릭슨식 접근을 적용하고자 하는 소망에서 영감을 받은 것이라고 밝혔다. 종합적으로 볼 때, 에릭슨에게는 개인과 사회 구조의 서로 다른 차원과 수준 사이의 상호작용이 가장 큰 관심사였는데, 필자는 이 점이 자아 심리학 연구를 가장 대담하게 응용한 것이라고 생각한다.

에릭슨은 선도적인 대중적 지식인이 되었고 퓰리처상과 전미 도서상을 수상했으며『타임』지의 표지에도 등장했다. 그렇지만 하트만과 크리스, 로웬스테인 등의 주도하에 무게감 있는 자아 심리학 이론을 선호하는 기존의 정신분석 조직 내에서 에릭슨의 영향력은 미미했다. (이러한 관점 사이의 차이를 평한 신뢰할 만한 자료를 참고하려면 데이비드 라파포트가 1959에 쓴 자아 심리학 개요를 참조하라. 이 운동을 이끈 사려 깊은 지도자의 견해이다.)

20세기 후반 미국 자아 심리학의 주도권 쇠퇴

1970년대 이후, 미국에서는 주도권을 장악했던 자아 심리학이 다양한 도전에 직면하기 시작했다. '지지적' 기법과 '표현적―해석적' 기법이라는 '두 갈래' 구분에 의문이 제기되었다. 1980년대 후반까지는 코헛의 자기 심리학이 표준적인 정신분석 조직과 좀 더 광범위한 정신역동 분야, 양쪽에서 폭넓게 인기를 끌었다. 초기 발달에 관한 새로운 발견도 욕동과 유아의 유아론solipsism 등에 대한 기본적인 정신분석 가설에 도전했다(2부 참조).

그와 동시에, 페미니즘과 퀴어 이론의 정신분석에 대한 비평에 점점 더 힘이 실렸다. 정신약리학이 급속도로 발전하면서, 약물이 두뇌에 직접 작용하면, 더 자주 만나야 하는 (비용도 많이 드는) 정신분석 위주의 접근법을 쓰지 않을 수 있다는 가능성이 제기되면서, 대화와 의미에 집중하는 정신분석적 접근이 도전을 받았다. 기초적인 신경과학이 발전하기 시작하면서 정신분석의 '과학적' 타당성에 의문이 더욱 제기되었다. 경험 위주의 심리치료 연구, 그 중에서도 치료 결과에 대한 연구가 더 보편화되었다. 긴 시간 복잡하게 진행되고 정밀한 진단을 요구하지 않는 정신역동 치료에 대해 더 많은 염려가 제기되었다. 이용자와 특히 그 비용을 지불하는 보험회사와 정부는 정신분석 중심의 치료가 비용 대비 효과가 적다고 여기게 되었다. (이 문제는 오늘날에도 여전히 논쟁거리이다.)

조직의 쇠퇴와 쇄신

더욱이 정신분석은 더 광범위한 정신건강 교육과 서비스 전달 체계에 대한 주도권을 잃기 시작했다. 경제가 부침을 겪다 보니 정부와 보험회사, 병원과 소비자는 이전보다 비용에 신경을 더 쓰게 되었다. 단순함과 시장 친화적인 진단 가능성을 갖춘 비분석적 치료가 인기를 얻었다. 이후 수십 년 동안 이러한 추세는 빠르게 진행되었는데, 이때 보험회사가 의료시장에서 행사하는 영향력이 점점 커지고, 계속된 경제 불안이 조세를 비롯하여 정부 정책에 대한 점증하는 불신과 결합하고 있었다. 레이건 정부 시절부터 시장 친화적이며 개인주의적인 신자유주의적 이데올로기 때문에 내면의 삶을 도외시하는 경향이 빠르게 퍼졌고, 미디어 의식의 강화를 비롯해 광범위한 사회, 문화적 영향으로 이런 이데올로기가 더 강화되었다. 이 외에도 페미니즘과 지역사회 활동가는 정신분석이 더 큰 문화에 근거한 이념적, 문화적, 경제적 편향을 정신분석의 규범과 병합한 것에 대해 계속 비판했다. 대학의 정신의학과는 점차 비분석적 리더십을 찾으려 애썼고(Wallerstein, 1980), 임상 심리학과 사회복지학은 정신분석이 과학적, 임상적으로 신뢰할 수 없는 데다 심지어 엘리트주의라는 이유로 정신분석을 도외시했다.

이 모든 요인으로 인해 정신분석학계의 주도권을 쥔 자아 심리학의 지적, 조직적 영향력과 신뢰도가 전반적으로 하락하면서 북미 정신분석에 주목할 만한 변화가 시작되었다. 1980년대에 일부 분석가들이 독점 금지 소송을 통해, 의사가 아닌 치료 전문가에 대한 미국 정신분석협회의 배타적 태도를 완전히 뒤바꾸어 놓았다(자세한 설명은 Wallerstein, 1998, 참조). 같은 기간, 북미 주요 도시들에 새로 설립된 정신분석 연구소들은 '미국적인 것'과는 상관없이, 인정된 모든 학문에 그리고 대체로 모든 정신분석적 지향에 열려 있었다. 정신분석은 미국심리학회의 분과(39분과)로서 명망과 회원자격을 얻으면서, 새로운 의견을 나누는 공개 토론의 장이자, 더 자유롭게 사고하는, 생각이 비슷한 정신분석 치료사들이 새로운 네트워크를 형성하는 중심이 되었다. 앞서 밝힌 대로 필자를 포함한 이 새로운 세대의 다수가 시민권 운동과 반전 운동, 페미니즘 운동과 환경 운동 등 진보적인 운동에서 오랜 경험을 쌓은 터라 자신의 행동주의activism를 그들의 전문적인 조직에 적용했다(Seligman, 2012a). 어떤 점에서 북미 정신분석학계는 더 개방적이 되어, 특히 다수의 여성들, 그리고 얼마 뒤에는 남녀 동성애자도 신입 회원으로 받아들였다. 그러나 유감스럽게도 대개의 정신분석 조직에는 아프리카계 미국인 회원이나 라틴계 회원은 여전히 상대적으로 소수이다(아프리카계 미국인 분석가의 직접적인 설명을 듣고 싶다면 희귀 동영상인 **흑인 분석가들, 입을 열다**Black Psychoanalysts Speak(Winograd, 2014) 참조).

대인관계 정신분석

대인관계 정신분석의 전통은 여러 프로이트 학파 연구소와 그 문화로부터 어느 정도 거리를 두고 발전했다. 뉴욕의 윌리엄 앨런슨 화이트 연구소William Alanson White Institute를 중심으로 활동한 대인관계론자들은 학파가 형성되기 시작한 1940년대부터 임상 기법에 관한 접근에서 환자와 분석가 사이의 직접적인 상호작용을 가장 뚜렷한 특징으로 삼은 점에서, 그리고 정치적, 역사적 세력에 대해 폭넓은 관심을 보인 점에서 사회 지향적 관점을 견지했다. (예를 들어 Fromm, 1941/1999 참조). 대인관계론자들은 끊임없이 '임상에서 일어나는 실제 경험과 거리를 두는 치료를 피하고 그 대신 고통스러운 삶을 사는 사람들에게 필요한 안전하고 신뢰할 만한 인격적 관계를 형성하려 했다.'는 쿼워Kwawer의 진술은 오늘날 화이트 연구소의 웹사이트(www.wawhite.org/ index.php?page=our-history)에 눈에 띄게 게시되어 있다.

그동안 대인관계론자들은 발달적 접근 방식을 꺼렸는데 발달적 접근 방식이 환자를, 심리적 변화를 이끄는 즉각적이고 친밀한 상호작용(Ehrenberg, 1992 and Mitchell, 1988)의 직접적 상대로 보기보다는, 아동기 관점에서 바라보면서, 분석가가 환자에게 지금-여기에서 직접 개입하지 못하게 한다고 여겼기 때문이다. 이제까지 제시된 바와 같이, 대인관계론자들의 발달에 대한 설명은 사회학적인 경향이 더 짙다(일례로 G. H. Mead의 사회적 역할 이론에 영향을 받은 점을 비롯하여 Sullivan, 1953 참조).

이 같은 사실에도 불구하고, 필자는 대인관계론의 입장과 최근의 견고한 발달론 사이의 토대가 일치할 가능성이 많다고 본다. 대인관계론적 신조의 핵심은 사회적 상호작용이 프로이트 학파의 무의식적이고 내적인, 환상이 만들어 내는fantasmatic 세계만큼이나 깊은 의미와 감정을 전달할 수 있다는 시각이다. 각 개인의 현재의 현실 감각에 영향을 미치는 내면화된 수많은 사회적 관계에 대한 기본적인 개념화는 '역할'이나 '자기 체계' '자기 상태' '내적 대상'이나 '자기대상' 중 무엇으로 불리든 간에 이 두 관점을 모두 아우른다. 충분히 분석적인 발달 관점이 그렇듯, 대인관계론적 방법은 정신적 삶에 미치는 과거 및 현재의 영향 사이에 언제든 변할 수 있는 상호 보완적인 역동적 관계의 잠재력을 인식하게 된다(16장 참조). 오늘의 새로운 경험은 다가올 미래에 미치는 과거의 영향력을 바꿀 수 있다. 이 견해는 모든 새로운 경험의 영향을 포함하는 분석적 치료 행위를 다루는 이론이라면 어느 이론에든 필요한 것이며, 어떤 의미에서는 순수한 '유전적genetic' 이론에 더 가까운 관점과 발달 관점을 구분할 수 있는 핵심이다. 이 명백한 간극을 메우는 것이 필자가 이 책을 통해 성취하고자 하는 또 다른 목표다. 유아 관찰은 내적 세계와 상호작용의 장이 격렬하게 뒤섞이는 모습을 절묘하게 보여 준다(6~12장 참조).

최근의 **관계** 정신분석은 정신분석적 상호작용의 효과를 광범위하게 탐구하고, 자발성과 즉각적인 접촉을, 변화를 일으키는 행위mutative action의 원천으로 인정하며, 무엇보다 치료가 교착 상태에 빠졌을 때 그 변화 가능성을 믿고 난관을 헤쳐간다는 면에서 특히 대인관계론의 전통에 빚지고 있다. 같은 무렵, **관계론자**는 실제 현실과, 특히 타인과 변증법적으로 교류하는 내적 세계에 대한 정교한 이론을 세우기 위해 (비관적이더라도) 프로이트 학파와 클라인 학파, 중도/독립 학파 등, 기존의 정신분석 학파를 기꺼이 활용하려 했다. 이 덕분에 **관계적** 접근은 이론과 임상의 영역이 넓어지는 동시에 더 유연해졌다. 그리고 이것은 필자가 이 책에서 제안하는 생산적이고 풍부한 관계-발달 정신분석 관점을 지향한다. 앞서 밝혔듯 이렇게 종합하는 것이 필자가 이 책에서 추구하는 것이다.

관계적 흐름

관계 정신분석은 1980년대와 그 이후에 걸쳐 등장했다. 어떤 점에서 **관계** 정신분석은 자아에 초점을 둔 정신분석의 한계를 넘어서려고 노력했고, 당시 제기되고 있던 몇몇 임상적, 이론적, 이념적 문제를 해결할 새로운 방향을 제시했다. 2000년에 갑자기 사망한 스테판 미첼이 처음 주도한 **관계** 운동은 대인관계론자들이 주장한 분석적 상호작용과 분석 작업의 사회적 성질을 기존 프로이트 학파 관점들의 심오함과 통합하기 위해 노력했다. 또한 포괄적으로 접근하면서 더 폭넓은 문화적 마인드를 가지고 현상학과 구성주의, 해석학뿐 아니라 페미니즘과 이후에는 퀴어 이론 같은 비판 철학의 새로운 견해들을 통합했다. 또한 정신분석 등의 분야에서 발달 관점을 변화시키고 있는 신흥 유아 관찰 연구도 받아들였다. 종합해 보면, 정신분석학계에 새로운 '2인' 접근이 등장하여, 환자와 분석가 사이에 오가는 상호 영향과 분석가 자신의 주관성의 중요성, 분석가와 환자가 상호작용하며 공동으로 구성해 가는 치료 관계의 특수성, 임상 기법에서 상호작용과 자발성에 대한 긍정적 접근, 트라우마에 대한 새로운 강조 등, 일련의 새로운 개념에 중점을 두었다. 이런 개념 가운데 일부는 페렌치를 비롯해 정신분석 역사에서 홀대받은 초창기 연구자들의 견해이다(Aron의 1996년 연구 논문에 **관계** 정신분석의 기원과 그 조직에 대한 상세한 설명이 나와 있다). 이에 버금가는 몇 가지 발달이 상호주관론적 자기 심리학에서 나타났는데 이 학파에서는 코헛의 연구를 출발점으로 삼아, 더욱 다양하고 정교한 분석적 지향을 형성했다(예컨대 Shane and Coburn, 2002; Shane, Shane, and Gales, 1997; Stolorow, Atwood, and Brandchaft, 1994 참조).

앞서 밝혔듯, 그동안 필자는 몇 장에 걸쳐 계속 추적해 온 일부 임상 및 이론의 문제점을 **관계** 운동이 제공한 임상적–이론적 맥락 안에서 해결하려고 애썼다. 필자에게 폭넓은 상호주관론적 지향은 다양한 견해를 새롭게 통합할 가능성과 창조성을 뒷받침하는 개념적, 철학적, 임상적 자유를 제공한다. 이 다양한 견해는 베이스Bass(2014)가 제안한 '빅텐트' 개념처럼 전통적이면서도 혁신적이다. 이 책의 남은 부분은 대부분 발달 정신분석과 발달 연구를 상호주관적 시각에서 해석하는 것을 중심으로 전개될 것이며, 필자는 이런 기획을 토대로 고전적인 접근이 덜 경직되고 경험에 더 가깝고 아동 특히 유아의 직접 관찰과 양립할 수 있도록 수정하고자 한다.

후주

1 미국정신분석협회 산하 일부 연구소는 아직도 학생들의 교육 훈련 사례에 오이디푸스기에 고착된 병리를 지닌 '신경증' 환자를 전이 해석으로 다룬 사례를 넣으라고 요구한다.

2부
관계적 아기

-상호주관성과 유아 발달-

관계성, 발달 그리고 '2인 정신분석'

때맞춰 등장한 관계 정신분석의 혁신은 논리적이고 실용적인 결론—새로운 패러다임이 본능 이론을 재배치한다—으로 고전적 가설을 새롭게 재배치했다. 관계성relationships은 심리적 삶의 일차적 동기이자 조직자로 생각되었으며, 개인의 내면에서 일어나는 교류보다는 사람들 사이의 역동적 교류가 이론 정립 및 임상 기법의 일차적 배경이었다. 현실은 최소한 심리 내적인 것과 같았으며, 과거와 현재는 서로를 축소시키지 않고 역동적으로 상호작용하였다.

관계 정신분석은 현대 발달 정신분석의 분석 이론 및 기법 그리고 발달 심리학 전반을 설득력 있게 종합할 배경을 제공한다. 그러나 **관계** 정신분석은 유아를 적응적이며 사회적으로 보는 유아 연구에 상당히 의존하면서도 그것에 그 자체의 발달 모델을 포함시키지 않는다. 또한 **관계** 정신분석은 이런 관점을 젠더 이론과 사회 이론, 트라우마 연구와 비선형 역동체계 이론, 그리고 분석 지식과 분석 관계를 치료사와 환자가 공동으로 구성해가는 것으로 보는 관점 등, 여러 중요한 강조점들과 통합했다. 더욱이 관계적 관점으로의 변화에서 대인관계 정신분석의 영향으로 '발달 이론의 편향'(Mitchell, 1988)에 균형을 맞추게 되었다. 대인관계론자들은 현재의 직접적인 상호작용의 즉각성을 열정적으로 연구한 결과, 다른 역동을 놓치면서 분석 상황을 아동-부모 관계의 틀에 넣어 생각하려는 유혹에 휘둘리지 않는다.

이러한 다양한 발전 속에서, 발달 지향적인 분석가와 연구자들의 직접적인 유아 관찰 연구는 열렬한 환영을 받았다. 필자는 우선 유아 발달 연구의 획기적인 결과들을 검토한 뒤, 이러한 발전의 소산을 출발점으로 활용하여, 임상에 대한 상호주관적-관계적 관점의 핵심 특징들을 설명하고자 한다. 이 접근은 필자가 서로 다른 정신분석 접근을 심사숙고하는 수단으로 발달 관련 지식을 응용한 것이다. 그런 다음, 동기, 심리구조, 그리고 정신분석 이론에서 발달이 차지하는 위치와 관련해서 내가 추적해 온 이론적 질문에 대한 현대적 접근을 종합하는 것의 핵심적 함의를 검토하고자 한다. 필자는 6, 7장에서 이 개략적인 그림의 몇몇 특정한 영역에 관한 견해를 제시할 것이다. 여기서 가리키는 특정 영역은 유아가 부모와 맺는 관계 양상이 성인기로 이어지는 연속성, 그리고 현재 널리 받아들여지는 오이디푸스 콤플렉스와 젠더, 섹슈얼리티에 관한 개념들을 일컫는다. 6장은 상호주관성과 애착 이론 및 연구와 유사한 견해를 소개하는 것으로 시작한다.

6장
유아기 연구
-관계-발달 정신분석을 향하여-

사회적 유아

1960년대 후반, 일단의 창의적이고 혁신적인 세대의 유아 상호작용 연구자들이 유아를 직접 연구하기 시작했다. 이들은 대체로 이전에 생각했던 것보다는 유아를 인지적, 정동적으로 조직된 존재이자 주변 세계에 더 많은 영향을 미치는 존재로 인식했다. 이 연구는 방법론적으로나 개념적으로나 혁신적이었다. 일례로 멜조프와 무어Meltzoff and Moore(1977)는 내적 대상 표상('대상 영속성object permanence')을 설명한 피아제의 발달 단계 시기를 앞당겼는데, 신생아에게 젖꼭지를 물려주면 그 질감과는 상관없이, 그 젖꼭지를 빨아본 적이 없는데도, 눈으로 본 적이 있느냐 없느냐에 따라 신생아마다 젖꼭지를 빠는 속도가 다르다는 사실을 밝혀냈다. 신생아는 태어나 맨 처음 본 젖꼭지에 대한 안정적인 기억을 간직하는 것이다.

분석을 중시하는 연구자들은 특히 유아-양육자 간 관계가 미치는 영향력에 관심을 기울였다. 이들은 출생의 순간부터 유아-부모 관계를 형성하는 신체 상태와 정서, 몸짓 등을 명확하게 설명했다. 이 초창기 유아 연구자 중에 루이스 샌더와 다니엘 스턴, 콜린 트레바덴Colwyn Trevarthen과 로버트 엠데Robert Emde, 브라젤톤Brazelton과 스탠리 그린스펀Stanley Greenspan 등이 있다. 이 연구자들 대부분은 발달 연구에 관심을 기울였던 자아 심리학의 영향을 받은 발달 심리학자이거나 소아과 의사 혹은 정신과 의사 겸 분석가들이다. 이들은 볼비의 연구에 관심을 기울이긴 했지만, 애착 연구자들보다는 미시분석 접근을 더 많이 사용했다. 즉, 상대적으로 애착 연구자들이 발달 기간 전반에 걸친 애착 양상과 그 내적 표상 등 더 보편적인 관계 양상을 추적했던 반면, 유아 상호작용 연구자들은 흔히 초 단위의 짧은 시간 간격을 두고 일어나는 상황을 관찰했다. 양육자가 반응을 잘해 주면 안정적인 애착이 형성되므로, 이 두 관점은 보통 상호보완적이다. 거시분석 연구와 미시분석 연구 둘 다 이 견해를 지지한다(Ainsworth et al., 1978; Jaffe et al., 2001).

한 예로, 다니엘 스턴(1971)은 이러한 애착 관계 역동의 독특하고 의미 있는 변화를 밝히고자 쌍둥이와 그 어머니가 주고받는 상호작용의 프레임 분석을 하나하나 비교했는데, 이러한 역동들은 부분적으로, 어머니가 아기의 반응을 얼마나 감지하느냐에 영향을 받는다. 트로닉Tronick(2007)은 잘 알려진 '무표정' 실험을 통해서 어머니의 반응을 끌어내기 위해 아무리 애를 써도 어머니가 계속 무표정한 얼굴을 보인 뒤, 유아가 극심한 괴로움을 느끼며, 사회적 상호작용을 하려고 노력하는 것을 관찰했다. 이 실험은 유아는 생애 초기부터 상호작용에 대한 기대가 대단함을 생생하게 보여 주었다(www.youtube.com/watch?v=apzXGEbZht0 참조).

무표정 실험은 사람과 관계를 맺으려는 욕구는 본능이며, 유아는 태어나는 순간부터 타인의 반응을 끌어내고 타인에게 반응하려는 의욕을 품는다는 사실을 보여 주는 여러 실험 중 하나이다. 신생아는 무엇보다 먼저 인간의 얼굴과 목소리, 특히 어머니의 목소리에 반응하게 되어 있으며, 성인이 표현할 수 있는 기본 감정을 거의 다 표현할 수 있다. 톰킨스Tomkins(1962, 1963)의 뒤를 이어 에크만Ekman과 프리젠Friesen(1969)은 신생아의 얼굴 사진 100개를 문화적 배경이 다양한 성인들에게 보여 주며, 분노와 기쁨, 놀람과 혐오 슬픔과 공포라는 성인의 여섯 가지 기본 정동으로 분류하게 한 실험을 통해 이 사실을 입증했다. 감정마다 안면 근육의 형태가 다르고 신경 내분비계의 측면도 제각각이다. 필자는 이와 관련된 한층 깊이 있는 함의를 간략히 검토하고자 한다.

정동과 상호주관성

운동 활동과 정동affect은 이 주제에서 특별한 역할을 한다. 우리가 정서적 반응을 하면 곧바로 몸에 변화가 일어나는데, 이 신체적 변화는 우리 자신과 주변 세계에 대한 경험의 일부로 등록된다. 이렇듯 우리는 정동을 통해 가장 근본적인 수준에서 주변 환경과 연결된다. 즉, 정동은 자기 인식과 외부 인식, 상황 판단을 하나의 통일체로 엮어주는 중추적인 역할을 한다. 인간의 정서 체계는 주변 세계에서는 물론, 우리의 몸속에서도 우리 자신을 느끼도록 해 주는 인간다움의 핵심 작용이며, 태어나는 순간부터 작동한다.

정동은 내적 세계와 외부 세계에 대한 특정 정보를 제공한다. 기본적인 정동은 긍정적이거나 부정적인 것으로 나뉘어 등록되는데, 긍정적인 정동을 느끼면 하던 일을 지속하게 되고 현 상황에 몰두하게 된다. 반면 부정적인 감정을 느끼면('투쟁-도피fight or flight' 반응처럼) 하던 행동을 중단하거나 도망치거나 주위 환경을 바꾸려는 행동을 보인다. 나아가 몇몇 특정한 기본 정동은 더 복잡한 의미 체계를 구축하는 핵심적인 구성 요소로서, 현재 벌어지는 상황이 도움이 될지 위험이 될지, 더 깊이 관여해야 할지 달아나야 할지, 아니면 그 중간 행동을 취해야 할지 등을 평가하는 척도가 된다.

더욱이 우리는 자동으로, 흔히 무의식적으로 정동을 드러내는데, 드러나는 순간, 이 정동을 관찰하는 이들에게 영향을 준다. 표정을 비롯하여 관찰자의 뇌와 신경근, 신경 내분비계의 변화가 이러한 영향에 해당한다. 타인의 정서를 관찰하는 이들은 표정뿐 아니라 동작과 자세와 체온, 빨기와 깨물기 등을 통해 곧바로 자신의 반응을 타인에게 드러낸다.

이후 실행된 몇몇 독특한 연구의 결과, 유아와 양육자를 비롯한 인간의 몸과 마음을 잇는 양자 간 상호작용의 위력이 입증되었다. 우선, 타인의 감정을 관찰하면 순식간에 관찰자에게 생리적 변화가 일어난다. 그런 다음에는 어떤 특정한 정서든 그에 해당하는 관찰자 자신의 안면 근육조직에 변화가 생기는데, 이는 그 기본 정서와 관련된 호르몬 및 신경생리학적 변화를 촉진한다. 예를 들어, 분노는 혈중 에피네프린 수치의 급속한 상승과 관련이 있는데, 이 호르몬 수치가 상승하면 스스로는 분노 감정을 의식하지 못하더라도 '화난 얼굴'의 근육을 팽팽하게 조이라는 지시에 자극을 받을 것이다. 일례로, 타인의 표정을 관찰, 모방하면, 모방당하는 사람의 내적 경험과 똑같은 경험을 관찰자도 하게 된다. 유아와 양육자는 매우 신속하고 지속적으로 상대를 모방하므로, 상대의 표정을 모방하는 것이 상대와 똑같은 내적 경험으로 이어지는 현상은 생애 초기 발달에 관한 사고에서 특히 중요하다(검토가 필요하다면 Schore, 2003b 참조). 심리치료를 비롯한 모든 종류의 상호작용에서 이와 유사한 작용을 관찰할 수 있다(6, 7장과 13~15장 참조).

'거울 뉴런mirror neurons'에 관한 최근의 연구 결과들은 움직임 및 고통과 관련된 유사한 작용들을 가리킨다(Gallese, 2009; Rizzolati and Craighero, 2004). 운동 거울 뉴런은 실제로 움직임을 활성화하는 뉴런과 똑같은 양상으로 활성화되지만, 움직임은 억제된다. 따라서 관찰자는 자신이 움직이는 당사자가 아닌데도 타인이 움직이면서 느끼는 감정을 느끼게 된다.

다시 말하지만, 이런 반응은 극도로 빠르게, 보통은 명확하게 의식되지 않는 채 이루어진다. 하지만 우리는 이런 작용의 즉각성을 매우 쉽게 접할 수 있다. 공중으로 뛰어오르는 누군가를 지켜보면서 자신이 움직이는 것이 아니라는 사실을 알더라도, 올라갔다 내려오는 느낌과 비슷한 기분을 느끼는 자신을 상상해 보라. 거울 뉴런 연구자들은 이런 현상을 '체화된 시뮬레이션'이라고 부른다(운동 경기의 판정 불복에서 거울 뉴런의 역할을 설명한 필자의 야구에 관한 소론(Seligman, 2010, 2013) 참조).

요컨대, 관찰자는 타인의 정서 표현과 움직임을 관찰하는 과정에서 타인이 느끼는 감정을 똑같이 느끼게 된다. 추론하거나 명확히 인식하지 않아도, 무언가를 '생각할' 필요가 없어도 인간의 뇌와 몸은 타인의 경험을 이해한다. 이것이 상호주관성의 핵심이다(쌍둥이의 상호작용을 담은, 잘 알려진 흥미로운 영상 https://www.youtube.com/watch?v=_JmA2ClUvUY 참조).

상호 조절과 상호 영향

유아는 태어나는 순간부터 양육자와 정동 언어를 공유하고, 매우 자연스럽고 빈번하게 (초당은 아니더라도, 분당 수차례) 상대를 관찰하고 모방하기 때문에 다양한 방식으로 즉각적이고 신속하게 상대의 내면 상태에 영향을 미친다. 상황이 순조로울 때 유아와 양육자 모두는 이 모든 과정을 통해 서로에게 맞추고 서로를 이해하게 된다. 이러한 과정은 무척 빠르게 진행되어서 보통의 성찰적reflective 인식이 불가능하지만, 최신의 비디오 기술을 활용해 행동을 느리게 시간순으로 분석하면 매우 분명해진다.

유아를 주위 환경에 강력하게 영향을 미치는 유능하고 사회 지향적인 존재로 보는 관점이, 무력하고 경계가 없으며 본능에 휘둘리는 유아의 이미지를 대신하게 되었다(Brazelton and Cramer, 1990). 유아는 여전히 부모와 주변 사람들에게 절박하게 의존하는 존재로 여겨지기도 하지만, 부모와 주변 사람들에게 깊은 영향을 미치는 존재로도 여겨진다. 신생아를 둔 부모라면 대부분 이를 명확히 인식할 것이다. 이렇듯 생애 초기의 발달은 순간순간 그리고 발달 과정 전반에 걸쳐 일어나는 상호 영향 및 상호 조절 과정이다. '자기self'와 '타인others,' '타인과 함께하는 자기self-with-other'는 뒤얽혀 서로를 조직한다. 이것이 상호주관적 관점의 핵심이다. 개인은 타인과 맺는 관계를 통해 주관적인 자기가 되는 것이다. 이러한 관계가 없다면 개인의 효능감, 유대감, 생명력을 느끼는 감각은 활성화되지 않는다. 이러한 관계가 심리구조를 형성해 가면서 상호주관적 작용들도 인간의 내적 세계의 일부가 된다. 대상관계 이론과 **관계** 정신분석, 자기 심리학 같은 관계-지향 이론들이 이러한 작용을 다양하게 묘사한다.

여기에는 한층 더 깊은 함의가 있다. '타인과 함께하는 자기'의 관점에서 심리구조를 상상할 때, 우리는 서로 다른 '자기들'을 서로 다른 환경과 서로 다른 관계, 특히 가장 친밀한 관계들 속에서 경험하는 서로 다른 존재로 생각할 수 있다. 이런 접근은 인간이 자기 앞의 현실, 특히 타인의 영향력에 점점 더 많은 비중을 둠에 따라 한층 더 상세히 설명된다. 이 관점에서 보면 인간은 주변 사람들과 상호작용하는 과정에서 끊임없이 구성되고 재구성된다. 인간의 자기감sense of self에 영향을 미치는 상호주관적 상호작용 과정은 신체의 자세, 표정, 움직임, 언어, 뇌 활성화 같은 다양한 방식으로 대부분의 사회적 상황, 즉 부모와 자녀, 친구, 커플, 동료 사이 등의 상호작용에서 관찰할 수 있다. 이 같은 사고방식은 관계적-상호주관적 관점의 중심인데, 즉 환자의 심리가 분석적 탐구 과정에서 그저 드러나고 설명되는 고정 변수가 아니라, 각각의 정신분석 관계가 독특한 양자적 체계라는 것이다(7, 8장 참조). 광범위하게 해리를 강조하는 '다중적 자기 상태'에 관한 관계 이론 역시 이 접근의 지지를 받는다.

인식 과정

이러한 상호작용 양상은 개인의 정체성과 의미, 효능에 대한 기본적인 감각을 구성한다(에릭슨의 정체성 개념에 관한 상호주관론적 해석을 확인하려면 Seligman and Shanok, 1996 참조). 양육자에게서 유아 자신이 엄마에게 영향을 미친다는 느낌을 받게 되면, 유아는 자신이 세상을 변화시키는 존재라는 느낌을 배우게 된다. 이런 종류의 상호작용—반응해 주는 타인과 관계를 맺고 있다는 감각—은 개인적·상호주관적 활력을 일으키고, 생생하고 반응적인 환경 속에서 움직이고 누군가에게 중요한 존재가 된다는 느낌을 일으킨다(미래가 있다는 느낌에 대한 구체적인 언급과 함께, 이에 대한 좀 더 자세한 설명이 필요한 경우, 16장 참조).

그동안 샌더(2002)는 이러한 인식 과정이 어떻게 더 통합적이며 유능한, 사회적·개인적 기능을 고조시켰는지 기술했다. 트로닉(1998)은 이러한 상호작용에서 나타나는 '양자적 의식 확장'을 논했다. 이러한 개념은 에릭슨의 상호 조절, 공감 및 '자기 대상self object'을 강조하는 자기 심리학, 양육적 양자caregiving dyads의 본질적 역할에 대한 중도 학파의 전반적인 관심, 비온 학파의 '담아주기containment' 개념을 비롯해 다양한 정신분석 흐름을 상세히 설명한다. 이러한 개념은 유아기 연구자들이 실제 상호작용의 역동과 세세한 내용을 관찰할 때 중점적으로 다뤄졌다(더 자세한 설명이 필요한 경우 13~15장 참조).

상호주관적 관점

기본 가설을 다시 설명하자면, 개인은 이렇게 그가 맺고 있는 사회적 관계와 분리될 수 없다는 것이 **상호주관적 관점**의 핵심 의미이다. 일부는 상호주관적 관점이라는 용어를 상호 이해 및 상호 관계라는 보다 특정한 의미로 사용했지만, 필자는 이 용어를 더 폭넓은 의미로 이해하여 각 개인의 정체성이 그와 타인 사이의, 곧 **주체들 사이의** 지속적인 교류 속에서 형성되는 매우 다양한 형태를 묘사하고자 한다. 발달은 발달이 일어나는 관계에 따라 결과가 달라지는 동시에 이러한 관계를 통해 조직된다. (일례로 애착 이론은 고립된 개인이 아닌 양자적 관계를 다룬 것으로, 아기는 부모 중 한쪽과 안정적인 애착을 형성하고, 다른 한쪽과는 불안정한 애착을 형성할 수도 있다.) 이 주제는 이 장의 남은 부분, 나아가 이 책의 전체 내용, 특히 이 주제를 자세히 논한 몇몇 장들의 중심적인 주제이다.

콜린 트레바덴(2009, p. 507)은 그가 '인간적 의미의 상호주관적 심리생물학'이라 한 것에 관해 주목할 만한 진술에서 다음과 같이 기술했다.

> 각각의 문화는 부단하고 매우 독창적인 학습 과정에 따라 다르게 발전하는데, 이 과정은 젊은 세대에게 정보의 습득을 교육하는 과정만이 아니라, 경험 안에서 타인과 교류하는 인간의 선천적 능력이 동기화되어 이루어지는 과정이다. 그리고 이 과정은 율동적인 운동 활동을 교류하면서 의도와 흥미, 느낌에 대한 상호주관적 전달에 따라 조정된다. 모든 기법과 기술의 성취는 대인관계에서 발생하는 애착 및 공유되는 열정의 영향을 받는다. 유아가 부모와 소통하는 방식을 다룬 연구는 이처럼 학습이 향상되는 자연스러운 과정과 이 과정이 어떻게 트라우마의 충격을 회복하는지 보여 주었다. 뇌 과학은 의도에 대한 자기 감응적 조절proprio-ceptive regulation of intention이 '타인 자극의 공감적 수용sympathetic

altero-ception'과 공유될 수 있음을 확증한다. 따라서 창조적 행위와 경험은 협력하게 된다. 언어와 합리적 사고는 이러한 의식적 활동의 역동적이며 상호주관적인 협력의 영향을 받는다. 개인의 성격과 자의식은 관계 속에서 성장하며, 개인은 공동체의 전통적인 믿음과 관습을 인지하게 된다.

심리구조와 의사소통의 미시-분석과 비언어적 차원

유아기 연구는 이러한 폭넓은 개념 지향성 외에도, 강력한 미시-분석 요소를 활용한다. 생애 초기 양육에서 한 쌍이 함께 춤을 추는 상호작용은 그동안 상세히 증명되었다. 수백만 분의 1초처럼 매우 짧은 시간 동안 일어나는 상호작용을 분석하기 위해 매우 느린 동작을 촬영하는 비디오 카메라 촬영 기법도 동원되었다. 유아 연구자들은 다양한 부모-유아 상호작용 과정을 기술했다. 비비와 라흐만(1988)의 '파괴와 회복disruption and repair'을 비롯해 (울고 있는 아기에게 목소리를 높여 말하는 어머니와 아기가 기분이 좋아지고 코를 비벼대며 평온함을 느끼도록 아기를 끌어안고 목소리를 낮춰 이야기하는 어머니를 상상해 보라) 다니엘 스턴(1985)의 정동 조율(7장 참조), 그리고 아동이 익숙하지 않은 상황의 안정성과 위험을 평가하기 위해 부모나 신뢰할 만한 다른 사람을 살펴보는 '사회적 참조social referencing'도 위의 예에 해당한다. 엠데와 솔스Sorce(1983)는 한 번도 본 적 없는 마룻바닥 몇십 센티미터 위에 설치된 투명 플라스틱 단인 '시각 벼랑visual cliff'을 건너는 위험을 무릅쓸지 말지 결정하기 전에, 어머니의 얼굴 표정 같은 안내 신호를 찾는 유아들도 이런 상호작용을 보여 주었다. 대체로 정동과 신체 경험을 비롯한 비언어적 의사소통과 자기 및 타인 조절은 이와 같은 상호작용 형식을 위한 기본 경로로서 역점을 두어 다뤘다.

발달과 정신분석의 교류적 비선형 역동체계

지금까지 발달 심리학의 중심이었던 교류 체계 모델(Sameroff and Chandler, 1975)은 이와 유사한 방향을 가리킨다. 즉, 어느 요소든 그 효과는 그 요소와 상호작용하는 다른 요소의 영향을 받으며, 이러한 다양한 요소는 교류를 통해 변형된다. 나아가, 전체 체계도 서로 다른 요소들의 관계 양상을 바꾸기 위해 변화한다. 이제 이것은 발달에 대한 일반적인 모델로 자리 잡았다.

유아의 임상 치료에서 흔히 접할 수 있는 예를 하나 소개하고자 한다. 평범한 경우에는 일반적이었을 감각 자극에도 혼란스럽게 반응하는 경미한 기질적 경향의 유아는, 경조증이 있는 어머니에게 압도될 것이다. 반면 침착하고 신중하게 아기에게 다가가는 사려 깊은 어머니(아기가 과민하다는 생각을 전혀 하지 않더라도)의 보살핌을 받는다면 잘 자랄 것이다. 침착한 어머니의 아기는 시간이 가면서 차분해지고 심리구조도 더 잘 조직된다. 반면, 더 자극적인 어머니의 아기는 점점 신경이 날카로워질 수도 있는데, 그러면 어머니는 불안해지고 그 결과 아기를 더욱 자극할 가능성이 있다. 이렇게 되면 유아는 감각 운동 체계와 정동 체계 둘 다 훨씬 더 예민해지고 반사적으로 반응할 수도 있다. 이때 '같은' 기질적 특성이라도 상황에 따라 달라질 수 있다.

인간의 발달은 고도로 복잡하고 환경의 영향을 받으며, 과거의 영향을 받는 것만큼이나 일반적으로 앞으로 나아가는 시간 속에서 진행된다. 특정한 요인의 영향과, 그 요인을 둘러싼 다른 많은 요소의 영향을 분리해 내는 작업은 불가능하지는 않더라도, 매우 드문 일이다. 이와 반대되는 주장이 유명 학술지에 실렸지만, '선천성–후천성'이란 난제에 대한 답은 둘 중 하나를 선택하는 것이 아니며, 교류를 위해서는 양자 모두 필요하다는 것이 이제는 확실해졌다(Polan and Hofer, 2008; Plomin et al., 1985 참조).

교류 모델은 여러 현대 과학에서 등장한 광범위하고 비선형적 역동체계 이론에 눈을 돌렸고, 그 결과 체계 이론을 발달과 정신분석에 적용했다. 이런 모델에서, 각 체계가 기능하고 진화하는 데 가장 중요한 것은 그 체계를 만들어 내는 요소와 요인의 전반적인 정형화이다. 이러한 요소와 요인은 상호작용하는 다양한 환경과의 관계 속에서 진화하기 때문이다. 이러한 접근은 인간 발달뿐 아니라 단순 유기체와 날씨, 시장 경제와 자연 선택 같은 매우 다양한 현상에 적용된다. 필자는 19장에서 이 같은 접근이 정신분석을 위한 새로운 메타–사고체계meta-framework가 될 수 있다는 견해를 제시한다(Boston Change Process Study Group, 2010; Coburn, 2013; Harris, 2005; Sameroff, 1983; Sander, 2002; Stolorow, 1997 등 참조). 이것과 명확히 표명된 발달 관점은 서로를 보강해 준다. 모든 생명체는 선천적 및 후천적 요인과 개별적인 생물학적 발달, 가족, 문화, 그 외의 서로 다른 모든 사회적, 문화적, 경제적, 역사적 환경 사이에서 복잡한 교류를 통해 진화한다(Schweder, 2009).

애착 이론과 연구

일부 연구자들이 유아-부모 사이의 유대 전체를 가리키고자 애착이란 용어를 사용하는 반면, 필자는 이 책 전반에 걸쳐 그랬듯, 양육자에게 느끼는 안전감 및 이와 관련된 분리 반응을 다룬 몇몇 특정 모델을 언급할 때 이 용어를 사용한다. 이러한 모델은 정신분석학계의 큰 관심을 끌기는 했지만 정작 이러한 모델을 발전시킨 이들은 대개 대학의 발달 심리학자들이었다.

볼비의 애착 이론은 그동안 영향력이 매우 커졌다. 1960년대와 1970년대, 미국의 발달 심리학자이자, 볼비의 가까운 동료였던 메리 에인스워스Mary Ainsworth는 조직화된 안정 애착과 불안정 애착이라는 특정 범주를 제안하고 그 타당성을 증명했다. 메리 메인Mary Main과 알렌 스로프Alan Sroufe 등, 메리 에인스워스의 뒤를 이은 연구자들은 서로 다른 발달 단계에 적용하면서 이러한 이론을 한층 더 발전시켰다. 이와 관련해서 성인 애착 면담(AAI: Adult Attachment Interview, Main, Hesse, Kaplan, 2005)은 특히 영향력이 막강했다. 메인과 동료들 (Main and Solomon, 1990)은 '해체된 애착disorganized attachment'이라는 새로운 범주를 제안했는데, 이 범주는 트라우마 및 해리와 연관이 있으며, 성인기에 발현되는 경계성 인격 장애의 전조가 된다(9, 12, 13~15장 참조). 포나기와 타겟, 그리고 그들의 동료들(2002)은 이를 확장하여 '정신화mentalization'를 개념화하면서, 애착 이론가들이 관계의 안정감과 일관된 자기-성찰을 강조하는 것과 정신분석이 개인을 이해하는 데 전념하는 것을 관련시켰다(필자는 9장과 13~15장에서 애착 이론 및 연구의 임상 적용에 대해 논할 것이다. Fonagy and Gergely and Target, 2008; Renn, 2012; Slade, 2008; Wallin, 2007 참조).

대인관계 신경생물학

그동안 끊임없이 발전하는 대다수 연구는 사회적 환경, 특히 생애 초기 양육 관계가 신경의 발달에 근본적이며 직접적인 영향을 미친다는 것을 증명했다. 유아 관찰자들이 기술한 다수의 핵심 과정은 대인관계적 상호작용과 지속적이고 역동적인 신경의 정형화로 동시에 관찰될 수 있다. 쇼어(2012)는 우리가 양자적 상호작용을 뇌와 뇌 사이 소통의 문제로 이해한다는 견해를 제시했으며, 특히 '우뇌의 무의식적 정동'(p. 3)은 개인 내면에서 일어나는 동시에 대인관계에서 발생한다고 역설했다(Panksepp and Biven, 2012; Porges, 2011 참조). 엠데(1988a)와 샌더(1988), 스턴(1985) 같은 많은 발달 정신분석학자들은 이 같은 보다 특정한 모델들이 등장할 것을 예견했다. 대체로 2인 상호주관적인 관점은 최신 신경과학의 직접적인 지지를 받는다.

　이러한 연구 결과 덕분에 신경과학 연구와 심리치료 이론 및 임상 사이에 많은 풍부하고 인상적인 통합이 이루어졌다. 이러한 노력의 일부는 경험을 뇌 생리학이나 뇌 구조, 혹은 단순한 유전학으로 다루는 섣부른 환원주의에 빠져들었지만, 많은 경우 발달 및 심리치료에 관한 최근의 사고 변화에 결정적이며 포괄적인 관점을 추가했다. 이는 1인 지향에서 2인 지향으로의 변화, 사회적 동기화와 몸-뇌-마음-대인관계적, 상호주관적 관점으로의 이동, 상호작용의 점진적 효과에 대한 새로운 수용을 비롯해, 심리치료의 변화과정에 대한 복합적 이해를 포함한다. 일례로 뇌 구조 속 상호주관성의 선천적 근원에 대해 거울 뉴런의 발견이 지니는 포괄적 함의는 정신분석 지향적 학계에서 상당한 관심을 얻었다(Ammaniti and Trentini, 2009와 11장 참조). 발달 정신분석 체계 내의 적용 사례는 특히나 풍부했으며 광범위하게 영향을 미쳤다(Schore, 1994, 2012; Siegel, 2015; Tronick, 2007).

　이제는 뇌 생리학과 해부학, 아동/가족의 변화와 개인의 심리, 대인관계와 사회·문화적 환경 및 경제적 환경, 이 모든 것이 발달의 전 과정에 걸쳐, 생애주기의 매 단계에서 서로 얽힌다는 것이 분명히 밝혀졌다(이에 대해 Shonkoff와 그의 동료들(2000)은 미국 국립과학원에 보고한 논문 「뉴런에서 이웃까지From Neurons to Neighborhoods」에서 사회적 환경이 아동 발달에 미치는 영향을 자세히 다루었다). 정동 조절, 상호 반응성 및 수반성contingency, 애착 안정, 상호주관적 인식 같은 여러 상호작용의 차원은 성인이 될 때까지 지속적인 영향을 미치는 경우가 흔하다. 이러한 초기 관계 양상은 발달 중인 뇌에 즉시 영향을 미친다는 사실이 확인됐다. 이 같은 영향은 감정을 조절하는 뇌 영역들의 혈류량 차이, 코르티솔 같은 스트레스 관련 호르몬의 혈중 농도, 교감 신경계 및 부교감 신경계의 각성을 포함하는 일련의 지표에서 관찰할 수 있다(일반적인 조사를 참고하고 싶다면 Cozolino 2010 및 Tronick, 2007과 이 책 9장 참조). 예를 들면, '생의 초기에 발생하는 발달 및 생물학적 장애가 … 성인의 건강에 영향을 미칠 수 있다.'는 증거가 점점 증가하고 있다(Shonkoff, Boyce, and McEwen, 2009, p. 2252). 이와 관련된 연구는 훨씬 정제되고 구체적인 자료를 통해 아동기 초기의 트라우마를 비롯한 다른 스트레스 요인들이 비교적 단시간에는 물론, 이후의 삶에서 뇌의 해부학적 구조와 신경전달물질, 호르몬 분비 양상에 영향을 미친다는 사실을 입증하고 있다(DiCorcia and Tronick, 2011). 발달 과정과 진화론을 연결하는 연구 결과(예를 들어 Ellis et al., 2011; Hofer, 2014)를 비롯해 이러한 연구결과를 바탕으로 등장하는 이론이 증가 추세에 있다. 볼비(1988)와 그의 뒤를 잇는 애착 이론가들은 진화론적 생물학 관점에서 애착 이론을 고찰하기도 했다.

앨런 쇼어(1994, 2003a, 2003b, 2012, www.allanschore.com)는 발달 지향 정신분석을 최근의 신경과학 연구 결과와 통합하는 일에 특히 열중했다. 이제까지 쇼어는 여러 동료들과 함께 애착과 상호주관성, 정동 이론 및 연구, 무의식적인 정신적 삶과 신체, 비언어적 정신역동과 트라우마, 심리치료 행위 등의 영역에서 양쪽 분야의 경계를 확장했다. 쇼어는 특히 정동 그리고 우뇌 영역에서 정동이 차지하는 위치와 관련된 조절 과정을 강조했는데 성인 심리치료사와 분석가뿐 아니라 유아 정신건강 임상가들에게도 널리 영향을 미쳤다(Bromberg, 2011).

유아기와 이후 발달의 연속성

유아기와 성인기를 비롯한 이후의 발달 단계의 연속성은 계속 밝혀지는 중이다. 많은 연구가 유아 돌봄과 정서 조절이 타인과 함께 있을 때 자기가 안전하다는 느낌을 생기게 하며, 결함과 트라우마, 특히 초기의 학대와 방치는 정서 발달에 손상을 입힐 뿐 아니라 애착 안정 및 자기−성찰 능력을 비롯한 관계의 발달에도 손상을 입힌다는 임상 치료사들의 오랜 확신을 확인해 주었다. AAI는 회고적−예기적retrospective-prospective 연구의 중요한 도구로, 12개월 된 유아의 애착 유형이 수십 년 뒤의 성인 애착의 안정/불안정을 예측할 수 있음을 보여 주었다. 세대 간 전승 역시 입증되었는데, 성인 AAI 유형은 출산 전에 받은 성인 애착 면담을 통해 출산 후 12개월 된 유아의 애착 유형을 예측할 수 있었다. 이뿐 아니라 성인 애착 안정은 경험 자체의 질보다 경험을 일관되게 성찰하는 능력에 따라 결정된다는 것을 보여 주었다(발달의 연속성에 관해서는 10장 참조, 그리고 트라우마 및 성격 장애의 치료 과정에서 발생하는 전이와 역전이에 대한 관계적, 고전적 정신분석 관점과 정신화 이론을 통합하는 장기간의 사례 보고를 확인하려면 14장 참조).

이러한 시도들은 발달과 정신병인학, 심리치료 과정을 통합하는 모델에 포함된다. 이러한 모델은 유아의 상호작용 이론 및 애착 이론의 연구 결과와 이와 관련된 신경과학 및 발달 심리학 자료와 정신병리 연구를 종합한다. 예를 들어, 초기의 해체된 애착 및 경계성 인격 장애와 관련된 트라우마는 정동 조절 장애와 연관된 장기간에 걸친 뇌의 변화를 예측하게 한다. 더 넓게 보면, 여러 경험주의 연구는 생후 몇 년의 삶이 성인의 성격에 큰 영향을 미친다는 임상의들이 오랫동안 관찰한 좀 더 일반적인 직관을 지지한다(10장 외에도 Jurist, Slade, and Bergner 2008; Schore, 2003b 참조).

유아와 그 가족에 대한 직접 개입

유아와 아동 대상의 여러 다양한 개입 방법이 미국을 비롯해 세계적으로 개발되어, 사회·문화적, 경제적, 정서적 고통과 관련된 다양한 상황에 정신역동의 영향을 받은 모델이 적용되었다(Brant et al., 2014). 이런 고통에는 많은 것들 중에서도 발달 장애, 부모의 수감, 약물 남용, 위탁 보호 등이 포함된다. 본래 학제 간 협력이 필요한 유아 정신건강 분야에서는 특별히 훈련된 유아 정신건강 임상가뿐 아니라, 직업적인 물리 치료사와 사회복지사, 소아과 의사, 자폐를 비롯한 기타 발달 장애 전문가들(신경 심리학자, 아동과 성인 정신과 의사)이 활동한다. 이 분야의 중요한 조직—세계유아정신건강협회World Association for Infant Mental Health와 북미의 0세에서 3세까지Zero to Three—은 수천 명의 회원이 참가하는 컨퍼런스를 자주 개최한다. 발달-행동 소아과학과 밀접히 관련된 분야는 베리 브라젤톤 같은, 정신분석의 영향을 받은 선구적 소아과 의사들의 강력한 영향을 받으면서 상당히 발전했다(Brazelton and Cramer, 1990; Brazelton, Kozlowski, and Main, 1974).

생애 초기의 개입이 긍정적 발달을 촉진하는 데 가장 큰 영향을 미친다는 사실은 꾸준히 밝혀졌다. 가장 주목할 만한 연구들은 보수적인 시카고대학교 경제학과 교수이며 노벨 경제학상 수상자인 노동 경제학자(Heckman, 2008)가 주도했는데, 그는 생애 초기에 개입하면 사적으로나 공적으로나 경제적 이득이 된다는 주장을 적극적으로 펼쳤다. 미국의 많은 주를 비롯한 모든 선진국 정부는 이러한 초기 개입을 지원한다. 일례로 캘리포니아주 정부는 0세부터 5세 아동을 지원할 목적으로 담뱃세를 부과한다. 이런 경우가 아니었다면 사회복지 의제를 진척시키는 데 소극적이었을 미국의 여러 주에서 이러한 노력이 재정적 제한에도 불구하고 계속 이어졌다는 것은 우리 사회의 가장 취약한 구성원인 유아에 대한 관심을 잘 보여 주고 있다.

몇십 년 동안 필자는 1980년대에 등장한 고전적인 프레이버그의 유아-부모 심리치료 모델의 발전에 관여하고 있었다(Fraiberg, Adelson, Shapiro, 1975; Seligman, 1994). 셀마 프레이버그와 동료들은 3세 미만의 유아와 그 가족들을 상대로 한 유연한 개입 방법을 소개했다. 부모가 유아기에 겪은 자신의 트라우마를 유아기의 자녀에게 반복하는 행동('양육자 안의 유령들')에 대한 정신역동적 해석은 초기 단계의 결정적인 발달 과정의 방해 요인을 제거하도록 직접 지원하고, 발달에 대한 안내가 제공된다.

한 모범적인 사례에서 셀마 프레이버그와 동료들(1980)은 '양육자 안의 유령들'이 치료사에게 투사된 다음의 삽화를 보고했다. 아들을 낳은 지 다섯 달 된 젊은 어머니인 애니는 유아-부모 심리치료에서 치료사에게 마음을 터놓기 시작했는데, 치료는 처음에는 애니가 아기를 만지고 안는 것을 어려워하는 문제에 집중했다. 6회기에서 애니는 아버지에게 당한 육체적 학대 경험을 묘사하기 시작했으며, 훨씬 더 고통스러웠던 7회기에서는 다섯 살 때 어머니가 자신을 버린 이야기를 하기 시작했다. 하지만 그 뒤로 애니는 두 달 동안 집에서 진행하기로 되어 있던 상담에 모습을 보이지 않았다. 집에 없을 때도 있었고, 문을 열어주지 않을 때도 있었다. 치료사는 자신이 애니의 전이 속 인물이 되었고, 그 결과 애니의 마음속에서 자신이 애니를 유기할 수도 있는 인물이 되었다고 생각했다. 애니는 더욱 고통스럽고,

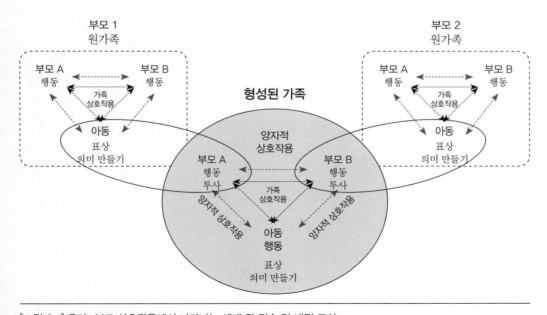

[그림 6.1] 유아-부모 상호작용에서 나타나는 세대 간 전승 및 내적 표상

Infant and Early Childhood Mental Health (© 2013). American Psychiatric Association의 허가로 게재

정서적으로 압도하는 학대와 유기의 기억을 회피하고 있었다.

결국, 치료사는 자신을 만나지 않는다면, 자신은 아기가 안전하다는 사실을 확인하기 위해 그녀를 해당 지역 아동 보호국에 보고할 수밖에 없다는 내용의 편지를 애니에게 보냈다. 그러자 애니는 상담에 나왔고, 마침내 아기에 대한 무관심과 분노가 자신의 어릴 적 트라우마의 반영임을 이해할 수 있게 되었고, 그 결과 양육 행동이 개선되었다. 프레이버그와 치료사는 환자에게 치료사의 최후통첩이 아기(즉, 자신의 딸과 기억 속의 애니 자신 모두)를 보호하겠다는 단호한 조치로 받아들여졌다고 확신했다.

[그림 6.1]은 부모-치료사 또는 아동-치료사 관계에 포함된 정교한 정신역동을, 그들의 다른 전이 및 비전이non-transference와 동등하게 다루지는 않지만, 앞의 사례와 같은 교류의 복잡성을 어느 정도 반영한다(Seligman, 2014).

필자의 견해로는, 유아 개입은 아동과 작업하는 가장 설득력 있는 방법을 포착하고 있다. 특히 열악한 사회경제적 환경에 처한 가족들과 작업하다 보니 필자의 정신분석 사고와 태도를 그들의 상황에 맞추려면 실용적이고 유연하며 통합적으로 접근해야 했다. 생애 초기 개입 운동은 개입하는 치료사와 연구자들의 다양한 학제 간 협력 덕분에 아동 분석의 전통 방식 중에서 최선의 방식을 실현한다(어머니-유아 역동에 관한 정신역동 이론의 핵심적 개념화를 확인하려면 다니엘 스턴이 1995년에 출간한 저서『The Motherhood Constellation』참조).

7장
유아 연구의 임상적 함의
−정동, 상호작용, 비언어적 의미−

관계 정신분석과 발달 연구, 그리고 2인 정신분석의 공고화: 핵심 진술

관계성이 가장 일차적이라는 유아 발달 연구자들의 주장은 유아에 관한 본능 모델의 가설을 혼란에 빠뜨렸고, 그에 따라 인간 심리의 본능적−원초적 핵심과 아동의 발달, 심리구조와 정신병리, 임상 기법에 관한 본능 이론의 가설 역시 혼란에 빠졌다. 따라서 유아가 수동적이며 내부로부터 추동된다는 고전적인 '아기의 은유(Mitchell, 1988)' 개념은 이론적으로 생명력을 잃었고 관찰된 현실을 반영한 것이라는 지지를 받지도 못했다.

동기와 심리구조에 대한 이런 접근은 획기적인 관계−상호주관적 임상 접근을 뒷받침했다. **관계** 정신분석의 기반이 다져지는 시기와 같은 시기에 유아 연구 결과들이 알려진 까닭에, 처음부터 **관계** 정신분석은 페미니즘과 사회−비평적 사고, 현실 강조와 변증법적−구성주의 등 핵심적인 영향을 끼친 다른 이론과 유아 연구 결과들을 통합하는 특별한 위치에 있었다.

치료 행위에 관한 복잡한 이론 안에서 행동과 성찰reflection, 내부와 외부, 현재와 과거는 서로 뒤얽힌다. 이 같은 핵심적 발전이 한창 진행 중일 때, 단일한 진술이나 합의보다는 일련의 복잡한 관점이 발전했다. 발달적 심상과 연구 결과에 지대한 영향을 받기는 했지만, **관계** 정신분석은 순수한 발달 정신분석은 아니다. 실은 **관계적**으로 전환되는 추세 속에는 필자가 위에서 설명한 발달적 전환이 지나치다고 여긴 비평들도 포함되어 있다(예컨대 Mitchell,

1988과 Watchtel).

이는 결과적으로 온전한 2인 모델을 견고하게 해 주었다. 양자dyad가 초기 발달의 기본 단위였듯이, 중요한 심리구조는 '타인과 함께하는 자기', 즉 내적으로도 외적으로도 드러나는 2인 체계에서나 두 사람 사이의 상호주관적인 공간에서 조직된다. 내적 체계와 외적 체계 모두 각각의 독자적 차원이 존재하기도 하겠지만, 이 두 체계는 그것들이 형성한 관계망과 역동적인 긴장 관계를 유지한다. 이렇듯 **관계적** 통합은 새로운 차원의 주관성과 상호주관성, 인식의 역동성을 제시했다. 전반적으로 이 같은 '2인' 접근의 영향은 미국의 다른 정신분석 학파들로 퍼져갔으며, 따라서 분석적 상호작용에서 분석가의 주관성과 이 상호작용에 분석가가 참여하는 것은 분석 과정의 불가피한 부분으로 받아들여진다.

상호주관적인 2인 지향

교류 체계로서의 심리치료와 양육 관계: 함께 만들어 가는 앎과 의미

참여는 실증주의자의 관찰에 있는 것이 아니라, 치료 행위의 중심에 있는 것이다. 아동기의 양육 관계와 마찬가지로, 심리치료에서 분석가와 피분석자는 양방향으로 움직이며 공동으로 구성해 가는데, 시간이 흐르면서 두 사람은 상대를 변화시킨다. 분석가는 저마다 특정한 태로도 각각의 환자에게 반응하고, 환자 역시 저마다 특정한 태도로 각각의 분석가에게 반응할 것이므로, 모든 분석 과정은 이런 독특한 조합에 따라 달라진다. 전이와 역전이는 단순히 순차적으로 일어나는 것이 아니라 다른 요소들과 교류하면서 전이는 역전이를 일으키고, 역전이는 전이를 일으킨다. "세상에 … 홀로 존재하는 유아는 없다."는 위니컷(1960a, p. 39)의 금언은 관찰 가능한 사실로 입증되어 분석 관계에 적용되었다.

이처럼 분석 상황은 관련된 참여자의 관찰이라는 관점에서 예측할 수 있으며, 분석가의 심리와 역전이는 '기법'에 포함된다(Aron, 1996; J. Benjamin, 1955; Hoffman, 1998 등). 진행 중인 상호작용이 상황을 변화시킴에 따라 각각의 분석은 역동체계가 되어 순간순간, 그리고 좀 더 긴 기간에 걸쳐 변화한다. 초연하고 '객관적인' 분석가의 이미지는 이렇듯 혼란스러워졌다. 분석적 앎은 상호주관적 영역과 분리되기는커녕, 그 안에서 창조된다. 앎과 권위가 분석가-환자 상호작용에서 함께 만들어진다는 생각은 유아-부모 상호작용에 대한 상호 영향 모델과 교류 체계 접근으로 수렴된다.

따라서 사회 체계 안에서 활발해지고 변화하는 인간의 기본적인 친화력에 따라 치료 행위와 정신분석적 앎에 관한 다양하고 개방적인 모델이 부각되었다. 초기 프로이트 학파의 접근은 본래 과거를 회고하는 데 초점을 맞췄으며, 분석가가 환자의 마음 바깥에서 환자의 역사와 관련된 심리적 사실을 밝혀냈다. 따라서 그것은 '1인' 이론이었다. 여러 대상관계 모델과 자아 심리학 모델에는 치료 환경과 치료 관계의 효과도 포함되었다. 하지만 이런 이론이 강조하는 것은 분석가가 발달을 진전시키는 환경을 조성해 주고 욕구–충족과 담아주기, 안아주기 등 다양한 '지원'을 제공해 주는 것이었다. 이는 유아에게 어느 정도 적절한 환경을 제공하는 어머니의 역할을 추적하는 발달 모델과 아주 유사했다. 그렇지만 분석 과정에 미치는 치료사의 독특한 영향, 특히 치료사 특유의 성격과 주관성은 고려되지 않았으며, 이것은 최초의 유아–부모 2인 조합을, 어머니 고유의 성격을 고려하지 않고 '욕구를 충족시켜 주는 관계'(Edgcumbe and Burgner, 1972, p. 283)로 묘사한 것과 유사했다. 따라서 필자는 이것을 '1과 $\frac{1}{2}$인' 이론이라고 부르려 한다. 그에 반해 관계–상호주관적 연구법은 온전히 '2인' 모델이다.

교류하는 과거와 현재

이와 유사하게 행동과 성찰, 과거와 현재는 치료 과정에서 교류적 관계를 맺는다. 과거가 현재로 환원되지 않고도 항상 현재 속으로 스며들 듯, 분석적 상호작용은 불가피하게 내적 세계를 반영하지만, 동시에 새로운 창조물이기도 하다. 과거는 현재로 옮겨져 표현되는 동시에 변형된다(경험적empirical 유아 연구가 성인의 정신분석에 공헌한 바를 다룬 통찰력이 돋보이는 논문에서 라흐만(2000, p. 169)은 "우리는 반복 강박을 강조하는 임상 모델에서 반복과 변형을 변증법적으로 보는 모델로 견해를 바꿨다."고 하며 이 점을 정확히 표현했다). 이런 양방향적인 관점은 분석가가 이전부터 존재한 심리적 현실을 더욱 또렷이 떠올리게 하고자 자신이 할 수 있는 것을 한다는 좀 더 '고고학적인' 고전적 견해와 대조를 이룬다. 유아와 부모 관계에서처럼, 현재에서 울리는 과거의 공명은 상호작용 중에 정교해질 수도 있고 지극히 비이성적이며 환상이 만들어 내는 표상을 포함하기도 한다. 더 큰 아동과 성인은 이런 과거의 공명을 확실히 성찰적으로 사고하며 조리 있게 표현할 수도 있다.[1]

이것은 최근의 기억 연구와 밀접한 관련이 있는데, 이 연구는 기억이 역동적 과정임을 보여 준다. 이 역동적 과정에서 기억하기remembering는 기억된 사건이 발생한 과거 시점에 고정되어 있던, 기존의 것 그대로 복원하는 것이 아니라, 느슨하게 조립된(그리고 재조립된) 뉴런 조직에 근거해서 새로 구축된 것으로 이해된다. 과거를 '회상하는 것' 역시 근본적인 두뇌 구조를 수정하여 기억을 재조직하는 기회가 된다. 이것은 특히 정동 자극이 강할 때 그러나 아주 강하지는 않을 때 일어날 가능성이 크다. 정신분석을 포함한 현대의 심리치료 접근은 이같은 관점에서 이해할 수 있다(그 예로는 Carlton and Shane, 2014 참조).

정신병리와 치료 행위에 대한 복합적, 관계지향 관점

분석적 상호작용에 대한 긍정적 접근 그리고 발달과 심리치료에서 실제로 일어나는 상호작용의 직접 관찰: 재연은 기회이다

관계 정신분석의 특징은 환자가 내면화한 문제적 관계 양상이 분석 관계에서 종종 재연될 때 특히 강렬한 긴장과 불안에 휩싸일 때(특히 이런 관계 양상으로 인해 트라우마 상황을 반복하게 될 때)도 잘 드러난다. 이 관점에서는 다양한 양태의 치료 행위가 존재하므로, 자기-성찰을 위해 꼭 중요한 변화가 일어나야 하는 것은 아니다. 사실 많은 **관계적** 임상 저술이 재연enactment을 치료 행위의 필수적이고 유용한 부분이라 강조하고, 또 교착 상태와 상호작용의 위기를 치료적 진전을 이루어 내는 가장 중요한 기회로 여겼다(예컨대, Bass, 2015; Black, 2003; Mitchell, 1997, 2000). 때때로 이런 저작은 매우 생생하게 표현된다. 바바라 파이저Barbara Pizer(2003)는 '긴장 관계가 고비에 다다랐을the crunch is a (k)not' 때 생기는 가능성을 묘사했으며, 다렌 에런버그Darlene Ehrenberg(1992)는 감정적으로 격앙된 '은근히 아슬아슬한 상황intimate edge'에서 작업할 것을 권장했다. 이 점에서 대인관계론자의 영향력이 뚜렷하고, 아울러 분석가 자신의 성격이 치료에 미치는 영향에 대한 관계론자들의 관심 그리고 더 많은 프로이트 학파 이론과 대상관계 이론에서 그려내는 더 비이성적이고 무의식적이며 환상이 만들어 내는 갖가지 내적 경험의 폭넓은 개방성이 덧붙여질 수 있다(필자는 특히 이런 종합에 관심이 있다).

대체로 관계-상호주관적 접근은 발달 연구에 근거한, 분석 환경에서 일어나는 상호작용에 긍정적으로 접근한다. 즉, 때로는 행동이 이해와 인식, 자기-성찰을 없애버릴 수도 있지만, 이것이 일반적으로 맞다고 설득할 만한 근거는 없다. 상호작용은 해석과 환상, 발생학적 재구성genetic reconstruction에 관한 관심과 모순되지 않는다. 실제로 이해한다는 것은 비언어적으로도, 비성찰적으로도 이루어질 수 있다. 이것은 아동과 부모의 상호작용에서 뚜렷이 드러나는데, 여기서는 심리 상태에 대한 특별한 해석을 비롯해 이해와 인식이 감정적으로 생생한 상호작용 절차에 따라 전달된다. 이것은 환자가 어린 시절에 제공받지 못했던 조건과 유사한 조건을 제공하는 역할을 치료사에게 맡기는 접근들보다는 발달적 사고를 더 폭넓게 적용하는 방식이다. 비판하는 이들의 오해에도 불구하고, **관계** 모델은 재양육reparenting의 처방을 하거나 단순히 유아기에 해 보지 못한 경험의 대체 경험을 제공하는 것이 아니다.

정신분석 임상에서 자유와 위험: 치료 행위의 새로운 모델들

이런 복잡한 상황 한가운데에 있는 분석가의 과제는 심오한 생각을 하는 것도, 최선의 해석을 하는 것도, 행동해야 할 바를 미리 아는 것도 아니다. 대신 '괜찮은good enough' 부모처럼 치료 목표를 지원해 줄 창의적이고 연민 어린 태도로 관계에 참여하는 것이다. 현대의 분석 치료사들은 이 조합을 뒷받침하는 다양한 방식의 개입을 제시하는데, 이는 해석과 공감, 그 외 형태의 소통과 새로운 정동 조절 방식, 상호작용 패턴에 대한 재협상 그리고 다른 종류의 발달적 제공, 역전이(분석가의 감정적 취약성이 포함될 수도 있는) 등에 대한 분석가의 내적 작업 등을 통해 환자의 새로운 인식과 성찰 능력을 향상해 주는 것도 이런 방식에 해당한다. 서로 다른 치료 전략은 특정한 순간에는 이 방향이나 저 방향으로 기우는 선택을 할 수도 있겠지만 서로 배제하지 않는다.

일단 상호작용과 해석이 근본적으로 상반되지 않는다고 가정하면, 서로 어떻게 영향을 미치느냐 하는 문제는 저마다 독특한 임상 상황에 따라 평가받을 것이다. 일례로, 다르게 가정하는 비평가도 일부 있지만, 자기-개방은 **관계적** 기법의 전제 조건이 아니다. 그러나 필자는 자기-개방이 역동적인 치료 목표에 도움이 되더라도 여러 선택지 가운데 하나로 현명하게 사용해야 한다고 본다. 대체로 필자는 서로 다른 분석적 지향이 제안하는 모델들은 최근의 **관계적** 관점의 범위 안에서 적용될 수 있다고 믿는다. 관계적 동기를 강조하는 측면에서 그 이론들을 재조명하면 그 이론들이 강화되고 좀 더 유연해지고 경험에 가까워지며 임상적으로나 과학적으로 더 확고해진다(14장에서 폭넓게 다루는 사례는 이런 과정들이 얼마나 많이 함께 작업할 수 있는지 예를 들어 설명한다).

이 모든 것 덕분에 정신분석 치료사는 분석의 문화적 규범과 동일시하지 않고도, 기법에 관한 금지 지침을 찾지 않고도 새로운 자유를 누릴 수 있다. 일단 우리가 우리 자신의 주관성이 (다소 비이성적이고, 특히 대부분의 분석에서 발생하는 강렬한 감정적 스트레스를 받는 상황에서는) 분석 작업에 불가피하게 관련될 수밖에 없다는 점을 인식하면, 우리는 이전의 '1인' 모델에서보다 더 많이 자기-성찰적이고 훨씬 더 복잡하다는 것을 깨달아야 한다. '분석 경찰analytic police'은 구속도 하지만 특정 종류의 안전도 보장한다. 흔히 있는 일이지만, 분석 규범과 동일시 덕분에 우리는 감독자(또는 분석가)라면 할 것 같은 행동을 실제 모방하거나 따라 하면서도 스스로 무엇을 해야 할지 안다고 느끼게 된다.

유아기와 심리치료에서 비언어적 의미 만들기와 소통

임상과 치료 행위에 내재된 비언어적 차원들: 내적 표상과 정동, 상호작용

지금까지 유아 연구자들은 유아-부모 상호작용이 지니는 의미심장하고 풍부하게 표현되는 비언어적 리듬을 조명했으며, 부모의 직관력과, 시간을 들여 유아를 자세히 살피는 다른 사람의 직관력을 명확하게 확인해 주었다(Beebe et al., 2005; Harrison, 2003, 2005; Harrison and Tronick, 2007). 이러한 세부 사항은 보통 내재적으로 관계 구조를 형성하는 더 전반적인 패턴의 구성 요소들이다. 이 설명은 매우 미묘할 수도 있는데, 예를 들어 다니엘 스턴(1985)은 발달 중인 상호주관성의 특징을 표현하고자 정동 조율 개념을 제안했는데 이는 어떻게 한 사람이 다른 사람의 경험을 이해하는지 보여 주는 동시에 서로 별개의 사람임을 보여 주고, 이것을 어떻게 다른 시각에서 바라볼 수 있는지 설명하고 있다. 아동 발달과 심리치료 양 측면에서 이것은 자신이 아닌 누군가와 (환자든 아기든) 연결될 수 있는 주관적 자기가 있다는 느낌에 힘을 실어준다. 예를 들어, 아기가 갑자기 넘어지면 엄마는 바닥으로 넘어지는 동작의 가속도를 경험으로 알고 있기에, '어머나!' 하고 메아리가 울리도록 소리칠 수도 있겠지만, 아기가 넘어지는 속도를 따라잡지는 못한다. 엄마의 반응은 다른 형식을, 곧 다른 지각 운동 양상(움직임보다는 소리 지르기)을 취하지만 소리 지르기는 억양과 그 오르내리는

'어머나!'라는 발성의 강도를 통해 여전히 넘어짐의 본질을 보여 준다.

환자와 치료사는 목소리의 톤과 리듬, 표정과 자세와 몸짓, 말의 중단과 침묵, 심지어 옷이 스치는 소리나 앉는 위치에 미묘한 변화를 주어 끊임없이 서로에게 영향을 미친다 (Seligman and Harrison, 2011). 대개 환자의 눈에도 치료사의 눈에도 보이지 않지만, 이 모든 것은 서로에게 끼친 영향과 세밀한 의미를 전달한다. 유아가 다양한 비언어적이고 암묵적으로 사실상의 상호작용을 만들어 내고 경험하는 것처럼, 치료적 상호작용은 자기 자신과 세계(지나치게 많은 사회적, 문화적 형식을 포함하여)를 이해하기 위한 그 모든 다양한 경로에 영향을 미친다 (필자는 15장에서 서로 다른 내적 관계 패턴이 일어나게 하는 다른 영향 패턴을 설명하고자, 유사한 접근을 택하여 아버지와 아기 사이의 상호작용이 아주 잠깐 중단되는 때를 관찰한다).

그런 다음 미세한 과정microprocess에 주의를 기울이면 극히 평범한 사례 자료에서는 눈에 덜 띄는 상세한 것들이 보인다. 단절과 회복, 그리고 비슷한 표현으로, '파괴와 회복'은 아동기만큼 치료에서도 성장에 중요한 과정으로 제시된다(Beebe and Lachmann, 1988; Tronick, 2007). (환자가 목소리를 높이기 시작하면 목소리를 낮추고 더 많이 공감하는 태도를 보이는 치료사를 상상해 보라). 비비(Beebe et al., 2005)는 자신의 얼굴을 찍은 비디오 테이프를 이용해서 트라우마 환자에게 안전감을 되살려주고 감정을 회복하고자 했다. 해리슨Harrison(2003; Harrison and Tronick, 2007)은 치료 과정에서 일어나는 세세한 변화를 밝히기 위해 아동 사례에서 수 초에서 수 분 동안 지속하는 상호작용을 담은 비디오 테이프를 분석했다.

해리슨(Seligman and Harrison, 2011)은 자폐증 범주로 분류되는 아동을 다룬 다음과 같은 삽화를 제시했다. 네 살짜리 여자아이는 블록으로 '공룡이 살 집'을 짓고 있다. 치료사는 조용히 앉아 인정해 주듯 "으음" 한다. 공룡 집의 일부가 떨어졌을 때 치료사는 "내가 떨어진 블록을 주워줄까?" 하고 묻자 여자아이는 "네" 하고 답한다. 블록이 하나 또 떨어지자 치료사는 다시 "내가 저 블록 주워줄까?" 묻고 여자아이는 다시 "네"라고 한다. 두 사람은 말 자체보다는 말을 주고받는 행위를 통해 안전의 신호가 되는, 리듬이 맞고 예상 가능하며 규칙적인 상호작용 양상을 함께 만들어 내는 중이다. 여자아이는 건네받은 블록을 공룡 집에 올려놓고는 동작을 멈추고, 조금 전 치료사와 똑같은 억양으로 "으음" 하고 반응을 한다. 곧이어 치료사는 (분명한 자각 없이) "으음" 소리를 낸다. 두 사람은 분석가가 원래 냈던 두 부분의 소리를 함께 만들어 낸 것이다. 여기서 안전하다는 느낌과 상대를 인정한다는 뜻은 말뿐 아니라 목소리와 몸의 리듬, 몸짓으로 전달된다.

자기-검열과 역전이, 비언어적 단서

분석가 자신의 반응에 **관계적인** 관심을 유지할 때, 분석가들은 호흡 패턴의 미묘한 변화와 목소리의 율동적 흐름, 몸의 자세 등을 포함하여 온몸으로 느껴지는visceral 경험에 따라 행동할 수 있게 되고, 음악적 은유는 점점 더 많은 것을 시사하게 된다(예를 들어 Knoblauch, 2000; Sletvold, 2014 참조).

어느 치료사는, 매력적이지만 지나치게 예의 바르고 보기 딱할 정도로 우유부단한 젊은 남성과 몇 회기 분석을 한 뒤, 왠지 예민하고 불행한 기분이 들더니 결국에는 자신이 서툴고 무능하다고 느끼게 되었다. 이런 기분을 알아차리기 전에 치료사는 환자의 우유부단함에 대해 다른 가능성을 포기하기 위한 완벽주의적 주저함이라고 명료화했다. 하지만 치료사는 이 합리적이고 지적인 명료화로는 환자가 경험하는 세계로 들어갈 수 없었다. 치료사는 임상 감독자와 그 시간을 복기하다가, 당시 자신이 어조를 좀 더 차분하게 바꾼 것을 알아차렸는데, 그 전에 환자의 말투에서 풍기는 무언가 때문에 짜증스럽고 열등하게 느낀 적이 있음을 떠올렸다.

과도한 정서와 의미가 은연중 이런 비언어적 경로를 통해 환기되고 소통될 수 있다는 점은 해석이나 다른 형태의 뚜렷한 성찰 외의 여러 형태의 치료 행위에 대해 떠오르는 생각들과 뒤얽힌다. 심리상태에 대한 비언어적 소통은 간과될 때조차도 긍정적이든 부정적이든 여전히 영향력이 매우 크다.

통합의 예들

다음의 예들은 비언어적이고 암묵적인 영향에 관심을 기울이는 것을 비롯해, 분석가와 피분석자가 치료 관계 안에서 행동과 정서적 교류를 통해 치료적 변화 가능성에 어떻게 직접적으로 접촉할 수 있는지 보여 준다.

한 젊은 남성은 여성들과 '파괴적인' 관계 패턴을 보였다. 시간이 흘러 여성 치료사에게 친근감을 느끼기 시작하자 그는 '멍해'졌다. 그는 알코올 중독자 어머니가 성적으로 자신을 자극했었다는 것을 알고 있었고, 자신이 아기였을 때는 어머니가 과도하게 자극적이었을 것이라 추측했지만, 그에 대해 아무 감정도 느끼지 않았다. 치료사가 조심스럽게 이 '멍한' 상태에서 환자의 자세가 경직되고 호흡이 가빠졌음을 지적하자, 그는 어머니의 유혹을 떠올리며 점차 두려워할 이 순간들을, 처음에는 치료사와 나중에는 과거와 연결했다. 이후 멍한 상태는 전보다 덜 나타났고 치료 관계는 개선되었다.

또 다른 상황의 치료사는 심각하게 우울한 오십 대 여성 환자와 씨름 중이었다. 환자가 몇 주에 걸쳐 치료사를 당혹스럽게 만들며 침묵하다가, 반추라도 하듯 이전 실패 이야기를 꺼내자, 치료사는 이런저런 말을 해 보면서 갑갑함과 좌절감을 느꼈다. 그는 언뜻 듣기에는 공감하는 듯한 말을 했는데 그러면 환자가 더 비통한 침묵에 빠지거나 치료사의 말을 바로잡았다. 그러나 치료사는 아무리 짜증스러워도 환자의 은근히 비판적인 태도를 지적하는 것을 자제했다. 그 대신 비언어적 수단으로 '그녀의 피부 속으로 들어가는' 데 집중했다. 그는 눈에 띄지 않게 조심하며 환자가 취하는 자세를 취하려 하고 그녀의 몸짓을 따라 하려 했으며, 환자의 호흡에 맞게 자신의 호흡을 조절하기까지 했다. 그러다 뜻하지 않게 환자의 절망감과 극심한 허약함에 몰입하게 되면서 그는 자신의 짜증스러운 기분을 좀 더 견딜 수 있었다. 그리고 이 같이 온몸으로 느껴지는 인식이 확연해지면서, 이따금 환자의 말에 반응할 때 느꼈던 자신의 슬픈 느낌과 짜증을 해석하고 자신의 이야기가 '손톱으로 칠판을 긁는 소리처럼' 들렸을 수도 있음을 인정했다. 그러자 환자는 긴장을 늦추고 편안해하더니 깊은 우울과 죽고 싶은 소망을, 아울러 십 대인 딸을 위해 살아남으려는 절절한 의지를 이야기하기 시작했다.[2]

심리구조와 무의식에 대한 새로운 개념들

심리구조와 2인 지향

심리치료에서 양자적 과정에 대한 이 같은 관심은 심리구조가 관계(그리고 관계 체계)의 내적 표상들로 조직되었다는 상호 관련된 개념화에 의해 뒷받침된다. 유아 발달 연구는 순간순간 일어나는 상호작용 패턴과, 장기간에 걸친 상호작용 패턴 모두 시간이 흐르면 일반화되고, 사람들 사이의 상호작용과 내면의 심리적 삶이 조직되는 데 큰 영향을 미치게 된다고 제안한다. 애착 패턴의 지속성, 뇌 해부학과 화학, 심지어 후성유전학적epigenetic 변화까지 언급되고 있다(Polan and Hofer, 2008; 그리고 9장 참조). 예를 들어, 필자는 15장에서 투사적 동일시를, 유아기에서도, 심리치료를 비롯한 성인 관계에서도 관찰할 수 있는 관계성의 한 형태로 접근한다. 이런 관계성은 아버지가 태어난 지 3일밖에 안 된 유아를 무지막지하게 다루는 아주 간단한 상호작용을 자세히 관찰하는 것에서부터 이루어진다. 이 아버지가 자신의 아버지에게 신체적 학대를 당했다는 것은 이런 상호작용 양상이 자신이 받았던 학대의 내적 표상을 재연한다는 점을 시사하며, 이런 식으로 상호작용이 대를 이어 전승된다는 것을 보여 준다(6장, '유아와 그 가족에 대한 개입' 참조).

그동안 연구자들은 이와 같은 연속성을 나타내는 '타인과 함께하는 자기'를 개념화하기 위해 다양한 표현을 제시했다. 이러한 표현 중에는 '자기-타인-정동 단위self-other-affect units' (Kernberg, 1976), '일반화된 상호작용 표상'(Stern, 1985), '애착의 내적 작동 모델'(Bowlby, 1980), 대인관계의 전망과 관계에 대한 내재적 앎(Lyons-Ruth and the Boston Change Process Study Group, 1998), 모델 장면model scenes(Lichtenberg, 1989), 주관성의 구조(Atwood and Stolorow, 1984), 그리고 다른 것들(Demos, 1988; Emde, 1983; Fast, 1985)도 있다. 이런 모델들은 대인관계 및 상호주관적인 장field을 중심으로 조직되었기 때문에, 좀 더 전통적인 욕동-방어 구조를 바탕으로 조직된 고전적인 자아 정신분석 모델과 다르며, 이런 모델들이 최근 다른 모델들과 상호작용하면서 발달하고 표현될 때 관계성과 관련되어 있긴 하지만 근본적으로 '관계적'이지는 않다. 따라서 이러한 모델은 '1인' 모델에 더 가까운 개념이다. 그리 두드러지지 않을 수도 있지만, 이런 모델들은, 내적 구조가 실제 관계의 결과와 더 직접적으로 유사하다는 점에서, 고전적인 대상관계 개념들, 특히 클라인 학파의 개념과도 다르다. 분명 이런 고전적 이론은 관계의 관점에서 심리내적인 것을 조직한다. 하지만 중도 학파조차 고전적인 영향을 가장 많이 받은 분석의 특징으로서 환상이 만들어 내는 일차 과정과 비슷한 과정에 더 큰 비중을 두었다.

실제로 이런 차이는 보통 그렇게 명확하지 않지만, 필자는 더 주목할 만한 개념적, 역사적 명료함에 대한 안내로서 이런 종류의 분석이 가치 있다고 생각한다. 역설적으로, 이런 구별은 발달 과정에서처럼 한층 더 통합될 수 있다. 때로 관계론자들은 심리내적 현실에 관한 사유를 간과하는 반면, 고전적인 일부 분석가는 "빤히 보이는 곳에 숨어" 있을 수도 있는 실제 상호작용의 중요성과 영향을 가볍게 본다. 필자는 통합적인 사고, 그리고 심리내적인 초점과 관계적 초점 사이에 '다리 놓기'는 상당한 가능성이 있다고 믿는다.

이것은 이 책의 중심 주제로, 필자가 비이성적이며 판타지가 만들어 내는phantasmatic 것을 탐색하는 프로이트 학파의 깊이와 통찰력을 추구하는 데 열정을 쏟으면서, 양육자와 더 넓은 주위 환경과 상호작용하며, 애착을 얻으려는 사회적 유아의 이미지에 바탕을 둔 상호주관적 지향에서 영향을 받았다.

관계에 대한 내재적 앎

관계에 대한 내재적 앎implicit relational knowledge이란 개념은 현재 가장 광범위하게 사용되는 관계적 심리구조에 관한 개념화로, 인식 바깥의 정신적 삶에 대한 새로운 모델로 이어지는 다리가 되어준다. 라이온스-루스Lyons-Ruth와 '보스턴변화과정연구모임Boston Change Process Study Group'의 동료들은 '관계에 대한 내재적 앎'이라는 용어를 만들어 내면화된 '자기'의 도식을 파악하고 또한 '타인과 함께하는 자기'의 내면화된 도식을 설명한다. 이러한 도식은 경험을 만들어 내고 실행하며 보통 당연한 것으로 여겨, 숙고의 대상이 되지도 않지만, 억압받지도 의식적으로 자각되지도 않는다. 본래 내재적 또는 절차적 앎은 의식적인 사고를 수반하지 않는 행동하기와 처신하기behaving, 경험하기의 양상을 설명하고자 인지 심리학자들이 제안한 개념이다. 우리는 이런 무수한 판에 박힌 행동을 아무 생각 없이 계속한다. 그 전형적 예로는 자전거 타기나 열쇠를 돌려 문 열기, 빨간 불에 멈춰서기 등이 있다. 이런 행동은 자동적으로 일어나기 때문에 그 효과가 보장되는지도 모른다. 이런 행동이 의식되면 이 자동적 양상이 방해받을 수 있기 때문이다(Clyman, 1991; Grigsby and Schneiders, 1991). 이제 내재적 앎이란 개념은 해리dissociation와 함께 무의식을 이야기할 때 분석가가 의미하는 것으로 이루어지기 때문에 억압과 어깨를 나란히 한다(최근의 숙고할 만한 개념화에 대해서는 Stolorow and Atwood, 1992b 참조).

이 '관계에 대한 내재적 앎' 개념은 심리구조의 한 형태라 불려 마땅한 것을 설명하는데, 그것은 다른 사람과 상호작용하는 특별한 방식에 부응하기 위해 내면화된 기대와 기질 안에 조직된 정서적 경험 양상과 관련되어 있다(필자는 이 개념을 초기 유아–부모 상호작용에서 나타나는 '상호주관성의 형식들'이란 관점에서 검토한 적이 있다). 기능적 자기공명영상(functional Magnetic Resonance Imaging: fMRI) 검사에서 학대나 방치당한 아이들(성인기를 비롯해)에게서 뇌의 정서–조절 영역이 발육부전으로 보일 때처럼 이런 유형화는 신경해부학과 화학, 생리학에서도 관찰할 수 있다. 따라서 뇌의 발달은 '경험–의존적'이라고 이해된다.

치료 행위와 상호작용, 그리고 내재적 심리구조

정신분석과 심리치료의 치료 행위를 이해하는 새로운 관점 하나가 이렇게 등장한다. 심리구조는 상호작용 양상에 배어든 내재적 앎과 자기 감각sense of self, 생물학적 구조를 포함한다. 즉, 이런 과정들이 대개 분명하게 의식되지 않고 일어난다는 것은 상호작용이 본래 쉽게 변할 수 있다는 생각을 뒷받침한다. 따라서 정신분석적 변화 과정은 해석 없이도 보통의 성찰적 인식 밖에 있는 것까지 이를 수 있다. 깊은 의미와 기억들은 드러나지 않게 영향받는 내재적 행동과 경험에 새겨져 있다. 심리치료가 행위와 관계 양상을 변화시킬 수 있다는 증거가 늘어날 뿐 아니라, 뇌의 구조와 기능이 심리치료로 인해 바뀔 수 있다는 연구 결과 또한 등장하고 있다(예컨대 Cozolino, 2010; Schore, 2003a, 2003b; and Wallin, 2007, 참조).

예를 들면, '보스턴변화과정연구모임'(2010)은 비선형적 역동체계 이론을 적용하여, 내재적 관계 구조가 바뀔 수 있는 '만남의 순간'과 '지금 이 순간'을 포함하여, 심리치료적 변화로 이어지는 몇몇 특별한 양자적 상호작용 과정을 설명했다. 이와 관련된 과정에는 감정적으로 부담되는 대인관계적 기대에 대한 붕괴와 불일치, 또는 심리구조의 '재협상'이 있다(Pizer, 1992). 상호작용이 심리구조를 바꿀 수 있다는 견해는 아동(과 성인)의 성장과 발달은 의식적인 성찰에 의지하지 않는 강력한 변화과정을 수반하는 일반적(이고 연구에 기초한) 앎과 매우 유사하다(다른 예로 Beebe and Lachmann, 2002; Sander, 2002; Schore, 2003b와 이 책의 14장, 16장 참조).

발달과 정신병리에서 나타나는 관계성

생애 초기의 발달과 이후의 심리구조 사이의 연속성에 대한 최근의 연구 결과들은 정신병리와 정신병인학에 관한 현대의 관점을 설명한다. 관계─지향적인 이 관점에는 다양한 방식의 치료 행위가 있듯이 정신병리로 이어지는 경로도 다양하다. 이 발병 과정에는 서로 다른 내적 관계(그것의 표상, 그리고 그와 연관된 정동과 기대를 비롯한) 사이의 갈등이 있으며, 또한 트라우마나 그 외의 심각한 발달 제지의 결과로서, 강렬한 충동과 그 충동을 억제하려는 동기 사이의 갈등이 있다. 미첼(1988)은 이런 많은 것들을 '관계─갈등' 모델로 개념화했다.

트라우마 그리고 현재와 과거의 실제 경험에 대한 관심

그동안 **관계** 정신분석은 정신병리의 기원을 다양하게 설명할 때 정신분석과 더 광범위한 심리치료 두 분야의 확산된 변화에 따라 실제로 겪은 트라우마를 특별히 중요시했다. 지금 폭넓은 학제 간 합의에 도달한 것은 트라우마가 평생에 걸쳐 직접적인 영향을 준다는 것인데, 이 영향은 직접 관찰할 수 있다. 이 합의는 상세한 심리학적 설명과 최근 정리한 학대와 방치가 뇌 발달에 미치는 직접적인 영향을 다룬 연구를 담고 있다(더 폭넓게 검토하려면, Panksepp and Biven, 2012; Perry et al., 1995; Porges, 2011; Schore, 1994; Van der Kolk, 2014; Wallin, 2007 등 참조).

빈약한 정서 조절, 초기의 공감 실패, 악의적 비난, 불안하고 해체된 애착, 열악한 사회, 경제적 조건에서 비롯되는 발달 과정의 손상과 결핍, 그리고 방치와 성적 및 신체적 학대 등을 포함하는 트라우마에 대한 다양한 특징과 강도가 주목되고 있다. 다양한 개입방식이 개발되었고, 그 가운데 다수는 트라우마 상황의 반복과 직접 연결되어 있는데, 그중에는 새로운 소통과 정서조절 기술을 발전시키는 것은 물론 정서와 몸의 상태, 그리고 행동으로 다시 재연하는 것reenactment을 포함한다. 보통은 과거의 트라우마를 현재의 현실과 구별하는 것이 기본 목표인데, 이 기본 목표의 달성 여부는 트라우마를 입은 환자의 정동 조절 능력과 성찰적 사고 능력을 향상시키는 것에 달려 있다. 프로이트의 초기 프로젝트가 남긴 유산은 최근에 떠오르는 신체 중심 치료somatically oriented therapy(예를 들어 Ogden, Minton, and Pain, 2006)와 변증법적 행동 치료Dialectic behavioral therapy 같은 뚜렷이 구별되는 개입에서 관찰할 수 있다(Linehan, Kanter, and Comtois, 1999). 변증법적 행동 치료는 정신분석에 더 직접적인 뿌리를 둔 표준화된 증거-기반 치료와 더불어, 경계성 인격 장애 치료에 효과가 있음을 보여 주었다(Bateman and Fonagy, 2009; Clarkin, Yeomans, and Kernberg, 2006; Lieberman, Ippen, and Van Horn, 2005). 특별히 트라우마에 관심을 기울이지 않는 정신분석 치료사도 최근 일고 있는 트라우마에 관한 관심과 그것이 발달에 미치는 부정적 효과에 대한 새로운 관심의 영향을 받고 있다. 예를 들면, 필자는 때때로 환자들에게 현재를 압도해 버리는 격렬한 감정은 사실보다는 기억이라고 제안한다(환자가 자신이 겪은 트라우마를 정신분석 회기에서 실제로 일어나는 사건으로 경험할 때가 있다는 견해와 관련하여, 클라인 학파의 관점 혹은 위니컷(1963)의 관점에서 개념화한 유사한 표현을 참고하려면 Britton, 1999 참조). 때때로 필자는 해석 작업 중에 정서 조절이나 성찰을 지지하고자 특별한 제안을 포함하기도 한다.

관계−발달 이론이 '실제로 무엇이 일어났는가'를 강조하는 것은 아동기의 사건을 포함해서 모든 사건에 대한 환자의 주관적 경험을 공감하고 존중하며 긍정적 관심을 갖도록 지지하는 것이다. 페미니스트도 프로이트가 유혹 이론을 포기한 것에 비판하면서 이 견해를 지지했다. 최근의 접근은 주관적 경험을 현실의 사건에 대한 설명으로 보거나 비이성적인 무의식에 그 원인이 있다고 보기보다는 그 자체로 타당한 것이라고 본다. 페렌치의 연구가 점차 핵심적인 원천으로 다시 조명을 받고 있다.

트라우마와 인식의 실패

이 주제는 트라우마 이후의 병리적 측면, 즉 트라우마 상황은 종종 그 경험 자체를 압도하는 성질과 아울러, 그것의 의미를 인식하는 데 방해가 된다는 측면에 새롭게 주의를 기울였다(예를 들면, Bromberg, 1998; Davies and Frawley, 1994; Herman, 1992 참조). 아동은 자신이 가장 기본적인 수준에서 의존하는 대상에게 학대를 당하면서도 그 대상과 관계를 온전하게 유지해야 한다고 느낀다. 전형적인 사례를 보면 가족에 의한 성적 학대 피해자는 자신을 추행하는 바로 그 사람이 다른 때는 너무나 친절하며 자신이 의존하는 사람일 때, 그 사람의 성적 접근이 얼마나 끔찍한지 이해하기 매우 어렵다는 것을 깨닫게 된다. 페렌치(1949b)는 「말의 혼란confusion of tongues」이란 뛰어난 논문에서 이 문제에 특별히 관심을 기울였다.

다른 사람들이 별일 없었다는 듯 행동할 때 어려움은 한층 더 심해진다. 성찰적 사고를 방해하는 정신이 혼미한 상태에서 피해자는 자신이 의존하는 중요한 관계를 보호하기 위해, 알고 있는 것을 알지 못한다는 해리된 태도를 유지해야만 하는 것이다. 즉, 관계의 끈을 유지하려는 이런 욕구는 부적응적인 관계 양상에 대한 고통스러운 집착을 설명하는 데 도움이 된다. 이런 기본적인 존재 방식은 병인이 가족에게 있는 아이가 택할 수 있는 유일한 존재 방식이며, 그러므로 이런 아이는 사려 깊은 성인이 되어서도 정동적으로 의미 있는 수준에서 대안을 생각해낼 수 없다. 다른 방법이 있을 수 있다고 생각하면, 파국을 초래할지도 모를 차원의 상실과 고립, 수치심 등을 겪을 각오를 해야 한다. 이런 관점은 '나쁜 대상'에 대한 페어베언(1952)의 관심과, 막대한 감정적 손해를 보면서까지 의존 관계를 유지하는 것의 중요성에 대한 볼비(1988a)의 인식을 반영한다. 볼비(1988b, p. 99)는 「알아서는 안 될 것 같은 것을 아는 것과 느껴서는 안 될 것 같은 것을 느끼는 것에 대하여」라는 소론에서 이런 사례들의 치료 과제에 주목했다.

이 양상은 성인기까지 집요하게 이어져, 개인의 성격뿐 아니라 가족 관계와 더 폭넓은 조직의 역학과 심지어 정치적 역동에 계속 영향을 끼친다. 이 같은 트라우마를 겪은 환자는 분석가와 분석 과정을 신뢰하는 데 특별한 어려움을 겪을 수도 있다. 이러한 불신은 때때로 초기의 편집증적 반응으로 오해받을 수 있지만, 사실은 트라우마와 관련된 상황이 반복되는 것이다. 해석은 종종 비난으로 받아들여지거나, 심지어 환자에게 자신의 인식이 잘못되었거나, 왜곡되고 근본적으로 결함이 있는 마음을 드러낸다고 확신시키는 시도로 받아들여진다(13~15장 참조).

해리와 자기-상태들, 그리고 파편화된 자기들의 통합

해리는 트라우마에 대한 강조와 밀접하게 결부되면서 한동안 **관계적** 영역의 중심이었다. 해리 개념은 고전적인 이론에서 억압에 비견될 만큼 중심적인 개념이다. 프로이트는 해리에 관심을 기울이며 인격의 서로 다른 부분이 제각각 독립을 유지하는 자아와 인식의 '수직적' 해리를 설명했다. 그리고 이것이 의식과 무의식을 수평적으로 구분하는 억압과 유사하다는 점을 보여 주면서, 그는 해리의 방어 조직이 억압에 근거한 신경증보다 더 심각한 정신병리와 주로 연결되어 있다고 제안했다. 그러나 해리는 프로이트의 사고나 그 이후의 정신분석의 임상적 이론화에 대한 사유의 중심이 된 경우가 드물다. 하지만 **관계적** 분석가는 해리를 대부분 사례에서 중심적인 것으로 보는 경향이 있으며 경직성과 깊이가 다양한 사례를 제시한다. 이런 경향은 정동 혹은 기억을 분열시키는 것과 관련되어 있다.

해리를 인식/무의식 차원의 정신적 삶을 조직하는 기본적인 요인으로 추가하면서 무의식적인 정신적 삶에 관한 최근의 모델은 범위가 넓어졌다. 이와 관련된 개념화는 체계적으로 정리되지는 않으나, 여전히 매우 의미 있고 영향력 있는 경험의 관점에서 설명된다. D. B. 스턴(1989)은 '공식화되지 않은 경험unformulated experience'을 설명했고, 동시대 중도 학파 분석가인 크리스토퍼 볼라스(1987)는 '생각되지 않은 앎unthought known'을 논했다. 대체로, 이제 해리는 최근의 많은 분석적 지향들 속에서 더 많은 힘을 얻고 있다.

다중적 자기-상태들

'자기-상태'라는 **관계적** 개념화는 해리 이론과 밀접한 관련이 있다(Bromberg, 1998). 이것은 서로 다른 대인관계적 기대와 정동적 기류를 동반하는, '타인과 함께하는 자기'의 독특한 경험이며 다중인격과 구별된다. 즉, 기본적인 정체성에는 의심의 여지가 없다. 그러나 관계적 접근에서는 단일한 '자기'나 자아의 관점에서 경험을 바라보기보다는, 단일성과 다중성 사이의 긴장에 근거한 개인적 경험의 감각으로 시작한다(Seligman and Shanok, 1995 참조). 심리적 회복력에는 다양한 자기 경험의 유연한 통합도 포함되는데, 자기 경험은 트라우마의 발달에서는 파편화되고 분해될 수도 있다. 해리스Harris(2005)는 이런 개념화를 '유연하게 묶여진 자기softly-assembled self'로 표현했다. 이러한 개념화는 강조점은 다르지만, '중심 자아'에서 떨어져 나온 다른 내적 대상에 대한 페어베언(1952)의 공식화 그리고 다른 내적 대상 및 발달 단계의 통합에 관한 클라인의 관점을 비롯한 영국 대상관계 이론과 유사하다. 이 관점들은 파편화되었거나 분리된detached 여러 양상의 자기 경험을 회복하고 통합하는 것을 도와주는 분석 관점으로 수렴된다. 이러한 자기 경험은 종종 그 의미가 불분명하거나 심지어 부정되는 상호작용에서도 저절로 드러난다. 필립 브롬버그Philip Bromberg(1998)가 분석가들에게 해리된 자기들 사이의 '공간에 서 있으라'고 요청한 점이 특히 영향력이 컸다. 브롬버그(2011)는 자기-상태 이론과 새롭게 떠오르는 발달-대인관계 신경생물학 연구, 그중에서도 쇼어(2012)의 연구를 기본적으로 연결시켜 내기도 했다.

관계론자들은 이 주제를 다양하게 변주하는 과정에서 초기 클라인 학파의 개념화에 근거하여 해리 이론과 관계 지향적 관점의 투사적 동일시를 연결했는데, 이 투사적 동일시에는 분석가가 환자의 해리된 자기-상태를 수용하는 것을 포함하고 있다. 또한 이 관점에서 해리된 자기-상태 개념을 유념하면서 분석 공간으로 들어오는 고통스럽고 모순된 경험들에 대한 불안을 견디고, 분석가 자신의 심리가 어떻게 섞여들어 가는지 관심을 기울였다. 「그런데 우리는 누구의 나쁜 대상인가?」라는 고전적인 논문에서 데이비스Davies(2004)는 한 사례를 설명하는데, 분석가는 자신을 잔인하고 주지 않는 분석가로 투사한 환자의 경험에 빠져들어서 못 견딜 지경에 처해 있었다. 결국, 분석가는 평정심을 잃고 말았다. 그러자 곧바로 환자는 더 다정해졌고 더 성찰하게 되었으며, 두 사람은 감정적으로 자신들의 상호작용 이야기를 나눌 수 있었다. 이 덕분에 환자는 자기 자신과 타인들에 대한 이런 다양한 이미지를 통합하고 변화시킬 수 있었다. 필자가 13장과 15장에서 논의했듯이, 데이비스도 이런 경험을, 담아주는 투사적 동일시라는 비온식 개념화와 연결시켰다(필자는 14장에서 필자의 역–투사counter-projection를 비롯해 특정한 사례에 나타난 도전적인 역전이 반응을 작업하려는 시도를 설명한다).

퇴행과 해리, 발달 정신분석에 관한 관계적 비평의 유의점

그동안 **관계론자들**이 해리와 자기–상태를 중요하게 다루면서, 퇴행에 명확한 관심을 갖지 않았다. 퇴행과 고착에 대한 이런 신중한 태도는 **관계적** 운동이 대인관계 정신분석에 뿌리를 두고 있기에 발달 모델에 관한 일반적 비평(Mitchell, 1988)과 연결되어 있다. 필자의 견해로는 퇴행 모델과 해리 모델은 양립할 수 있다. 필자가 느끼기에 분석가 대부분은 깨닫지 못할 때도, 늘 퇴행의 관점에서 생각한다. 그렇긴 하지만 필자는 단지 환자가 치료를 받은 덕분에, 혹은 트라우마나 결핍된 지점에 고착된 발달을 자유롭게 하는 통찰을 얻은 덕분에, 이전에 완성하지 못한 발달 단계들을 통과한다는 초기의 발달 접근은 받아들이지 않으려 한다(Seligman, 2016, 참조). 이런 일은 일부 사례에서 이따금 전개될지 모르나, 필자는 분석적 상호작용의 역할에 관심이 더 많다. 나아가 다양하게 나타나고 변화되는 이런 감정적 소동은 분석을 최대한 진실하고 설득력 있게 하는 원천이라 생각한다.[3] 필자가 앞에서도 언급했듯이, 관계적–발달적 관점은 '교정적 정서 경험'과 같은 것은 아니다.

---

1 발달 연구에 대한 정신분석 접근은 아동기와 성인기의 연관성을 자신 있게 주장하면서 발달 연구자들보다 한 걸음 더 나아간다. 이에 대해 학문적 발달론자들은 매우 신중한 태도를 보였는데 이는 조심스러운 경험주의적 제약에 익숙해 있었기 때문이었다. 과거와 현재를 야심 차게 연결한 것은 정신분석에서 독특한 접근법으로, 정신분석은 단일 사례를 지향했고 임상에서 얻은 추론을 신뢰했으며, 그리고 현재는 적어도 일부에서는 서사의 효과와 적합도로서 해석의 타당성 기준을 긍정적으로 활용한다. 정신분석은 아동기와 성인기를 연결함으로써 입지를 굳혔고, 지금도 여전히 이런 문제와 관련해서는 어느 인문 과학보다 명확한 설명을 제시한다.

2 알렉산드라 해리슨은 이 장의 사례를 발전시키는 데 도움을 주었다.

3 퇴행이란 개념은 일차 과정, 아동기와 성인의 생각 사이의 전환과 차이를 비롯해 다른 수준의 심리기능과 심리내적 기능의 근본적 가변성에 대한 프로이트 학파의 관심을 옹호함과 동시에 의존되어 있다. 그렇게 함으로써 정신분석은 독특한 정신 과정 형태에 전념한 프로이트 학파의 헌신과 일반적 발달 지향 사이를 연결하는 정점을 찍는다. **관계적** 분석은 이런 지향을 더 많이 포함시킴으로써 많은 것을 얻기도 하고 그것을 간과함으로써 많은 것을 잃기도 한다(예를 들어 Cooper, Corbett, and Seligman, 2014 참조). 무엇을 추구하든, 정신분석가들은 뒤엉켜 버린 과거와 현재, 내적 대상과 외적 대상, 판타지와 '객관적' 현실에 관련된다. 정신분석은 특히나 개별적 경험 양태와 공유된 경험 양태의 독특한 결합을 강화하도록 설계되어 있으며 이런 결합에서 일반적인 차이를 좁히는 것이 지배적인 경험 형태가 되기 때문에 정신분석은 어떤 방식으로도 등장하고 재–작업될 수 있다.

8장

이론 3

−관계적 아기: 정신분석의 이론과 기법−

이제 필자가 1, 2장에서 프로이트 학파의 초기 모델을 소개하면서 설명했던 정신분석의 주된 쟁점을 다시 논하고, 유아 관찰 연구와 상호주관적−관계 모델을 염두에 두면서 최근의 견고하고 포괄적인 발달 관점에서 이루어진 특정한 논쟁들을 검토할 것이다. 이를 토대로 하여 이 책의 남은 부분에서 이런 모델들로 작업하는 필자의 방식을 성찰하고 고전 분석모델에서 가장 가치 있는 것을 보존하면서도 새로운 분석적 접근의 자유와 에너지를 불어넣고자 한다.

이 초록은 다수의 핵심적인 기고문을 바탕으로 하는데, 이 논문들은 조셉 리히텐버그 Joseph Lichtenberg(1983)의 『정신분석과 유아 연구Psychoanalysis and Infant Research』와 다니엘 스턴 (1985)의 획기적인 『유아의 대인관계 세계The Interpersonal World of the Infant』를 필두로, 수렴적 관점에서 필자의 의도에 근접했다. 로버트 엠데(1988a, 1988b)의 국제정신분석협회 총회 연설 또한 특별히 언급할 만하다(Beebe and Lachmann, 2002; Greenspan, 1981 참조). 좀 더 최근의 주장에는, "문화는 … 경험 속에서 타인과 교류하는 타고난 인간의 재능에 의해 유발되는데, 이것은 리듬을 가진 운동 활동인 대화 안에 담겨 있는 의도와 관심, 느낌이 상호주관적으로 전달되며 발휘된다."는 콜린 트레바덴(2009, p. 507)의 주목할 만한 선언도 있다. 유아기나, 심리치료 또는 사회에서, 생명체에 잠재한 생명 보존 역학이 가장 중요한 역할을 한다는 루이스 샌더(2008)의 견해는 핵심적인 영향을 끼쳤다(샌더에 대해서는 20장 참조). 다니엘 스턴 (2010)은 마지막으로 집필한 저서에서 인류에게 생명을 불어넣고 심리치료에 변화를 일으키는 핵심에 '활력의 형태forms of vitality'가 있다고 주장하면서 유아 연구, 신경 과학, 현상학과 음악, 무용, 공연 같은 시간성 예술의 근본적인 통합을 제안한다(스턴에 관해서는 17장 참조).

유아기, 원시 상태, 기본적인 정신병리

전통적인 분석 이론들은 초기 아동기 발달이 원시 상태를 벗어나 보다 적응적인 심리조직이 출현하는 과정이며, 따라서 고도의 불연속성이 그 특징이라고 가정한다. 유아는 사회적 세계와 긴장 관계에 있는 혼란스러운 본래의 자연 상태에서 벗어나야 한다. 가정은 문화의 실행체cultural agency로서 유아를 구해내서 문명화한다(Mitchell, 1988; Wollheim, 1993 참조). 따라서 기본적인 정신병리는 이 과정에서 일어나는 왜곡 또는 결핍deficit의 결과로 이해된다. 예를 들어, 정신분석학계에서는 경계선과 정신증적 정신병리는 전통적으로 유아기와 유사하다고 이해되었다.

유아는 현실, 특히 타인을 향해 조직되기 시작한다는 대안적 견해는 또 다른 관점으로 이어진다. '유아 연구의 아기'는 기본적으로 해체되어 있지도, 원초적이지도, 유아론적이지도 않으며, 몽환 상태에 빠져 있지도, 견딜 수 없는 정동과 긴장을 제거하도록 근본적으로 동기화되어 있지도 않으며, 자신의 지각적, 감각적, 인간적 환경과 미분화되어 있는 것도 아니다. 정신적 삶은 끊임없이 경험과 공동으로 구성되고 경험에 따라 변하는 관계적 기반에서 비롯된다. 유아는 사회적 상호작용에 잘 적응하고, 현실에 적응하며, 주변 환경에 영향을 미친다. 또 수동적인 동시에 능동적이며, 의존하는 동시에 의존의 대상이 되어주며, 처음부터 엄청난 자원과 온갖 유기적 구조 양상을 타고 난다.

유아기와 원초적 정신병리는 유사하지 않다

이는 유아기가 정신병증을 비롯한 원초적 정신 기능과 유사하다는 전통적인 견해를 거부하는 주장이다. 오히려 이 둘은 별개의 정신분석 범주들로, 이제 우리는 이 둘 사이의 관계를 더 명확하고 더 구체적으로 탐구할 수도 있다. 아기에게 원초적인 동기가 있고, 적응적 동기는 사회적 세계에 그리고 그 세계가 자아와 맺는 내적 상관관계에 있다고 가정하는 대신, 유아 연구자들은 모든 단계의 발달에서 개인은 각 단계마다 같은 정도의 적응적이고 점진적인 잠재력을 갖고 태어난다고 본다. 실제로 유아 임상가들은 특히 초기 양육 관계에서 꾸준히 진행되어 온 '자기-복원self-righting' 경향에 많은 관심을 기울인다(Fraiberg, 1980; Seligman 참조). 이 견해는 유아가 매우 의존적이라는 사실도, 생애 초기 트라우마가 가장 파괴적인 영향력을 미친다는 사실도 결코 간과하지 않는다.

본능 그리고 몸의 생생한 경험

프로이트 학파의 이론은 (특히 프로이트의 초기 이론에서) 본능을 통해 신체적 세계에서 시작하여 정신적 세계로 들어가는 통로로서 몸을 끌어들인다. 이 같은 견해는 감각을 통해 움직임에서, 정서에서, 그리고 일반적으로 안락함과 불편감뿐 아니라 타인에게 비춰지는 방식에서 알게 되는 생생한 몸의 경험을 외면한다. 관계-상호주관적 이론을 정립할 때는 이러한 직접적인 경험을 주목하여 이런 몸의 경험을, 몸과 정신적 삶의 관계에 대한 관계-상호주관적 접근의 핵심 구성 요소로 다룬다.

이처럼 몸은 자율적이고 전사회적presocial이라기보다는 관계를 통해 조직되는 존재로 생각된다(예컨대, Aron and Anderson, 1998 참조). 타인과 함께하는 자기 감각과 몸은 근본적으로 밀접하게 관련되어 있고, 각각의 가정family에서 발달하며, 특정한 사회적 상황과 역사적 시기에서 이루어지는 다양한 제약과 기회를 얻게 된다. 여기에는 젠더와 섹슈얼리티가 개인과 문화의 상호작용 과정에서 형성되고 널리 이해되는 견해도 포함된다.

관계적 전환에 관한 본능 이론의 비판에 대해

그동안 관계-지향 분석 이론을 비판하는 일부 비평가들은 고전적인 본능 이론을 받아들이지 않는 것이 몸 혹은 욕정passion과 섹슈얼리티에서 멀어지는 것이라고 염려했다. 필자가 보기에 이러한 우려는 사소한 것으로, 본능 이론 등에 영향을 받아 몸과 섹슈얼리티를 별개로 여기는 오래된 분석 전통에 뿌리를 둔 입장에서 **관계** 이론을 오해한 것이다. 프로이트는 자신이 살던 시대와 사회에서 돌팔이 의사나 포르노 작가 취급을 당하지 않으려면 몸과 섹슈얼리티를 독립적으로 다뤄야 한다고 느꼈을지 모르지만, 필자는 그 전략을 더는 미덕으로 생각하지 않는다. 프로이트는 특히 유럽과 미국 정신분석학계가 몸과 섹슈얼리티를 더 많이 논의하는 길을 열었으므로 이제는 초기에 보였던 조심성은 더 이상 필요치 않다. 그뿐 아니라 이미 밝혔듯이 많은 현대 과학이 발달과 동기, 정신병리에 대한 관계-지향적 관점 을 뒷받침한다(이런 주장과 함께 필자는 프로이트의 본능 이론이 대단히 창조적이고 생산적이었 다고 믿는다. 따라서 필자는 본능 이론을 폐기할 뜻이 없으며, 정신분석 모델의 핵심적 지위보다는 측면의 지위로 재설정하려고 한다).

마찬가지로, 필자는 욕정이 **관계** 정신분석에 특별한 문제가 된다고 생각하지 않는다. 강 렬한 정서는 **관계적** 문헌 전반에 걸쳐 다뤄지는데, 해석이 필요한 다소 수사적인 추상적 개 념으로 뒤덮여 있는 대부분의 다른 분석 담론에서보다 더 솔직하고 직접적으로 논의된다. 전통을 따르는 많은 분석가는 몸 자체가 아니라 몸의 대용물 혹은 성적 욕정과 그 외의 열정 을 논하는 것에서 그친다. 대신 **관계적** 관점에서는 성적 매력과 에로틱한 행동과 그리움, 성 sex 자체와 성행위에 대해 좀 더 직접적으로 논의할 뿐 아니라 분노와 증오, 두려움과 온갖 다른 비이성적 욕망과 생각 및 정서와 관련된 강렬하고 심지어 거부할 수 없는 경험을 보다 솔직하게 논한다. 필자가 공식화했듯, 이론적 근거는 감정과 직접적인 몸의 경험에 관한 논 의에서 찾을 수 있는데 이런 경험은 사회적 장field에서 형성되기 때문이다.

점진적인 발달의 구심성

발달은 문화와 정신의 적응적인 힘과 부적응적인 힘이 빚는 갈등의 결과가 아니라, 드러 나지 않게 통합되고 점진적으로 변화하는 타고난 과정으로 여겨진다. 점진적인 발달이 모 든 인간의 삶과 인류의 생존과 번식에 기본이라는 사실은 임상 기법과 치료 행위에 대한 보 다 개방적이고 긍정적인 접근을 뒷받침한다.

고전적 관점은 환자를 자기-인식이 손상된 사람으로 본다(오이디푸스 신화의 역설에 따르 면, 오이디푸스는 독자적인 영적 시력을 (재)획득할 때 육체의 시력을 잃어야 했다). 신탁을 전달 하는 분석가는 해석과 통찰을 통해 환자의 인식 결핍을 밝혀줄 지식을 제공하여 이런 손상 을 줄인다. 현대의 분석가는 환자의 어려움을 좀 더 폭넓게 보는데, 자기-인식의 한계 외에 도 발달적 실패와 트라우마, 채워지지 않고 왜곡된 아동기의 욕구와 같은 요소를 포함한다. 발달 심리치료 이론은 환자-치료사 관계가 빚어낸 통찰과 다양한 효과를 통해 정상 궤도를 이탈했던 심리적 발달 과정을 회복시키는 회복 잠재력을 긍정한다. 이런 견해를 취하는 분석가는 환자의 소망과 자신에 대한 설명을 방어나 분석 과정의 방해 요소로 보지 않고, 좀 더 수용적인 태도를 취할 가능성이 있다.

발달상의 연속성과 불연속성

발달 과정은 고전적인 이론에서보다는 이런 관계적 관점에서 더 연속적이다. 유아 연구자들에게는 중심적 이슈와 형태는 발달 과정 내내 지속되는데, 프로이트(1905b)의 유아 성욕에 대한 기원 모델 같은 좀 더 불연속적인 단계 이론에서처럼, 새로운 조직이 기존의 조직을 대체하는 것이 아니라, 변하는 동시에 존속하는 모체matrix 내의 변형이 그 특징이다. 예를 들면, 최초의 배아 조직의 미분화된 모체에서 서로 다른 기관들이 발생할 때, 태아 발달에서 이 기관들이 서로 연결되듯이 성장과 발달은 통합과 분화를 긴밀히 연결하는 문제이다.

유아기와 정신병리에서 현실과 환상, 그리고 심리구조의 형성

고전적인 프로이트 학파의 심리구조 형성 모델은 '실제로 일어나는' 것에 관한 경험이 특히 초기 유아기의 환상과 방어, 본능의 변천 등을 통해 어떻게 영향받는지 상당히 비중 있게 다룬다. 그러나 유아 연구자들은 유아가 내적 세계의 근본적이며 지속적인 변화를 이끌어 가면서 실제의 상호작용을 직접 경험하는 것을 당연시한다. 이에 따라, 그들은 이러한 관계의 내적 표상들로 조직된 것이 심리구조라고 설명한다. 이러한 것들은 유아 연구 지향적인 발달 정신병리학자들이 청소년과 성인이 과거의 판형을 통해 '현실'을 경험하는 방식을 설명하고자 사용하는 중심 개념들이다. 이처럼 이 개념들은 판타지와 방어 같은 고전적인 심리구조 용어들과 유사한 역할을 한다.

문제는 이처럼 서로 다른 접근이 종합적이면서도 각각의 관점이 지니는 독특한 통찰들을 유지하는, 유연하고 다양한 관점에 사용될 수 있는 방법을 알아내는 것이다. 현실과 생생한 경험에 주의를 기울이는 것이 일차 과정 세계를 경시한다는 의미는 당연히 아니다.

인접 학문 분야의 연구 결과와 분석 논쟁들

전성기를 맞은 정신분석학계는 여러 다른 학문에서 새로운 지식을 받아들여, 그 다양한 렌즈를 통해 자신을 들여다봤다. 아동기에 대한 우리의 이미지 및 설명과 함께 '무의식'과 트라우마, 젠더와 섹슈얼리티와 사회화에 대한, 그리고 문화와 가족과 정신병리에서 작용하는 힘의 역학관계에 관한 새로운 견해들이 등장했는데, 이런 견해들은 프로이트의 초기 정신분석 연구에 활기를 불어넣었던 핵심적인 관심사와 종종 연결된다. 이 모든 것은 개념적, 임상적, 심지어는 인식론적 영역에 이르는 더 광범위한 정신분석 영역의 기로에 서 있는 발달지향 정신분석의 입장에 잘 나타나 있다.

9장
유아기에서 성인기로의 연속성
-욕조 밖에 있는 아기[1]-

유아의 마음에 관한 모델과, 생후 초기 경험이 성인이 된 뒤의 인격에 어떻게 영향을 미치는가에 관한 이론을 정립하는 데 중요한 방법론적 쟁점이 나타나고 있다. 우리는 유아기에 겪은 일이 성인이 된 뒤의 경험을 결정하는 데 상당한 영향을 미친다고 확신하지만, 어떻게 영향을 미친단 말인가? 생애 초기 몇 년과 그 이후의 삶 사이에는 다른 것이 너무 많은데, 무엇으로 그 연속성을 설명할 수 있을까? 사람이 평생을 사는 동안 '변함없이 유지되는 것'은 무엇이고 변하는 것은 무엇이며, 새로이 나타나는 것은 무엇인가? 근본적으로 양자적인 유아의 삶은 이후의 '내적' 양식과 '구조'를 갖춘 보다 개별적인 삶으로 어떻게 진입하는가? 이러한 질문에 대한 대답은 환자의 과거와 현재 상황 사이의 관계에 대한, 그리고 전이-역전이의 반복적 차원에 관한 우리의 사고를 형성하기 때문에 임상 실제에 기본적으로 시사하는 바가 있다. 그리고 이러한 대답은 근본적으로 우리가 행하고 말하는 것에 끊임없이 영향을 미친다.

고전적으로 정신분석은 심리구조의 발달을 논한 다양한 이론에 근거하여 이러한 질문에 응답했다. 동일시를 비롯한 내면화 형식을 논한 이론들(Freud(1923)과 기타 충동을 연구의 중심으로 삼았던 자아 심리학자들 참조)과 유아기의 투사적 동일시에 대한 부모의 '담아주기containment'를 통한 '사고thought'의 발달(비온(1962)과 그의 추종자들), 그리고 공감적인 사회 환경 속에서 타고난 가능성의 발현(Erikson, 1950/1963; Hartman의 '일차적 자아 기구primary ego apparatus, 1956; Winnicott, 1960a)이 심리구조 발달을 논한 이론들이다. 이제껏 **관계** 정신분석은 자체의 발달 모델을 명시하지 않은 채, 발달적 고착과 초기 관계적 트라우마 모델에 상당한 비중을 두고 있음에도, 선구적 대인관계론자들이 지닌 발달 모델에 대한 상반된 견해를 받아들였다. 유아 발달 연구는 기꺼이 받아들여졌고 관계적 발달의 궤도에 상당한 역할을 했다.

그동안 유아 발달 연구는 초기 발달과 성인의 인격, 정신병리가 연결되어 있다는 견해를 제시했다. 임상가들은 오랫동안 이 견해를 당연하게 받아들였지만, 이러한 접근은 탐구할 가치가 있는 많은 방법론적, 임상적 쟁점을 제기한다. 정신분석가는 그동안 '심리구조'에 대한 공식화에 의존했지만, 이러한 설명은 분석가와 발달론자들이 선호하는 정밀함과 특수성, 타당성을 확보하는 데 도움이 되지 않을 때가 종종 있었다. 지난 수십 년에 걸쳐 관계에 대한 내재된 앎과 애착의 내적 작동 모델에 관한 개념화를 비롯해 새로운 모델이 등장했다. 애착 연구는 유아의 애착 유형과 성인이 된 뒤의 인격 사이에 뚜렷한 관련성을 보여 주었다. 어머니-유아 상호작용의 아주 세부적인 사항에 초점을 맞추는 현재의 미시분석적 연구는 생후 초기 관계의 양상과 후기 아동기와 청소년기, 성인기 사이의 상호 관련성의 의미를 확장시켰다. 이 모든 것을 근거로 임상가는 분석가-환자 상호작용의 세부 사항과 정서 조절, 상호주관적 의미 만들기, 그리고 유아기와 성인 분석에서 공통으로 관찰할 수 있는 다른 특징에 관심과 주의를 기울인다.

이 장에서는 베아트리체 비비와 조셉 제이프Joseph Jaffe, 그리고 이 두 연구자의 동료들 (Beebe, 2004; Beebe et al., 2010; Beebe, Lachmann, Markese, and Bahrick, 2012; Beebe et al., 2012; Jaffe, Beebe, Feldstein, Crown, and Jasnow, 2001)이 행한 최신 연구 결과를 출발점으로 삼아 이러한 쟁점을 깊이 탐구한다. 이들은 생후 4개월에 어머니-유아가 주고받는 상호작용의 세세한 사항들이 어떻게 생후 12개월의 애착 유형을 예측하게 하는지 보여줌으로써 유아 관찰자 대부분이, 특히 임상에서 유아를 치료하는 이들이 당연하게 받아들였던 견해를 경험적으로 확인해 주었다. 즉, 생후 최초 몇 개월간의 상호작용 양상이 훗날 자기 자신과 타인을 경험하고 관계 맺는 양상에 영향을 준다는 것이다. 앞선 연구가 어머니의 민감함과 애착 안정성에 대한 일반적인 설명들 사이의 상호 관련성을 밝혀냈지만, 순간순간 주고받는 상호작용의 세부 사항에 초점을 맞춤으로써 이런 연구의 수준과 정확성이 높아진다.

나아가 4개월 된 유아와 어머니의 상호작용 양상으로 애착 유형을 예측할 수 있다는 사실은 이 상호작용 양상을 통해 다수의 다른 중요한 특징도 예측할 수 있음을 강력히 시사한다. 생후 12개월의 애착 유형으로 (성인 애착 면담[AAI, Adult Attachment Interview]에서 측정된 바대로) 성인이 된 뒤의 애착에 관한 유아의 내적 작동 모델뿐 아니라, 부모가 되고 나서 자신과 생후 12개월 된 아기가 맺는 애착 유형도 예측할 수 있다(Main, 2000). 이렇듯 우리는 생후 4개월의 어머니-유아 상호작용으로 유아가 성인이 된 뒤에 반응적이고 민감한 부모가 될 능력은 물론, 성인의 애착 안정성을 조직하는 방식을 예측할 수 있다는 확신은 다수가 널리 받아들여 공유하는, 따라서 당연히 많은 임상가가 견지하는 신념이다. 이러한 연관성은 발달 심리학 문헌에서는 유사한 점이 거의 없는 주목할 만한 일이다. 특히 사회적-정서적 요인을 근거로 뚜렷하게 예측할 수 있는, 다음 세대로 전승되는 그 **어떤 종류**의 성인의 심리적 특성도 거의 찾아볼 수 없다. 이뿐 아니라 생후 12개월의 해체된 애착 유형은 정서 조절과 관련된 성인 뇌의 특정한 해부학적 차이와 경계선 정신병리를 예견하고, 또 유아기의 관계적 트라우마와도 관련이 있는 것으로 밝혀졌다(Gabbard, Miller, and Martinez, 2008).

이러한 모든 예측은 서로 긴밀히 연결되어 있으므로 이후의 연구자는 더 넓은 시야로 앞으로 나아갈 수 있으며, 임상가는 이미 의지했던 원칙을 더욱 확신하며 치료에 임할 수 있을 것이다. 임상가는 이런 순간에 보통 큰 성취감을 느끼는데, 아동 임상가는 지난 수십 년 동안 이런 많은 연구 결과의 혜택을 보는 (동시에 실은 이러한 연구 결과를 끌어내는) 특별한 행운을 누렸다. 종합하면 이제는 생애 초기 부모의 보살핌이 성인의 인격 구조에 매우 큰 영향을 미친다는 견해를 뒷받침하는 경험적 자료가 상당히 많다.

발달-임상에서 발달-이론으로 이동

이제까지 필자는 관찰 가능하고 때로는 발달 결과를 예측하기 위해 변경되고, 또 발달 결과를 향상시키기 위해 사용되던 요인들 사이의 관계를 중점적으로 다루었다. 연구자는 이런 결과를 가설로 여긴 반면, 임상가는 이 결과를 신뢰했다. 이처럼 현재 주류를 이루는 연구 덕분에 우리는 발달 임상에서 발달 이론으로 나아간다. 그리고 미시분석에서 심리구조에 이르기까지 여러 수준의 관찰과 분석을 통합하고, 생애 초기의 발달과 그 초기 발달의 장기적 영향에 관한, 더 포괄적인 모델을 정립하고자 한다. 이전 연구는 일반적인 모성적 민감성과 애착 유형 같은 더 거시적 현상들이 매우 중요할 뿐 아니라 서로 관련되어 있음을 보여주었고 따라서, 미시분석 자료를 바탕으로 예측을 더 하면 발달과 인격의 서로 다른 차원을 통합하는 역동적인, 비선형적 복합 체계 관점에 대한 경험적 지원이 확장된다. 뇌 해부학과 생리학, 심지어 분자유전학 등 신경발달 연구에서 얻은 새로운 자료들이 유사한 이론적 근거를 제공한다.

이런 맥락에서, 비비와 그 동료들의 연구는 유아 발달 연구에서 현시점이 차지하는 중요성을 보여 준다. 비약적인 발전을 이룬 1970년대와 1980년대, 애착 이론의 핵심 갈래들과 미시분석적 유아―부모 상호작용 연구는 서로 어느 정도 거리를 두고 발전했지만 연구자들 사이에는 이 둘이 조화를 이루리라는 막연한 느낌과 둘 사이의 분명한 상승 작용이 결국에는 경험적으로 설명될 수도 있다는 확신이 널리 퍼져 있었다. 비비와 제이프, 그리고 두 연구자의 동료들이 진행한 연구는 다년간에 걸친 미시분석 프로젝트를, 애착 유형과의 상호 관련성을 직접 예측하는 것에 접목했을 때 이런 연구의 분수령이 되었다. 정동 및 인지 신경과학과 정신분석―임상적 및 이론적으로―은 유사한 경로를 따라 발전했기 때문에 이제 이런 다양한 분야는 다차원적인 통섭을 이루고 있다. 제이프와 비비, 그들의 동료 외에도 스턴(2010)과 엠데(1988a, 1988b), 쇼어(1994)와 트로닉(1998), 포나기와 그의 동료들(Fonagy, Gergely, Jurist, Target, 2002)은 특별히 언급할 만하다. 이 외에도 샌더(2002)와 트레바텐(2009)의 선구적인 개념화 작업은 40년도 더 전, 처음 등장했을 때처럼 꽤 선견지명이 있는 통합으로 이제는 확증을 받았는데, 이 개념화는 비록 현재는 소홀히 취급받는 에릭슨(1950/1963)의 독창적인 모델에 동조하고 있다(Seligman and Shanok, 1995 역시 참조).

이제 우리는 성인이 자신과 타인을 느끼고 상호작용하는 방식에 유아기가 어떻게 영향을 미치는지를, 경험에 근거해서 훨씬 더 명확하게 생각할 수 있다. 우리의 모델들은 어떻게 심리적 발달이 시간의 변화와 서로 다른 상황에서 연속성과 일관성을 지닌 복잡한 체계가 되는지 묘사하고 설명한다. 그리고 이 설명 대부분은 임상 작업에 적용할 수 있다. 이는 그동안 정신역동적 임상가가 늘 행했던 것이고, 이제 우리는 더 명확하고 더 힘 있게 이것을 밀고 나갈 수 있게 되었다. 예를 들어, 전이―역전이 상황에서 환자는 정서적 치료 관계에서 안전을 추구하는 전형적 방식을 보여 주는데, 이런 전이―역전이 상황을 통해 과거와 현재를 더 정교하게 이해하는 상상력 풍부한 정신분석적 가설에 대해 경험적으로 뒷받침할 근거가 이제는 상당히 많다. 달리 말하면, 치료에 임하는 임상가는 이제, 임상적 상상력 이면에 있는 더 큰 경험적 타당성의 감각을 지니게 되었다.[2] 이런 감각으로 폭넓은 관찰과 추론 과정을 거쳐 실행 가능한 일관성이 발견되고 또 창조되는데, 이러한 관찰과 추론에는 친밀한 파트너에 대한 기대와 개인이 지속해서 느끼는 안정감, 부모와 맺은 관계, 소통의 방식으로서 자기 이야기를 하는 것에 대한 관심, 감정을 조절하는 방식, 자신의 아기에게 반응하는 세세한 방식, 독특한 표정, 뇌의 특정 부위에서 무엇이 잘 일어나는지 등이 포함된다. 이런 것들은 어떤 의미에서 확장된 관찰 틀의 일부가 되어, 치료사는 이러한 틀을 통해 환자를 이해하게 되고, 또 여러 틀을 한데 모아 무엇이 일어나는지 이해하고 이에 관한 모델을 세운다. 이러한 태도가 효과를 발휘하도록 하는 방법들이 있는데, 그중에는 진단 체계를 만들어 내고, 행동을 정해 주고, 치료사 자신의 내적 경험을 조직하고 안정시키며, 개입을 구체화하는 것 등이 있다.

중재 개념

발달 연구를 임상적 가치에 맞춰 해석하는 것은 여러 차원에서 이루어진다. 그중 하나는 발달 연구의 척도와 서술을 심리치료 분야로 직접 전환하는 것과 다소 관련이 있다. 예를 들어, 성인 치료사는 뜻밖의 상황에 대한 환자의 예상에 더 민감해질 수도 있다. 환자는 자주 적절한 반응을 확인하는가? 약간 부적절한 정서가 드러날 때 치료사는 정서적으로 거리를 둘 준비가 되어 있는가? 곧 이 문제를 다시 다루겠지만 우선은 다른 차원, 즉 우리가 서로 다른 개념적 차원 사이의 연관성, 그리고 서로 다른 기간에 일어나는 과정들 사이의 연관성을 어떻게 생각하는지 논하고자 한다. 여기서 필자는 각 심리치료의 기간을 전부 언급하는데, 그 범위는 매 시간의 분, 초의 흐름에서부터 며칠, 몇 주, 몇 달, 심지어 몇 년에 걸친 회기뿐 아니라, 수십 년 또는 개개인 인생의 발달과 관련된 시대에서 일어나는 과정에 이르기까지 다양하다.

비비와 그 동료들은 때로는 10분의 1초 정도의 매우 짧은 기간에 일어나는 양자적 상호작용의 뛰어난 관찰자들이다. 방금 말했듯이 애착 연구자와 정신분석가를 비롯한 심리 연구자들은 훨씬 오랜 기간, 즉 수개월, 수년, 수십 년, 심지어 평생에 걸쳐 작업한다. 이처럼 서로 다른 기간을 우리는 어떻게 중재하는가? 무엇이 이 기간들을 연결해 주는가? 명확하든 명확하지 않든, 이런 질문은 개념적 이해를 중시하는 발달론자(연구자든, 심리학자든, 정신과 의사든, 정신분석가든, 신경과학자든)와, 다양한 체계를 활용하여 환자를 이해하는 동시에 환자와 소통하는 심리치료사에게는 핵심적인 질문이다. 최근의 발달 정신분석가와 정신병리학자는 그동안 서로 다른 관찰 틀을 연결해 주는 다양한 중재 개념과 더 높은 수준의 가설을 정교하게 다듬었다.

전반적인 접근은 다음과 같다. 그들이 관심을 갖는 기본적인 현상은 상호 조절 그리고 양자적 상호작용에서 발생하는 정서와 행동, 의미의 조직화인데, 이때 감정과 행동, 의미는 동시에 일어나지 않더라도 서로 뒤얽힌다. 이것은 유아와 어머니가 아주 빠르게 거의 지속적으로 상대의 행동과 마음 상태에 영향을 미치는 이런 과정들의 양방향성을 고려한다. 이러한 것들은 대인관계와 자기 감각의 절차적 표상, 애착의 내적 작동 모델, 개인의 안정감, 애착과 애착 유형 등에 관한 다양한 자료와 함께 좀 더 일반적인 경향의 발달로 귀결된다. 심리조직의 비언어적 형태 특별히 정동과, 감정적으로 조직된 대인관계에 대한 기대가 중심을 이룬다. 트라우마, 특히 생애 초기의 학대와 정서적 방치의 지속적 영향이 강조된다. 필자가 제안했듯, 점차 분명해지는 이러한 패턴은 뇌에서부터 자기와 타인의 내적 표상에 이르기까지, 그리고 관계와 성격의 핵심 패턴을 통해 행동 양식에 이르기까지 개개인의 생물심리사회적biopsychosocial 조직의 다양한 수준에 반영되는 것으로 보인다. 이 모든 것은 비선형 양자적 체계 모델nonlinear dyadic systems model의 통합적 체제 안에 자리 잡는다.[3] 최근의 발달 정신분석가들은 대개 상호주관적 흐름을 따르며, 대인관계 인식이 적절한 자아감과 안정감 발달의 핵심이라고 제안한다. 예를 들어, 비비와 그 동료들(Beebe et al., 2010, p. 7)은 다음과 같은 견해를 제시했다.

> 미래의 D 〈해체형disorganized〉 유아는 특히 고통받는 상태에서 어머니에게 감지되지도, 이해받지도 못하는 존재를 나타낸다. 우리는 미래의 D 유아의 내적 작동 모델은 유아의 고통을 대하는 어머니의 반응에 대한 혼란을 포함하며, 개인의 근본적인 통합을 방해할 수도 있는 발달 경로를 설정한다.

이러한 일련의 명백한 추상적인 개념은 대부분의 사람들, 특히 심리치료사들에겐 사람들 사이에서 일어나는, 경험에 가까운 평범한 2인 상호작용의 모습으로 이해된다. 즉, 사람들은 자신에게 관심을 갖고 자신을 보호해 주면서도 위협할 가능성이 있는 사람들에게 주의를 기울인다. 그들은 그 대가로 자신에게 주의가 기울여지기를 희망하고, 보통 그것을 기대한다. 정서와 의미는 사회적 상호작용에서 생기고, 사회적 상호작용은 개인의 조절 패턴과 심리적 균형equilibrium, 타인들을 경험하고 그들을 대하는 패턴의 발달을 지원한다. 두려움이나 다른 형태의 고통 같은 부정적인 정서를 경험하면 보통은 자신을 보호해 줄 수 있는 사려 깊은 사람을 더 열심히 찾게 된다. 이러한 상태에서 양육자가 적절한 반응을 보이면 일관성과 효능감, 흥미와 안전감이 높아진다. 반대로 양육자가 적절한 반응을 해 주지 않으면 갈등을 겪고 상대적으로 해체된, 불안전한 경험을 하게 된다. 최근의 발달 모델을 심리치료에 적용하는 이들은 이러한 역동들 역시 일상적인 심리치료 과정에서 중심적이라는 관점에서 출발한다.

이런 맥락에서 유아기에 관심이 있는 많은 성인 치료사는 자신이 임상 실제에서 추구하는 것과 동일한 직접성과 즉각성이 어떻게 아기의 세계에서 구현되는 것처럼 보이는지 매우 흥미로워한다. 즉, 아기는 일상적인 관계 맺기의 '이게 바로 이렇게 되는 것'임을 포착한다. 이와 함께 그들은 유아의 경험에서 매우 인상적인 특성을 찾아냈는데, 그것은 비언어적, 감각 운동적, 정서적 패턴 면에서 상당히 잘 조직되어 있고, 양자적 상호작용에서 가장 두드러지는데, 이러한 패턴은 의미 있고 일관되고 인식할 수 있으며 쉽게 소통된다. 대체로 발달론자는 이러한 개념화를 통해 시공간에 대한 개인의 연속성과 일관성을 설명하여 심리구조의 발달에 관한 여러 정신분석 모델의 세부 내용과 미묘한 차이를 자세히 알려준다.[4] 생애 초기의 발달과 이후의 삶 사이의 연속성을 정립하려는 열정적인 정신역동 심리치료사들은 유아기와 성인기에서 모두 관찰할 수 있는 이러한 차원에 주목할 때 설득력 있는 모델을 찾아낼 것이다.

따라서 심리치료사들은 이러한 설명에서 비언어적이고 비성찰적인 조직을 강조하는 점에 특별한 관심을 보였다. 정신역동 치료는 환자가 세상에 다가가는 법을 구조화하는 패턴이 지속된다는 가설을 기반으로 이러한 패턴을 바꾸는 개입을 구상한다. 말로든 혹은 직접적인 정서적 접촉이나 몸에 주의를 집중하는 것과 같은 다른 창의적인 수단을 동원해서든, 치료사는 대개 이런 것들에 대해 환자와 소통한다. 이런 모든 치료가 발달적 연구결과를 끌어내는 것은 아니지만, 그럼에도 가장 설득력 있는 가설들은 생애 초기 경험과 이후의 발달 경험의 연속성에 관한 설명에 근거하는 것이 사실이다. 이렇듯 내적 작동 모델들과 관계에 대한 내재적 앎 등에 관한 발달적 견해들은 치료사에게 매우 유용한 개념적 윤곽을 제시하는 동시에, 좀 더 새로운 접근을 뒷받침하고, 판타지와 방어에 관한 정신분석적 견해 같은 기존 모델의 일부를 새롭게 보완한다.

이런 모델들과 미시분석의 접목: 심리치료 실제에 대한 함의

이러한 배경에서 임상 평가 및 기법에 관한 일부 구체적인 함의는 더 뚜렷해진다. 최근,

유아기 연구의 임상 적용은 이 장에서 설명한 것과 유사하게 빠른 상호작용의 미시적 과정을 통한 직접 관찰과 개입이 심리치료에 매우 유용할 수 있다고 주장한다(Fosha, 2000; Knoblauch, 2005; Ogden, Minton, and Pain, 2006; Seligman and Harrison, 2011; Tortora, 2005 참조). 한 독특한 사례보고서(2004)에서 비비는 환자가 정서적 접촉을 얼마나 두려워하는지 이해하기 위해 환자가 극적으로 시선을 피하는 것을 어떻게 관찰했는지, 그리고 그런 후에 환자가 대면 접촉을 정서적으로 견디기 힘들어할 때 자신의 얼굴을 찍은 비디오 영상을 환자에게 어떻게 보여 주었는지 설명한다. 이렇게 해서 환자는 아동기에 트라우마가 된 분리의 기억을 되살려내고 마침내 이것에서 회복되었다(이 사례를 보면 시선 회피를 유아기 방어의 전조 중 하나로 보았던 프레이버그의 독창적인 연구(1982)가 떠오른다).

해리슨과 필자는 좀 더 평범한 사례(Seligman and Harrison, 2011, p. 245)를 소개하면서 다음과 같은 견해를 밝혔다.

> 심리 상태의 비언어적 소통은 … 성인 심리치료에서는 … 간과되기 쉽다. 환자와 치료사는 표정과 몸짓, 발성의 변화, 말을 멈추거나 침묵하는 것은 물론 옷을 바스락거리거나 자세를 고쳐 앉는 등 훨씬 더 미묘한 몸짓을 통해 부단히 소통하고 있다. 이를테면 헛기침으로 스트레스를 전할 수 있으며 몸을 앞으로 기울여 깊은 관심을 표현할 수도 있다. 다소 일상적인 만남처럼 치료사는 중년의 이혼남인 환자를 대기실에서 반겨 맞아 함께 상담실로 들어갔다. 환자가 입을 열지 않았고 표정에도 특별할 것이 없었지만 치료사는 변화를 감지했다. 치료사가 "무슨 일 있었죠! 그것도 좋은 일이."라고 말을 건네자 환자가 얼굴의 긴장을 풀더니 싱긋 웃었다. "그동안 누굴 만났습니다." 하고 환자가 대답했다. 그러고는 새로 시작한 연애 이야기를 들려주었는데, 치료사는 왜 자신이 환자에게 '좋은 일'이 생겼다고 느끼게 되었는지 궁금했지만, 그 이유를 명확히 알 수는 없었다. 그런데 환자가 상담을 마치고 작별 인사를 하려고 돌아서며 눈에 띄지 않게 머리와 어깨를 살짝 흔들었다. 순간 치료사는 상담이 시작될 때 자신이 상담실에 들어오도록 환자가 옆으로 비켜서면서 똑같은 동작을 취했다는 사실이 기억났다. 치료사는 미처 의식하지 못했지만, 감정이 실린 이 동작 덕분에 환자에게 좋은 일이 있다는 느낌이 치료사에게 전해진 것이다.

이렇듯 감정이 실린 몸짓에 대해 주목할 만한 것은 그것이 환기하는 힘을 가지고 있다는 점이다. 그뿐만 아니라, 그것이 어느 만큼, 지속적으로 변하는 일상적인 인간 접촉의 기본 요소가 되는가도 주목할 만하다. 대체로 이런 것은 대부분 분명한 자각 없이 일어난다. 즉, 뇌가 타인의 감정 표현을 관찰하여 반응하는 데는 감정이 표현되고 나서 1초보다 훨씬 더 짧은 시간이 걸리는데, 보통의 반응 과정이 작동하는 것보다 더 빠르게 일어난다. 이것은 일반적으로 적응에 유용해서 더 복잡하고 효율적인 의사소통을 가능하게 해 줄 뿐 아니라, 고통스럽거나 위험이 닥쳐오는 순간에 긴급하게 대응할 수 있게 한다. 그러나 다른 때는 지나치게 강렬하고(또는) 모순된 사회적-정동적 자극은 양자의 한쪽 혹은 양쪽 모두의 능력을 압도한다. 이런 일은 특히 연애 관계와 동거 관계, 양육과 심리치료처럼 친밀하고 감정이 실린 관계에서 일어날 가능성이 있다.

어머니-유아 상호작용 패턴들을 비교하면 각기 다른 애착 유형들을 분류하게 되는데 이런 패턴들의 차이에 대해 분명한 주의가 필요하다. '분할 스크린' 영상을 몇 번만 봐도 이 짧은 양자의 상호작용으로 인한 정서적 영향을 내면에서 강하게 느낄 수 있다.[5] 이러한 틀이 기껏해야 몇 초 동안 일어나는 상호작용을 반영한다는 것은 시간을 들여 이 상호작용을 관찰하는 이들에게 유아-부모 모체matrix가 얼마나 강렬한 정서를 불러일으키는지에 대한 설득력 있는 시연이며, 그것이 경험과 행동의 지속적인 구조를 형성하는 데 얼마나 결정적인지 이해할 수 있는 경험의 창을 제공한다. 아기는 포근함을 느끼려고 어머니 쪽으로 몸을 돌리는데 어머니는 그런 아기를 겁먹게 하고 있는 해체형(D) 양자의 영상을 지켜본다고 상상해 보라. 혹은 많은 유아 임상가가 일상적으로 하는 것처럼, 이런 어머니와 아기와 한 시간 반을 보내거나, 이런 어머니와 아기를 슈퍼마켓 통로에서 3분 동안 지켜본다고 상상해 보라. 좀 더 적나라하게는, 자신을 보호해 줄 것이라 기대한 바로 그 사람, 즉 무엇보다 자신의 세상을 조직해 주는 바로 그 사람으로 인해 겁먹어 안절부절 못하고 당황하는 아기를 상상해 보라(15장 참조).

이런 상호작용 패턴들이 양자에서 관찰된 특징이라고 가정한다면, 분석가들의 공통된 직관과 임상적 감각은 모두 그 패턴들이 다른 상황에서도 일반화될, 생각하고 느끼는 습관으로 이어질 것이라 알려줄 것이다. 우리는 인정받지도, 안락함을 느끼지도 못하는 상황에서 유아와 성인의 생물행동 체계는 분열과 고통과 위험에 대처할 준비를 할 것이라 오랫동안 가정했다. 그리고 이것이야말로 해체된 애착과 트라우마, 경계성 정신병리에 대한 연구가 보여 주는 것이다. 이런 맥락에서 비비와 제프, 그리고 다른 동료들이 진행한 연구는 주목할 만한 두 가지 문제를 동시에 해결했다. 즉, 그들은 양자적 상호작용 패턴이 이후의 심리구조 형성에 큰 영향을 미친다는 경험적 증거를 제시하는 동시에 이러한 상호작용의 세부적인 사항을 설명한다. 이것은 매우 짧은 상호작용 과정들이 일상적인 관찰에는 즉각 사용할 수 없다는 점에서 매우 중요하다. 이 상호작용과 관련된 설명은 저자들이 수행한 시계열 분석 time-series analyses의 효력을 충분히 전하지 못할 수도 있다. 즉, 그들은 이런 상호작용에 대한 아주 느리게 돌아가는 영상을 자세히 연구했는데, 때로는 30분의 1초만큼 짧은 간격을 두고 일어나는 동작들을 추적했다. 일련의 정지 화면에서 펼쳐지는 이러한 몸짓을 지켜보기만 해도 대단한 힘이 느껴지지만, 여기에 움직임과 순간적인 역동이 더해지면 그 효과는 훨씬 더 눈에 띈다.

어떤 식으로든 이러한 자료를 접한 치료사에게 일어나는 직접적인 효과는 상담실에서 일어나는 유사한 과정에 민감하게 반응하게 되는 것이다. 우리가 이런 과정의 초 단위의 흐름을 따라가리라 기대할 수는 없더라도, 마음에서 비언어적인 미시분석의 특성을 유념하면, 치료사가 알아보지 못할 수도 있는 의미 있는 몸짓과 순간에 관심을 기울이게 될 것이다. 예컨대, 이제 필자는 휴가나 기타 비슷한 이유로 중단했던 상담을 다시 시작할 때, 환자가 필자와 눈을 마주치는지 아니면 피하는지 알아차릴 가능성이 더 크다. 필자는 발성의 변화와 어조, 피부색의 변화, 움직임의 동시성과 비-동시성asynchrony 등을 주의 깊게 살핀다. 이렇게 눈여겨보다 보면 그동안 필자가 관찰한 것에 대한 명쾌한 설명에 이를 때가 가끔 있다. 어떤 때에 필자는 그동안 주의 깊게 살핀 것들을 이해하려고 개인적으로 노력하고, 또 그런 사고들이 다른 관찰이나 공식화와 서로 관련이 있는지 보려고 한다. (물론 여기서 필자는 이런 미세한 순간이 의미를 만들고 관계를 맺고 방어하고 정동을 조절하는 등 보다 보편적인 개인적 패턴을 보여 준다는 가정을 암묵적으로 활용하고 있다. 실제로 필자는 이런 견해들을 논할 때조차 이것들을 가설로 여긴다. 그런데 이러한 견해를 제시하면 필자가 관찰한 몸짓 이면에 있는 정서 상태에 관한 명료화를 비롯해 새로운 정보를 얻게 될 수도 있다. 나아가 치료사가 그런 관찰을 한다는 사실을 알게 되면 환자는 자신을 이해하려는 치료사의 헌신을 더 잘 깨닫게 된다.)

이러한 관찰은 환자에 대한 필자의 정서적 반응을 충분히 생각하는 데 도움이 되기도 했는데, 필자가 무엇을 느끼든 그 느낌에 영향을 준 어떤 특정 경로를 알아차리게 해 주었기 때문이다. 실제로 그동안 필자는 일종의 역전이-전이 개입을 하게 되었는데, 그럴 때 특정한 생각을 말하게 하거나 특정한 방식으로 반응하게 하는 환자의 행동을 가능한 한 구체적으로 환자에게 이야기하려고 노력한다. (일례로 필자는 최근 겉으로는 호기심이 많아 보이는 여성 환자에게 그녀가 질문 끝에 목소리를 낮추는 방식이 겉으로는 필자의 생각에 귀 기울이기보다는 덜 협조적인 무언가를 의미하는 것처럼 느껴진다고 말했다.) 이것은 치료사의 투사가 보다 개인적으로 보일 때도 그것을 환자에게 투사하는 일반적인 위험을 보여 준다. 하지만 필자는 이런 접근법을 성찰적으로 신중하게 사용하면 어떤 팽팽한 역전이－전이 상황에서 큰 도움이 될 수 있음을 알게 되었다. 환자들은 전에 가끔 이런 설명을 조금은 들었겠지만, 치료 관계의 비교적 처벌적이지 않은 분위기에서 이런 설명을 듣게 되면 창조성이 고양될 수도 있다.

따라서 임상가들이 미시분석 연구에 가장 크게 기여한 것 중 하나는 양자적 상호작용 체계와 그 기능 및 발전에 대한 매우 풍부하고 상세한 설명이다. 그들은 무슨 일이 일어나고 있는지에 대한 특정한 세부사항을 기술한다. 예를 들면, 비비와 비비의 동료들은 머리의 방향, 얼굴을 맞대고 하는 상호작용, 시선 회피, 시선/머리의 방향, 그리고 (아기를 향한) 어머니의 얼굴에 또는 (어머니를 향한) 아기의 얼굴에 안정적인 혹은 불안정적인 집중을 상세하게 설명한다. 이런 것들은 삽화가 풍부하게 들어 있는 『어머니－유아 상호작용 그림책 Mother–Infant Interaction Picture Book』(Beebe, Cohen, Lachmann, and Yothers, 2017)에서 잘 관찰할 수 있다.

다음은 '의사소통 양식'에 대한 비비와 동료들의 설명이다.

> 우리는 주의집중attntion과 정동, 방향 감각과 접촉 같은 각각의 의사소통 양식을 조사하여 애착의 근원에 관한 연구를 정밀하게 다듬는다. 얼굴을 맞대는 의사소통은 수많은 양식의 다양한 정서 신호를 동시에 작동시킨다. … 이런 신호가 반복되고 겹쳐지면 선택적 주의집중, 학습과 기억이 촉진된다. … 그러나 의사소통이 잘 이루어지지 않는 상태에서는, 상이한 소통의 양식들이 서로 이어지지 않는 정보들을 전달할 수 있고, 이는 응집성 있는 지각으로 통합되기 힘들다(Beebe et al., 2010, p. 28).

따라서 비비와 그 동료들은 어머니와 아기 사이의 시각적 협응에만 집중하기보다는 몇몇 의사소통 양식(다시 언급할 가치가 있는), 즉 주의집중과 정동, 신체적 접촉과 공간적 방향을 분석했다. 나아가 이들은 다시 언급할 만한 일련의 "어머니－유아 '양식 조합modality pairings'"을 만들었다. '(1) 유아의 시선－어머니의 시선, (2) 유아의 얼굴에 드러난 정동－어머니의 얼굴에 드러난 정동, (3) 유아의 목소리에 실린 정동－어머니의 얼굴에 드러난 정동, (4) 유아의 관심 끌기－어머니의 관심 끌기, (5) 유아의 관심 끌기－어머니의 접촉, (6) 유아의 목소리에 실린 정동－어머니의 접촉, (7) 유아가 시작하는 접촉－어머니의 접촉, (8) 유아의 머리 방향－어머니의 공간적 방향'(Beebe et al., 2010, pp. 33-34). 종합하면, 정신분석적 상호작용에서뿐 아니라 성인 사이의 일상적 대화에서 일어나는 일을 어떻게 포착하는지에 관해 상상력으로 주의를 기울인다면, 이 모든 조합은 그런 미시분석적 도식이 경험과 가깝다는 것을 환기시킨다. 이 모든 것은 관찰 영역을 확대하는 동시에 개선하고, 연구를 표면적으로 더 확고하게 해 주며, 다른 데서 제공하는 것보다 치료사—환자 상호작용의 비언어적 차원에 관해 더 정교하고 완벽한 지도를 함축적으로 보여 준다.

비비와 그 동료들의 연구는 이런 과정이 시간이 흐르면서 어떻게 나타나는지 주목하게 하는 다른 연구와 공통점이 많다. 예를 들어, 스턴(2004)의 미시분석적 면담은 순간순간 지각의 흐름에 관한 개인의 주관적 경험에서 비롯되는 유사한 차원을 보여 준다. 관계 맺기와 의미 만들기의 시간성 차원은 충분히 탐구되지 않았지만, 이런 차원은 세상은 누군가 노력하는 만큼 영향을 줄 수 있는 예측 가능한 공간이라는 감각의 발달에 중요하다(이 책 16, 17장과 Stern, 2010 참조). 아주 짧은 시간에도 시간의 경과에 따른 대인관계적 상호작용은 항상 일어난다. '단절과 회복' '추적과 회피' 그리고 당연히 수반성contingency[1]등 이미 아주 구체적인 기술어들은 그처럼 자세한 설명의 시간적 방향성을 고려하면 더욱더 생생해지는데, 이런 기술어들은 결국 시간 속에서 살아낸 경험에 대한 표상들이다.

필자가 이 장의 서두에서 언급한 기술어와 마찬가지로, 임상가는 시간적 과정temporal process에 대한 이러한 기술어를 임상에 임하는 심적 태도에 적용할 수 있다. 유아기 연구의 영향을 받은 다른 동료들과 마찬가지로, 해석 후에 (때로는 저항이란 말보다 더 유용하고 경험에 더 가까운 설명인) 추적—회피처럼 보이는 연속 행동을 주목할 때나, 혹은 수반적인 부름—응답이 갑작스럽고 일관성 없이 혼자 하는 몸짓들로 바뀌는 것으로 느껴질 때처럼, 필자는 이와 같은 상호작용 양상으로 귀결되는 환자—치료사 간의 상호작용 패턴을 종종 관찰한다. 이 두 번째 상황에서, 필자는 상호작용에 단절이 생겼을 때를 가능한 한 정확하게 떠올린다. 이 때문에 필자는 환자와의 단절을 회복하려 노력하는 한편, 부자연스러운 정동이나 의미, 심지어 회복할 수 없는, 나아가 비—수반적non-contingent[2] 리듬의 발달을 탐색하게 될 것이다.

---

1) 원래 이 개념은 오히려 (1) 긍정적인 차원이 더 많은, (2) 닫혀 있지 않고, (3) 여러 시간성을 동반한 상호작용적 교류 특징들에 연동된 채 다양한 방향으로 뻗어나갈 수 있는, (4) 창조적인 혹은 창조적 교류의 토대가 되는, (5) 주체들의 선택에 따라 상호작용의 다음 궤적이 다양하게 바뀌어 갈 수 있는 가능성을 내포한 등등의 해석학적 특질을 담은 단어로 보인다. contingency에 대한 발달적 관찰연구의 원래 취지의 핵심은 어머니나 유아의 다음 반응이 그 이전에 상대방이 어떻게 반응했는지에 달려 있는, 즉 '서로의 다음 반응이 서로의 이전반응에 따라 달라지는 형태로 연동되어 있는 상태'라는 뜻이다(역자 주).

2) 치료관계가 논패스에 갇혀서 더 이상 다양한 해석적 가능성을 탐색하며 교류할 수 없는 의사소통의 상태를 말하는 것(역자 주).

이런 상황에서 치료사들은 그들의 성향에 따라 다양한 태도를 보인다. 이런 차이점은 이론적 지향과도 일부 관련이 있다. 예를 들면, 해석을 중시하는 프로이트 학파 분석가는 고전적인 코헛 학파 분석가보다 수반적 상황을 회복하려고 애쓸 가능성이 적을 수도 있다. 그러나 치료사들의 성격의 개인차나 심지어 앞선 회기를 어떻게 보냈는지 등의 지엽적인 다른 요소 역시 매우 중요하다.

제프와 비비, 그리고 동료들이 미시분석에서 발견한 중요한 것들 중 하나가 이 문제를 해결할 실마리가 될 수도 있다. 한때 이들은 고도의 수반적인 유아-어머니 상호작용이 안정적인 애착과 관련이 있으리라고 예상했다(Jaffe et al., 2001). 오히려 이들은 훨씬 더 복잡한 패턴을 발견했다. 즉, 고도의 수반성 그 자체가 어머니-유아 상호작용의 바람직한 상태는 아니라는 것이다. 이 연구 결과는 그 자체로 매우 중요할 뿐 아니라, 치료 관계의 굴곡을 다루는 상이한 방법이 그토록 많다는 것, 즉 다양한 치료적 접근이 치료적 진전을 가져올 수 있다는 사실을 지지해 준다. 조화를 이루는 것이 치료사와 환자에게 늘 가장 중요한 과제는 아니다. 사실, 서로 이해할 수 없는 상황을 함께 겪는 것은 환자가 자신의 가치 기준에 따라 자신의 에너지를 뚜렷이 인식하고 그것을 효율적으로 활용하지 못하는 장애를 드러내고 해결하는 데 필요한 단계일 수도 있다. 이 같은 문제는 단일한 기법을 옹호하는 사람들이 믿는 것보다 상황에 따라, 그리고 두 당사자의 상태에 따라 더 특수할 수 있다. 유아 연구 결과를 심리치료의 임상과 통합하는 일은 일부 연구자가 생각하는 것보다 덜 규범적이어야 한다.

현재, 유아 발달 분야에서는 전반적으로 양육의 상호작용에서 정동 조절을 중요하게 다룬다(Schore, 1994; Tronick, 2007 참조). 더욱이 어머니-유아 관계에서 발생하는 부정적 정동과 고조된 정동의 관리를 특히 중요시하는 것은 심리치료 과정과의 유사성을 시사하는데, 이는 일반적으로 치료사가 과거의 것이든 현재의 것이든, 환자의 밀도 있고 부정적인 경험에 관심이 가장 많기 때문이다. 일부 비평가들은 정신역동적 치료사가 이 같은 고통스러운 감정에 지나치게 관심이 많다고 주장하지만, 이런 감정은 무엇보다 우선적으로 즉시 주의를 끄는 경우가 많다. 일부 더 실증적인 치료 전략(예를 들어, 인지행동치료)이 시사하듯, 이런 감정은 다른 데로 주의를 돌리라는 지시를 따르기 어렵기 때문이다. 볼비 이후 애착 이론가들은 정신분석 이론에 따라, 대인관계적interpersonal 과정과 개인내적인intrapersonal 과정을 부정적인 영향, 특히 공포-불안에 관심이 집중되는 것으로 보았다(Slade, 2014도 참조). 이들은 이것이 종의 생존에 필수적인 인간의 생물심리사회적 체계human biopsychosocial system의 성향이라는 견해를 제시했다. 풍부한 경험적, 관찰적, 개념적 이해로 인해 비비와 그 동료들은 생후 4개월 된 유아와 어머니의 상호작용과 애착 유형에서 정동이 얼마만큼 중요한 쟁점인지 간과하지 않았다.

종합하면, 비비와 제프, 그 동료들의 연구를 비롯한 최근의 연구는 아주 어린 영아들을 돌볼 때, 사회적 영역에서 개별적으로나 공동으로 정동과 관심을 효과적이고 일관되게 조절하면 일생 동안 정서적 관계에서 가장 유연하고 긍정적으로 기능할 수 있다는 오랜 직관을 뒷받침한다. 부모-유아 상호작용의 미시분석 연구와 인격 발달의 최근 모델 및 최근의 정신병인론, 그리고 명쾌하고 경험에 가까운 세밀함을 가지고 제시된 애착 이론 사이에는 점점 공통된 이해가 생기고 있다. 이런 움직임은 정신역동 심리치료의 이론과 실제에 발달 연구를 복합적, 창조적으로 적용할 수 있도록 견고한 근거를 제공해 준다.

후주

1 이 장은 원래 비비와 제프, 그리고 그 동료들(2001)이 행한 연구에 대한 해설로 쓴 것인데, 이 연구는 생후 4개월 된 유아와 부모 사이에 100만 분의 1초 단위로 일어나는 수반적 상호작용의 패턴을 관찰하면 12개월 때 애착 유형을 예측할 수 있다는 사실을 증명했다. 이 보고서는 생애 초기의 양육 및 상호작용 패턴과 이후의 발달 사이의 연속성에 관한 여타 연구결과와 연관이 있는데, 그중 몇 가지는 이 장에서 암시적으로 고려되었다.

2 정신분석과 관련된 경험적이고 과학적인 방법의 중요성에 관한 특정 논란과 논쟁에 관해 필자의 소견은 분석적 대화 방법이 앞으로 등장할 모든 종합의 중심이라면, 경험주의와 대화하는 데서 생기는 위험은 감수할 만하다는 것이다.

3 앞서 밝혔듯이, 이러한 것들은 대개 발달 연구뿐 아니라 인지 연구, 정동 연구, 신경과학, 정신분석을 비롯한 다른 심리치료, 트라우마 연구 등 서로 다른 인접 분야에서 끌어온 개념들이다.

4 그것들 역시 '무의식'에 관한 시각을 포함하지만, 이는 억압을 강조하는 전통적인 정신분석보다, 개인내적 자각과 대인관계적 자각에 대한 더 폭넓고 더 복잡한 개념에 근거하고 있다.

5 예를 들면, 상호작용하는 어머니와 아기의 얼굴을 두 대의 카메라로 동시에 담는다. 그런 다음 두 개의 영상을 나란히 튼다.

10장
이론 4

−모성으로 이동: 상호주관적 발달 연구에서 본 젠더와 섹슈얼리티,
오이디푸스 콤플렉스−

오이디푸스 이론이 초창기 정신분석의 주제와 논쟁의 많은 부분을 차지하기 때문에(1, 2장 참조) 이제 우리는 현대적 관점에서 이러한 주제와 논쟁을 다시 시작할 수 있다. 관계적 접근은 정신분석 담론의 중심에서 오이디푸스 콤플렉스를 재배치한다.

고전적인 프로이트 이론은 오이디푸스기를 성공적인 발달에 결정적인 시기로 규정한다. 프로이트 이론은 전통적으로 발달과 정신병리를 '전−오이디푸스기'와 오이디푸스기로 나누어 설명하는 데 탁월하다. 오이디푸스 콤플렉스를 적절히 해소하지 않으면 근본적으로 발달이 취약해지는데, 이런 취약함은 자아 발달이 제한적이고, 갈등보다는 결핍deficit 중심으로 병리가 조직되며, 해석보다는 '지지support'를 포함하는 기법적 절충과 관련되어 있다. 여러 자아 심리학 모델을 비롯한 현대적 모델은 이러한 구분을 완화시켰다. 하지만 오이디푸스기/전오이디푸스기라는 이분법은 특히 현대 프로이트 학파 이론가들 사이에서 여전히 보편적으로 사용된다. 이뿐 아니라 오이디푸스 담론은 전통적으로 금기하는 규범적 기능이 있어서, 특정 방식의 오이디푸스 콤플렉스의 해소—동성 부모와의 이성애적 동일시—는 바람직한 결과로, 그 외의 결과는 병리적으로 여겼다(이 견해는 다소 변화를 겪는 중이다).

자기 심리학 및 대인관계 정신분석과 마찬가지로 **관계** 정신분석은 이러한 공식화에 그리 의존하지 않는다. 이것은 관계적 동기의 근본적인 중요성을 주장하면서 비이성적 욕동을 주변적인 것으로 만드는 것과 서로 관련이 있다. 욕동 중심의 이론들은 기본적인 동기를 반사회적은 아닐지라도 비사회적asocial으로 개념화하기 때문에, 문명화되지 않은 타고난 동기를 사회적 세계에 통합하기 위해 오이디푸스 콤플렉스 같은 발달적 구성요소들이 필요하

다. 따라서 오이디푸스 콤플렉스는 심리사회적 삶과 젠더 및 억제하는 권위의 이원적 조직체가 성격의 일부가 되는 순간이다. 근본적으로 성숙은, 비이성적이고 본질적이며 타고난 본능의 힘과 사회적 삶을 규율하는 요건 사이의 갈등을 해결하는 것이다.

관계적 발달 모델은 욕동을 사회적 세계로 통합하기 위해 오이디푸스적 삼각관계에 똑같이 의존할 필요는 없다. 아동이 사회적 세계로 더 온전히 이동할 때, 생애 최초의 가장 기본적인 동기와 상태가 반드시 사회적 세계와 갈등을 빚는 것은 아니다. 오이디푸스 콤플렉스 같은 변형적 순간에 특별한 이론이 필요한 것은 아니다. 발달은 주로 가정과 기관, 경제와 문화 속에서 관계를 중심으로 더 지속되고 조직화되며, 보통(항상 그런 것은 아니지만) 경계가 더 뚜렷한 프로이트 학파의 심리성적 단계 모델보다 오히려 서서히 변화를 겪는다(그런 단계의 경계가 보통 흐려지는 것을 인식할 때조차도 그러하다).

오이디푸스 콤플렉스의 재배치, 그리고 본능 이론과 '원초적 유아'에 대한 거부: 분석 관계와 치료 행위에 관한 함의

이를 달리 말하면, 유아기 이래 계속되는 협력적 사회 활동의 중요성을 강조하는 것은 아버지의 권위가 더는 사회 질서에 필수적인 요소가 아님을 의미한다고 할 수도 있는데, 이 새로운 질서는 아버지에게 통제 불가능한 욕동을 억누르는 권위를 더는 부여하지 않는다(1, 2, 3장 참조). 이렇듯 정신분석 임상 이론은 본능 이론과 오이디푸스 콤플렉스의 주도권을 재배치함으로써 분석적 변화 과정을 발달적으로 접근하는 것에 온전히 수긍하게 된다. 우리는 생애 초기에서부터 출발하여 나아갈 수 있게 되었다. 사회 권력의 관점에서 질서와 문명화는, 그것을 따르지 않는 경우, 인격이나 사회가 붕괴되거나 서서히 파멸하게 될 것을 막아내는 데 꼭 필요한 것들이었는데, 일단 아버지의 권위와 어머니의 보살핌의 위계적 구분이 사라지면 신탁을 내세워 강제하는 아버지의 권위는 질서와 문명화의 표지로 여겨질 필요가 없다.

여기에 정신분석 치료 행위와 분석 관계가 어떻게 그려지는가에 대한 시사점이 있다. 전통적인 분석 방법에서 분석가는 환자의 본능적 욕구 충족을 좌절시켜 환자가 가장 깊은 내면의 환상을 드러내도록 한 다음에 환자에게 가장 중요한 진실이 무엇인지 말할 수 있다. 하지만 정신병리의 근원이 욕동을 적절히 관리하는 문제가 아니라, 타인과의 접촉에서 어려움을 겪는 것이라면, 본능 에너지가 정서적 삶을 추동한다는 본능 이론에서 도출된 견해에 따라 예상하듯, '분석적 절제'로 인해 분석 경험이 강렬해지거나, 분석가가 환자의 고립된 마음을 더 정확히 이해하리라 가정할 특별한 이유는 없다. 따라서 분석가는 오이디푸스 콤플렉스 해결의 핵심에 있는 아버지의 권위의 변형된 버전을 따르는 희화화한 신탁적 권위를 보이지 않아도 된다. 그보다는 부모, 특히 어머니가 다양한 방식으로 성장을 촉진할 수 있다. 오히려 안전하고 생기 넘치며 타인과 연결된[1] 효과적인 삶을 영위하는 데 가장 중요한 요인은 직접적인 관계이다.

오이디푸스 콤플렉스의 탈중심화와 권위에 대한 구성주의적 개념

따라서 오이디푸스 콤플렉스를 강조하지 않는 것은 분석가의 권위에 대한 관계적 재개념화와 관계가 있다. '객관성'에 필요한 훈련과 부담을 견디면서, 드러나는 심리적 사실의 관찰자라는 분석가에 대한 고전적 정신분석 개념은 오이디푸스 서사에 근거를 두는 동시에 그 담론의 지지를 받고 있다. 따라서 오이디푸스 담론은 도덕적인 동시에 발달적이다. 즉, 오이디푸스적 권위는 부성적이며 신탁적이고 억제적이다. 이 같은 권위는 진실을 명확히 볼 수 있는 능력과 도덕적 필요성 덕분에 존재하며, 개인과 사회 질서에 없어서는 안 될 필수 요소이다. 이런 권위의 부재와 왜곡은 사회적 혹은 심리적 병리로 나타난다. 프로이트(1913, 1930)는 「토템과 터부Totem and Taboo」와 「문명과 불만Civilization and Discontents」 같은 사회적-이론적 연구 논문(1913, 1930)에서 이 문제에 관한 견해를 분명히 밝혔다.

관계적 개념화에서 분석가의 권위 그 자체는 분석적 관계의 발생적이고 수반적인 한 측면이며, 분석적 관계의 지속되는 상호 영향의 한 부분으로서 다양한 모양새로 창조되고 유지되고, 따라서 의식과 무의식 모두에서 지속적인 '협상'상태에 있는 것이다. 분석가의 권위는 저절로 주어지는 것이 아니라 분석가와 환자의 상호작용에서 비롯된다. 분석가는 사실, 상당한 전문성을 갖고 있지만, 환자가 그 전문성에 관심을 기울이고 분석 상담의 유용성과 효과를 그 전문성 덕분이라고 생각하면 그 전문성의 중요성이 커질 수도 있다. 반면 환자가 분석가의 전문성이나 공감 능력, 선의를 부정적으로 보면 분석가의 권위가 미치는 효과는 줄어들수도 있다.[2] 이처럼 오이디푸스 콤플렉스가 발달 담론의 중심에서 밀려난 것은 분석가의 권위와 상호 영향 모델에 관한 구성주의적-변증법적 시각과 관련이 있는데, 상호 영향 모델은 유아기 연구는 물론 새롭게 등장한 분석적 양자(분석가-환자) '2인' 모델에서 도출된 것이다.

관계성과 모성적 권위 그리고 인정과 애착의 역동

이렇듯 관계적 재설정이 함축하는 바는 분석가의 힘과 권위가 아버지 못지않게 어머니의 힘과 권위와도 유사하다는 것을 함축한다. 그러나 가장 널리 받아들여지는 발달 모델은, 한 번도 경험해 보지 못한 따뜻한 보살핌을 주기만 하는, 애정 어린 어머니로 분석가를 묘사한 대안적인 이미지에 근거한 것이 아니라, 환자의 성장을 위해 사용할 수 있는 모든 잠재 가능 성을 발견하는 조력자라는 분석가의 이미지에 근거한다. 이럴 때 두 사람은 (심지어 서로 잘 맞지 않거나, 더 심하게는 서로 감정적으로 고립될 때조차) 실제로 무언가를 함께하고 있는 것 이다. 진취적인 성장과 생기 넘치는 발달에 도움이 되는 관계의 다양한 특징이 존재하는데, 이는 뇌에서부터 가족, 더 나아가 국가 등에 이르는 여러 수준에서, 그리고 보살핌과 주의집 중, 공급, 인정, 보호와 통찰, 정서적, 신체적 반응성과 상호 이해, 자기 및 타인 인식과 분별 등 다양한 차원에서 발현하여 영향을 미친다.[3]

초기 발달에 관한 양자적 교류 개념화에서 어머니의 어머니 되기는 가장 근원적 차원에 서는 유아에게 달려 있으며, 긴밀하게 뒤얽힌 양자 내에서는 유아의 영향과 불가분의 관계 에 있다. 다시 말해, 이 개념화는 공동 창조물인 분석가의 권위에 관한 관계적 개념과 유사 하며, 나아가 권위주의적 분석 실행 자체가 환자에게 다시 트라우마가 될 수 있다는 견해를 반영한다. 이 점에서 페미니즘과의 관련성이 더욱 분명해지는데, 이는 현대의 발달 이미지 는 소외된 여성에게 해당된다고 평가절하당했던 것들을 긍정하기 때문이다.

모성적 주관성을 발달 이론에 통합하기

페미니즘과 유아 관찰 연구, 발달에 관한 관계적 접근 사이의 상호 영향이 발휘하는 또 다 른 효과는 어머니의 주관성과 개별성을 인식하는 것이다. 영국의 대상관계 이론가들은 어 머니 기능의 본질적 중요성을 인식하기는 했지만, 어머니 특유의 심리에는 큰 관심을 기울 이지 않았다. '일차적 모성 몰두'에 관한 위니컷(1956)의 뛰어난 설명은 일종의 예외인데, 이 설명이 어머니의 역할에 몰두하는 특징이 있는 이 시기의 어머니의 심리를 연구하기 때문이 다. 그러나 이 설명에서조차 위니컷은 저마다 다른 어머니의 독특한 성격은 언급하지 않았다. 동일한 양상을 따라 코헛(1977)과 말러(1972), 그리고 발달 자아 심리학자들(Edgcumbe and Burgner, 1972; Hartmann, 1956)은 아동의 발달상의 심리적 요구라는 관점에서 어머니의 역할을 규정했다.

페미니스트의 관점으로 수정한 발달에 관한 정신분석적 설명은 어머니의 독립적 특성을 한층 힘껏 주장한다. 어머니 역할의 세대 간 전승에 관한 초도로우Chodorow(1978)의 선구적 설명은 내적 충족과, 모성에 대한 여성적 동일시로 조직화된 타협을 명쾌하게 설명한다. 모성애는 더는 타고난 본성으로 여겨지지 않았지만, 그 자체로 고유성을 지닌 발달 과정이었다. 현대의 다른 많은 이론은 어머니의 주관성을 아동 발달 과정의 지엽적인 요소가 아니라 본질적인 요소로 보았다. 헤겔(1977)의 이론을 참고한 벤자민J. Benjamin(1988, 2004)은 유아가 어머니에게 의존하면서도 자신의 주관성을 확립하기 위해 협상하는 데 지배와 복종의 역학이 수반되어 있다는 특성을 밝혔고, 이를 정신분석에서 '행위 주체/행위 대상doer/done-to'의 역학에 관한 관심에 적용하였다. 프레이버그(Fraiberg, Adelson, Shapiro, 1975) 같은 임상적 유아 관찰자들은 그녀의 뛰어난 연구 논문인 「양육자 안의 유령들」에서처럼, 부모가 과거에 겪은 특정한 사건들이 아주 독특한 양육 방식으로 귀결되는 것에 관한 복잡한 이론들을 발전시켰다. 이 같은 현상은 부모 자신의 과거가 외상적일 때 가장 뚜렷이 나타났지만, 양육 방식의 세대 간 전승이라는 일반 원리가 이제는 충분히 입증되었다.

젠더의 발달과 도덕성에 관한 다양한 서사들: 오이디푸스적 지향의 정신분석과 발달 모델에 관한 페미니스트 및 퀴어의 비평

이러한 변화는 페미니스트-탈근대주의자가 주장하는 젠더와 성적 지향에 관한 다양한 담론과 상승작용을 하기도 한다. 프로이트는 전-오이디푸스기의 아동에게 다양한 성적 대상 선택에 자극되는 '다형 도착적polymorphously perverse' 특성이 있다고 주장했다. 이 주장 덕분에 프로이트 시대의 전형적인 남근 중심주의보다는 받아들이기 쉬운 관점이 등장할 수 있었다. 그러나 편협하긴 하지만 전형적으로 읽으면, 오이디푸스 이론은 한 사람의, 이성애 대상을 선택하도록 인간의 다양한 성적, 애정적 가능성을 규범적으로 억압한다는 것에 동의한다. 관계-지향 이론은 젠더와 섹슈얼리티를 구성하는 젠더와 성애적 정형화에 관한 대안적 개념에 비교적 호의적이다. 관계적 동기-발달 이론은 섹슈얼리티를, 환원할 수 없는 원초적인 요인으로 여기는 대신, 안정감과 흥분, 쾌락과 고통, 기쁨과 혐오 같은 다양한 정동과 관계의 이슈들의 상호작용에 스며든 것으로 본다. 발달이 이루어지는 과정에서, 본능을 일차적인 동기로 보는 고착된 심리성적 단계 모델에서부터 사회적 세계에 더 큰 역할을 부여하는 방향으로 관점이 이동하면서, 발달 환경과 가정, 문화 등의 상황에서 맺는 관계의 다양성뿐 아니라 도덕성과 젠더 및 성적 선호의 다양성을 추구할 길이 열릴 여지가 생긴다.

20세기 후반부터, 여성 및 동성애자를 지지하는 폭넓은 사회운동은 정신분석이 더 관계 지향적이고 민주적인 방향으로, 그리고 성차별적이고 동성애 혐오적인 경향이 줄어드는 방향으로 변화하는 데 중요한 역할을 했다. 이와 더불어 정신분석학계와 그 제도적 위계 구조 안에 여성이 증가했고, 좀 더 최근에는 동성애자 분석가가 점점 늘고 있다. 같은 시기에, 오랫동안 존속한 정신분석 연구소 내의 가부장적 패권도 약화되었다. 페미니즘과 퀴어 이론을 비롯한 비평 이론의 영향을 받아, 성sex과 젠더에 대한 더 개방적이고 짜임새 있는 접근이 점점 더 정신분석 담론으로 들어오고 있다.[4] 이 지점에서, 관계적–발달적 관점은 정신분석을 문화적 규율을 부과하기 위해 사용되어 온 담론의 하나로 보는 탈근대적 비판과 상승효과를 내기도 한다(당연히 Foucault, 1978 등 참조).

관계적 몸

프로이트 학파의 이론, 특히 프로이트의 초기 이론은 본능을 통해 몸을 끌어들였는데 이때 본능은 신체가 정신의 세계로 이동하는 통로로 이해되었다. 이로 인해 움직임과 정서, 평안함과 불안감 같은 일반적 감정은 물론, 타인이 자신을 바라보는 방식에서 감각을 통해 알게 된 몸의 산 경험에서부터 관심이 멀어지게 되었다. 관계–상호주관적 이론화는 몸과 정신적 삶 사이의 관계에 접근하는 핵심 요소로서 이러한 직접적인 경험이 그 특징이다.

이처럼 몸은 자율적이고 전사회적presocial이라기보다는 관계를 통해 조직된다고 여겨진다(Aron and Anderson, 1998 참조). 몸 그리고 '타인과 함께하는 자기'에 대한 감각은 근본적으로 서로 뒤얽혀 있으며, 각 가정에서 발달하고 특정한 사회적 상황과 역사적 순간에 나타나는 다양한 제약과 씨름하고 기회를 얻기도 한다. 여기에는 젠더와 섹슈얼리티가 개인과 문화의 교류 속에서 형성되고 다양하게 해석된다는 견해도 포함된다.

후주

1 고전적인 이론에 따르면, 소포클레스의 희곡에 등장하는 스핑크스와 예언자 테레시아스는 분석가의 원형이다. 이들의 예언이 번복되거나 무시당하면 폭력과 무질서가 초래된다.

2 설리반(1953)은 분석가의 권위를 당연시하기보다는 '전문성'의 문제로 정당화하려 애쓰면서 이 견해를 제시했다.

3 그러므로 여기서 상호주관적–관계 접근법은 중도 학파에게 변화를 이끄는 것의 핵심에 만남과 창조성의 결합이 있음을 강조하는 임상적–메타심리학적 근거를 제공한다. 위니컷에 대한 필자의 해석은 이런 접근 덕분에 훨씬 풍부해졌다.

4 여기에 공헌한 이들을 모두 열거하려면 매우 오래 걸릴 것이나 관계 정신분석 운동에서 주목할 만한 견해로는 벤자민J. Benjamin(1988), 코벳Corbett(2009), 디멘Dimen과 골드너Goldner(1999), 엘리스Elise(1997), 해리스Harris(1991), 미첼Mitchell(1975) 등이 있으며, 더 최근에 발표된 것으로는 구랄닉Guralnik과 시모온Simeon(2010), 하트만Hartman(2011), 로즈마린Rozmarin(2012), 사케토풀루Saketopoulou(2014) 등이 있다. 기타 북미, 유럽 대륙의 분석가들 역시 영향력을 발휘했다.

3부

임상 과정에서 애착과 인식

-성찰, 조절, 그리고 정서적 안정-

애착과 반영성, 치료 행위에서 '생각하기'

3부의 다섯 장에서는 상호주관성과 애착, 그리고 이 둘의 기본적인 상호관계에 관한 핵심 이론의 지향점을 제시한 다음, 정상적인 발달에서뿐 아니라 정신병리에서, 상호 인식 과정과 애착 안정감, 성찰 능력과 생기 넘치는 상호주관적 상호교환이 어떻게 연결되어 있는지 탐구한다. 대체로 여기서는 애착 이론 연구와 함께, 보다 전체적인 상호주관론적 관점에 클라인과 중도 학파가 주도한 영국 대상관계 이론을 통합한다.

11장과 12장에서는 상호주관성과 애착 이론 연구의 '실행용 요약본'을 제시한다. 필자는 상호주관성과 애착은 태어나면서부터 성격과 사회적 상호작용을 조직화하는, 근본적이고 서로 얽혀 있는 동기 체계라고 본다. 필자는 상호주관성을 개관하면서, 발달은 물론 임상 과정에서, 개인은 사회적 관계에서 자신의 상대와 분리할 수 없다는 점을 강조한다. 나아가 반응해 주는 양육자와 가까이 있는 것이 개인과 대인관계의 안정성의 근원이라는 볼비의 초기 제안에서부터 에인스워스가 체계화한 안정 애착과 불안정 애착 유형을 거쳐, 성인 애착 면담과 해체 유형에 대한 최근의 발달에 이르기까지, 애착 이론 및 연구의 역사적 발전을 개관한다. 중요한 임상 적용은 이어지는 장들에서 자세히 설명할 것이다.

13장에서는 이러한 개념화를 대상관계 이론과 애착, 정신화, 부모-유아와 분석가-환자 간 상호작용 과정의 협력과 비협력, 트라우마 이론 등, 1부와 2부에서 소개한 폭넓은 주제와 통합한다. 필자는 비온이 생각하기thinking라는 용어를 특별하게 사용한 점과 애착 이론에서 반영성reflectiveness을 중요시한 점, 이어서 등장한 '정신화' 이론(Fonagy et al., 2002) 사이의 유사점을 끌어낸다. 실질적인 경험적 연구는 무엇보다 학대나 방치로 인해 유아기와 아동기에 나타나는 성찰 능력과 감정 조절의 결함이 성인기의 여러 심각한 장애로 이어진다는 견해를 뒷받침한다. 이렇듯 자기 인식이 매우 중요하다는 견해에 대한 분석계의 폭넓은 합의는 발달 접근법에서 새로운 지지를 얻게 되었다. 이를 바탕으로 필자는 7장에서 중요하게 다룬 임상 적용을 계속 이어가겠다.

14장에서는 감정을 평생 무시당한 남자를 장기간 치료한 임상 사례를 제시한다. 환자의 경험과 비슷하게, 필자가 그에게 오해받고 내둘린다고 느끼자 감정에 휘말려 초기 치료가 교착 상태에 빠졌다. 이 역전이-전이 문제에 대한 '재협상'이 진전되면서 어느 정도 긍정적인 변화가 나타났는데, 이 변화의 많은 부분에는 필자의 감정이 해소되고 환자와의 관계에서 덜 짜증나고 좀 더 유연해지는 것도 포함된다. 필자는 상호 영향과 공동−구성co-construction을 비롯해 지금까지 그랬고, 앞으로 한층 더 정교하게 다듬을 몇 가지 개념을 예시하고자 하는데, 투사적 동일시라고 충분히 불릴 만한 압박과 강제의 느낌이 반복적으로 오가면서 양방향으로 작용하는 것, 아무리 비이성적으로 보여도 현재를 형성하는 과정에서 과거의 트라우마에 대한 강력한 영향력, 안정감 및 자기−반영성과 밀접한 관련이 있다는 정신화 개념 등이 그것이다.

필자는 분석 작업과 재양육 사이의 관계를 단순히 유추하지 않으면서 심리치료의 변화에 관한 발달 관점을 제시한다. 상호주관성에 대한 더 견고한 감각의 발달과 자기−성찰 사이의 상호작용은 필자가 정신화라는 개념을 좀 더 명료화하고자 시도하면서 어느 정도 분명해졌다. 전체적으로, 필자는 종종 스트레스를 유발하고 뒤얽혀 있는 일반 분석 현장의 우여곡절을 숙고하는 광범하고 포괄적인 발달 접근에서 얼마나 다양한 치료 과정이 포착될 수 있는지 밝히고자 한다.

15장에서는 초기 트라우마의 투사적 동일시와 세대 간 전승을 다루면서, 이런 노력을 어린시절 신체적 학대를 당한 아버지와 태어난 지 3일 된 유아 사이의 학대적 상호작용에 적용해 본다. 아버지는 어린 아들이 보호받는다고 느낄 수 있는 동시에 주위 사람들에게 영향을 미치는, 호혜적 상호작용을 촉진하기보다는 자신이 혹독하게 통제당하고 처벌받는다는 방치된 느낌을 어린 아들에게 강요한다. 이처럼 특정 형태의 상호작용이 다음 세대에서 반복되는 이 같은 현상은 초기 클라인 학파의 투사적 동일시 개념의 설명을 따르는 것이기에, 대개 환상이라고 논의되는 심리 작용을 유아기와 심리치료를 비롯한 성인의 상호작용에서 어떻게 실제로 자세히 관찰할 수 있는지 보여 주고자 한다. 이렇게 하면 클라인 학파의 여러 견해를 상호주관적 관점에서 재해석하려는 필자의 다양한 목적 중 또 하나를 달성하게 된다. 15장에서는 13장과 14장의 주제를 훨씬 더 고통스러운 상황에서 다시 논할 것이다.

11장
상호주관성의 현재
-지향성과 개념-

최근에 진전된 발달 심리학과 인지 신경과학, 육아 연구: 현재 상황

21세기로 접어들 무렵, 발달 정신분석가와 신경과학자들은 애착이나 성적 욕구만큼 기본적인 '상호주관적 동기 체계'가 존재한다고 주장했다(Emde, 1988a; Stern, 2004; Tomasello, 1999; Trevarthen, 1993 등). 즉, 세포, 뇌, 몸, 양자, 가족, 문화 등 모든 생물심리사회적 단계마다 서로 인식하고 반응하며 소통하는 타인과의 관계에서 인간의 삶을 준비하고 조직하는 여러 구조가 존재한다는 것이다. 확연히 다른 여러 분야에서 새로운 연구 결과와 개념이 등장하면서 정신분석학계는 상호주관성 이론으로 방향을 돌리기 시작했는데, 심리학과 철학, 정신분석의 관점에 근거한 경험적 자료를 연구하는 것도 그런 움직임 가운데 하나다. 이런 움직임에 영향을 준 분야에는 정신분석만큼이나 인지 신경과학과 정동 연구, 발달 연구, 애착 이론, 행동학이 포함된다.

이 시기는 『정신분석적 대화Psychoanalytic Dialogues』의 한 특집에서 잘 묘사되어 있다. 이 특집에는 초창기 유아발달 연구의 선구자 중 한 사람인 콜린 트레바덴(1961)과 거울 뉴런을 발견한 이탈리아 연구모임의 일원인 비토리오 갈레스Vittorio Gallese, 로마의 중진 아동발달 연구자인 마시모 암마니티Massimo Ammaniti와 크리스티나 트렌티니Cristina Trentini의 논문이 실렸다. 이들은 모두 국제적으로 알려진 유럽의 경험주의 연구자들이다. 그러나 이들의 연구가 아무리 경험적 자료에 근거하고 방법론적으로 타당하더라도 지적, 문화적 성향상 이들은 기본적으로 구성주의자의 관점은 물론 상호주관론자의 관점도 받아들인다. 이들은 연구 결과가 의미하는 바를 이해하고 싶어 한다. 연구는 목적 자체라기보다는 목적에 이르는 수단이기 때문이다. 필자는 이들의 논문을 소개하면서 『정신분석적 대화』 특집에 실린 여러 논문의 시사점을 요약하면서 확장하고자 한다. 여기서 필자는 상호주관적 관점의 가장 중요한 특징을, 따라서 필자의 기본적인 지향성을 명확하게 진술하려 한다.

콜린 트레바덴: 인간적인 의미의 상호주관적 정신생물학

에딘버러대학교의 행동 심리학자인 콜린 트레바덴은 40년 넘게 유아의 발달과 그 함의를 가장 창의적이고 철저하게 탐구한 연구자의 한 사람으로 명성을 떨쳤다. 그는 유아와 부모의 실제 행동을 보여 주어 부모들의 훈육에서 고수했던 그릇된 전제를 깨면서 유아 연구 분야에서 볼비, 브라젤톤, 엠데, 샌더 그리고 스턴과 어깨를 겨룬다. 트레바덴의 논문(2009)이 인간 본성에 대한 장황한 한담으로 시작해서 독자는 학문적 지식이 아니라 소박한 지혜나 얻게 되는 것은 아닌가 하는 생각이 들게 된다. 그러나 트레바덴이 경력 후반기에 자신이 가장 중요하다고 여기는 것을 가장 평이한 언어로 자유롭게 진술하고 있다는 것이 곧 분명해진다. "우리가 공유하는 세계는 … 태어나면서부터 동기화된 **행동적 공감**sympathy in action, 곧 '타인과 함께 있다는 느낌feeling of company'에 달려 있으며, 창의적 가상creative pretense에도 달려 있다."(Trevarthen, 2009, p. 509, 고딕체는 원문).

그런 다음 트레바덴은 이 기본적인 가정을 넘어서 사회성의 토대, 곧 인류 문화의 토대가 운동 활동과 음악성에 토대를 둔다는 혁명적인 견해를 제시하는데, 그가 생각하는 음악성이란 선율과 화음, 박자의 평범한 어우러짐뿐 아니라, 대인관계적 공간에서 시간이 갈수록 명료하게 표현되고 서로 어우러져 공유되는 온갖 움직임과 감각의 더 근본적인 양상이다. 컬만Kerman(1994, p. 54)이 "음악의 관계 구조는 시간 속에서 소리에 의해 창조된다."고 선언한 것과 똑같이, 트레바덴은 자기 발달의 본질을 시간의 경과에 따라 타인과 함께 어우러지는 움직임과 느낌에서 생기는 어떤 것, 즉 구현된 상호주관성에서 발견했다(Merleau-Ponty, 1945/2002).

거울 뉴런과 상호주관성의 토대

파르마대학교의 비토리오 갈레스는 거울 뉴런 현상을 연구한 초창기 인지신경과학 연구자 중 한 사람이다(Iacoboni, 2008; Rizzolatti et al., 1996). 갈레스(2009, p. 520)는 이 현상을 다음과 같이 잘 설명했다. "거울 뉴런은 **동작이 실행될 때뿐** 아니라, **다른 사람에게서 그 동작이 실행되는 것을 지켜볼 때도** 흥분하는 전운동premotor 뉴런이다."(고딕체는 추가) 이 주목할 만한 발견은 보기, 듣기, 움직이기와 비슷하게 다른 이들의 경험에 관한 기록이 뇌 구조 속으로 '연결됨'을 보여 주어, 분석가를 비롯한 상호주관주의적 발달론자들의 호기심을 자극했다.

특히 거울 뉴런이 모방과 정동적 공명, 그리고 행동과 내면 상태의 상호 조절에 이미 상당히 집중하고 있을 때 공감과 동일시의 신경해부학적 토대가 보이기 시작했다. 더욱이 거울 뉴런의 기능에 관한 최근의 모델은 경험의 상호주관적 핵심에 대한 두 번째 특징과 꼭 들어맞는다. 즉, 타인을 마주하게 될 때 사람들은 타인을 자기 자신과 비슷하면서도 동시에 다르게 받아들인다. 현상학자들과 마찬가지로, 갈레스에게 이들은 분리해서 생각할 수 없는 것들이다. 즉, 세계와의 만남은 상호주관적인 것과의 만남인 것이다.

현상학자들에게 거의 동조하면서 갈레스는 인격과 관계성relatedness은 시간과 공간 속에서 자신과 타인의 몸에 대한 경험에 근거한다는 점을 강조한다. 그는 동일시의 근본 토대를 피관찰자의 움직임, 감정, 고통 등이 '구현된 시뮬레이션'으로 설명한다. 상호주관성은 지각perception과 고유수용감각proprioception이 시작되는 바로 그 순간에 형성된다. 여기서 트레바덴과 유사점이 명확해진다. 즉, 타인과 함께함으로써 자기 자신이 되는 기본 요소는 우선 움직임, 시간, 공간인데 이것들은 사회적 상호작용에서 서로 조정된다. 언어, 다른 사람의 마음에 대한 의견 등 뒤이어 일어나는 발달은 중요하긴 하지만 개인적, 사회적 의미에서 가장 중요한 것은 아니다. 인격은 협력하고자 하는 인간의 성향으로부터 발달하는 것이다.

위니컷(1958a, 1960b)이 정신적 삶의 양자적, 육체적 근원을 급진적으로 강조하던 메아리가 지금 다시 울려 퍼진다. 즉, '정신-신체psyche-soma'와 '존재의 계속성' '자발적 몸짓' 같은 개념들은 위니컷의 창의적이면서도 엄격한 경험적인 연구를 참고해서 이해할 때 명확해지고 정교해진다. 나아가 심리치료 및 정신분석의 비언어적이고 암묵적이며 상호작용적인 특성에 관한 오늘날의 관심을 충분히 뒷받침해 준다(Beebe et al., 2005; Damasio, 1999; Fosha,

2000; Knoblauch, 2000; Ogden, Minton and Pain, 2006; Stern, 2004 등 참조).

양육: 신경과학, 애착, 정신분석

마시모 아마니티와 크리스티나 트렌티니(2009)는 로마대학교 교수들이다. 정신분석가이자 아동 정신 의학의 세계적 지도자인 아마니티는 트렌티니를 비롯한 동료들과 함께 연구를 수행하면서 정신분석과 발달 연구의 새로운 발전을 다수의 임상 및 이론 분야에 편입시켰다. 이들은 논문에서 정동 연구와 애착 이론, 거울 뉴런 연구와 신경과학, 정신분석 등 이제껏 다양한 분야에서 이루어진 양육 연구를 면밀하게 검토하여, 양육이 뇌, 정서, 인지, 양자적 상호작용, 애착, 가정생활 차원의 여러 하위체계가 서로 연결된 일관성 있는 체계임을 보여 준다. 그리고 인간의 가장 기본적인 관계 속에서 돌봄과 공감, 애착과 인식이 차지하는 중요성을 전체적으로 조망한다. 이 논문은 장르를 초월하는 여러 학문 영역에 걸친 문헌 검토의 표본으로, 수백 개의 연구 논문을 콜라주하여 각 학문 분야의 가장 유력한 시사점들을 입증한다. 확연히 이질적인 수준의 인간 생물심리사회 체계들은 인간이라는 종을 지탱하는 통합된 체계의 일부로서 가장 잘 이해되며, 우리를 인간이게 하는 가장 여리지만 복잡하고 견고한 측면에서 볼 때 가장 잘 이해된다. 아마니티와 트렌티니에게, 상호주관적 인식 체계가 이처럼 다양한 자료를 조직화한다는 것은 근본적인 상호주관적 동기 체계에 관한 가정을 입증하는 것이다.

분석가들은 종종 경험적 자료에 회의적이었고, '자연 과학'이 정신분석적 견해가 부적절하다는 것을 증명한다고 생각할 때가 많았다. 그러나 흐름은 변하기 마련이다. 이런 여러 논문에 제시된 광범위한 통합은 사회적 관계가 심리적 현실을 조직하는 데 중심 역할을 한다는 관계-발달 정신분석의 주장과 밀접한 연관이 있다. 개념적, 임상적 분석 경험뿐 아니라 기능적 자기공명영상과 통계학, 그리고 주요 연구 학술지에 실린 간행물의 뒷받침을 받은 이런 통합은 근본적이자 독창적이고 생산적이며, 시간이 흘러도 여전히 유효하다. '삶은 사람들과 함께하는 것'(Zborowski and Herzog, 1952)이라는 견해는 더는 단순한 감상이나 문화적 태도로 받아들여지지 않는다. 그것은 생물심리사회학의 기본적 사실이다.

12장
역사적 맥락에서 살펴본 애착 이론 및 연구
-임상적 함의-

애착 이론 및 연구의 정의와 개관

'애착'과 '애착 이론'이라는 용어는 전반적인 유아기 연구가 관계를 가장 중요한 요소로 보는 방향으로 이동했음을 함축하는 데 종종 사용되고 있지만, 더 구체적으로는, 제2차 세계 대전 이후 수십 년 동안 진행된 존 볼비의 매우 독창적인 작업(1969, 1968, 1988)과 함께 시작된 특정한 이론 및 연구를 지칭한다. 볼비는 영장류 연구와 어린 아동의 직접 관찰을 바탕으로 아동이 부모나 기타 양육자와 맺는 유대는, 전통적인 프로이트 학파가 핵심 동기라고 여겼던 욕동과 판타지에 비해 이차적이라기보다는, 일차적이고 자율적인 체계라고 주장했다. 그는 분리에 대한 고통, 재회 시 느끼는 안도감, 그리고 안전 기지인 애착 인물에 대한 관찰 행동을 포함하여 최초의 애착 체계를 대략 1년 동안 관찰 가능한 것으로 설명했다(Bowlby, 1969, 1988). 볼비는 새롭게 등장하는 조절 체계 모델에 따라 분리와 방어에 관한 정신분석 이론을 다시 공식화하는 작업을 계속했으며 정동, 특히 공포의 중요성을 강조했다(Bowlby, 1973, 1980). 그는 또한 더 광범위한 진화 생물학적 관점에 사회적 동기를 끼워 넣어 부모의 양육이 종의 재생산에 가장 핵심적인 필수조건이라는 견해를 제시했다(또한 Slavin and Kriegman, 1992 참조).

뒤이어 메리 에인스워스(1978)는 유아가 어머니와 잠깐 떨어졌다가 재회하는 '낯선 상황'을 조성했다(www.youtube.com/watch?v=QTsewNrHUHU). 에인스워스는 안정형(B), 불안정/회피형(A), 불안정/저항-양가형(C), 이 세 가지의 특수한 애착 유형을 확인했다. 안정적인 애착을 형성한 유아는 애착 대상과 분리되면 불안해하고, 재회하면 기뻐하며 빠르게 다시 애착 대상을 탐색한다. 회피형 애착 유형의 유아는 애착 대상과 떨어져도 울지 않고 재회해도 화를 내지 않고 부모를 회피한다. 저항하며 양가적인 아기는 부모에게 집착하며 화난 것처럼 보일 때가 자주 있다. 이런 아기는 부모와 재회해도 마음을 진정하지 못하고 대개는 부모에게 다시 관심을 집중하며, 우는 경우가 흔하다. 에인스워스는 애착이 여러 문화에서 나타나는 현상임을 입증했다. 그녀의 연구 덕분에 발달 심리학이라는 만만찮은 하위 학문을 형성하는 학자들의 세계적인 네트워크가 구축되었다.

지난 수십 년 동안, 이들은 애착 이론의 세 번째 국면인 '표상 수준으로의 이동'을 이끌었다. 볼비가 제시한 견해에 따라 각 애착 유형의 '내적 작동 모델'을 친숙한 사람들과의 공간적 거리를 바탕으로 개인의 안정감을 조절하는 안정된 표상 구조로 설명했다. 애착 이론이 비약적으로 발전하는 과정에서 메인과 그 동료들(Main, Kaplan, Cassidy, 1985)은 성인애착면담(AAI)이라는 준-구조화된 면담을 개발했다. 이 면담에 따르면 성인은 **안정된/자율적인** secure/autonomous, **외면하는**dismissing, **집착하는**preoccupied, 이 세 유형의 유아와 상관관계가 있는 집단으로 분류된다. 여기서 개인의 안정감은 실제로 일어난 사건보다는 자신의 기억과 경험을 일관되게 되돌아보는 능력과 밀접한 관련이 있다. 이 연구결과는 이러한 능력을 지지하는 기법을 사용하는 정신분석 치료사에게 특히 고무적이며, 인식 과정을 중요시하는 광범위한 상호주관적 관점과 연결된다(13, 14장 참조).

이것은 실제 경험이 중요하지 않다는 말은 아니다. 유아 및 성인의 애착 유형과 관련된 회고적 연구와 미래 지향적 연구 모두 생애 초기의 대인관계 경험이 지속적인 영향을 미친다는 가정을 뒷받침한다. 그동안 애착 연구자들은 생후 2년째 해의 애착 유형에 근거하여, AAI로 측정된 성인의 안정감을 신뢰할 만한 수준으로 예측했다(Main, 2000; Main, Hesse, Kaplan, 2005). 이뿐 아니라 출산 전 어머니의 AAI 유형으로 자녀의 걸음마 시기의 애착 유형을 예측할 수도 있다. 이러한 연구 결과를 종합해 보면 부모-유아 돌봄 관계를 통해 얻은 개인의 안정감이 다음 세대로 전승된다는 것을 입증한다(van Ijzendoorn, 1995, 더 광범위한 논의는 9장 참조).

이뿐 아니라 현재 애착 연구자들은 네 번째 애착 유형인 **해체된/혼란스러운**disorganized/ disoriented 애착의 존재를 확인하였으며, 이를 비일관성과 두려움, 통제하려는 행동 등의 주요 특징들이 혼합된 애착 조직을 지닌 유아와 아동, 성인에게 적용했다. 해체된 애착은 생애 초기 관계에서 비롯된 트라우마와 성인의 경계성 정신병리와 밀접한 관련이 있다(Fonagy and

Bateman, 2008; Main and Solomon, 1990). 다른 분야의 연구에서 도출된 연구 결과, 즉 생애 초기에 겪은 방치와 트라우마, 학대가 장기적으로 뇌에 미치는 영향에 관한 연구와, 성인 장애에서 나타나는 뇌 기능 장애의 양상을 입증해 주는 기능적 자기공명영상법(Hollander and Berlin, 2008 참조하여 검토) 연구 결과는 애착 연구와 신경과학 연구에 수렴되기를 제안한다.

애착 이론의 임상 적용

애착 유형과 AAI의 연구 결과가 현재 아동과 성인 심리치료에 적용된다는 사실은 시사하는 바가 크다(Lieberman, Ippen, and Van Horn, 2005; Schore, 2003b; Wallin, 2007 참조). 슬레이드Slade(2009)는 치료사가 애착 유형에 관한 지식을 단정적이기보다는 제안적인 방식으로 활용할 수 있다면 제각기 다른 환자들이 어떻게 애착을 형성하는지 이해하는 데 도움이 된다는 견해를 제시하며, 비슷한 관점에서 역전이를 검토해 보라고 권한다. 골드너Goldner(2014)는 최근 애착 이론을 부부치료에 적용하면서 역전이에 대한 관계 지향적 관심을 통합했다(Greenberg and Johnson, 1988 참조). 왈린Wallin(2007)은 애착 이론을 폭넓게 적용하면서 치료사가 자신의 애착 유형을 알고 있으면 자기 자신의 감정적 반응을 더 잘 이해할 수 있을 뿐 아니라, 치료 중인 환자에게 더 적절하게 반응할 수 있으리라는 견해를 제시한다.

예를 들면, 전통적인 분석가는 휴가 이후 환자의 신중하고 절제된 표현에 담긴 공격성에 집중하는 반면, 애착 이론을 따르는 분석가는 환자가 상실을 최소화하고자 거리를 두려는 회피적 성향에 집중할 것이다. 마찬가지로 분석가가 한 주간 휴가를 떠나는 것을 두고 계속 슬픔에 잠겨 이야기하는 환자는 양가적 애착 패턴을 통해 자신의 안정감을 보호하는 것으로 이해할 수도 있다. 반면 안정적인 애착 유형의 개인은 분석이 중단되는 것에 대해 불안이나 슬픔, 분노를 표현하는 것으로 (적어도) 보다 직접적으로 항의하고 그런 후에 이야기를 계속한다. 이러한 관찰은 환자가 부모뿐 아니라 배우자나 자녀처럼 현재 맺고 있는 애착 인물과의 관계성에 관한 이야기와 일치할 때가 많다.

애착과 정신화, 그리고 안정감과 확고한 주관성의 연결

최근의 애착 이론에서는 다른 사람의 현존 속에서 느끼는 안정감, 곧 안정 애착은 자신의 마음과 외부 세계가 다름을 이해하는 능력 같은 정신 작용의 일부라고 제시한다(Fonagy and Target, 1996; Main, 1995). 이는 정신병리와 임상 기법, 치료 행위에 관한 정신분석적 관점에 대해 풍부하고 다양한 함의를 시사하는 극적인 혁신이다. 그것은 적절히 안전한 환경에서 피분석자의 마음을 매 순간 이해하려는 노력에 따라 일상적으로 실행되는 정신분석 행위와 놀랍도록 유사하다. 반대로, 치료 행위를 다룬 많은 다른 이론은 메타심리학을 분석가가 실제로 행하는 것으로 부자연스럽게 바꾸어 말하도록 요구한다. 최근의 애착 연구자들이 그동안 자신들의 관점을 입증하는 방대한 실증적 증거를 제공한 만큼, 발달 연구와 정신분석의 근본적인 가치를 하나로 수렴하는 일이 가능해졌는데, 이는 흥미로우면서도 무척 고무적인 일이다.

이러한 혁신의 많은 부분은 경험을 훨씬 더 일관되게 성찰할 수 있는 정도에 따라 경험 자체보다 심리적 삶의 안정성과 조직화의 수준이 결정된다는 AAI의 연구결과에 기초해 있다. 이 발견은 결과적으로 초기 애착 이론을 섬세하게 다듬고 창의적으로 정교화하는 것으로 이어진다. 신뢰할 만한 대상이 현존하는 데서 느끼는 안정감은, 아이가 즉각적 현실 너머의 특별한 경험을 보게 되면서 즉각적 경험과 그 경험을 뒷받침하는 정신 상태의 차이를 포착하게 되는 결정적 발달 과정이 설명될 때 한층 강조된다. 이 과정에는 자신의 마음과 타인의 마음을 구분하고, 의도와 결과의 차이를 인정하며, 외부 '현실'에 대한 자신의 경험이 다양한 경험 가운데 하나라고 추정하는 등의 필수적인 많은 능력이 수반된다(Bowlby, 1988 참조). 포나기와 타겟(Fonagy et al., 2002)은 이러한 견해를 '정신화'에 관한 논의에서 확장, 진전시켰다(Jurist, Slade, and Bergner, 2008 참조).

대체로, 이러한 것들이 자신의 주관성과 다른 사람들의 주관성의 차이를 인식하는 기반이다. 아동은 '메타인지metacognition'를 습득하면서, 다른 사람들을 포함하는 자기 자신의 세계 속에 자신만의 고유한 마음이 있음을 알게 된다. 이러한 관점은 주관적 자기의 발달과, 동시에 나타나는 자율성 및 관계성을 연결하는 기존의 정신분석적 발달 도식과 중첩되지만, 다른 많은 관점보다는 인식 과정을 더 중요시한다. 13장에서는 이것을 정교하게 설명하는데, 비온(1962)의 '생각하기' 및 '담아주기' 개념과 위니컷(1965a)의 '안아주기' 및 '과도적 대상transitional object'에 대한 견해 등 여타 정신분석 이론들과의 수렴 등이 포함된다. 14장은 장기간에 걸친 정신분석 사례를 제시하면서 이런 것들을 종합하여 설명하는 데 할애한다.

반영적 주의, 관계의 안정성, 치료 행위

이처럼 정신분석 치료 행위에 대한 점점 복잡해지는 관점과 아울러 최근에 부상 중인 애착 연구는 개인이 다양한 경로로 변형되는 정신분석 상황의 복잡하고도 다양한 모델로 최근의 변화를 뒷받침한다. 분석가는 부모와 마찬가지로, 심리구조가 정교해지고 바뀔 수도 있는 성찰적이고 의미 있는 대화를 위한 안전한 공간을 제공한다. 하지만 소통을 통한 이해는 그런 발달의 중심임에도 불구하고, 분석적 통찰이 분석 관계와 분리될 수 없는 것과 같이, 정서적인 대인관계 맥락과 분리될 수 없다.

이 모델은 적어도 더 과장된 형태에서는, 통찰이 분석적 변화의 필수 요소임을 암시하는 모델과는 다르다. 그러나 이 모델은 분석적 상호작용의 회복 효과에 대해 이해하려는 분석가의 노력을 이차적인 것으로 생각하지 않는다는 점에서 몇몇 다른 발달 모델과도 다르다. 정신분석 치료에서 이해와 상호작용은 대립하는 것이 아니라 통합된 단일 과정의 일부이다. 치료 행위에 관한 발달 모델과 통찰을 바탕으로 한 모델 사이에 있었던 기존의 대립은 상호조절, 인식, 관계의 안전을 강조하는 보다 복잡한 모델 덕분에 사라지게 되었다.

실제로 아동 발달과 정신분석 양쪽에서, 다른 사람과 소통하며 이해하려는 따뜻한 노력이 이해 자체의 '정확도'보다 더 중요할지도 모른다. 필자가 다른 글에서 주장한 대로, 이해가 꼭 경험에 대한 것만은 아니다. 이해는 그 자체로 하나의 경험이며, 이런 경험은 부분적으로는 이해받는 느낌 때문에 함께 있으면 안전하게 느껴지는 다른 사람의 결정적 현존을 포함한다. 다른 사람과 함께 있을 때 느끼는 우리의 안정감은 우리를 이해하려는 그 사람의 노력과 상승작용을 한다.

일상적으로 실행되는 분석 작업은 이런 상승작용의 변형적 가능성에 대한 분석가 자신만의 기본적이고 매우 익숙한 지식이 있어야 생기를 띠게 된다. 현대 애착 연구는 그 자체의 관점으로 이를 확인하면서 가장 결정적인 한 지점에서 정신분석과 만난다.

13장
심리치료와 유아기의 인식과 성찰
-애착 이론과 정신분석의 수렴-

이 장에서는 대상관계 이론과 현재의 유아 연구, 특히 애착 이론 사이의 대화를 진전시키려 한다. 인식과 성찰reflection은 늘 일상적인 임상 작업의 가장 핵심적인 가치였지만, 이러한 주된 합의는 그동안 각기 다른 정신분석 신념의 차이로 인해 가려졌다. 그러나 타인에게 이해받고 타인의 마음속에 간직되는 것은 아동 발달은 물론 정신분석의 결정적 측면이라고 여겨진다. 성찰적 관계에는 개인적, 대인관계적 일관성 및 안전성의 감각, 개인의 심리적 실행체personal agency, 다른 사람들도 그들 각자의 마음을 갖고 있으며 또 세상에는 다소 안정적인 나름의 독립된 '현실', 말하자면 '객관성'이 있음을 이해하는 능력(프로이트의 용어를 빌리면 '현실 원리'의 습득)을 고취하는 것을 비롯해 다수의 본질적이며 점진적인 효과가 있다. 자기-성찰과 타인에게 인식되는 것은 분리성separateness과 관계성relatedness 사이의 간극을 규정한다.

인식과 생각하기는 개인적 환경과 사회적 환경이 활발하게 교차할 때 생기는 내용이자 과정이다. 이러한 역동이 무너지면 내적, 외적 공간이 붕괴하고 활력과 심리적 실행체, 공감 능력 등을 상실하게 된다(16장과 17장 참조). 이러한 사고 틀에서는 서로 다른 분석적 신념에서 도출된 관점들이 더 많이 접촉하게 된다. 일례로 비온의 독특한 '생각하기' 개념은 심리 조직의 드러나지 않는 자기-성찰적 형태로 볼 수 있는데, 심리적 일관성 및 '정신화'에 대해 관심을 둔 애착 이론, 특히 과도적 단계와 관련된 위니컷의 발달 모델 그리고 유아-부모 상호작용을 직접 관찰하여 얻은 발견들과 공통점이 있다.

이런 관점에서 발달지향 정신분석적 치료 행위는 이런 접근이 단순히 이전에 받지 못했던 돌봄을 제공하는 문제라는 견해에 머무르지 않는다. 달리 말해 치료사는 부모와 마찬가지로 다양한 방식으로 환자의 성장을 돕는다. 이것은 견고한 발달 관점을 응용한 것인데 이는 복잡하고 다면적 체계인 아동-부모 관계(아무리 복잡하고 다면적일지라도)와 유사하기 때문이며, 더 보편적으로는 치료 관계가 전진하는 성장의 수단으로 여겨지기 때문이다.

비온: 통합적 발달 과정으로서의 '생각하기'

멜라니 클라인 이후 가장 영향력 있는 클라인 학파 이론가인 비온은 주의attention와 생각하기에 대해 광범위하고 심층적인 정신분석을 제안했다. 비온(1962)이 독특하게 사용했던 '생각하기'라는 용어는 자주 인용되기도 하고 오늘날에도 여전히 독창적이고 매우 중요하다. 프로이트(1911)와 마찬가지로, 비온에게도 생각하기는 행동과 순수한 판타지, 신체의 상태와 신체화somaticization, 날것 그대로의 정서 등을 통해서가 아니라, 좌절을 견디고, 적응적인 정신 과정을 통해 살아갈 수 있는 능력에 근거한 정교한 발달적 성취이다. 비온에게 관계성 relationship은 아동의 발달과 정신분석 과정에서 변형을 위해 필수적인 것이다. 비온은 어떻게 어머니가 유아의 가장 위협적인 투사를 인내하고 수정하여 유아가 덜 원초적이고 더 다루기 쉬운 방식으로 그 투사를 재내사할 수 있게 하는지에 관한 더 탁월한 설명을 제공함으로써 클라인의 모델을 발전시켰다. 이런 긍정적인 상황에서 유아는 수정된 자신의 원초적 세계의 조각들을 재내사하면서 스스로 '생각'하게 된다. 비온은 이러한 변형을 '정상적인 투사적 동일시'라고 불렀는데, 이것은 비온 학파 이론에서 발달과 관련된 핵심적인 역동, 곧 '담아주기-담기기container-contained'의 원형이다.

비온은 이처럼 유아가 편집-분열 포지션의 본래의 본능의 속박에서 벗어날 방법을 정교하게 설명했다. 현대적 관점에서 비온은 어머니와 유아 사이의 분화가 증가하면서 점점 더 발달의 일관성을 증가시키는 일종의 상호주관적-대인관계 차원의 발달 과정을 강조한다. 종합해 보면 비온은 '생각하기 이론'에서 어머니와의 분리와 좌절을 비롯하여 현실의 제약을 받아들이는 우울 포지션으로 이동하는 것에 대한 클라인 학파의 설명에 대담하고 새로운 차원을 추가한다. 클라인과 그 동료들(Klein, 1940, 1946, 1975, Segal, 1957)은 이미 관계성 relatedness의 세계가 나타나는 것을 애도, 부분 대상에서 전체 대상으로의 이동, 상징을 사용할 수 있고 활발한 상호주관적 및 언어적 교류에 참여할 수 있는 능력 등의 통합과 연결했다

(클라인의 뛰어난 논문 「시기심과 감사Envy and Gratitude」(1975)는 지금까지도 이러한 변형을 가장 설득력 있고 감동적으로 다룬 논문 중 하나이다). 분석가가 환자의 투사적 동일시를 담아주거나 재작업reprocessing하는 것은 현대 클라인 학파 정신분석 치료 행위의 초석이다. 비온(1967)은 연구가 진척됨에 따라 분석의 미학은 열려 있고 너르며, 말로 다할 수 없는 심원한 변형적 가능성을 지닌 주의 깊은 의사소통attentive communication에 도달하려는 것이라는 견해를 제시했는데, 여기에는 분석가가 기억하지도, 욕망을 품지도 않은 채 몽상reverie을 통해 경청하는 것과 관련된 설명도 포함되어 있다.

병리적인 투사적 동일시

이런 '정상적인 투사적 동일시'와는 대조적으로, 비온은 양육자가 아기의 파괴적인 충동을 변형시키지 못하고, 오히려 이런 충동이 원초적이며 위험하고 증오에 찬, 해체된 형태로 다시 드러나는 병리적 투사적 동일시 형태를 설명했다. 이런 상태의 아동은 결국 아무런 선택의 여지도 없이 이러한 참을 수 없는 감정들을 제거하려 애쓰게 된다. 하지만 이런 감정을 부모에게 재-투사하면 불안하고 파편화된 혼란스러운 상태가 한층 심화될 뿐 아무 도움이 되지 않는다. 뒤이어 자기-지속적인 반복적 함정이 생기고 잠재적으로 악성의 불안정한 심리 조직으로 이어진다. 이런 심리 조직에서는 내적 및 외적 현실이 뒤섞이고, 자기와 대상에 대한 내적 감각은 파편화되어 있고, 자신에게 주의를 기울일 누군가와 분리되어 있으면서도 관련되어 있다는 느낌은 거의 혹은 전혀 없다(Rosenfeld, 1971a, Steiner, 1987과 함께 이 책 15장 참조). 클라인의 용어로 말하면, 아기는 '생각'할 수 없고 다만 편집-분열 포지션에서 꼼짝 못 한 채 남겨진다. 물론 이런 설명은 다양한 임상 상황에서, 특히 15장에 소개할 다니엘과 그 아버지의 사례와 같은 상황에서뿐 아니라, 특정 종류의 전이-역전이 교착 상태 impass에서 매우 익숙한 것을 정확하게 묘사한다.

비온의 모델과 '관찰된 유아': '정상적인 투사적 동일시' 개념의 한계

비온은 본래의 성찰적 사고에 관계의 중심적 역할을 추가함으로써, 초기 클라인 학파의 유아기 모델을 상호주관적 방향으로 바꾸었다. 하지만 적응 과정에 대한 정교한 설명에도 불구하고, '정상적인' 투사적 동일시 개념은 초기 클라인 학파가 신봉한 원초적인 구강기 파괴적 욕동 이론과 아울러 유아가 어쩔 수 없이 '나쁜' 부분들을 방출해야 한다는 견해를 계속 유지한다. 필자는 유아가 기본적인 안정감을 느끼고자, 다양한 정동 반응에 준비되어 있고, 보살핌을 유발하고 그에 반응하며, 대개는 보살핌에 협력하는 성향이 있다는 유아 관찰자들의 관점을 납득하게 되었다. 유아는 타고난 재앙적 불안 상태에서 꼭 벗어나지 않고도 생물심리사회적 조직과 심리적 실행체를 경험하게 된다. 이러한 관점은 '괜찮은good enough' 어머니와 아기의 놀라운 조화에 관한 위니컷의 핵심적 설명이기도 하다.

현대 애착이론의 성찰적 사고와 인식 그리고 상호주관성

유아기 연구 영역에서 애착 이론은 지금까지 특별한 역할을 했다. 애착 이론은 정신분석에서 출현했지만, 정신분석과는 어느 정도 거리를 두고 전개되었다. 애착 이론은 처음에는 전통적인 정신분석 접근과는 별개로 생각되었다. 볼비(1969)의 초기 모델들은 내적 세계를 소홀히 다뤘다고 클라인 학파는 물론 프로이트 학파 분석가들에게서 신랄한 비판을 받았다. 대부분의 애착 연구는 대학의 비분석적인 발달 심리학 센터를 기반으로 이루어졌다.

다행히 이러한 간극은 좁혀졌다. 볼비에 대한 기성 정신분석 사회의 초기 비평이 지나쳤다는 합의와 동시에, 애착 이론에서 새로운 발전은 특히 유아 발달 연구와 관련해서, 심리 조직과 현실감에 대한 정신분석의 오랜 관심과 수렴된다는 합의가 도출되는 중이다. 새로운 유아 연구와 애착 이론은 상당히 부합하긴 하지만, 전자는 생애 초기 상호작용의 특정한 세부사항과 의미를 중요시하는 반면, 후자는 주의 깊고 보호해 주는 양육자와 가까이 있는 데서 느끼는 전반적인 안정감과 안락함을 강조한다. 유아의 상호작용 연구는 실제의 대상이든 내면의 대상이든, 대상들의 세계에서 분화되고 연관된 상호주관적 존재의 발달을 묘사한다.

성인애착면담과 메타인지, 그리고 정신화

애착 연구의 최근 결과들은 인식의 중요성 그리고 발달과 정신병리에서 이해받는 것의 중요성에 관한 우리의 사고에 폭넓게 기여한다. 그리고 그것들은 자기, 자아 그리고 심리치료와 정신분석 치료 행위에 대한 분석 이론과 관련해서 상호주관적 통찰과 연결시키기도 한다. 새로운 연구 결과들은 초기 유아-부모 관계와 애착 유형, 성인의 성격 및 뇌의 발달과 상호 관련되어 있다. 유아기와 성인기의 정서조절과 애착, 개인의 안정감 사이의 연관성이 명확해졌다(특히 Jurist, Slade, and Bergner, 2008; Main, 2000; Seligman, 2012b 참조).

철학과 언어학, 기타 발달-심리학 연구의 이론적 뒷받침을 받은 현대 애착 연구자들은 자신들의 발달적 담론을 새롭게 강조했다. 즉, 발달의 결정적인 과정에서 아동은 자신만의 특별한 경험의 즉각적인 현실 그 이상을 보며, 그 즉각적 경험과 그 경험을 뒷받침하는 정신 상태를 구별한다는 것이다. 이 '타인의 마음 이론theory of other minds'에는 자신의 마음과 타인의 마음, 의도와 결과 사이의 많은 특별한 차이 그리고 외적 '현실'에 대한 자신의 경험이 다른 많은 경험 가운데 하나일 수도 있다고 상상할 수 있는 능력, 즉 자신의 생각이 객관적 세계와 같지 않다고 상상할 수 있는 능력이 포함된다. 아동은 동일한 세상을 다르게 보는 사람들과 함께하는 세계에서, 자신만의 마음이 있음을 알게 된다. 메인(2000)은 이와 같은 '메타인지metacognition'를 설명했고, 포나기와 그 동료들(1995)은 '성찰적 기능'을, 그리고 무엇보다 '정신화'를 광범위하고 영향력 있게 논의했다. 성인애착면담(AAI)을 사용하는 연구는 (타당성 있고 신뢰할 만한 언어 중심 분석에 근거하여) 우리의 경험에 대한 일관된 성찰 능력이 실제 기억보다 훨씬 더 광범위하게 안정감과 조직화를 결정한다는 것을 입증하기 위해 특별히 정교한 이 연구 도구를 사용한다. 일관성과 성찰은 괴로운 경험을 조직하고, 심지어 그 경험을 '무효화'할 수 있으며, 개인의 안정감 및 대인관계의 안정감을 생기게 한다.

여기서 핵심적인 함의는 '객관적 현실'의 모든 중요한 감각이 발견되기보다는, 그 현실을 공유하는 타인들과 함께 관계 속에서 형성된다는 것이며, 그리고 그러한 발달이 손상을 입으면 근본적인 병리가 발생하기 쉽다는 것이다. 발달적 트라우마와 생애 초기의 정동 조절 및 인식 과정에서의 결함과, 성인의 경계성 인격 장애 사이에는 상관관계가 있다. 바꾸어 말하면, 이 모든 것은 해체된 애착과 관련이 있다(Hesse and Main, 2000; Jurist, Slade, and Bergner, 2008; Main and Solomon, 1990와 이 책 9, 12장 참조) 시선 회피와 얼어붙은 태도, 양육자에 대한 극도의 무관심 등을 포함하는 다수의 해리 전조증상은 해체된 애착 유형으로 분류되는 유아들에게서 관찰될 수 있다(Fraiberg, 1982; Jaffe, Beebe et al., 2001; Beebe et al., 2010과 이 책 15장 참조).

이해받는 것과, 성격 조직의 일관성 및 안정감 사이의 연관성은 이런 식으로 설명될 수 있다. 성찰적으로 사고하기와 이해할 수 있도록 의미 만들기는 안정감의 가장 결정적인 측면이며, 이러한 발달에 결함이 생기면 살면서 어려움을 겪게 된다. 프로이트(1911, 1914a) 용어로 말하자면, 애착 이론은 다른 두 가지 주된 심리 영역인 자기애와 '현실 원리'를 끌어들이기 위해 의존성anaclitic 이론에서 멀어졌다.

필자가 앞서 언급한 대로, 현재 활동하는 애착 이론가들은 다음의 세 단계로 애착 이론의 역사를 체계화한다. 애착 인물과의 친밀함에 초점을 두었던 볼비의 본래의 애착 모델, 이후 안정/불안정 범주를 만들어 낸 에인스워스의 경험적 입증, 그리고 '표상 단계로의 이동'으로 불리는 현 단계. 이 현 단계는 볼비의 '애착의 내적 작동 모델'을 동반 관계companionship 같은 것에서부터 표상과 인식 과정, 자기 조직화와 상호주관적 관계성에 이르기까지 확장시켰다. 이뿐 아니라 새로이 등장한 '해체' 유형은 전에는 가능하지 않았던 방식으로, 애착 연구를 역기능적 양육과 트라우마, 그리고 다른 형태의 병리와 연결했다.[1]

애착 이론과 유아 상호작용 연구

이 덕분에 애착 이론이 다른 중요한 유아 발달 연구의 흐름과 더 조화를 이룬다. 그동안 이러한 관점은 초기의 양자적 상호작용에서 부모와 유아의 적극적이고 상호적인 영향을 중시했다. 물론 이러한 역동은 애착 이론에 내포되어 있긴 하지만 구체적으로 다뤄지지는 않았다. 예를 들어, 스턴(1985)은 정동 조율을 개념화하면서 유아가 부모의 마음에서 이해받는 경험을 할 때 자신만의 주관적인 자기를 발달시키는 과정을 설명하는데, 여기서 부모의 인식은 유아 경험의 **표상인 동시에 변형**이다(이 점에서 비온의 영향이 보이지만, 보다 더 발달적인, 관계–지향 모델에서도 그 영향이 보인다). '조율자attuner'가 '조율해 주는' 사람의 경험을 똑같이 재생하는 것이 조율attunement이라는 일반적인 생각과 반대로, 스턴은 조율의 순간은 유아의 마음과 부모의 마음, 이 두 마음의 같음과 다름이 동시에 발생하는 것에 따라 달라진다는 점을 조심스럽게 강조한다. 아장아장 걷던 아기가 갑자기 넘어지면(운동 사건) 어머니가 '어머나!'(음성적–청각적 사건)라고 말할 때처럼, 여러 형태의 감각이 교차하며 일어나는 조율을 강조하면서, 스턴은 두 사람의 영역에서 연결된 활력과 일관성은, 두 사람이 접촉하는 동안 그들의 차이를 '보여 주는' 서로 다른 마음들이 어떻게 소통하는지에 따라 좌우된다고 설명한다(또한 Fonagy et al., 2002 참조). '어머나!'란 말의 높낮이와 음량은 유아가 아장아장 걷다가 갑자기 넘어지는 운동의 속도와 음조가 비슷한데, 경험의 다른 기록에는 아기와 어머니의 주관적 입장 사이의 비슷함과 다름이 나란히 있다.

그 사이 결정적인 내용이 애착 이론에 추가되었는데, 아동이 양육자와 가까이 있어야 함은 물론, 양육자는 아동의 독특한 경험을 이해하는 동시에 아동을 분리되어 있지만 양육자 자신과 연결된 존재로 바라보아야 한다는 것이다. 종합하면, 애착에 관한 설명은 더 복잡해 지고, 애착 자체뿐 아니라, 인식과 상호주관성의 변증법 및 역동에서도 찾아볼 수 있다(특히 Benjamin, 1995; Hegel, 1977; Lyons-Ruth, 2006; Ogden 1986, 1992; Sander, 2002 참조). 스턴의 접근은 상호주관성의 변증법적-대화식의 근거를 밝히고, **다른 이에게 이해받기**, 타인의 다 름과 함께 살아가는 것에 좌우되는 활기찬 의사소통, 유사 이래 집합적으로 확립된 언어로 말하는 것, 다른 사람을 통해서만 특히 낭만적이고 성애적인 사랑을 통해서만 성취할 수 있 는 완전함에 대한 갈망 등과 같은 변증법의 흐름을 따라 유아-부모 상호작용을 해석한다.

다른 분석 이론과의 관계

많은 기존의 분석적 발달 도식들은 아동이 생애 초기에 반응적 어머니에 대한 의존을 포 기하면서 이를 애도하는 과정을 중요하게 다룰 뿐 아니라, 더 자기 만족적인 내적 세계로의 변형을 뒷받침해 주는 대상관계의 내재화도 중요하게 여긴다. 여기에는 동일시를 좌절에 대 한 적응으로 보았던 프로이트(1923)의 설명과 우울 포지션으로의 진입에 대한 클라인(1940) 의 시각, 말러(Mahler, Pine, Bergman, 1975)의 명쾌한 '분리/개별화' 이론 등도 포함된다. 더 풍성한 상호주관적인 양방향적 관점은 이 접근을 확장하면서 이와 상승작용을 한다. 어떤 의미에서 애착-정신화 관점은 애착 안정성과 정동 조절, 일관되게 이해받는 데서 발달하는 (상호)주관적 자기를 포함하면서, 자아 능력 목록에 새로운 능력을 하나 추가한다. 여기서 이 차 과정secondary process의 등장과 대상 관계의 발달이 유아기 연구와 연결된다.

위니컷(1958b)의 발달 모델은 이러한 가장 기본적인 모체matrix에서 생기는 창조적 가능성 및 위험을 중심으로 정립됐다. 위니컷이 생생하고 직접적으로 묘사하고 있는, 유아가 어머 니에게 절대적으로 의존하는 상황은 근본적으로 관계적이다. 이는 유아의 몸의 근원에 대한 예민한 감각을 담고 있기 때문이다(이는 불가분 생리학적인 동시에 심리학적이다). 유아가 '주 관적 대상' 단계에서 '대상 사용' 단계로 진전하는 과정에 관한 설명은 어머니-유아 모체 안 에서, 그리고 그 모체로부터 상호주관성이 생성되는 과정을 따른다. 첫 단계('주관적 대상')에 서 아기의 주관성은 처음에는 모성적 환경에 푹 잠겼다가 중간의 과도적transitional 공간에 배 치되는데, 이 과도적 공간에서 사람이든 그 외의 것이든 그 대상과의 분리는 '나 아닌 소유물' 의 역설에 포함된다. 위니컷은 아동의 놀이가 (사람과 장난감, 기타 과도적 대상들을 통해서) 매개체를 창조해 내는 그런 과정의 원형들을 보여 주었는데 이런 매개체는 자기가 아닌 외부세계에 있는 자신의 내적 상태를 표현한다. 이는 주체/대상 구분이 활발해지기는 하지만 눈에 띄지는 않는, 심리−관계적 장을 확립한다. 마지막으로 '대상 사용' 단계에서는 더 온전한 개별화가 추가되는데, 상호주관성의 이러한 모든 형태는 전 생애에 걸쳐서 핵심적이다.

위니컷보다는 덜 명확하지만, 비온 역시 성찰적 사고가 발생하는 과정에서 관계의 중심적 역할을 추가함으로써 초기 클라인 학파의 유아기 모델을 상호주관적인 방향으로 이동시켰다. 브리튼Britton(1992, 1999)과 케이퍼Caper(1997) 같은 현대 클라인 학파 분석가들은 이 견해를 확장하여 타인은 각기 고유의 마음이 있으며, 주관적 신념과 사실facts은 다르다는 인식을 강조했다. 앞서 말한 바와 같이 필자는 비온의 모델은 '죽음의 본능'과 원초적 유아 이미지에서 벗어날 때 강화된다고 본다. 자기 자신을 타인의 마음으로 바라봄으로써 아이들은 정동적 활력, 내면의 일관성과 가치를 느끼게 되고, 다른 이들에게 이해받고 그들과 연결되어 있을 때 자기 자신이 될 수 있다. 시비타레스Civitarese와 페로Ferro(2002) 같은 현대의 비온 학파 분석가들은 그동안 비온의 연구를 이런 방향으로 작업했다.

상호주관적 유아기 연구와 더불어 헤겔의 현상학 및 해석학의 뒷받침을 받은 현대의 정신분석가들은 이와 관련된 견해들을 발전시켰다(J. Benjamin 1988; Ogden, 1994a, 194b, Stolorow, Atwood, and Orange, 2002; Trevarthen 2009 등 참조). 이러한 견해는 대부분 설리번(1953)과 코헛(1977) 같은 고전적인 정신분석 저자들의 견해와 공명하며 또 다르게는 라캉Lacan(1949)과 랭Laing(1961), 라플랑쉬Laplanche(1999)의 견해와 공명한다. 예를 들어, 프로이트(19911, 1917a)의 아주 중요한 논문 다수와 페렌치 같은 초기 프로이트 측근들의 논문은 (비온이 그랬듯이) 이 유리한 관점에서 역동적이며 현대적인 방법으로 접근할 수 있다. 이 종합적인 접근은 정신분석에 대한 헤겔의 현상학적−변증법적 이해를 포함한다. 관계를 통한 변화(유정성과 비유정성animate and inanimate)는 헤겔 정신철학(1977)의 중심이다(Koje`ve, 1969). 전체적으로 볼 때, 이렇듯 여러 견해가 하나로 수렴되는 것은 명백히 각기 다른 '1인'과 '2인' 모델의 종합 가능성을 시사한다.

임상적 함의: 정신병리 및 분석 관계에서의 성찰, 메타인지, 일관성, 현실의 객관성

주의 깊은 성찰을 위한 협의로서의 분석

여기서 발달적 생각과 임상적 생각이 수렴된다. 가장 중요한 것은 부모가 아동을 이해하는 것일 뿐 아니라, 이해하려는 노력 그 자체인 것이다. 마찬가지로 분석가가 이해한 것이 꼭 그렇게 중요한 것이 아니라, 환자가 이해받았다고 느끼는 것이 가장 중요하다. 분석가의 특별한 이론적 주장은 이 주장을 신봉하는 이들이 생각하는 것만큼 중요하지 않을지도 모른다. 오히려 더 중요한 것은 분석가가 행동하는 방식이다. 내용보다 과정이 더 중요할 때가 종종 있다(관계 분석가와 Civitarese and Ferro, 2012 같은 비온 학파 분석가들이 이와 유사한 견해를 정교하게 다듬었다).

정신분석은 두 사람 사이의 사회적 협의로서, 반영성과 공감을 향상시키고 보호하는 역할과 규칙을 갖고 있다. 일반적으로 분석가는 환자 편에서 세심한 주의를 기울이는 노력을 계속 유지하는데, 이것은 다양한 감정과 행동을 통해 환자와 어느 정도 공유하게 된다. 분석가가 주의를 기울이는 데 쏟는 노력은 (적어도 처음에는 분석가 쪽에서) 반영에 전념하는, 특별한 양자 관계 형태를 유지하는 데 결정적인 지점이다. 이러한 상황이 진척됨에 따라, 이 관계 형태는 다양한 변형적 관계 역학을 강화한다(18장과 Seligman, 2014a 참조).

애착 연구자들이 성찰 과정을 중요시하는 덕분에, 정신분석 치료사들은 자신이 하는 일에 확신을 갖게 되며, 철저한 경험적 연구는 사람들이 자기 자신을 어떻게 여기는지가 정신 건강의 중심이라는 것을 보여 준다. 이것이 실제로 분석가가 하는 일이다. 즉, 분석가의 '성과'는 이런 것들을 충분히 생각하는 것이다. 이러한 지향점은 다양한 정신분석 신념을 초월하여 사람들이 안전한 관계 속에 있는 자신을 생각할 수 있을 때 변화가 가능하다는 희망을 뒷받침한다. 여기서는 치료적 변화를 전통적으로 설명할 때보다는 중재적 설명이 그리 필요하지 않다. 이 접근은 특히 면접 상담에서 환자에게 명확하게 설명될 수 있다.

사고 검토하기: 정신병리 및 심리치료에서의 정신화

환자의 사고 패턴과 현실, 주관성에 주목하면 일상적인 임상 실제의 질이 향상되는데 성격 구조를 판단할 때도, 순간순간 진행되는 정신화에서도 그렇다. 많은 이들이 주목한 대로, 트라우마 이후 상태posttraumatic state의 특징은 성찰이 방해받는다는 것이다. 왜냐하면 압도하는 고통스러운 정서와 마음을 어지럽히는 지리멸렬함, 그리고 본래 트라우마 상황에서 무엇이 일어났는지 이해하지 못하게 막기 때문이다. 이러한 사고 형태는 트라우마의 잔재를 지속시키는 데 영향을 미치며, 따라서 트라우마의 내용에 주의를 기울이기 전에 이러한 사고 형태가 고려되어야 할 때가 자주 있다. 정동 조절이 어려워지고, 내적 세계와 외부세계를 구별하기 어려워지면, 이 두 어려움은 서로를 강화시킨다. 이런 의미에서, 자주 인용되는 분석의 분리된 마음 상태analytic split-mindedness로 다른 '현실'과 계속 깊은 관계를 맺으면서도, 환자의 (그리고 분석가의) 자기-성찰적이지 않은 마음 상태에 감정이입을 해야 한다(Modell, 1990; Schafer, 1983 참조). 분석적 치료와 비분석적 치료는 둘 다, 특히 트라우마 이후 상태와 경계성 상태를 위해 이런 식으로 개념화되었는데, 변증법적 행동 치료(Linehan et al., 1999)와 정신화에 기초한 치료(Fonagy and Bateman, 2008), 전이-중심 치료(Clarkin, Yeomans, Kernberg, 2006) 등이 여기에 해당한다. 포나기와 베이트먼Bateman(2008, p. 160)은 다음과 같이 요약했다. "오늘날 경계성 인격 장애를 제법 효과적으로 치료하는 모든 치료법은 안정적이며 일관된 환자의 내적 세계가 분명하게 인식될 수 있다는 견해를 제시할 수 있으며, 나아가 이러한 면들은 자기의 성찰적 부분(환자 마음의 자기-이미지)으로 받아들여질 수도 있다."

경계성 및 자기애성, 트라우마 이후 상태에서의 사고 장애

애착 연구자들과 현대 분석가들은 각기 다른 관점에서 더 해체된 환자들과 트라우마 이후 상태의 환자가 자신의 주관적 경험을 단지 '현실'로만 받아들이는 방식에 주목한다. 이런 환자들에게는 그 순간의 정신적 상태가 유일한 것이기 때문이다. 이러한 심리 상태에서는 자기 자신이나 다른 사람을 신뢰하기 어려운데, 그 이유는 일어난 일에 대한 감각이 그 순간을 지나 지속되지 않는 데다, 그 심리적 현실이 유일한 현실이라는 믿을 만한 감각도 없기 때문이다. 이런 상태에서 불쾌한 감정은 특히나 문제가 된다. 이 점과 관련해서 포나기와 그의 동료들(2002)은 분열 및 투사와 관련된 유용한 관찰을 수행했다. 환상과 느낌이 다른 사람들에게도 현실적이라는 '메타-가정meta-assumption' 하에서, 고통스러운 경험은 마음속에만 있는 어떤 것이라고 느껴지지 않는다. 다시 말해, 이러한 고통스러운 경험은 사실 초현실적이어서 주관적인 경험으로 담겨질 수 없다. 그런 순간에는 이러한 구분이 적절하지 않다.

따라서 앞서 언급한 대로 이러한 경험은 외부에 재배치시켜야 한다. 이렇게 되면 편집적 상태가 강화되는데, 외부세계가 위험하다는 느낌이 지속되어 투사에 계속 의지해야 하고, 압도하는 정동 및 환상과 직면해서 심리적 균형equilibrium을 보존하는 데 필요한 분열 및 투사도 지속된다(이것은 '편집-분열' 상태에 대한 클라인 학파의 풍부한 해석에 대한 명쾌한 설명이다). 외부세계가 매우 위험해 보이면, 이러한 투사가 편집 상태를 한층 더 강화시킬 수도 있다. 이와 동시에, 분석가의 도움이 절실히 필요한데도 의존하려는 감정밖에 없는 환자는 분석가의 위력 앞에서 자신을 상처 입기 쉬운 존재로 경험할 수도 있다. 환자 역시 심리적 위험을 대상에게 투사하려면 분석가와의 관계가 필요하다. 애착이 공포와 위험의 감각을 강화시키고 그것이 의존하려는 감정을 강화시키는 등의 악순환이 계속 일어날 수도 있다. 치료사와의 관계는 접촉과 친밀감이 커질수록 점점 더 위험해질 수도 있다. 이뿐 아니라 마음 저 밑에 있는 해체disintegration나 현실감 상실이 드러나는 것에 대한 불안이 고조되기도 한다. 트라우마를 겪은, 특히 해체된 애착을 형성한 환자에게는 이미 애착과 해결할 수 없는 공포를 연결시키려는 경향이 있다(Hesse and Main, 2000).

'자기애적 저항' 그리고 메타인지/정신화의 붕괴

환자는 자기-성찰 기능에 결함이 있을 때 공포를 느끼거나, 분노 반응을 보일 가능성이 더 크다. 환자는 최소한 간헐적으로 자신의 주관적 현실(실제로 구체화 될지라도)에 관한 그 어떤 대안적 설명도 상상할 수 없다. 모든 사람이 같은 방식으로 세계를 바라본다는 암묵적 가정이 혼란을 일으키면서, 대안적 관점이 있을 수 있다는 어떤 암시도 포기되는 것처럼 보인다. 이것은 환자가 현실을 이해하지 못한다는 비난으로 느껴질 수도 있다. 이러한 투사의 악영향은 조금 전 설명한 투사적 편집-의존 역동에 의해 확대된다. 심지어는 '정확한' 해석도 두려움 때문에 자기-방어적인 공격 반응을 유발할 수 있다. 환자의 '저항'은 해석의 내용보다는 분석가의 마음의 타자성otherness과 관련 있을 때가 많다. 필자는 이 장에서 12장에서 제시한 임상적 시사점들을 정교하게 설명할 것이다(그리고 이것을 14장에서 장기 사례 하나를 통해 예증하고, 14장과 15장에서 한층 더 실질적인 제언을 할 것이다).

메타인지 결여로 인한 성급한 해석

위와 같은 상황에서는 '현실'에 대한 대안적 시각을 고려하는 데 따르는 위험을 반드시 먼저 다뤄야 한다. 성급한 해석이 성찰 가능한 수준을 과대평가할 때, 환자가 느끼는 위험과 박탈감, 절망과 분노를 증폭시킬 수 있다. 환자는 유사 심리학적 용어를 때 이르게 사용하는 것과 같은 (분석과의) '거짓 자기' 동일시와 유사 순응을 비롯하여, 보상적 해결이나 악성 퇴행, 붕괴disruptions 등의 위험에 처할 수 있다. 격노나 철수 반응의 자기-보호적인 공포의 근원은 고려되어야 한다. 메타인지가 없는 삶은 위험하다. 메타인지 상태가 되거나 그 상태에서 벗어나는 과정을 관찰해야 하는데, 환자가 구체화concretizatin에서 정신화로 전환하기 시작할 때 해석이 가장 효과적이기 때문이다. 심지어 해석이 방해를 받을 때도 그런 이해는 무력감과 좌절과 죄의식에 사로잡힌 역전이 감정에 도움이 된다.

일부 그런 상황에서 암묵적인 해석의 시도는 (아무리 미묘하더라도) 환자가 '미쳤다'거나 현실을 제대로 판단하지 못한다는 비난으로 받아들여질 것이다. 다른 사람과 마찬가지로 이런 식으로 출현하는 위협감은 내적 박해 대상을 강화시키고 또 내적 박해 대상에 의해 강화된다. 그리고 이런 악순환은 계속될 수 있다. 투사적 동일시를 비롯한 다른 전략들은 종종 박해적 판타지를 외재화하는데, 그것은 다시 분석가의 반응(만일 파괴적이라면)에 의해 더 강화될 수 있고, 때로는 불만감이 지속적으로 강화될 것이다.

사례예시: 제이콥

47세의 제이콥은 기업 자문회사의 공동운영자이다. 제이콥은 직업적 성공에도 불구하고 보통은 직장에서 홀대받는다고 느끼며, 동료와 고객은 물론 다른 사람들이 '자신의 장점을 인정하지 않는다.'고 불평한다. 그는 한동안 함께 일했던 거래처에서 철수해 달라고 요구하자 치료를 받으러 왔다. 분명히 그런 어려움에 처하게 하는 분노를 억제하는 데 제이콥이 어떤 도움을 받을 수 있는지 필자가 자세히 알아보려고 했을 때 그는 이해받지 못하고 비난을 받는다고 느꼈다. 그리고 실망에 빠지는 데 그의 심리 상태가 어떤 역할을 하는지 필자가 자세히 알아보려고 하면 그는 격분하지는 않더라도 과민해지곤 했다. '그건 내게 문제가 있어서가 아니에요. 나는 홀대를 받았다구요! 그래서 그런 거라구요.'라고 선언하듯 말했다. 이때 그는 자신의 행동을 상처받은 감정과 관련해서 생각하지 못했다. 이러한 '현실들' 가운데 어떤 순간에도 단 하나의 현실만이 존재할 수 있었다. 바로 다른 사람들을 힘 있고 확신 있는 존재로 투사해야 했다는 것이다.

필자가 휴가 중에 제이콥의 문자에 답을 하지 않으면서 이러한 양상은 극렬하게 드러났다. 그는 이 문제와 관련된 직업적 제약을 이해했음에도 필자가 무책임하고 자기중심적이라고 억지를 부렸다. 제이콥은 우리의 관계에 제약이 있다는 점과 필자에게도 지켜야 하는 직업적 원칙이 있다는 점을 참을 수 없어 했으며, 필자가 자신에게 무관심하며 자신을 무가치하게 여긴다는 감정을 실제라고밖에 생각할 수 없었다. 그리고 이러한 박탈감과 분노에 대한 해석에 화를 내며 맹렬히 공격하면서 제이콥은 필자가 필자 자신을 보호하려고 분석가의 역할을 이용한다고 비난했다. 그는 자신의 고통에 대한 필자의 관심이 적어도 도움을 주려는 분석적 관심의 반응으로 생각하지 못했으며, 자신의 어려움을 자기-성찰 기능으로 비춰보지 못했다. 제이콥은 억울하고 투사적인 세계관을 가질 수밖에 없었는데 그래야만 자신의 감정이 진지하게 다뤄질 수 있다고 믿었다(이와 유사한 심리적 반복 현상의 예가 있다. 출산한 지 15개월 된 어머니는 매우 엄격한 자신의 배변 훈련에 대한 반응으로 아기가 불안해하는데도 '이 배변 훈련이 문제 있을 리 없어요, 우리 엄마가 제게 이렇게 했으니까요.'라고 말했다).

결국, 그가 전이 해석을 자신의 생각에 권위를 부여하지 못하는 것에 대한 도전으로 받아들이고 있다는 필자의 이해를 전달하였더니, 제이콥은 타인의 행동에 따라 자신의 심리 상태가 휘둘린다는 고통의 더 복잡한 원인을 잠시 생각해 볼 수 있었다. 이후, 이런 해석 덕분에 그는 다섯 살 때 부모가 반목하다 이혼하는 과정에서 심각하게 방치되었던 상황을 기억해냈다. 그의 어머니는 가족을 떠나 부유한 남자와 관계를 맺으려고 애썼고, 결국 결혼해서 새로운 가정을 꾸려 다른 도시로 이사 가서는 그를 거의 돌보지 않았다. 이제 그는 짧게라도, 필자에 대한 분노와 무시는 일정 부분 그러한 과거의 경험과 '관련이 있었다.'는 생각을 할 수 있게 되었다. 이것은 제이콥이 그 자신의 감정과 환상을 자신을 둘러싼 이들의 행동 및 태도와 구별할 수 있는 능력이 서서히 생기고 있음을 반영하는 것이었다.

메타인지 실패로서의 전이

환자의 성찰 능력을 강조할 때 전이 개념과 관련된 모호함이 명확해질 수 있다. 고전적인 전이 개념이 전이를 퇴행과 투사, 왜곡의 문제로 취급하는 반면, 많은 현대 분석가는 환자가 실제 분석가를 인식하기(실제로는 지나치게 의식하기) 때문에 전이를 타당한 것으로 여긴다.

나아가 분석가는 전이를 구성하는 바로 그 관계 양상을 재생산하는 방향으로 행동하라는 압박을 받을 수도 있다. 전이는 때로는 선택적 (부)주의의 특성을 지니는데, 이는 심리내적 차원과 더불어 고려해야 하는 상호작용 모체의 일부이다.

전통적인 전이 개념에 대한 이런 도전은 임상의 이론화에 틈을 벌려놓았다. 물론 명확한 설명이 많이 제시되었고, 이러한 설명은 메타인지의 장애 같은 다양한 종류의 전이 반응을 개념화함으로써 더욱 명료화되었고 미묘한 차이를 띠게 되었다. 순수한 전이 상태에서는 '오인misperception'을 수정할 일반적인 정신 작용이 불가능하다. 전이에 사로잡힌 환자는 '실제' 분석가에 관한 정보가 어떤 것이든 자신의 주관적 경험을 '진짜'로 여긴다. 전이 신경증에서는 타인의 마음 이론을 더는 적용할 수 없다. 따라서 분석가는 다른 정신적 측면 때문에 성찰 기능이 떨어진 일반적이지 않은 마음 상태에 관심을 기울인다. 그린슨Greenson이 정리한 전이의 뚜렷한 특징 목록(1967)—부적절함과 격렬함, 변덕스러움, 집요함과 양가감정 등—은 또 다른 관점에서 이러한 상태의 심리적 문제들을 정확히 기술한다. 환자가 분석가와 관련된 다른 사실을 모른다는 것이 아니라, 환자는 그것을 생각할 수 없을 뿐이다.

이 모든 것은 전이에서, 편집-분열 포지션에서, 그리고 모든 환자들에게서 나타나는 '원초적' 상태, 성찰적 사고의 부재, 투사적 동일시 등의 편재성을 클라인 학파가 강조한 것 그대로 반영한다(일례로 Joseph, 1985 참조). '객관성'의 부재를 심리 상태의 한 측면으로 생각할 때, 이런 양상의 전이를 왜곡이나 투사, 욕망이나 발달 가능성 등과 같은 다른 여러 상태에서 생긴 메타인지적 변이metacognitive variant로 더 잘 개념화할 수 있다. 여기서 전이는 내적으로는 물론 '실제' 상황과도 일관성이 없는 마음 상태다. 이는 근본적으로 인지의 문제가 아니다. 즉, 강렬한 정동과 환상과 내적 표상들은 그 생생함과 내재된 심리내적, 대인관계적 압박을 그대로 유지한 채 일관성/비일관성이라는 관점에서 유용하게 개념화할 수 있다.

한 피분석자는 분석에 의구심을 품은 것에 대해 분석가가 질문하자, 분석가가 재정적 필요 때문에 '자신을 분석에 머물러 있기' 원한다고 답했다. 분석비는 이미 인하한 데다 피분석자는 분석가가 바쁘다는 사실을 알았지만 이러한 믿음은 더 강해졌다. 회기가 진행되면서 피분석자는 의심에서 나오는 분노와, 그런 의심이 분석가의 실제 동기보다는 자신의 감정에 근거한 것이라는 생각 사이에서 갈팡질팡했다.

'더 잘 기능하는' 사례에서의 오인식misrecognition과 인격 조직

'더 잘 기능하는' 인격에서 인식이나 정신화가 실패하기도 한다. 자기-성찰 기능이 일관되지 않아서, 정서와 대인관계 상황에 따라 달라질 수도 있다. 때로는 외견상의 평정과 순응적인 생활 방식은 외상적이고 해리된 심리구조를 모호하게 한다. '평범한' 삶의 과제들은 잘 처리해 나가지만, 특정한 상황에 맞닥뜨리면 강렬한 정동, 특히 불안이 일어나 처음 마음에 들어온 생각과는 다른 의미들을 생각하는 것이 불가능하다.

한 신경증 환자가 상사에 대한 박해적 생각을 보고했다. 그는 방금 전에 이런 생각이 타당하지 않다는 많은 증거를 제시했음에도 '상사는 일부러 저를 못살게 굽니다.'라고 말하곤 했다. 그는 자신의 주관적 현실이 절대적으로 진실이라고 믿었다가 달리 생각했다가 갈팡질팡했다. 때때로 그는 자신의 두려운 생각과 자신이 제시했던 정보 사이의 불일치를 알아차렸지만 그렇지 못할 때도 있었다. 달리 말해 그의 메타인지 능력은 간헐적이었다.

사례예시: 제니퍼

여기 또 다른 사례가 있다. 고교 교사인 삼십 대 여성 제니퍼는 자녀에게 관심이 많은 사려 깊은 어머니였다. 하지만 회기 중에는 의심이 많고 도발적이었으며, 침묵하지는 않더라도 정서적으로 거리를 둔 채 긴 시간을 보내고는 했다. 제니퍼는 말하고 싶어도 말을 할 수 있을 것 같지 않은 생각들로 넘치는 동시에 정서적으로 거리를 두는 해리 상태를 보였다. 장기간의 분석 과정에서 제니퍼는 몹시도 원했던 분석가의 관심에 공포를 느끼고 혼란스러워한다는 것이 점점 분명해졌다. 제니퍼는 이것으로 인해, 성적으로 괴롭히는 이웃 때문에 겪은 곤경과 두 가지 끔찍한 폭력 범죄를 목격한 어릴 적 트라우마가 어떻게 떠올랐는지 설명할 수 있었다. 하지만 이러한 기억은 치료와 결혼생활에서 현재 그녀가 겪는 경험(마찬가지로 매우 양가적인)과 정서적으로 거리가 있고 해리되어 있는 것처럼 보였다. 제니퍼는 명백히 현실적인 이유로 두 번 정신분석을 중단했는데, 7개월 뒤 분석을 재개했을 때는 자신을 몰아붙였던 강렬한 정서적 동요가 있었음을 인정할 수 있었다. 하지만 그런 다음엔 전과 비슷하게 중단했다가 다시 돌아와서는 결국엔 더 성찰적인 태도로 치료에 임했다.

이러한 진전은 정신화가 시작되었음을 보여 준다. 처음 제니퍼의 심리적 현실은 자기 자신의 강렬한 정서적 반응 외의 다른 정보에는 좀처럼 영향을 받지 않았다. 하지만 나중에는 자신의 내적 세계와 외부의 현실이 같지 않음을 깨달으면서 자신이 자동적으로 투사한 것과 그렇지 않은 현실들을 구별하기 시작했다. 마크의 사례(14장)에서 전이-역전이와 치료 행위에서 이와 같은 과정들이 수행하는 복잡한 역할을 더 상세하게 보여 줄 것이다.

메타인지의 극단적 실패: 사람이 사물 같을 때

그런 어려움은 신경증적 상황에서 뚜렷하게 나타나긴 하지만, 흔히 경계성을 비롯한 다른 인격 구조, 특히 외상적 학대나 방치의 결과로 생긴 인격 구조에서 더 두드러지게 나타난다. 타인의 마음과 몸에 관심을 기울이는 사려 깊은 사람들 사이의 교류가 없다면, 사람과 사물의 차이에 대한 감각이 거의 없을 것이다. 유아 정신 건강 전문가와 유아 관찰자들에게 잘 알려져 있듯이 초기 유아-부모 상호작용에서 이런 상황을 지켜보는 것은 오싹한 일이다. 그들은 이런 상태가 중독과 반사회적 성향뿐 아니라, 정서적으로 죽어있음과 극도로 거리를 둔 무미건조함 등을 비롯해, 다양한 극도의 해리 상태나 그 외의 해체된 상태로 이어진다고 보았다(예컨대, 16장 참조).

국선 변호인이 필자에게 전 고용주를 잔인하게 살해하여 유죄판결을 받은 26세 남성과의 면담을 의뢰했는데 재판의 사형 선고 단계에서 배심원단에게 심리학적 소견을 제시하기 위해서였다. 그는 정신증이 아니었고, 살인을 저지를 당시 약물의 영향이 미미하게 있었을 뿐이다. 부모를 포함해, 스무 살이 될 때까지 중요한 관계에 있었던 사람들과의 면담에서 가장 분명하게 드러난 사실은 이들 가운데 아무도 그의 정서와 심리적 현실, 또는 주관성에 전체적으로 특별한 의미가 있다고 느끼지 못했다는 것이다. 이 면담 결과 어떻게 이 남성이 살인을 저지를 수 있었는지 분명해졌다. 그는 사람들과 다른 사물을 어떻게 구별하는지 몰랐던 것이다(16장 참조).

치료 행위와 정신분석의 미학

여기서는 환자의 심리에 적극적으로 몰두한다는 정신분석의 근본적인 미학을 말하고자 하는데, 이 미학은 여러 이론적 신념에 두루 포함되어 있다. 분석가들은 상당한 압력을 받으며 엄청난 노력을 들여 한결같이 자신들의 마음(과 가슴)을 사용할 가능성을 제공한다. 고전적인 관점에서 보면 이런 참여는 피분석자의 무의식이 출현할 가능성을 높인다. 상호작용주의-관계주의자들의 혁신은 역전이에 대한 분석가의 직접적인 기여와 상호작용 등을 확인하는 다른 형태의 참여를 특징으로 한다. 그럼에도 여전히 하나의 기본 체제가 여러 관점에 걸쳐 있다. 성찰과 강렬한 정동 사이, 자각과 자각의 부재 사이, 분석가의 사려 깊음과 분석 관계에서 발생하는 압력 사이의 역동적인 교류는 그 독특한 변형적 잠재력을 만들어 내는 데 결정적이다(18장과 Seligman, 2014a).

성찰을 강조하는 것은 통찰이 분석적 변화의 유일한 형태임을 함축하는 것도, 분석가의 이해를 상호작용보다 부차적인 요소로 취급하는 것도 아니다. 이해와 상호작용은 대립하는 것이 아니라, 하나의 과정을 이루는 부분들이다. 분석가의 성찰을 강조함으로써 분석에서 변화를 일으키는 행위에 관한 복잡하고 다양한 모델을 지지한다. 인식 과정의 직접적인 효과에 더하여, 개인적인 변화는, 다양한 경로를 통해서 또 성찰 지향적 관계 체계라는 특별한 조건(통찰, 기대의 불일치, 새로운 발달 기회와 공감적 반응성 등)에서 일어날 수 있다. 유아 및 아동의 발달과 정신분석 치료 행위 사이에는 유사성이 있지만, 그것은 단순히 전에는 받아 보지 못한 보살핌을 치료사가 제공한다는 견해에만 근거를 둔 것은 아니다. 치료사는 부모와 마찬가지로 무수히 많은 방법으로 환자의 성장을 돕는다.

필자가 앞서 말했듯, 이해는 경험에 대한 것만이 아니며, 경험 자체이다. 심리적 안정감 및 조직은 인식과 상승작용을 한다. 많은 점에서 이것은 유아를 돌보는 경험과 마찬가지로, 분석을 진행하는 직접적인 경험에 해당한다. 분석가는 고통스러워하는 아기를 돌보는 어머니에 비유될 수 있는데, 어머니가 아기의 고통을 잘 모르면 잘못된 행동을 할 수 있지만, 도움이 되는 많은 일을 할 수도 있다. 마찬가지로, 분석가가 환자의 변화를 촉진하는 많은 절차와 언어들이 있다. 일련의 '올바른' 일들은 많은 요소들에 의해 특히 환자의 내적 세계와 접촉함으로써 이루어진다. 그러나 이러한 상황에서 중요한 것은 단순히 무엇을 이해하고 인식하느냐가 아니라, 사리를 아는 누군가가 이해하기 위해 주의를 기울이는 것이다. 다시 말하지만, 이 모든 것은 부모와 유아처럼, 서로 공유하는 신체적, 정서적 현존과 불가분하게 뒤얽힌다.

이것이 '중립적' 분석가의 풍자적 이미지를 일신해 주지는 않는다. 분석가가 어떤 모델을 지향하든, 분석가의 이해는 환자의 마음에 이미 존재하던 무언가를 곧장 탐색하는 것이 아니라, 활발하게 이루어지며 진화하는 사회적 관계에서 형성되는 것이다. 즉, 많은 이들이 알고 있듯이, 생각을 이해하면 그 생각 자체의 본질을 변화시킬 수 있다. 나아가 이해를 강조한다고 해서 분석가가 불가피하게 환자와 행동화하는 것을 도외시하는 것도 아니며, 무의식적 사고를 강조하지 않는 것도 아니다. 환자의 기능의 지속적 변화를 관찰하다 보면 이전에는 생각하지 못했던 아이디어들—신체화 및 비성찰적 재연같이 암묵적이거나 해리된 형태로 억압되거나 생각할 수 없었던—이 더 잘 떠오른다. 일반적으로, 분석적 상호작용은 성장을 촉진하는 중심적인 방법의 하나로서, 성찰을 증진시키는 것과 성찰을 감소시키는 것 사이에서 구분될 수 있다.

성찰과 애착, 치료 행위

인식과 성찰적 사고의 역동이라는 관점에서 보면, 정신분석은 성찰과 인식을 지원하는, 특별한 절차를 지닌 양자적 사회 체계이다. 따라서 분석가는 여러 다른 감정과 행동 속에서 사고할 특별한 기회를 얻는다. 우리가 이런 관점에서 임상 기법에 관한 문제를 다루면, 명백히 다른 기법들 사이에 내재되어 있는 몇 가지 공통점이 분명해질 것이다. 각각의 분석 학파는 이런 다양한 역동을 설명할 때 강조하는 것이 다르지만, 치료 행위에 대한 다양한 설명은 분석적 양자 관계에서 성찰적 사고가 중심이라는 것으로 수렴된다. 분석가가 성찰에 전념하면, 점차 다양한 방식으로 알게 되는 변화 행위mutative action를 가능케 하는 특정 관계가 만들어질 수 있다. 이해는 일종의 관계이며, 실제로 관계 안에서 이해하기와 이해받기, 곧 누군가와 함께 생각하기는 특히 변형이 가능한 관계 형태이다. 한 고전 학파의 원로 분석가가 말한 대로, '두 사람이 모여, 둘 중 한 사람을 생각하면 뭔가 좋은 일이 일어날 거 같다.' (Herbert Lehmann, 사적 대화, 1997). 시시각각 변하는 일상적인 분석 작업에서, 심지어 저마다 다른 분석 이론의 특별한 언어에 의존할 때도, 분석가는 현재 벌어지는 상황을 분석가와 피분석자가 깊이 성찰하는지 아닌지, 성찰한다면 어떻게 성찰하는지, 그리고 이런 성찰이 어떻게 소통되는지, 어떤 안정감이나 불안을 갖고 소통되는지 세심한 주의를 기울인다.

다양한 관점에서 보면, 분석 작업의 직접적인 활동, 곧 누군가를 이해하려는 노력은 그 자체가 가장 기본적이고 심오한 중요성을 지닌 것으로 인정된다. 이는 전적으로 발달적 관점을 적용한 것으로, 아동-부모 관계와의 유사성(복잡하긴 하지만) 때문인 동시에 더 일반적으로는, 치료 관계가 전진적foward-moving 성장을 위한 수단으로 여겨지기 때문이다. 정신분석은 사람들이 마음속에서 또 사회적 세계 안에서 자신의 세계를 어떻게 세워가는지 특징짓는 모든 다양한 형태의 의식과 무의식, 연결과 단절, 관심과 무관심, 감정과 무감정, 주의 집중과 주의를 집중하지 않기 등을 말할 수 있는 정교한 개념적 용어를 제공한다. 이러한 흐름을 따라 생각해 보면, 정신분석가들이 다른 어느 학문보다 이 분야에 더 정교한 개념적 용어를 요구하는 것은 정당하다.

후주

1 'D' 유형은 메리 메인의 지도로 성인애착면담을 개발한 버클리 캘리포니아대학교의 동일한 모임에서 개발했다.

14장
정신화와 은유, 인식과 슬픔
-성찰적 공간에서 일어나는 여러 형태의 변형-

이 장에서 필자는 아동기와 성인기에 만성적으로 감정이 무시당한 한 남성—마크—과 진행한 분석 작업을 기술하려 한다. 환자는 무엇보다 부당한 대우를 받는다는 만성적인 느낌과 함께 자기 자신을 폄훼하거나 비난함으로써 이런 상황에 순응했다. 피학적이거나 우울하다고 할 만한 이런 양상은 분석비나 그 밖의 문제를 조율하는 상호작용에서 분명하게 나타났고, 그로 인해 필자는 예민해졌다. 이런 문제에 대해 작업을 해나가는 것은 복잡한 일이었으며 때로는 긴장감을 주기도 하였다. 전반적으로 필자의 개입은 다양한 전이와 역전이의 압력을 받으며 훈련된 반응을 유지하려고 노력하면서 여러 분석적 방식을 사용하는 것이었다. 그 결과 그는 성찰 능력이 향상됐고 대인관계를 인식할 수 있다는 자신감이 생겼으며, 비연속적이고 불완전하게나마 자신이 다른 사람들과 분리된 존재라는 감각이 발달했다.

필자는 바로 앞 장들에서 제시한 많은 견해에 대해 실례를 제시하고 명료하게 설명하고자 한다. 필자는 분석 작업과 재-양육re-parenting을 단순 비교하지 않고 심리치료의 변화에 관한 발달적 관점을 제시하는 것이 목표이다. 필자는 자기-성찰적 '정신화'의 상호작용과 함께, 작업 관계working relationship가 진전되면서 일어나는 변화무쌍한 우여곡절을 강조하고자 하며, 상호주관성에 대한 보다 견고한 감각의 발달을 특별한 주제로서 강조하고자 한다. 다양한 변화 과정이 언급될 것인데, 여기에는 환자의 과거 학대를 반복적으로 재연하는 전이-역전이, 원형적 성찰proto-reflection을 가능하게 하고 고통스러운 감정과 놀이할 수 있게 해준 중심적 은유의 발달, 그리고 그가 갈등 속에서 강렬한 감정을 품었던 가족 중 한 사람의 죽음으로 촉발된 애도 과정 등이 포함될 것이다. 건설적인 상호작용과 해석은 점진적인 변화로 이어졌다. 투사적 동일시가 다뤄졌고, 내면화와 담아주기 과정이 일어났으며, 환상과 갈등, 내적 대상관계가 관찰되고 분석되었다. 이야기가 전개되면서 필자는 과도적 공간과 자기대상, 안아주기와 담아주기, 인식 과정과 정동 조절을 포함하는 다양한 발달적 개념을 언급할 것이다. 이에 덧붙여 18, 19, 20장에서 중심적으로 다룰 복잡한 비선형적 역동체계의 불확실성과 '혼란스러움'은 이 장에서도 주목할 필요가 있다.

전체적으로, 필자는 폭넓고 포괄적인 발달적 접근에서 다양한 치료 과정이 어떻게 포착되는지 보여 주려 하는데, 이 접근은 일상의 분석 작업에서 복잡하고도 종종 스트레스를 주는 변화를 반영한다.

처음 만났을 때 마크는 50대로, 정서장애 아동을 돌보는 기관의 관리자였다. 그의 태도는 상냥했고 외모는 준수했다. 필자는 그가 '좋은 사람'이라고 느꼈다. 그는 생동감 있고 표현이 명확했으며 호기심도 있어 보였지만, 불안해 보이기도 했다. 그는 두어 명의 분석가와 접촉 중이었는데, 그가 필자를 선택해 주어 기뻤다. 우리는 일주일에 두 번씩 만나기로 했다.

마크는 몇 달 동안 만났던 이전 분석가에게 환멸을 느꼈는데, 그녀가 냉소적이었고 반응에 인색하다고 느꼈다. 필자는 공감해 주었지만, 분석가를 향한 마크의 비난은 학대의 느낌마저 들었는데 이는 자신의 근원적인 실망감과 상실감에서 관심을 다른 데로 돌리기 위한 것으로 보였다. 그는 좌절의 내적 경험을 언급할 수 있었고 그녀와 가까워지고 싶은 강한 낭만적 소망을 이야기할 수 있었으며, 심지어 그녀의 절제된 태도가 기법적으로 타당한 이유가 있을 것이라 이해했지만 이것은 성찰에서 온 깨달음은 아니었다.

이것은 특정 환자들이 공통으로 빠지는 딜레마를 암시해 주었다. 다시 말해, 분석가에 관한 마크의 설명은 타당하게 느껴지는 면도 있었지만, 동시에 그가 보인 반응은 그 자신의 내적 경직성에서 온 것이었다. 필자는 그가 분석가를 비난하는 것에 동조하거나 그 기저에 깔린 억하심정grievance을 지지하고 싶은 유혹을 실연하지 않도록 가까스로 참았고, 상황은 한동안 원만히 풀려갔다. 마크는 사납고 학대적이라고 밝혀진 여자에게 복종하는 결혼생활을 했고, 결국 아내는 마약 관련 질병으로 사망했다. 그 결혼은 십 년 전에 끝났지만 이 결혼 생활로 마크가 얼마나 황폐해졌는지 제대로 아는 사람은 거의 없었다. 마크는 필자가 이 점을 이해해 준 것이 무척 감동적이고 도움이 되었다고 말했다.

난관에 부딪히다: 뒤얽힌 전이-역전이

그런데 휴가 기간에도 분석비를 청구하는 것이 필자의 임상 원칙임을 미리 설명했음에도 불구하고, 휴가에서 돌아온 마크는 필자가 그의 휴가 기간에도 분석비를 청구했다는 사실을 알고는 충격을 받았다. 마음이 상했고 화가 난 그는 자신이 삶을 즐길 수 있도록 도움을 주는 게 우리 둘 사이의 공언된 목적이었는데 필자가 이를 배신했다고 단언했다. 그리고 자신은 매우 책임감 있는 환자이고, 이 특별한 여행을 즐기도록 '자신에게 허용'하게 된 진전을 필자가 격려해 주지 않았다고 주장했다. 필자는 그에게 분석비를 청구한 것이 일방적일 수도 있다고 동의했지만, 그것이 그가 치료에 헌신한 것을 폄훼한 것은 아니라고 주장했다. 그러나 이 말은 그의 화를 더 돋굴 뿐이었다. 그는 점점 더 가혹하고 일방적으로 필자를 비난했다.

처음에 필자는 환자의 손해를 고려하지 않은 필자 나름의 원칙이 있을 수 있다는 것에 대해 그가 이해하기 어려워 하는 것을 직면시키고자 했다. 때때로 필자는 마크가 느끼는 학대당한다는 느낌에 공감해 주었지만, 그의 강력한 반응은 그의 개인사와 심리에 근원이 있을 수 있다는 것을 덧붙이려고 했다. 그가 몇몇 친구에 대해 불평하는 것을 들으면서, 필자는 그에게 우리가 배울 수 있는 패턴이 있을 수도 있겠다고 제안했다.

하지만 이러한 필자의 시도는 그의 불안과 적대감을 키울 뿐이었다. 돌이켜 보면 필자 자신이 압박을 받았고, 짜증이 났고, 죄책감을 느꼈으며, 상당히 비타협적으로 변했다는 것을 깨달았다. 게다가 필자는 마크가 자기 감정의 내면적 근원에 관심을 기울이도록 도우려고 애쓰다 보니 정작 그가 자신의 격렬한 감정에 추동된 것 이외의 현실을 깨닫는 것이 얼마나 어려운지를 간과했다. 그는 '앞으로 나아가고' 싶어 했지만, 필자가 필자와의 나쁜 경험을 그에게 계속 이야기하게 한다고 느꼈기 때문에 당연하게도 필자는 필자가 중요하게 생각하는 관심을 좇고 있을 뿐이라는 그의 확신은 더욱 굳어졌다. 필자는 필자 자신에게 집중한 나머지 그가 나아지도록 돕기보다는 필자의 방식대로 분석 작업을 이끌어 가려고 고집하고 있었다.

필자의 좋은 의도와 해석은 그게 어떤 것이든, 필자를 위한 반사적인 자기-보호의 한 형태로 작용하기 시작했다. 필자는 평소 환자들과 작업할 때보다 더 심술 맞고 부정적으로 변해갔다. 마치 마크가 필자를 꼼짝 못 하게 하고 필자가 원하는 분석가가 되지 못하게 하는 것처럼 느껴졌다. 필자는 잘못된 책임이 필자에게 있다고 오해받는 느낌이 들었다. 필자는 아무리 노력해도 그의 형편없는 이야기 속에서 필자를 찾을 수 없었다. 이처럼 필자는 잘못됐다고 느껴지는 투사들에 순응해야 할지, 아니면 필자를 방관자로 만들고 필자가 도와주고 싶었던 사람을 무력감과 절망적인 분노에 갇혀 있게 할지 흔한 딜레마에 빠져 있었다. 바바라 파이저(2003)는 로널드 데이비드 랭Ronald David Laing(1971)과 마찬가지로 이런 상황을 '엉킨 매듭knots'이라고 묘사했다.

논의: 투사적 동일시와 트라우마, 정신화의 실패

이 사례의 이후 전개 과정을 계속 기술하기 전에 필자는 13장의 요점 가운데 일부를 요약하려고 하는데, 여기서는 투사하고자 하는 강박compulsion, 성찰 기능이 없는 마음 상태인 전이의 출현, 성급한 해석의 위험, (분석가의 것이 아니라면) 환자의 트라우마 경험 일부를 종종 다시 불러일으키는 반복적 재연을 포함해서, 강압적 역전이–전이에서 아동기 트라우마의 재생산을 설명하고자 한다.

타인의 마음 이론에서 결핍과 투사의 중요성

대체로 마크는 필자에게도 필자만의 욕구와 필요한 것이 있음을 인정하지 못했고, 필자가 처벌적이고 그를 하찮은 인간으로 여긴다는 생각이 유일한 현실이라고 주장했다. 이런 고통스러운 순간에 문제시되는 그의 마음의 한 부분에서 필자는 **그를 판단하고 처벌하는 사람일 뿐**이었다. 여기에 다른 현실이 존재할 가능성은 전혀 없었다. 이때 마크의 태도는 지극히 폐쇄적이었고 새로운 정보를 받아들이려 하지 않았다. 그는 유연한 사고를 할 여유가 거의 없었다. 즉, 그는 현실과 '놀이할' 수가 없었으며 대신 홀로 궁지에 몰려 경직된 심리적 동등시psychic equivalence[1])에 갇혀 버렸다(Fonagy and Target, 1996).

마크에게는 감정이 실린 유일한 내적 표상 체계–유일한 '정서적 현실'–가 언제든 존재할 수 있었고, 다른 정서적 현실은 강력하고 확실하게 투사되어야 했다. 그가 사려 깊고 책임감 있는 사람이라는 사실은 분명했지만, 언제 어디서든 강렬한 자기–조절적 정동이 일어나

---

1) 내적 세계와 외부 세계를 동등한 것으로 여기는 심리 상태(역자 주).

면 다른 마음이 있다는 진정한 마음 이론이 결여되었다. 이때 그것은 그 사람 아니면 '그 사람들'이었다. 이러한 패턴은 모든 상황에서 나타났다. 즉, 그는 자신을 홀대하는 친구들 이야기를 필자에게 늘어놓으며, 상황을 변화시킬 능력은 없다고 고백하면서도 그들을 비난했다. 필자에게 의지하는 것을 못 견디듯 그는 절실하게 필요한 동반자로서, 또 자신의 박해 대상을 투사하는 데 필요한 대상으로서 사람들이 필요하다는 사실도 참을 수 없어 했다. 그들이 없으면 자신의 욕구와, 모욕당하거나 통제력을 잃을지 모른다는 두려움을 직면해야 했을 것이다(19장, 프랙털 이론 참조).

성급한 해석과 반복에 대한 압력: 비성찰적 투사적 동일시에서 일어나는 상호작용의 가능성과 위험

이 모든 것을 염두에 두면, 필자가 처음에 마크가 투사한 내용에 과도하게 몰두했다고 할 수 있다. 해석적 언급이 마크의 공포를 강화시켰다는 것을 깨닫기까지는 시간이 좀 걸렸는데, 그 공포는 처벌적이지만 필요하고 그 스스로 벗어날 수 없는 양육자 때문에 현실감이 훼손되었다는 것이다. 이것은 그에게 유년 시절의 트라우마 경험이 반복되는 것처럼 느껴졌다. 앞서 말했듯이 이런 역동은 종종 치료적 진전을 막는데, 과거의 트라우마가 작용하고 있는 상황에서는 특히나 그렇다.

특히 때로는 강압적인 전이라고 느껴지는 압력 속에서, 우리가 쉽게 망각하는 것은 일부 환자의 경우 자신의 내적 현실이 세상 전부가 아니라고 성찰할 만한 도움을 거의 받지 못했다는 것이다. 우리는 환자가 우리에게 격노하고, 철수하며, 우리를 벌하듯 대하는 것이 그들이 오랫동안 의존해 온 자기-보호 방식이라는 것을 보지 못한다. 자기 심리학자들은 자기애성 성격의 적대감과 과대성, 경멸을 자기-일관성과 자존감에 균열이 생긴 것에 대한 보상으로 이해했다(예컨대 정동과 자기대상은 Kohut, 1977; Stolorow, Brandchaft, and Atwood, 1987 참조). 클라인 학파의 뛰어난 정신분석가 허버트 로젠펠드(1971a, 1971b)는 다른 메타심리학을 동원해 약간 다른 용어로 가피학성 '병리 조직'에 관한 논의에서 연관성 있는 관점을 제시하는데, 이런 조직은 훨씬 더 근본적인 파편화나 압도하는 욕구, 또는 붕괴를 초래할 수준의 여타 불안으로부터 자신을 보호하기 위해 무자비할 정도로 박해적인 내적 대상에게 끈질기게 에너지를 투자하는 환자들에게서 나타난다는 것이다.

이런 접근을 따르면서 필자는 환자들에게 그들의 반응이 그들의 관점에서는 타당하다고 소통하는 것이 매우 중요할 수 있다고 느끼게 되었다. 우리가 반대로 반응하고 있다는 것을 깨닫는 순간에도 우리의 관점은 저마다 다르고, 그 관점마다 나름의 장점이 있다는 사실을 인정할 수 있다. 이런 식으로 생각하면 어려움을 감내하기도 쉬워지고 환자를 진심으로 인정하고 수용해 주기도 쉬워진다. 이것은 때로는 명시적이거나 언어적이지 않아도, 가끔 행동이나 감정으로 전달되기도 한다. 따라서 이 외에도 초기의 인식 과정이 존재할 수도 있기 때문에, 어느 정도 경직되고 정지된 수준일지라도, 치료실 안에 두 마음이 존재할 가능성에 더 관심을 기울이게 된다.

이러한 어려운 상황에서는 유아-부모 연구에서 얻은 관점을 적용하는 것이 특히 도움이 될 수 있다. 상호 조절과 자기 조절 능력의 변화, 정서적 안정, 정신화와 성찰기능, 여타 비언어적 형식을 추적하는 것이 가능하다. 때때로 관찰 가능한 세세한 상황을 이야기하면서 내적 상태에 직접 접근할 수 있다. 아울러, 환자에게 이 순간 무슨 일이 일어나고 있는지 주의를 기울이도록 하면 더 일반적인 심리 평가에서 생길 수 있는, 면밀히 평가받고 박해받고 압도당하는 느낌 등을 잘 벗어날 수도 있다.

이런 상황에서, 특히 투사적 동일시가 '환자를 비난하는' 것으로 잘못 사용되지 않는다면, 이 개념을 환자의 내적 세계를 이해하는 기회로 생각하면 유익할 것이다. 이는 환자의 대상관계를 구성하는 통제당하거나-통제하는, 학대하거나-학대당하는 양자의 어느 쪽과 분석가가 동일시하게 되는 난관에 봉착했을 때 특히 중요할 수 있다. 이러한 대상관계는 우리가 흔히 가피학성, 경계성, 자기애성이라고 부르게 되는 환자들과 관련이 있다. 돌이켜보면 마크는 자신의 트라우마 경험들, 즉 괴롭힘당하고 하찮은 취급을 받고 야단맞고 무시당했던 기분을 내게서 다시 불러일으키고 있었다는 느낌이 든다(학대하는 이와 학대당하는 이의 역할 사이를 오가는 것이 '투사와 투사적 동일시'에 어떻게 포함되는지와 관련된 제안은 물론, '투사적 동일시'가 직접 관찰 가능하다는 15장의 생각도 여기에 적용될 수도 있다).

마크와 작업하면서 경험한 위험과 진전

이런 맥락에서, 필자의 전이 해석이 그의 마음에 있던 허약한 권위 의식을 자극했다는 것을 점점 더 이해하게 되었다고 (평범한 말로) 얘기해 주는 것이 마크에게 도움이 됐다. 이를테면, 필자의 생각이 그의 생각보다 낫다고 말할 때 그가 어떻게 느끼는지 이해하게 되었다고 말할 수도 있었다. 그것은 그에게 잘못이 있음을 받아들여야 하거나 그에게 많은 의미를 지닌 치료를 포기해야 하는 불가능한 선택을 하도록 하는 것이었다. 해석과 같은 언급이 도움이 될 때는, 적어도, 환자가 구체화에서 정신화로 전환하기 시작할 때이다. 비온의 표현을 빌리자면, 충분한 담아주기로 '생각하기' 능력이 발달한 뒤에야 해석이 유용하다고 말할 수 있을 것이다. 다시 말하지만, 유아 연구자들이 미시분석을 강조한 것에 따르면, 분석가는 이런 변화가 일어나는 순간순간의 흐름을 신중히 탐색하게 될 것이다. 이런 관심은 안정감과 보살핌을 받는다는 느낌을 형성하는 데 유용하다. 물론 이런 수용적이고 탐구적인 관심은 환자의 몸짓과 정서에 영향을 미치며, '안아주는 환경'을 형성하도록 돕는다(Winnicott, 1960b: Slochower, 1996).

이 같은 상황에서는 '쇠가 차가울 때 치라'는 파인Pine(1985)의 제언이 타당하다. 쇠가 뜨거울 때, 즉 (부정적인) 전이가 최고조에 달하여 정동이 강렬하고 포화상태일 때, 환자는 당연히 소용돌이치는 감정을 가라앉히기 전에는 성찰적인 생각을 할 수 없다. 이때 역전이는 상당한 압박을 받아 도발적일 수도 있는데, 그만큼 이 역전이를 처리하는 것이 분석가의 주된 작업이 될지도 모른다. 이런 상황에서는 환자에 관한 분석가의 해석적 견해는 환자에게 제시되지 않고 분석가 혼자서만 생각하는 것이 환자에게 도움이 될 수 있는데, 이것이 환자의 무력감과 좌절, 분노, 외로움과 죄책감에 대해 개인적이며 조절을 가능케 하는 해결책을 제시해 주기 때문이다.

지속적인 압박 속 협상과 조절, 의사소통

해석하는 시점의 변화가 주는 약간의 이점에도 불구하고, 여전히 매듭은 풀어지지 않았다. 필자는 지속적인 치료 동맹을 유지하기 위해 필자가 양보해야 한다고 마지못해 느끼게 되었다. 필자는 이 시점에서 매년 네 번의 회기를 비용 청구를 하지 않고 취소할 수 있고, 우리가 이후 적절한 시기에 이 문제를 다시 검토해 볼 수 있다고 제안했다. 양보라고 느낀 것은 필자의 권위가 훼손되어서도, 경제적으로 손실을 봐서도 아니었다. 이것이 필자가 옳은 일을 했다기보다는, 시정되어야 하는 탐욕스러운 짓을 했다는 그의 투사에 필자가 순응하고 있다고 느꼈기 때문이다. 필자는 때로 유감스럽게도 이런 유형의 문제는 성찰보다는 행동으로 작업해야 한다고 깨닫게 되었다. 사실 이것은 불가피하며, 때로는 유용할 수도 있다.

이런 일들이 이어지자, 상황은 다소 부드러워졌다. 마크는 여전히 억울해했지만 어린 시절 얼마나 방치되었다고 느꼈는지 돌이켜보기 시작했다. 여동생이 태어난 지 겨우 몇 달 만에 사망하자 어머니는 몹시 우울해졌다. 2년여가 지나고 남동생이 태어났는데, 당연히 동생은 가족의 사랑을 독차지했다. 동생은 늘 집 밖에서는 마크를 괴롭히고 문제를 일으켰지만, 마크의 하소연은 외면당했다. 마크는 자주 야단을 맞았고, 자신의 소망과 재능이 인정받지 못했으며 그래서 자신의 지각과 감정이 중요하다고 느끼도록 허용되지 않았다. 예를 들면, 마크가 우수한 성적표를 집에 가져오면 동생은 친구와 가족들 앞에서 형을 놀리며 '형은 범생이야.'라고 조롱했다. 또 다른 자랑거리가 드러나려고만 하면 무엇이든 짓밟혔고 마크는 자신을 내세우지 않고, 제 목소리도 내지 않는 유순하고 '착한 아이'가 되었고, 둔감하고 순응적인 아이로 움츠러들었다.

생생한 기억이 가슴 아리게 떠올랐다. 아홉 살 무렵, 마크는 못된 형들에게 동생이 괴롭힘 당하는 걸 우연히 보게 되었다. 마크가 형들과 맞서 싸우는 사이 동생은 도망쳤다. 마크가 멍이 들고 셔츠는 찢긴 채로 귀가하자 아버지는 싸움질했다고 마크에게 벌을 주었다. 동생은 아무 말도 하지 않았고, 마크는 설명할 기회도 없이 방으로 쫓겨 들어갔다. 이 이야기가 접점이 되어 차차 우리는 전이에서처럼 마크가 과거에 얼마나 무참히 무시당한다고 느꼈을지 제대로 이해하게 되었다. 마크는 다른 방법으로는 자신의 생각도 분노도 정당한 것으로 받아들여질 수 없다고 믿게 되었던 까닭에 자신의 소망과 지각을 정당화하는 유일한 방법이 고통을 극적으로 표현하는 것이었음을 불완전하게나마 통찰하게 되었다. 우리는 그의 혹독한 자기 비판과 타인에 대한 비판, 박탈감이 동시에 작동하는 양상에 대해서도 천천히 생각했다. 엄청난 억울함과 날카로운 불평을 토로하는 것만이 자신이 받아들여지는 유일한 방식이라 생각했던 것이다.

여기서 마크는 보상적이며 방어적인 성격 유형에 함축된 것을 포함해서 자신의 동기들을 더 많이 자각하기 시작했다. 이것은 개인사를 재구성하면서 상승작용을 했다. 자신의 경험이 시간이 흐르면서 패턴과 연속성을 지닌 역사를 갖게 된다고 보게 됨으로써 주관성에 대한 개인의 감각이 한 단계 발전한다(13, 16장 참조). 자신의 마음을 '객관적' 현실과는 다른 것으로 성찰하는 것은 자신의 마음을 지닌 독립된 개인처럼 느끼는 것의 중심적인 특징이다 (또한 Britton, 1992; Fonagy et al., 2000; Fonagy et al., 2002; Seligman, 1999a, 2000; Slade, 2000; Stern, 1985; 이 외에 이 책 13~15장 참조).

겉보기에는 사소한 다음의 세부적인 사항은 (클라인 학파의 '우울 포지션'뿐 아니라) '정신화'—정신 현상이 외부 현실과 같지 않다는 것을 감각, 실은 사실facts이 투사보다 더 강력할 수 있다는 인식 등—에 결정적인 능력이 나타나는 것을 보여 준다. 마크는 최근 병이 든 오랜 친구에게 파티의 초대에 응해달라고 전화를 걸었다. 그런데 응답이 빨리 안 오자 마크는 친구가 병 말고는 다른 생각을 할 여념이 없다는 사실을 알면서도 친구가 병들기 전 자신에게 무시를 당했다고 느껴서 앙갚음하는 것이라 짐작하고는 발끈했다. 그때 마크는 '저는 이걸 믿기도 하고 믿지 않기도 합니다.'라고 말했다. 마크가 그동안 사실로 여겨왔던, (강렬한 정서로 뒷받침되던) 투사에 대한 자기-성찰적 의심을 고백하는 것은 정신화 능력, 또는 현대 클라인 학파인 로널드 브리튼(1999)의 용어로는, 믿음과 사실을 구별하는 능력이 생긴 것을 예시하는 것이다.

은유와 의사소통, 메타인지

필자는 이제 이 사례의 더 깊은 흐름으로 돌아가서 이번엔 몇 가지 분석의 목적을 제공한 공통된 관심사를 발견함으로써 마크의 주관성과 상호주관성의 감각이 출현하는 또 다른 양상을 예시하고자 한다. 마크는 야구에 열정적인 관심이 있었는데, 그 덕분에 우리는 마크의 심리 안에 자리 잡은 고통을 파악하는 데 유용한 은유를 만들어 낼 수 있었다. 동시에 새로운 종류의 발달 과정에 도달할 수 있었고 이 과정에서 상호주관성과 안전에 대한 감각이 더 견고해질 수 있는 새로운 잠재력이 생겨났는데, 이는 그와도 그의 인격과도 무관한 마크의 상상력뿐 아니라, 그 상상력을 한껏 표출하게 해 준 야구팀이라는 매개체를 통해서였다.

어느 날 마크는 보스턴 레드삭스 모자를 쓰고 치료실에 들어왔다. 필자가 그 모자를 알아보자 마크는 뉴욕시 외곽의 코네티컷 교외에 살았는데도 어릴 때부터 레드삭스 팬이었었는데 친구와 가족 대부분이 레드삭스의 숙적인 뉴욕 양키즈 팬이었다고 했다. 마크는 지금처럼 그때도 이것이 일반적이지 않은 행동임을, 어쩌면 남들과 반대로 행동함으로써 관심을 끌려는 호소일 수도 있음을 자각했다. 그러나 가족 누구도, 어떤 식으로도 눈곱만큼의 관심도 보이지 않았다. 그는 지금에 와서야 자신이 얼마나 지독한 외로움을 느꼈는지 울먹이며 털어놓았다. 그는 결국 반감을 사게 되더라도 주목받을 방법을 찾으려 애썼다. 무엇보다 그에겐 괴롭힘을 당하는 것보다 무시당하는 것이 더 나쁜 것이었다.

역시 야구팬인 필자는 더욱더 호기심이 일었다. 마크와 필자가 만나던 당시의 문화에서 레드삭스 팬은 참을성 있고 의연하며 의리가 있다고 널리 알려져 있는데, 그들은 수년 동안 실망과 불운, 승리 직전의 패배를 참아냈기 때문이다. 레드삭스는 자신들보다 체력적으로 강하고 재정적으로 넉넉한 경쟁 팀에게 번번이 무릎을 꿇었고, 마크의 친구 대부분과 가족들은 양키즈에게 충성했다. 뉴욕커들의 돈과 권력은 너무나 명백하고 지배적이었기에, 레드삭스 팬들은 종종 불공평하다고 느끼며 살았고, 스포츠팬이라면 누구나 그렇듯 자신들이 열과 성을 쏟아부은 바로 그 선수들로 인해 배신감과 실망감을 느꼈다.[1]

필자는 레드삭스 팬은 아니었지만 같은 야구팬으로서 비슷한 감정을 느꼈고, 마크와 필자는 이런 열정을 공유하면서 관계를 맺게 되었다. 이를 바탕으로 우리는 어떻게 고통이 레드삭스를 추종하는 핵심 요소인지에 관해 이야기하기 시작했으며, 여기에는 무언가 고귀하고 비극적인 것이 있다는 데 동의했다. 필자는 그가 레드삭스 팬이 된 것은 그 자신의 품위와 창의성의 감각을 표현하는 것이었으며, 또한 이것을 제시할 다른 방법을 상상할 수 없을 때, 그가 사는 고통스러운 세계와 그에게 좋은 것을 구별하려는 방향으로의 몸짓이었다고 알려주었다. 이것은 결코 명쾌하게 드러나지 않았지만 필자는 이것을 상당히 자연스럽게 느꼈고 이 말에 우리 모두 감동했다.

이런 과정 덕분에 우리 두 사람은 마크가 분석의 일반적인 관심사와 관련시킨 수치심과 지배력을 느끼지 않게 그의 경험을 이야기할 수 있었다. 그럼에도 마크는 자신의 목소리와 내적 경험을 포착하는 것 같았다. 자기 심리학적 용어로 말하자면, 우리는 새로운 자기대상 형식을 탐색하는 중이었다. 즉, 레드삭스를 향한 마크의 헌신에 감탄하고 공감하면서 필자는 그가 자기-표상을 야구계로 투사하여 이상화하는 태도를 제시할 수 있었다. 필자는 그의 갈망을 건드리면서도 보호받고 싶어 하는 그의 성향을 압도하지도 않고, 악화시키지도 않는 승화된 방식으로 그의 분투를 존중하고 그의 고통을 충분히 이해한다는 뜻을 전했는데, 이 모든 것은 전이-역전이에 팽배했던 환멸의 순환 고리에서 어느 정도 벗어난 것이었다.

분석가는 자기와 타인에 대한 중요한 내적 표상과 관련 있는 긍정적인 영향을 평가할 때, 때때로 불필요하게 제한적이고, 발전 가능성을 간과하기도 한다. 일부 분석가들이 당연하게 여기는 것과 반대로, 위협적이고 압도적인 부정적 영향에 주의를 기울이는 것을 배제할 필요는 없다.

필자는 덧붙여 말할 중요하고도 더 개인적인 이야기가 하나 더 있다. 필자의 아버지는 평생을 브루클린에서 살았지만, 뉴욕 자이언츠의 열성 팬이었다. 브루클린은 1957년 다저스가 연고지를 로스앤젤레스로 옮기기 전까지 다저스 팬들의 광적인 열정과 충성심이 전설적인 곳이었다. 필자의 아버지는 같은 해 자이언츠가 샌프란시스코로 연고지를 옮겼을 때도

의리를 저버리지 않았다. 지금 샌프란시스코에 사는 필자는 자이언츠팀에 정서적으로 유대
감을 느끼면서도, 브루클린에서 자이언츠 팬이 된 아버지의 행로를 한 번도 진정으로 이해
할 수 없었는데, 그 같은 선택은 마크의 경우보다 훨씬 더 별난 선택이었다. 아버지가 돌아
가시고 몇 년 뒤, 필자가 샌프란시스코로 이사한 후 자이언츠는 처음으로 월드 시리즈에 진
출했다. 필자는 이런 큰 경기에 아버지를 초대해 관전할 수 없었던 게 아직도 안타깝다.

　필자는 심사숙고 끝에 마크에게 이 이야기를 충분히 들려주었다. 마크는 고마워하는 것
같았지만 필자의 경험에 몰입하지는 않았다. 필자는 또 아버지가 돌아가시고 한 주 동안 브
루클린에서 아버지를 위해 연 시바[2) 자리에 앉아 레드삭스가 양키즈에게 원통하게 패배하
는 것을 지켜본 것에 대해 이야기했다.[2] 우리는 그 경기에 대해 이야기하면서 그 경기로 인
해 그가 얼마나 속상했는지도 나누었다. 우리는 레드삭스가 안타깝게 패한 몇몇 경기 이야
기도 나누었다.

상호주관적 대화와 의식의 양자적 확장

　레드삭스팀 이야기를 하면서 하나의 은유적 상황에 이르게 되었는데 이로 인해 마크는
자기-관찰적 관점을 취할 수 있었다. 이런 자기-관찰적 관점은 심리적으로 더 위협적인 직
접적 해석 영역에서는 배제되었을 것이다. 이것은 과도적 기능, 다시 말해 일종의 '나 아닌
나me-not-me' 언어 역할을 했는데, 그 덕분에 마크는 필자에게 자신에 관해 이야기하고 있다
는 것을 완전히 드러내지 않고 주관성의 대화가 가능했다(이것에 대해 자세히 설명할 것이다).
야구 이야기 덕분에 우리는 마크의 성격학적 역동에 관해, 마크의 것과 동일시하지 않고 오
히려 제삼자의 위치에서 이야기할 수 있는 은유적 공간을 더 쉽게 구축할 수 있었다(Hegel,
1977; Kojeve, 1969를 따라 J. Benjamin, 2004과 Britton, 1999, Ogden, 1994b 같은 학자들이 묘사
한 것처럼).

　제삼의 대상에 대한 관심을 공유하는 것은 어린 아동의 정상적인 발달 과정의 일부이다.
트레바덴(1980)은 이 과정의 아주 초기 단계를 '이차적 상호주관성'이라고 불렀다. 자신이
보고 있는 바로 그것을 다른 누군가도 보고 있다는 것을 보면서 이런 이차적 상호주관성에
서 타자의 영역 안에 자신의 마음이 있다는 감각이 발달한다. 길을 걷다 멈춰 서서 개를 쓰

---

2) shiva, 부모 · 배우자와 사별한 유대인이 장례식 후 지키는 7일간의 복상 기간(역자 주).

다듬는 아버지와 걸음마 아기를 상상해 보라. 아이는 아버지랑 같은 개를 보고 있지만 아버지가 자기와는 다른 유리한 위치에서 본다는 것을 알고 있다(공유되면서도 동시에 다른 경험의 조합은 13장에서 설명한 넘어짐과, 이를 보완해 주는 '어머나!'라는 상보적 조율과 공통점이 있다). 이 지점에서 분석적 활동으로 필자가 전반적으로 주의를 기울이면서 전체적으로 긍정적이고 정서적으로 호의적인 분위기에서 이루어진 우리의 대화는 마크의 마음에 대한 것뿐 아니라 필자의 관심에 의해 부각된 필자 자신의 주관성에 관한 것이었다.

전체적으로, 두 가지 역동적인 변화 과정은 동시에 진행되고 있었다. 마크의 심리의 특정 측면에 대한 성찰, 그리고 간접적이긴 하지만 보다 일반적인 발달 과정에 덧붙여, 마크의 자기감을 향상시킨 상호주관성과 인식 과정의 확장, 즉 '의식의 양자적 확장'(Tronick, 1998)이 진행되고 있었다. 필자가 마크에게 공감적으로 동일시하고 또 필자에 대해 직접적으로 이야기하면서 이 발달 과정이 풍요로워졌으며 마크는 더 안전하다고 느끼게 되었다. 야구가 사실 그렇게 중요한 것은 아니지만, 우리처럼 애정 깊은 야구팬에게 야구는 매우 강렬하다고 느끼는 것 역시 중요했다. 이 모든 것은 놀이와 공통점이 많은데, 상상력을 발휘함으로써 강렬한 정서를 느끼게 되는 무언가에 대한 관심과 표현 양식을 공유하기 때문이다.

분석과 발달의 과도적 과정

과도적transitional 과정에 관한 위니컷(1951)의 견해는 여기에도 적용될 수 있다. '겉보기에는 무의미해 보이는' 무언가에 이러한 상상력을 동원하는 것은 유아가 특정한 장난감이나 인형, 담요만을 갖고 싶어 할 때처럼 과도적 대상transitional object을 이용하는 것과 공통점이 많다. 물론 위니컷은 이 같은 발달을 필수적인 상호주관성 발달의 결정적 단계로 간주했는데, 이는 오롯이 자신의 경험이면서도 자신과 분리되어 있는 경험이라는, 역설적이면서도 평범한 경험의 영역에 몰두할 수 있게 해 준다. 상상과 실제 대상은 전진적 방식으로 결합되어 결국 자신의 능력, 연결, 그리고 한계에 대한 더 뚜렷한 감각에 이르게 된다(위니컷은 생애 주기를 통틀어 이런 **일루전**의 중심적 기능을 강조했다. Seligman, 2017 참조). 유쾌하면서도 가슴 저미고 가상에 불과하나 강렬한 야구의 세계에 마크와 필자가 집중적으로 마음을 쏟은 결과, 상징화와 자기-성찰을 지원하면서 전체적으로 발달을 촉진하는 과도적 공간을 유지할 수 있었다. 어쩌면 이 지점에서 마크와 필자의 관심이 이례적으로 운 좋게 하나로 수렴되었을 수 있다. 그러나 중도 학파의 이론, 특히 위니컷의 이론에서는 많은 분석이 유사한 창조적 과정들을 거쳐 진전된다고 제안하는데, 이런 과정은 확연히 드러나지 않을 수도 있지만, 새롭게 나타나는 상호주관성으로의 전환을 위한 구성방식의 변형으로서 종종 암암리에 그리고 배경에서 진행된다(문화 시설이 과도적 공간의 잠재력에 어떻게 의존하는지 고찰한 그리고 '문화적 경험의 장소'에 대한 위니컷의 논문(1967) 참조. 이 논문은 스포츠의 매력을 다룬 필자의 에세이(Seligman 2010, 2013)에 영향을 끼치기도 하였다).

여기서 위니컷의 용어를 도입한 필자의 의도는 서로 다른 개념을 함께 활용하여 아동 발달을 더 풍부하게 이해할 수 있는 것처럼, 서로 다른 발달적-정신분석 개념들이 함께 쓰여서 어떻게 치료 행위에 더 충실한 관점을 제공하는지 계속 예를 들어 보이는 것이다. 필자는 마크와 스포츠에 대해 이야기하는 동안 이런 설명을 할 수 없었으며, 그냥 시간을 흘려보내는 것은 아닌지 싶을 때도 있었다는 말을 덧붙이겠다.

현실에 대해 생각하기: 공유된 관점으로 타인을 바라보기

이런 과정이 전개되는 동안 마크는 뒤얽힌 대인관계 이야기를 이어갔다. 그는 '소위 친구라는 이들'이 자신을 어떻게 홀대하고 착취했는지 이야기했다. 필자는 자주 마크의 관점을 정교하게 설명하거나 충분히 인정해 줄 수 있었지만, 그는 필자가 자신의 억울함에 열의를 보이지 않으면 실망했다. 필자는 그가 융통성이 부족하고 요구가 많으며, 심지어는 자신의 소망을 다른 이에게 이해시키기도 전에 거절당하리라 지레짐작한다고 생각했다. 이처럼 그의 이야기를 듣다 보니 어느새 필자는 그의 고통에 익숙해져서 그 고통을 동정하고 있었다. 하지만 그가 자신의 어려운 상황을 만들어 내지는 않더라도 그 상황을 어떻게 악화시키는지에 대해 필자의 시각을 제시하는 게 불가능하다고 느꼈다.

마침내 우리는 그의 친구들 이야기를 나누다가 공통된 견해를 찾게 되었다. 예를 들어, 친구 사라는 필요한 것이 있을 때만 마크에게 전화한다는 사실을 필자가 알아차리자, 마크는 인정받는 기분이 들었고 안도감도 조금 느꼈다. 시간이 지나서 필자는 마크에게 사라는 자신의 절박한 욕구에 지나치게 몰두해 있어서 다른 사람을 생각할 여유가 없는 매우 신경질적인 사람으로 보인다고 이야기해 주었다. 이런 생각에 담긴 분명한 가치에 더하여, 필자가 마크의 걱정에 마음을 기울이게 되면서 그는 필자에게 더 많이 의지하게 되었고, 더 협력적이고 심지어 이상적인 관계를 맺는 데 도움이 되었다. 우리는 제삼자에 대해 함께 생각하는,

상호주관적인 방식에 점점 더 깊이 참여하게 되었는데, 이는 마크가 거의 경험해 보지 못한 것이었다. 이런 대화는 공격적인 비판과 공감적 이해의 경계를 맴도는 순간에도 더 부드럽고 협력적인 특성을 띠게 되면서, 투사가 차츰 담겨지고 점점 덜 강요되었다. 필자는 점차 마크가 의존할 수 있는 공감적인 인물이 되어갔다.

이렇듯 분위기와 대화 방식이 더 협력적으로 바뀌자 마크의 행동이 어떻게 타인의 반응을 촉발하는지 새롭게 생각할 기회가 생겼다. 즉, 우리는 그렇게 많은 말을 하지는 않았지만, 분석 상황 이외의 관계에서 일어나는 투사적 동일시에 대해서도 이야기를 나눴다. 마크는 친구나 동료를 비판할 때 지지받는다고 느꼈기 때문에 우리는 마크의 역할에 관해 더 자유롭게 성찰할 수 있었다. 마크는 주체 의식sense of agency이 확장하면서 통찰력이 향상되고 점점 더 자신감에 차서 독립적으로 생각하고, 상이한 관점들을 마음에 품을 수 있었다. 즉, 자신의 존재를 부인하지 않으면서 자신을 바라볼 수 있게 되었다. 대체로 이것은 더 나아가 폐쇄적이고 박해적이며 박탈하는 대인관계적 세계가 아닌, 진정한 양자적 과정의 감각을 확장시켰다. 상황은 덜 이분법적이 되고 좀 더 서로 상호적이며 투사와 소외가 약간 덜 일어나는 방향으로 변해갔다.

이런 변화는 마크가 직장에서 존경받는 지도자가 되면서 더 정교해졌다. 마크는 자신을 홀대한다고 동료들을 비난하기보다는 때로는 필자의 도움을 받아, 또 때로는 혼자 힘으로 동료들에 대한 전략을 세웠다. 필자는 이따금 솔직한 충고를 하기도 했지만, 대개는 그가 전략적인 문제들을 해결하도록 도왔고, 또 그의 자기 참조적 방식—상황을 개인적으로 해석하는—때문에 마음이 상하게 되는 그의 성향이 어떻게 그를 방해하는지 세심한 주의를 기울이도록 도왔다. 그는 자신의 내사물에서 기인할 수 있는데도 투사적으로 다른 사람에게서 오는 것으로 경험한 비판을 투사한 다음에 적대적으로 반응하는 압박에 덜 시달리게 되었다. 우리는 이런 방식이 약속을 지키지 못한 것과 관련된 문제적 상호작용에서 어떻게 표출되었는지 이해할 수 있었고 이제는 이 사실을 염두에 두고 그런 상황을 재검토할 잠깐의 기회가 여러 번 있었다. 이것은 짜증나는 교착 상태에서 필자가 맡는 역할에 관해 기꺼이 이야기하면서 향상되었다.

비통과 분화, 통합

마크는 타인의 결점뿐 아니라 자신의 단점도 더 자유롭게 생각하게 되면서 오랫동안 미뤄둔 즐거움을 추구하고 다른 사람들에게 더 솔직하고 분명한 태도를 취하는 데 있어 효과적으로 자신을 주장할 수 있게 되었다. 마침내 그는 개인적인 자유를 더 많이 누릴 수 있는 매력적인 직업을 구했는데, 그 직장에서는 자신에게 유리한 협상을 할 수 있는 더 많은 영향력을 갖게 되었다. 그는 전보다 더 여유 있고 풍성한 휴가를 보냈으며, 그의 소망이 존중되는 새로운 친구 관계를 맺기 시작했다. 그는 새롭게 발견한 자신의 주체성을 매우 열정적으로, 가끔은 지나칠 정도로 즐겼다. 마크는 예전에 친하게 지냈던 사람들을 멀리하고 있음을 알아차리고 필자에게 확인차 물었을 때 필자는 확실히 그렇게 생각한다고 알려주었다. 이제 그는 비판적인 사람을 공격해야 한다는 압박감을 느끼지 않고 비판을 좀 더 견딜 수 있었다. 이런 분위기에서 이 과장된 자기주장은 불안과 더 연결될 수 있었고, 이제까지 받아들여진 적이 거의 없었기에 어쨌든 자신의 소망에 대한 반응을 찾지 못할 거라는 감각과도 더 연결될 수 있었다.

그런 상황이 많이 있었지만, 그중에서도 가장 가슴 아프고 강렬한 상황은 동생 게리와의 관계를 진전시키는 데에서 일어났다. 필자는 다른 발달 과정은 차치하고, 이것을 상세히 기술하면서 비통grief과 내재화, 인격의 통합과 정신화의 발달 사이의 연결에 대한 관찰을 설명하겠다. 마크는 오래도록 게리 때문에 상처를 받아 화가 나 있었지만, 그와 계속 연락을 유지했고 고향을 방문할 때마다 늘 게리를 찾아갔다. 게리가 생명을 잃을지도 모를 중병에 걸렸을 때 마크는 한 친구가 비슷한 병을 앓았을 때 얻은 전문지식을 근거로 조언을 해 주었다. 동생과 가족들은 다른 치료법을 택했다고 에둘러 표현했지만, 마크는 끈질기게 조언을 계속했다. 결국 게리는 마크의 전화나 이메일에 더는 답을 하지 않았고 마크와 가깝게 지냈던 조카들도 마찬가지였다. 마크는 동생의 병이 당장은 위급하지 않다는 것은 알았지만, 원가족과의 마지막 남은 혈연관계로부터 갑자기 절연당했다.

마음이 너무 상한 마크는 이 문제를 다룰 때, 익히 알고 있는 동생의 완고한 성격을 더 잘 고려하거나 좀 더 여유를 가질 수도 있다고는 생각하지 않았다. 하지만 마크는 마음을 얼마나 다쳤는지 이야기하는 동안에 자신의 자만심이 일을 그르치고 말았다는 사실에 놀라워했다. 얼마 뒤 게리의 병세가 나빠졌다는 사실을 알게 된 마크는 전화를 걸어 곧 그쪽으로 갈

테니 방문할 수 있기를 바란다고 말했다.

놀랍게도 게리는 바로 전화를 걸어서 다정한 말투로 전화를 걸어줘서 고맙다는 인사를 했다. 뜻밖에도 게리는 형제 사이에 있었던 그 많은 고통에도 불구하고 자신이 형을 무척 그리워했다고 말했다. 게리는 늘 형이 전화를 걸어 사과하리라 생각했으며, 형은 자신이 얼마나 강한지 깨닫지 못한다는 말도 했다. 게리는 형제가 모두 정말 고집이 세다고 말했는데, '그건 가족의 내력'일 거라고 덧붙였다. 마크도 똑같이 호의를 보이며 동생을 방문했다. 게리는 죽음을 응시할수록 점점 온화해졌으며, 나중에 나눈 대화에서 게리는 마크에게 자신이 저질렀던 잔인한 짓들을 아직도 기억하며 후회한다고 말했다. 이 같은 엄청난 상황의 전환은 가슴이 뭉클했으며, 인정과 보상을 제공하면서 대인관계가 정의와 화해에 이를 수도 있다는 감각을 확장시켜 준다.

동생의 병이 깊어질수록 상황은 훨씬 더 가슴 아프게 변해갔다. 기억과 감사는 당면한 상실에 대한, 그리고 그렇게 살아오도록 마크를 제한했던 과거의 방식에 대한 비통, 분노, 회한과 뒤섞였다. 마크는 과거와 현재 사이에 예기치 못한 많은 연결고리를 만들어 냈는데, 그중에는 그가 늘 헛되이 보호받고자 했던 악의적이고 잔인한 아내에게서 동생의 흔적을 찾으려 한 것에 대해 정서적으로는 그럴 수 있겠다고 하면서 궁금해하는 것도 있었다. 시간이 흐르며 서로 인정해 주고 화해하는 과정에서 게리와 가족에 대해 이야기하는 마크의 어조에는 적절한 만족감이 드러났지만, 또한 될 수 없었던 것에 대한 체념 및 멜랑콜리—이제껏 한 번도 마크에게서 보지 못한 복잡한 정서—가 뒤섞여 있었다(분석가가 형제 관계를 어떻게 간과하는가에 대한 탐색은 J. Mitchell, 2000과 Dent, 2006 참조).

이와 함께 전이에서도 유사한 발달이 있었다. 예를 들어, 마크는 필자가 언급하지 않았는데도, 필자가 그를 배려하지 않아서 휴가 기간에도 분석비를 청구한 것이 아님을 이해하게 되었다고 말했다. 그러면서도 그는 여전히 필자가 그의 감정을 상하게 했고, 기껏해야 필자가 무신경했지만, 그 이후로 필자가 변한 것 같기도 하다고 했다. 그는 다르게 할 수는 없었는지 또 너무 많은 시간을 허비했다고 분노하고 슬퍼했다. 그리고 자신을 착취당하는 존재로 여기는 방식 때문에, 그것이 자신과 관련이 있기보다는 필자의 일 처리 방식일지도 모른다는 사실을 이해할 수 없었다고 덧붙였다. 마크는 필자의 정신적 삶에 관해 추측하면서 이것이 필자에게 민감한 영역일 수도 있겠다고 생각했다. 이런 설명이 마크의 투사 등을 충분히 파악하지 못했다고 할 수도 있겠지만, 이것이 다른 설명만큼 정확하지 않다고도 확신할 수 없다. 어쨌든 그것은 항상 변하지 않는 박해적인 폐쇄체계보다 실망, 심지어 비통으로 물든 상황이 어떻게 전개되는지에 대한 두 사람의 감각의 발달을 분명히 보여 준다.

몇 달 후 게리는 죽고 말았다. 장례식을 마친 뒤 마크는 그간의 상황을 들려주고는 어떻게 상황에 새롭게 대처했는지 이야기했다. 마크는 필자의 책에서 '한 페이지를 빌렸다.'고 말하는 것으로 그 회기를 시작했는데, 마침내 침묵을 어떻게 사용하는지 이해했다는 의미였다. 장례식 이후 레스토랑에 가족이 모였을 때 조카딸이 가족사진이 담긴 상자를 가져왔는데, 마크가 기념으로 가져와달라고 부탁한 것이었다. 그런데 조카딸이 상자를 초저녁에 가져왔기 때문에 마크는 계속 그것을 들고 다녀야 할 처지가 되었다. 마크는 생각 없는 조카딸에게 노여움을 느꼈다. 하지만 그는 어떤 말도 하지 않았으며, 과거의 자신이라면 불평을 쏟아내고 고약하게 굴었으리라는 것을 깨달았다. 그는 예전처럼 했더라면 '그 주 내내 자신을 증오'했을 것이라고 말했다. 잠시 후, 조카딸은 미안해하더니 사진 상자를 다시 자기 차에 실었고, 고맙게도 저녁 식사 후 마크에게 돌려주었다.

이 순간은 사소해 보이지만 매우 정교한 자기-성찰과, 감정을 생각하고 조절할 수 있는 새로운 능력을 포함하여 마크의 심리에 일어난 미묘한 변화를 반영한다(Jurist, 2005; Schore, 1994). 분석가의 책에서 '한 페이지를 빌렸다.'는 것은 **투사적 동일시**에서 더 건설적인 **내사적 동일시**로의 전환을 보여 주는데, 이런 내사적 동일시에서 타자의 속성들은 타자의 파괴적인 악마들로부터 자기self를 보호하려는 충동으로 인해 제거되기보다는, 자기를 향상시키는 데 사용되고 있다.

트라우마의 역사가 있거나 마크의 경우처럼 중간 정도의 성격 병리로 불리는 환자와의 작업에서는 밀접하게 관련된 두 가지 요점을 결론에 덧붙일 수 있다. 첫째 '자신의 마음'(Caper, 1997)이 있다는 감각의 발달은 그 자체로 치료의 실질적 성취이다. 둘째, 이런 발달은 기존의 많은 정신분석 치료 행위 양식들, 특히 통찰을 중요시하는 양식들이 보이는 효과의 전조이다.

이 사례에서 그 이후의 발달은 다음과 같다. 마크는 자신의 마음에 대한 감각을 발달시키기 시작하면서 이제는 자신의 동기에 대하여 주체성을 갖고 더 자유롭게 이야기할 수 있었다. 예를 들면, 그는 자신의 소망과 증오 중 어느 쪽이든 정당화될 수 있을지 확신할 수 없을 때, 이에 항의하고 싶은 분노에 찬 충동과 함께 올라오는 죄책감이나 실제 실망을 무릅쓰기보다는 오히려 왜 무의식적으로 고통을 택했는지 분명히 이해하게 되었다(어떤 이들은 우리가 마침내 마크의 피학증을 다룬다고 말할 수도 있을 것이다). 유사하게도, 마크는 고인이 된 어머니의 정서적 고통 및 황폐함에 갈등하면서 동일시한 것은 그 자신의 적극적이고 개인적인 동기였음을 곧바로 알아차렸다. 이 과정에서 어머니와의 더 좋은 돌보는 관계를 바라는 무의식적 소망은 실제로는 당연히 결코 실현될 수 없다고 점점 느끼게 되었다. 이로 인해 그는 필자에게 더 자유롭게 의존하게 되었고, 또 필자가 실제로 그를 도울 수 있다고 생각하게 되었다. 두려움이 있었지만, 아내와 겪었던 끔찍한 일들이 생각나고, 실망과 거절을 감수해야 하더라도 그는 마침내 여성과 교제 가능성도 생각하기 시작했다. 마크는 더 많은 분석 작업이 남아 있었지만 이제 이전보다 훨씬 자신의 주관적인 동기를 알아차릴 수 있었고 또 그 동기를 받아들일 수 있었다. 그의 기본 어려움이 제거되려면 더 많은 시간이 필요하겠지만, 내적 세계와 외부 세계에 대한 그의 감각은 더 넓어지고 안전해졌으며 그는 더 명료하게 생각하고 느끼고 행동할 수 있었다.

애도와 비통, 상호주관성의 발달

전반적으로 마크는 더 슬퍼 보이지만 더 현명해 보였고, 동시에 더 행복하고 유연한 것 같았다. 그는 비통한 가운데서도 낙관적이고 감사하며 심지어 유머 감각을 보이기도 했다. 그는 타인의 영향에 굴복하지 않으려고, 또한 버림받고 고통당해서 자신이 정말 나쁘다는 느낌에 굴복하지 않으려고 씨름했다. 그러나 이런 씨름은 전보다 줄어들었으며, 다양한 정서와 행동이 나타났고 보다 더 효과적이고 유연해졌다.

비통을 느낀다는 것은 자신과 대상 사이에 공간이 있다는 것이다. 프로이트(1917a)가 「애도와 우울Mourning and Melancholia」에서 선언하였듯이, 애도는 만족스럽지 못한 관계를 맺었던 상대에게 흡수되는 상태를 막기 위한 해독제인 반면 우울은 현실 세계로의 접근을 차단하면서 중오하지만 필요한, 박해적이지만 보이지 않는 자기의 내부를 끊임없이 괴롭힌다. 정신화, 즉 자기 자신의 마음을 갖고 있는 것은 다른 사람에게, 자신의 역사와 내적 삶에, 자신의 목소리와 몸에 유용해지는, 종종 고통스럽지만 생기를 불러일으킬 수 있는 과정의 원천이자 결과이며 그래서 결과적으로 삶의 기회와 함정의 원인이자 결과이다.

후주

1 레드삭스의 '곤궁한 처지'는 여러 저명한 작가들이 잘 묘사했다. 그중에는 『더 뉴요커』에서 야구 기사를 담당했던 존 업다이크John Updike(1960)와 로저 앤젤Roger Angell(1975), 르네상스 서사시를 전공한 예일대학의 영문학 교수였던 A. 바틀렛 지아마티Bartlett Giamatti(1977)도 있었다. 그는 이후 예일대학의 총장이 되었고, 더 훗날에는 미국의 양대 프로 야구 연맹 중 하나인 내셔널 리그 의장과 메이저 리그의 총재가 되었다.

2 여러분이 호기심 많은 야구팬일 경우를 대비해 밝혀두자면, 그것은 1978년의 '버키 덴트 게임Bucky Dent game'이었다.

15장
유아–부모 상호작용, 판타지, '내적 2인 심리'
–트라우마의 세대 간 전승과 투사적 동일시에 대한
클라인 학파 및 상호주관적 관점–

이 장에서는 상호주관적 유아 연구와 현대 클라인 학파의 사고가 어떻게 통합되어 내적 2
인 구조 이론을 기반으로 심리적 삶을 설명하는 영향력 있는 정신분석모델을 산출하는지 보
여 주고자 한다. 필자는 상호작용 과정을 강조하는 유아 연구자들의 관찰 지향성을 바탕으
로 두 아버지들이 자신들의 아기들—자말 주니어와 다니엘—과 상호작용하는 양상을 살펴
보았다. 자말의 아버지는 아이에게 대체로 반응을 잘해 주었지만, 다니엘의 아버지는 생후
3일 된 아기를 거칠게 다루었다. 그는 자신의 아버지에게 당했던 그대로 다시 재연하고 있
었다. 필자는 이런 관찰된 상호작용이, 일반화된다면, 앞으로 전개될 그들의 심리 발달에 영
향을 미치리라는 예측 가능한 가정을 세우도록 독자를 초대한다.

이러한 발견은 투사적 동일시 개념을 비대칭적이며asymmetrical, 강압적인 관계 방식으로
보는 개념에 새로운 관점을 제시하는데, 이런 관점은 보편적 판타지나 타고난 파괴 본능에
대한 메타심리학적 가정을 따르지 않는다. 동시에 필자는 실제 경험이 다양한 형식의 2인
심리구조와 대인관계적 상호작용에 기여한다는 사실을 강조하지만, 그렇다고 해서 내적 정
신 구조가 실제로 현실을 재생산한다거나, 발달 과정에서 특정 사건이 어떻게 특정 결과를
산출하는지 쉽게 예측할 수 있다는 점을 보여 주려는 것은 아니다. 필자는 유아든, 아동이
든, 성인이든, 정신분석을 받는 환자든 그 마음속에, 시간이 흐름에 따라, 내적 세계와 실제
사건들 사이에서 양방향으로 중재할 수 있는 어떤 여지가 있기를 바란다.

이런 내적 심리구조가 성격의 일부가 되는 과정도 인식될 수 없을 뿐 아니라, 내적 심리구
조도 대체로 인식될 수 없다. 필자는 최근 관심이 집중되는 '관계에 대한 내재적 앎'(Boston

Change Process Study Group, 2010)을 예견하는 볼비(Bowlby, 1973)의 '내적 작동 모델'과 스턴(Stern, 1985)의 '일반화된 상호작용의 표상' 같은 개념에서 아이디어를 끌어왔다. 그런 것들이 발달할수록, 이러한 내적 작동 모델은 개별적이고, 특이하고, 그런 의미에서 내적 세계에서 확연히 구별된다. 말하자면 이것은 외적 관계의 단순한 표상이 아니다. 오히려 그것은 현재 경험에서 나오는 내면성과 자율성의 어떤 특성들을 보여 주는 것으로, 그 특성들은 프로이트 학파와 클라인 학파의 고전적 분석가들이 언급했던 '심리적 현실'과 가장 잘 연결되며, 따라서 관계적 접근의 경향에서는 다소 벗어나 있다.

클라인 학파의 판타지에 대한 수정된 개념화는 이런 이론 통합의 경로를 보여 준다. 판타지 개념은 심리적, 대인관계적 활동 모두를 조직하는 매우 중요한 정신 구조를 가리키며 또한 그것은 실제actuality가 침투되지 않고 무의식적인 독특한 특징을 지닌다. 이 점을 염두에 두면서, 필자는 기본적인 판타지 개념을 '2인', 즉 대상과 함께하는 자기라는 관점에 비추어 볼 것인데, 이는 (특별히, 타고난 파괴 본능의 역할이 덜 강조된다면) 클라인 학파의 주장과 크게 어긋나는 것은 아니다. 필자는 내적인 2인 심리구조의 발달이 초기부터 사회적 환경에 상당한 비중을 두고 있으며, 본질적으로 상호주관적이지만, 외부 세계와는 상대적으로 독립된 '심리적 현실'에 관한 개념의 근본적이고 사적인 주관성을 상당히 유지하고 있다는 점에서, 프로이트-클라인 학파 모델과는 다른 방식으로 내적인 2인 심리구조를 개념화하고자 한다.

따라서 필자는 다음과 같은 노력을 기울이고자 한다. 첫째, 기본적인 심리 형식으로서의 무의식적 판타지 개념과, 정동·육체적 상태·관계적 시나리오와 예상을 조율하고 그것들을 중심으로 조직되는 내적 2인 '작동 모델'이라는 유아 관찰자 모델을 통합한다. 둘째, 이런 구조가 아동기에서 성인기로 넘어가는 발달 과정에서 실제 사건에 더 중요한 역할을 부여한다. 필자는 이것이 판타지를 기반으로 하는 접근의 가장 중요한 측면을 보존하면서도 이중-욕동 모델의 잘못된 신비주의 흔적을 없애는 방법이라고 제안한다. 또한 필자가 생각하기에 이 접근은, 조악한 본능 이론에서 마음 밖에 있는 것이 본능적 원리 혹은 에너지 형태로 내부로 들어오는 것으로 몸을 구체화하기보다는, 실제 몸의 정서적-관계적 경험을 강조하여 판타지 속에 자리한 몸에 대해 더욱 효과적이고, 정확하고, 경험에 근접한 모델을 제시한다.

고전적 본능 이론을 받아들이지 않는 것처럼, 필자는 유아와 '원초적'이라 일컫는 것을 연결하는 것도 받아들이지 않는다. 그보다는 특히 초기 발달에서 심리적 해체와 트라우마 사이의 연결에 주목한다. 이것은 어떤 아이들과 어른들은 혼란스러운 내적 삶을 살게 될 것이고, 어떤 사람들은 그렇지 않을 것이라는 뜻이다. 아기의 심리 조직은 타고난 자질뿐 아니라 환경에 달려 있다. 필자는 다니엘과 관련해서 가설적이지만 타당성 있는 추론을 이용하여, 투사적 동일시 형식 자체는 유아의 심리적 삶의 보편적 특징이 아니라, 오히려 아기와 돌보는 사람 사이의 경험에 따라 다르게 구체화된 것이며 이런 경험에서 아기의 출현하는 자기감이 다루어지면서 주체, 대상, 상호주관성의 근본 토대가 형성된다고 제안한다.

투사적 동일시 개념

클라인은 가장 초기의 심리적 현실에서 자기 조직과 대상 조직의 일차적 역할을 강조하면서 정신분석에 변화를 가져왔다. 이러한 변화의 결정적 이미지는 리비도적(삶) 본능과 파괴적(죽음) 본능을 조직하는 유아의 판타지와 내적 대상관계이다. 클라인의 유아는 내면의 불가피한 파괴성에 대한 불안을 대상에게 방출하는 환상을 통해서 이런 불안을 다룬다. 따라서 아기의 심리적 삶은 본능적이고 신체에 기반한 판타지에 추동되어 좋음과 나쁨 같은 심리적 결합가valence와 불안의 '자리location'에서 자기와 대상을 오가는 특징을 지닌다. 이 설명은 생애 초기의 심리적 삶은 삶의 본능과 죽음 본능뿐 아니라 구강기 형태configuration를 중심으로 조직된다는 프로이트의 초기 생각과 일치한다. 그런 의미에서 분열과 투사적 동일시는 발달 초기 단계에서 정신적 삶을 조직하는 데 가장 중요한 요인이었다(3장 참조).

탁월한 현대 클라인 학파의 임상 문헌을 떠받치는 초석으로서 (Klein, 1946; Ogden, 1982; Spillius, 1988; Steiner, 1993), 투사적 동일시 개념은 역전이-전이 경험의 중요한 요소들을 포착한다. 특히 환자의 입장에서 진심이 아니거나 받아들일 수 없는 역할이나 느낌을 치료사가 떠안도록 의식적, 무의식적으로 압박이나 강요를 받는 곤란한 순간들—전이-역전이 장field에서 살아남을 방법을 찾을 수 없고 우리 스스로에게 진실할 방법을 찾을 수 없는 순간들—을 포착한다. 관계적 분석가들은 그런 순간들을 기술하면서 투사적 동일시 개념을 활용하고 확장해 왔고, 또한 특히 분석의 교착 상태에서 분석가 자신의 심리가 환자의 투사에 대한 반응 속에 어떤 방식으로 연루되는지 긍정적으로 탐구해 왔다.

학생들, 동료들과 '투사적 동일시'를 논의했던 경험 속에서 필자는 그 개념을 설명하려는 열정만큼이나 부정확함을 수없이 보아왔다. 그 개념은 때때로 역전이의 모든 것, 또는 적어도 치료사가 환자가 느끼는 것과 같은 것을 느낀다고 믿는 모든 상황을 포괄하는 데 사용되곤 했다. 투사적 동일시와 공감의 경계가 상당히 모호해질 수도 있다. 말하자면 역전이 감정이 좋은 느낌일 때는 '공감'이라고도 했다가, 나쁘거나 낯설다고 느낄 때는 '투사적 동일시'로 불리기도 했다. 한 동료는 농담하기를, 불안한 치료사들은 '악마가 이렇게 시켰어!'라고 하는 대신에 이것을 투사적 동일시라고 말한다고 했다(Robin Silverman, 사적 대화, 1997).

이러한 문제점에도 불구하고, 투사적 동일시 개념이 불러일으키는 강력한 힘 때문에 우리는 그 용어를 최대한 정확하고 사려 깊게 사용하도록 노력하지 않을 수 없다.

유아 관찰 연구를 통한 판타지 재개념화

클라인 학파 정신분석에서 '판타지phantasy'는 정신적 삶과, 몸에 토대를 둔 본능 사이의 임계threshold에 자리한 가장 기본적인 심리적 요소를 말한다. 판타지는 전-상징적pre-symbolic이며, 기본적으로 (일반적인 '환상fantasy'처럼) 이미지의 형태라기보다는, 현존 또는 내적 관계 형식과 같은 것이다. 『클라인 학파 개념 신사전The New Dictionary of Kleinian Thought』(Spillius et al., 2011, p.3)에서는 판타지를 다음과 같이 정의한다.

> 클라인 학파의 이론에서 무의식적 판타지는 모든 정신 과정의 저변에 깔려 있고 모든 정신 활동에 동반된다. 그것은 몸에서 본능을 구성하는 신체적somatic 사건의 정신적 표상이며, 리비도적 충동들과 공격적 충동들, 그리고 그러한 충동들에 대항하는 방어 기제들의 관계로 해석되는 신체적physical 감각이다.

필자는 이 개념이 강력하고 심층적인 내적·외적 관계 패턴에 주의를 기울이도록 하는 데 꼭 필요하다는 것을 발견했다. 이런 개념이 없었다면 이 관계 패턴은 어둠 속에 가려져 있었을지도 모른다. 게다가 이 개념은 20세기 마지막 수십 년 사이에 부상한, 상호주관적 관점에서 이루어진 유아와 부모의 상호작용의 직접 관찰과 비판적 통합을 이루면서 유용해질 수 있다고 생각한다. 클라인 학파의 유아 이미지와 본능을 강조하는 장황하고 논쟁적인 어떤 가정들은 판타지를 개념화하는 데 꼭 필요한 것은 아니다. 이러한 가정들을 제외하면, 영향력 있는 클라인 학파 관점의 가장 중요한 요소들이 분명해지고 강화될 수 있다. 동시에 클라인 학파의 일차 과정, 내적 대상을 지향하는 감수성에 비추어 살펴보면, 상호주관적-관계적 접근은 비이성적이고, 욕동적이고, 그 자체로 혼란스러운 데다 또 혼란을 가중하는 도전들을 보다 잘 다루게 될 것이다. 보다 광범위하게 볼 때, 이러한 통합을 통해서 기존의 1인 심리학의 강점과 새로운 2인 심리학의 접근을 통합하는 임상적-이론적 접근에 꼭 필요한 발전이 이루어질 수 있으며, 이것은 이 책의 중심 과제 중 하나이다. 개념에서 출발해 관찰을 개념에 대입하기보다는 유아-부모 상호작용의 구체적인 내용을 직접 관찰한 뒤에, 클라인의 개념으로 되돌아 감으로써 우리는 설명의 깊이와 힘을 잃지 않고도 더욱 정확하고 직접적인 접근을 만들어 갈 수 있다. 클라인 학파의 모델에 대한 이런 접근은 중도 학파가 클라인 모델을 크게 개정한 것과 공통점이 많다. 이것이 여기에서 암묵적으로 남겨져 있지만, 필자는 어느 정도 반향이 일어나기를 바란다.

이 장에서 필자는 현대적, 상호주관적 관점으로 유아 관찰 연구를 읽어내는 다음의 두 가지 측면을 통해 클라인 학파의 판타지 관점을 보강하고자 한다. (1) 생애 초기 양자적 상호작용에서 비언어적 정형화가 타인과 함께하는 자기 경험의 전언어적, 정동적, 율동적, 운동적 차원에서 의미의 내적 구조들을 어떻게 표현하고 형성하는지에 대한 새로운 이해, (2) 2인, 상호 영향, 상호 조절 시스템으로서의 유아-부모 양자 이미지. 이런 시도는 또한 '무의식'의 확장된 개념화를 따르는 것이다.

유아-부모 상호작용 관찰

자말과 그의 아버지

함께 움직이고 느끼는 유아와 부모에 대해 직접적으로 떠올려지는 이미지를 살펴보면 전표상적prerepresentational 상호작용 과정의 전반적인 구조와 순간순간의 세부적인 것들을 알 수 있다. 다음은 생후 6개월 된 남아 자말 주니어와 그 아버지 자말 시니어가 함께 놀았던 몇 분 동안의 상호작용에 관한 설명이다. 처음에는 아기가 아버지 팔에 안겨 있다가, 나중에는 둘 다 바닥에 누워 서로를 마주 본다. 전체 분위기는 애정이 넘치고 활기차다. 아버지가 아기에게 활기를 불어넣을 땐 다소 들뜨기도 한다. 아버지와 아들은 서로를 매우 좋아한다. 그들은 시선을 자주 마주치고, 아버지는 다정하고 경쾌한 말투로 이야기한다. 그는 어린 아들이 무엇이든 하고 있던 것을 끝낼 때까지 기다렸다가 새로운 것을 시작하거나 아기를 안아 올린다. 예를 들어, 아이가 사탕 상자를 움켜쥐는 놀이에 빠져들기 전에 양탄자 섬유조직을 찬찬히 살펴보고 느끼도록 놔두었다. 아버지가 아들을 안아 올릴 때는 서로 편안해지고 느긋해진다.

그러나 다른 한편으로는 아버지가 아들을 너무 빨리 유도하고, 너무 자주 흥분시키고, 기대 수준이 너무 높다는 느낌도 있다. 예를 들어, 사탕 상자 놀이를 시작할 때, 아버지가 아들의 손이 닿지 않는 곳에 상자를 두어 아기는 상자까지 힘겹게 기어가야 한다. 이때 아버지는 아기의 힘겨움을 알고 있는 것 같지만 아기를 도와주지는 않는다. 어떤 이는 여기에서 짓궂게 괴롭히는 저의를 감지할지도 모른다. 그러나 아기가 마침내 상자에 도달하자, 아빠는 아기에게 박수를 쳐주고, 그들은 함께 환호한다.

한편, 자말 주니어의 어머니는 근래 들어 아들이 아버지를 더 좋아한다는 말을 듣는다고 자랑스럽고 온화하게 말한다. 또 자신은 딸을 원했으므로 그런 점이 그다지 놀랍진 않다고 말한다. 잠시 후 아버지가 이젠 갈 거라고 아들에게 일러주며 애정 어린 작별 인사를 하고 떠나간다. 아기는 방을 나서는 아버지를 눈으로 좇다가, 사탕 상자와 문을 번갈아 바라본다. 그리고 마침내 다시 상자를 가지고 놀기 시작한다.

여기서 많은 이슈들, 이를 테면, 분리separation, 딸을 원했다는 어머니의 말, 아프리카계 미국인 가족이라는 문화적 특성, 아들이 자신을 닮기를 바라는 아버지의 동기 등을 논의해 볼 수 있다. 이러한 광범위한 이슈들은 부자 관계에서 드러나는 영향력과 애정의 비언어적 정형화의 세세한 부분에서 다수 관찰될 수 있다. 예를 들어, 아기가 느끼는 중압감과 성취감, 아버지의 존재 안에서 느끼는 편안함을 비롯해, 다양한 정서, 속도감, 그리고 몸을 쓰는 노력과 신체 접촉의 역할, 아기 자신의 신체 감각에 미치는 영향 모두가 여기에 해당된다. 또한 여기에는 자신이 남자다운 소년이라는 감각에 대한 언어 이전의 선행 사건들이 작동되고 있다. 전반적으로 아버지가 아들이 보내는 신호를 대체로 알아채기는 하지만 대부분의 시간을 아버지가 주도한다는 점에서 두 사람이 서로에게 주는 영향은 비대칭적이다.

적어도 일부 사람에게는 아버지가 심하게 몰아붙이거나 어린 아들의 내적 경험을 무시하는 것처럼 보일 수 있겠지만, 상호작용은 전반적으로 매우 다정한 분위기다. 이것이 아버지가 아들을 사랑하는 방식인데, 아들이 자신을 사랑하고 우러러본다는 사실을 뿌듯해하고 매우 기뻐한다는 것이다. 또한 자말의 어머니는 이들의 유대관계를 지지한다. 그녀는 남편이 어린 자말을 아버지를 닮도록 키우는 것을 당연하게 받아들이는 것 같다. 이것을 부자간의 전형적인 상호작용이라 여기는 한, 어린 자말은 당연히 아버지를 닮아갈 것이고 그로 인해 칭찬받을 것이다. 아이는 아버지를 이상화하고 아버지와 동일시되도록 격려 받고 있는 것이다.

이러한 상황에는 부모의 (특히 아버지의) 내적 기대, 이상, 소망, 자기-이미지 등의 특정 조합이 포함되어 있는데 이런 조합은 아이가 이미 좋아하게 된 것, 이미 스스로를 경험하는 방식을 따라, 아기의 타고난 기질(이를테면, 명백하게 드러나는 운동 능력)과 상호작용한다. 그리고 이 모든 것들은 독특한 리듬, 어조, 몸의 움직임과 함께, 부자가 관계 맺는 관찰 가능한 형태로 표현된다. 어린 자말에게 아버지와 함께 있는 것은 또한 다소 강압적이거나 흥분을 느끼는 것을 포함하여 아버지를 닮아가는 것을 뜻한다. 이런 존재 방식은 아버지가 자기 자신과 타인에 대해 느끼는 기본적인 방식이다. 또 다른 정동적 분위기에서 이 경험이 어린 자말에게 불편할 정도로 강압적이거나 부담이 될 수도 있지만, 아이는 아버지가 보여 주는 뿌듯한 자부심과 애정 어린 말투를 듣게 되면서 점점 약간은 타인에게 강압적이거나 타인에게서 이런 느낌을 받는 것이 서로 마음이 통하는 교제의 일부로 여길 수도 있다고 상상하게 될 것이다.

그러나 이것이 결과적으로 어린 자말에게 잘 받아들여지더라도, 이 관점은 우리에게 이 아기가 되는 것이 어떤 느낌일지 들여다보는 창을 제공한다. 이 관계를 관찰하면서, 우리는 자신의 몸 안에서 스스로가 된다는 것이 어떤 느낌인지(이를테면, 근육을 사용한다는 것이 어떤 느낌인지), 또한 타인과 함께 있으면서 자신이 된다는 것이 어떤 느낌인지에 대해, 이러한 패턴들이 얼마나 많이 비언어적 수준에서 새겨지는지 알게 된다. 대인관계에서 기대하는 것들과 자기감이 여기에서 두드러지게 나타나지는 않지만, 다양한 상호관계 패턴—타인의 신호를 따를 것인가, 어떤 속도로, 언제 듣고, 언제 말할 것인가 등—을 통해 유지된다. 이러한 경험들이 반복되고 일반화될수록, 암묵적이고 전성찰적prereflective(의식되지 않지만 억압되지도 않은) 상태로 남기 쉽고, (서사적으로 일관된 언어 형태가 아니라) 신체적, 정동적으로 기록된다. 각 개인이 다른 사람들과 관계하고 그들에게 기대하는 것을 조절해 주는, 관계의 일반화된 표상(Stern, 1985), 정동적 정형화(Demos, 1988; Emde, 1983), 내적 작동 모델(Bowlby, 1988), '관계에 대한 내재적 앎'(Boston Change Process Study Group, 2010; Lyons-Ruth and Boston Change Process Study Group, 1998) 등에 따라 자기-경험과 대인관계적 상호작용이 어떤 방식으로 구조화되는지를 설명하기 위해, 다양한 학문에서 비롯된 다양한 개념적 언어와 논문들이 사용되었다.

양자적 상호작용의 장에서 의미 구성 및 구조의 비언어적 차원

이러한 삽화와 관련된 논의는 유아 연구자들의 미시 분석 개념이 심리구조의 광범위한 형태와, 심리구조 및 임상 과정의 세밀한 부분까지 어떻게 명료화할 수 있는지 보여 준다. 이것은 성인과 좀 더 큰 아동들의 임상 작업에도 도움이 된다. 다양한 유형의 연속적인 상호작용과 패턴들이 기술되었는데, 여기에는 정동 조율(Stern, 1985), 파열과 복구(Tronick, 2007), 추적과 회피(Beebe and Lachmann, 1998, 2002), 호혜성, 리듬성, 우연성, 감정, 흥분, 애착, 관계적 기대, 의미 생성(Tronick, 2005) 등이 있다(6장과 8장 참조). 이러한 새로운 관찰 덕분에 우리는 심리구조 및 치료적 상호작용에서 드러나는 광범위하고 비언어적인, 그리고 정동적·서사적으로 조직된 상호작용의 '구성 방식들'에 대해 더 많이 알게 되었는데 이런 과정을 통해 상호주관성이 창조되고 구조화된다. 이 장에서 필자는 상호주관적 경험을 조직하는 비언어적이고 전표상적prerepresentational 구성 방식으로 투사적 동일시를 설명하고자 한다.

이러한 비언어적 정형화는 대부분 암시적이기 때문에, 우리가 성찰적 인식을 벗어나는 경우가 많다. 그런 면에서 클라인 학파의 판타지와 공통점이 있다. 이 둘은 억압되어서 무의식적이라기보다는 그들의 특정한 형식 때문에 무의식적이라 할 수 있다(6장과 7장 참조). 게다가 양쪽 모두의 접근법은 '심리–신체psyche-soma' 수준에서 기본적 심리 조직체(Winnicott, 1949)를 묘사하는데, 이런 조직체는 특히 정서적으로 관련된 관계성에 있어 모든 심리적 삶에 영향을 미친다.

강압적인 부모–유아 상호작용과 투사적 동일시

필자는 이제 투사적 동일시에 초점을 맞추기 위해 다시 학대 트라우마가 다음 세대로 대물림되는 것을 살펴보고자 한다.

다니엘과 그 아버지

생후 3일 된 다니엘과 그 아버지를 신생아실에서 퇴원하기 직전에 관찰했다. 이 아버지는 어려서부터 육체적 학대를 반복적으로 겪어 왔고, 다니엘보다 먼저 낳은 아이들도 학대했으며, 결국 그 자식들을 돌볼 수 없게 되었다. 이 짤막한 에피소드에서, 아버지는 아기의 목 바로 뒤를 아주 어설프게 받치고, 부드럽지만 많은 불안이 뒤섞여 있는 큰 목소리와 겁을 주는 표정으로 자기 얼굴 가까이에 억지로 신생아의 얼굴을 갖다 댔다. 그런 다음에 아버지는 다니엘에게 젖병에 든 물을 강제로 먹이려 하지만 아기는 목마르지 않다는 것을 필사적으로 표현한다. 처음에는 젖병 꼭지를 빨지 않다가 나중에는 입을 꽉 다물고 온몸을 긴장시켰다가 마침내 축 늘어진다. 이 일이 일어나는 동안, 아버지는 아들의 반복적인 반응을 끝내 의식하지 못했고, 아버지의 무자비한 행위에 다니엘이 저항하고 있다는 사실을 일깨워 주려는 아내와 임상 관찰자의 노력을 묵살했다. 아버지는 아들의 정면에 얼굴을 불쑥 들이대고 아들을 '멍청이'라고 불렀고, 싸움이라도 할 태세로 '뭐 할 말 있어?'라고 말했다. 마치 훨씬 큰 소년과 난장판을 벌이는 것처럼, 그는 다니엘을 공중으로 번쩍 들어올렸다. 결국 아기가 기운이 빠져 축 늘어지자, 아버지는 '네 바보 같은 짓에 아주 질렸어!'라고 고함을 질렀다.

이것은 매우 불편한 상황이다. 이것은 생후 3일밖에 되지 않았더라도 유아가 보내는 신호를 우리가 어느 정도 알아차릴 준비가 되어 있다는 것을 보여 주며, 아버지가 자기 고유의 악의적인 직권으로 이런 신호를 무시할 때, 우리는 몹시 심란해진다. 그렇다고 이것이 아기가 자기-의식적이라거나, 주체적인 감각을 갖고 신호를 보내고 있다는 의미는 아니다. 실제로, 이런 종류의 상호작용이 이 아이가 지닌 대인관계 경험의 특징이 될 것이고, 이 아이는 무력감과 무능력감이 자기 경험의 근본적 양상이라고 느끼게 될 것이다.[1]

확장된 유아-부모 심리치료를 통해서, 이 아버지는 어렸을 때, 특히 자기 아버지에게 맞았을 때, 얼마나 깊이 무력감을 느꼈던지 인식하게 되었고, 그의 아이들이 이러한 과거를 얼마나 자주 상기시켜 주었는지 알게 되었다. 아버지는 견딜 수 없었던 감정을 자기 방식대로 아들에게서 유도해 내고 있었고, 그 감정은 아기의 존재가 아버지 자신에게서 불러일으켜질수록 더 강렬해졌다. 이러한 상호작용의 자세한 면을 관찰하는 가운데, 우리는 본질적으로 비언어적이고 전표상적인 상호작용을 통해 아이가 무력감을 느끼도록 어떻게 강요받고 있는지 알 수 있다. 여기에는 또한 다니엘이 몸으로 경험했던 들쑤셔지고, 내던져지고, 편안함과 통제 감각을 박탈당한 고통스러운 감각도 포함되어 있다.

임상적 함의: 성인의 '투사적 동일시'를
유년기 강압적 관계의 반복으로 보기

다니엘의 아버지가 아들에게 가한 강압적인 상황에서 (다른 많은 트라우마 상황과 마찬가지로) 다니엘이 서로 관계를 맺을 수 있는 방법은 한 가지만 허용되었다. 자기 고유의 주체성과 주관성에 대한 감각을 가질 수 있는 '열린 공간들'(Sander, 2002)이 다니엘에게는 전혀 없었다. 다니엘은 돌보는 이의 유연하고, 이해해 주며, 감탄하는 반응에 따라 자기 신호가 전달이 되고 의미있는 것이 될 수 있다고 느낄 기회를 생후 3일 만에 이미 박탈당하고 말았다. 또한 자기에게 벌어지고 있는 이 일이 달라질 수도 있을 거라는 느낌을 가질 만큼 충분히 안심할 수도 없었다. 다니엘은 아버지의 가장 고통스러운, 생각되지 못한unthought 경험—아버지가 다니엘에게 짊어지게 한 동일시의 그 지점—을 받아들여야 하는 수용 대상receptacle-object이 되도록 강요당했다. 어떤 면에서, 다니엘은 자신만의 자기self를 갖지 못할 것이다. 더 정확하게 말하자면, 그는 자기-성찰적 인식self-reflective awareness이 없는 비주관적 자기nonsubjective self, 즉 그의 아버지의 대상으로서의 자기를 갖게 될 것이다. 자기와 타자 사이의 생생한 교류 가능성이 멸절되지는 않았더라도 제거되었다. 우리는 트라우마를 만드는 아버지의 투사적 동일시로 인해 강요된 동일시적 순응에 뒤따르는 상호주관성의 막힘 또는 붕괴를 목격하고 있다(Davis and Frawley, 1994; Grotstein, 1994, 1995).

한편, 다니엘의 아버지는 자기-반영self-reflexiveness 측면의 발달에서 극심한 결함을 보여준다. 그에게는 자신이 무엇을 표현하고 있는지, 아들이 무엇을 느끼고 있는지, 자신의 행동이 어디에서 기인하는지 거의 인식하지 못한다(그가 자기 아버지와의 경험을 기억해 낸다기보다는 다시 재연하고 있다고 본다면, '이것이 과거의 언제로부터 오는지'라고 말하는 편이 더 나을 것 같다). 다니엘 부자의 경우처럼, 트라우마를 겪은 부모는 실제 상호작용에서 강압적 패턴이 매우 비대칭적인 영향을 끼침으로써 부모는 인식하지 못한 자기와 타자의 내적 이미지를 아이들이 경험하도록 강요하는 경우가 많다. 그래서 유아는 부모의 경험 일부와 동일시하게 되는데 정작 부모는 그 경험에 대해 생각하지 못한다(Fraiberg, 1982; Seligman, 1994). 바로 이 지점에서, 즉 해리된 부분 안에서 전치displacement 같은 것이 일어난다.

게다가 특히 좀 더 큰 아이들에게는, 어떤 관계적 편안함이든 그것을 상실한 고통 때문에 그리고 폭력이나 더 명백한 강요의 위협에 대한 반응으로, 그들이 학대자에게 표현할 수 있는 어떤 다른 생각도 무시되거나 억제될 수도 있다. 전반적으로 아이들은 마음의 내적 상태에 대해, 혹은 자신에게 정말로 무슨 일이 벌어지고 있는가에 대해 성찰하지 못하도록 방해받고, 대신에 자신이 겪고 있는 경험들이 바로, 세상이 움직이는 방식이라고 느끼게 된다. 이러한 내적 작동 모델은 어떤 행동을 하고 관계를 맺을 때 다른 방법들도 가능하다는 성찰과 인식 없이 기능한다. 그것은 경험의 근저에 있지만 생각조차 되지 못한다. 이런 공식화는 위압적인 추동성drivenness과 비인식nonawareness 차원을 클라인 학파의 판타지 및 전통적인 프로이트 학파 모델의 다른 무의식적 현상들과 공유하지만, 트라우마 관계에 그리고 이 관계가 어떻게 경험을 형성하는가에 더 많은 비중을 둔다(여기에서 페렌치의 「말의 혼란confusion of tongues」을 떠올릴 수 있다. Echoes of Ferenczi's, 1949b, p. 225)

사실, 분석가가 해석이나 다른 언어적 개입을 통해 다른 정동적 세계가 있을 수도 있다고 제안할 때 이런 '경직된concrete' 환자들, 즉 유년기에 그런 경험들이 만연했던 환자들에게는 상황이 실제로 달라질 수 있다는 감각은 오직 행동을 통해서만 점진적으로 제공될 수 있다는 것을 보여 줄 것이다. 발달과 심리 치료에서 병리적인 투사적 동일시의 한가운데 있을 때는 그 상황에 대한 성찰은 불가능하다. 많은 학자들이 밝혔듯이, 이것은 억압의 문제가 아니라, 무슨 일이 벌어지고 있는지 사고가 전혀 불가능한 해리의 문제이다.

이것은 성급한 해석에 대해 필자가 관찰한 바를 보여 주는데, 환자가 자신의 경험을 의미 있는 방식으로 사고하고 말하려고 할 때 얼마나 불분명하거나 제한적인지 성급한 해석은 충분히 인식하지 못한다는 것이다. 분석가는 상호주관성, 주체성agency, 자기−성찰에 있어서 환자가 지닌 한계를 종종 과소평가한다. 많은 환자들이 분석에서 제시된 성찰적 언어에 대해 실제로 성찰할 수 없다는 것을 고려한다면, 자신이 알지 못하는 어떤 것을 실제로 느끼고 있다는, 즉 자신의 마음을 실제로 알지 못한다는 말을 듣게 되는 경험을 할 수도 있다. 이는 트라우마가 되어가는 다른 측면, 즉 희생자의 기본적인 현실감이 약화되는 것과 아주 유사하다. (여기에서 생각할 수 있는 또 다른 요인은 분석가가 자신의 훈련 과정에서 가장 이상화했던 것뿐 아니라 분석에서 제안받았던 것을 종종 피분석자에게 제안하고 싶어 한다는 것이다.)

이러한 경험을 지닌 환자들이 자신들이 대우받아 온 그대로 분석가를 대한다면, (동시에) 그들은 여전히 그렇게 대우받고 있다고 스스로 느낄 수도 있다. 병리적인 투사적 동일시는 불안정하며 실패로 끝나는 방어이다. 즉, 그것은 자기 위치와 대상 위치를 오가는 것을 중심으로 조직되기 때문에, 다니엘 부자의 경우나, 앞에서 다룬 임상 삽화의 보다 심각한 긴장된 순간들이 보여 주는 바와 같이, 병리적인 투사적 동일시는 결국 그 자체의 반복으로 귀결되고 만다. 다니엘의 아버지가 자신이 실제로 무슨 일을 하고 있는지 몰랐던 것처럼, 또는 다니엘이 자신에게 무슨 일이 벌어지고 있는지 알지 못했던 것처럼, 트라우마를 입은 환자들은 자신이 이런 행동을 하고 있다는 것을 알 수 없다. 왜냐하면 그러한 비인식nonawareness 자체는, 재생산되고 있는 심리 상태의 일부이기 때문이다. 나아가 그러한 비인식은 분열, 부인, 해리와 같은 다양한 방어 과정의 보호를 받는다. 달리 말하면, 치료사가 해리와 다른 형식의 방어를 혼동할 때도 있다.

분석에서 환자가 '투사적 동일시'를 시작하기도 하지만, 환영적 실행체illusory agency의 이러한 명백한 행위는, 다니엘과 궁극적으로는 그 아버지가 그랬듯이, 환자 경험의 핵심에 자리한, 전체 관계의 상실, 절망적 좌절감, 고립되어 느끼는 압도적인 무력감을 비롯해, 심리적으로 더 이상 견딜 수 없는 일이 일어나지 못하도록 회피하려는 필사적인 시도일 수도 있다. 환자는 언제나 분석적 치료사를 평상시와는 다른 사람으로, 그들이 바라는 누군가로, 그들이 두려워하는 누군가로 만들려고 한다. 이것은 전이를 형성하는 근본적인 조건들 중 하나이며, 투사적 동일시 개념에 힘을 실어주는 본질적인 임상 사실들 중 하나이다. 정말로 현대 클라인 학파의 가장 뛰어난 공헌 중 하나는 이러한 유형의 영향을, 보다 심각한 환자의 치료에 국한시키지 않고, 모든 분석에서 나타나는 과정으로 보았다는 것이다. 그러나 이 관점을 세심하게 사용하지 못하고 환자 내면에 있는 부정적, 혹은 파괴적 동기를 과도하게 강조한다면, 그런 인식은 박해적이 되고 치료적 기회는 틀어질 것이다. 이것이 필자가 마크와 분석하면서 이해한 내용 중 하나이다(14장 참조).

그러한 어려움은 트라우마 경험이 그렇게까지 심각하지 않은 환자에게서 덜 극단적인 형태로 나타난다. 대부분의 분석에서, 피분석자들은 강제적이고 이질적이라 느껴지게 분석가가 행동하고, 느끼고, 동일시하도록 밀어붙인다. 어떤 의미에서 이러한 특성은 모든 전이 상황, 특히 부정적 전이의 한 부분이다. 더욱이 분석가도 물론 환자가 요구하는 사람이 되도록 영향을 받는다. 이렇게 서로 다른 영향 패턴은 거의 무한할 정도로 다양하고 복합적인 형태를 띤다. **관계적** 및 클라인 학파의 문헌은 이 모든 것에 상당한 주의를 기울이는데, 필자가 13장에서 자세하게 설명했듯, 클라인 학파 문헌이 투사적 동일시 개념에 대한 비온(1962)의 혁신적인 자료들로 풍성해졌 때(Britton, 1992; Joseph, 1988; Spillius, 1988), 특히 더 그러하다.

지지적이려고 애쓰는 한 분석가는 자신에게 잔인하며 반응해 주지 않는다고 종종 불평하는 여성 환자로 인해 좌절을 겪고 있었다. 언젠가, 분석가는 자신의 휴가가 임박한 것에 대해 그녀가 어떻게 느끼고 있는지 이야기하게 하려고, 그리고 분석가가 '휴식을 가질 자격이 있다.'면서 그렇게 되어 기쁘다고 그녀가 말했을 때, 그녀의 감정이 얼마나 무미건조해졌는지 소통하려고 끈질기게 노력하고 있었다. 그 이후 분석가는 그녀의 고통에 그리고 분석가가 끈질기게 작업하려는 것에 대해 그녀가 느끼는 짜증까지 공감하려고 했지만 그런 노력은 전반적으로 효과가 없었다. 말하자면, 환자는 그런 노력을 분석가가 잘난 체하는 것으로 여겼고, 분석가가 그녀의 비난에는 투사적, 방어적 측면이 있다고 해석한 것은 오히려 그녀를 자극하기만 했고, 환자는 그런 해석을 공격으로 받아들이며 분석가가 자신에게 굴욕감을 안겨주는 거짓 기술을 이용한다는 자신의 견해를 확인했다. 그녀가 분석가에게 맞서자, 분석가는 그녀의 말에도 '조금의 진실'이 있다고 인정했지만, (그는 대체로 자신에 대한 환자들의 말을 진지하게 받아들이는데도) 자신이 가학적이었다는 그녀의 말에는 공감할 수 없었다.

이런 상황에서, 분석가는 그런 상호작용으로 인해 자신이 어떻게 환자의 비난에 대응할 수 없다고 느끼게 되는지 자세히 묘사하는 것이 도움이 된다. 즉 만약 분석가가 그 순간 잔인했었다고 동의한다면, 그는 자신이 저질렀다고 느끼지 않은 죄를 자백하는 일이 될 것이다. 그러나 그가 만약 상황을 어떻게 달리 보고 있는지 설명하려 했다면, 정말로 그는 환자가 공격받는다고 느끼게 행동하는 것이 되었을 것이다. 이렇게 다소 구체적으로 묘사된 내용은 매우 비판적이고 때로는 비이성적인 어머니에게 받았던 대우와 일치했기 때문에, 그녀는 상황을 더 많이 성찰하고 일부는 과거와 연결할 수 있게 되었다.

이런 연결은 환자의 자기-성찰을 도와주는 동시에, 또한 분석가가 덜 통제받는다고 느끼며, 어느 정도 자신의 죄책감과 분노가 줄었다고 느낄 수 있게 해 주었다. 따라서 분석가는 환자가 어린 시절 이와 유사한 공격을 받았을 때 대처해 왔던 방식과는 다르게 환자가 어떻게 기여했는지 다룰 수 있는 더 나은 분위기를 만들어 낼 수 있었다. 더욱이 이런 과정은 분석 관계에서 재생산되고 있는 원형적 트라우마prototraumatic 상황에 대해 어렴풋이 성찰 능력이 향상되도록 했다. 분석가와 환자는 이 환자의 아동기 관계의 특징이었던 관점에서 탈피하여 같이 경험한 강압적인 기여방식에서 벗어날 방법을 함께 찾고 있었다.[2]

치료사-환자 상호작용의 트라우마의 반복과 '기법'

이러한 과정의 미묘함을 간과하면 실질적인 위험에 빠지게 된다. 환자에게서 추론된 (특히 부정적 동기를 지닌) 내면 상태에 대한 경솔하고 지나치게 일반화된 해석은 환자의 실제적인 심리 조직을 간과하며, 경험에서 동떨어진 공식화formulation로 대체된다. 환자의 주관적인 경험이라는 관점에서 볼 때, 이것은 강압적으로 기여하는 근원적 트라우마를 실제로 반복할 수 있다. 그러한 접근은, 실제로 환자의 경험의 중심에 있는 강요당하고 있다는 절망적이고도 불분명한 느낌에 대해 언급하지 않고, 강요를 초래하는 환자 자신의 주체성을 종종 과대평가한다. 이미 말했듯이, 성급한 해석은 우월한 힘을 가진 필요한 대상에게 지배당하고 있다는 두려움을 확인해 줄 수도 있는데 이런 대상은 환자에게 부정적 동기를 갖게 한다.

환자가 적대감을 느끼지 않거나 적어도 적대감을 경험하고 있지 않을 때조차 환자의 강압적 행동이 분석가에게 좌절과 심지어 적대감을 만들어 냄으로써 이러한 상황은 한층 더 복잡해진다. 클라인 학파의 이론에 따르면, 때때로 치료사는 자신이 느끼는 적대감을, 환자가 분석가에게 감정을 전이한 증거라고 가정한다. 즉, 환자는 무의식적이지만 실제로 그러한 감정을 느낀다는 것이다. 그러나 이러한 입장은 오히려 분석가의 지나친 주관적 해석을 반영하는 것일 수도 있는데, 분석가는 환자의 상처받고 오해받았다는 느낌과, 분석 상황에 대한 기대가 깨져버렸다는 느낌에서 비롯된 무엇인가를 계속 덧붙여왔을 수 있다. 그러나 환자는 본인이 아는 유일한 방법으로 자신을 필사적으로 보호하려고 할 것이다. 이것은 환자가 '분석가에게 감정을 밀어넣는다.'는 클라인 학파의 생각과 같은 것이 아니다. 분석가가 적대감을 상호주관적 상황에서 새롭게 구축된 결과로 바라보지 않고, 단순히 환자의 탓으로 귀속시켜 버린다면, 해석은 진정으로 미성숙할 뿐 아니라, 실제로도 부정확할 것이고, 환자는 또다시 잘못 귀속시키는 것을 경험하게 될 것이다. 다시 말하자면, 덜 추론적이고 덜 귀속적인 접근법이 더 유용할 수 있다.

유아-부모 관찰 연구와 클라인 학파 개념의 통합

따라서 본질적으로 내적인 판타지로서 투사적 동일시 개념은 자기 대상 조직화의 가장 기본적인 수준에서 특정한 절차상의 구성 방식—특정한 특징을 지닌, 자기감과 상호주관성을 조직하는 특정한 방법—을 기술하는 상호주관적 용어로 다시 정의된다. 여기에서 투사적 동일시 개념은 한 사람이 자기-경험에서 받아들일 수 없는 자신의 어떤 부분을 또 다른 사람에게 경험하도록 압박하며, 내적-구조적, 그리고 행동적-소통적 측면을 모두 지닌 특정한 비대칭적인 영향력을 포함한다. 만약 이 말이 혼란스럽게 들린다면, 실제로도 그것이 혼란스럽기 때문이다. 그것은 경계와 대인관계적 공간에 대한 혼란스러운 내적 상태를 반영한다. 이것은 다니엘의 아버지가 내적ㆍ외적 세계의 상호작용을 통해 자기와 타자의 흐름을 구축했던 방식에서 극단적으로 드러나는데, 즉 역설적이면서 전형적이고, 동시에 유연하면서도 경직되어 있다. 어떤 감정과 속성이 자신에게 '속해 있는지', 또 타인에게 '속해 있는지'를 조직화하는 절차 속에는 편집-분열 포지션에서처럼, 끊임없는 혼돈과 고통이 있다.

이제 클라인 학파의 관점은 상호주관적인 유아 연구자들의 관점을 추가한다. 내적으로 추동된 심리적 세계에서 내적 판타지 개념은 다니엘의 신호를 노골적으로 무시했던 아버지의 놀랄 만한 파괴성뿐 아니라 무의식의 중요한 차원들과 근본적이고 대단히 중요한 심리적 원리에 대한 감각과 더불어 너무나도 분명하게 드러나는 반복적인 압박과 강박충동을 포함한다. 이러한 관점들을 통합함으로써, 우리는 내적 대상 세계에 대한 클라인 학파 심리학을, 한 사람의 내적 세계가 다른 사람의 실제성을 지워버리는 특정한 유형의 돌봄 관계에 대한 설명으로 생각할 수 있다. 그러나 투사적 동일시도, 편집-분열 포지션도 대상관계의 보편적 출발점은 아니다.

유아 세계의 사회적, 대화적 특성을 강조하는 현대 유아 연구자들의 주장과 비판적 통합을 이루려면, 보다 전통적인 클라인 학파 이론에서 제공되는 것보다 이런 변천에 대해 더 개방적이고 다양한 모델이 필요하다. 즉, 클라인의 주장과는 다르게, 모든 유아들이 상호주관적인 생명력의 부재나 무소불위의 파괴력 및 박탈의 공포로 인해 고통을 겪는 것은 아니다. 또한 필사적인 본능의 세계를 보여 주는 이미지가 보편적인 것도 아니다. 오히려 그 이미지는 상호주관적인 관계 공간을 구조적으로 배치하는 많은 형식들 중 하나일 뿐이다. 다른 이론들이 더욱 상호적이고, 대칭적이고, 공감적이고, 더욱 절제되어 있을 수도 있다. 이를 테면, 아론Aron(1990)은 일반적인 정신분석적 치료 방식을 상호적이지만 비대칭적이라고 피력한 바 있다.

과잉 일반화된 클라인 학파의 메타심리학과 발달 담론

클라인 학파의 본질적으로 '원초적인' 유아 이미지는 투사(생명을 위협하는 불안에 대처하는 데 불가피한 경로)를 중심으로 조직화되었으며, 이제는 내적이거나 외적인 대상과의 연결을 위한 유아의 보편적 형식이라기보다, 스트레스와 긴장 속에 있는 대상관계를 기술하는 것으로 새롭게 개념화될 수 있다. 투사적 동일시가 유아 대상관계의 기본 양상이라는 생각은, 그 상황의 어떤 차원은 설명해 주지만 여기저기 산재해 있는 중요한 특징들을 모호하게 하면서 트라우마 이후의 정신적 구조를 과잉 일반화한다. 유아의 투사적 동일시를 다루는 고전적 이론에서는 특히 이미 트라우마를 겪은 좀 더 큰 아동들과 성인들의 분석에서 너무 많은 회고적 추론을 한다.

부모가 아이의 내적 경험이나 외적 신호를 고려하지 않고 아이에게 주는 영향력이 특히 강압적이거나 일방적일 때, 이런 통제적인 투사적 동일시 형식은 아이의 인격에서 가장 지배적일 수 있으며, 경직되게 다음 세대로 전해질 가능성이 높다. 실제로 부모는 항상 유아에게 영향을 미치고 있으며 그에게 의미를 부여하고 있기 때문에, 부모의 투사와 유아의 속성 사이에는 역동적인 상호작용이 언제나 존재할 것이다. 그러나 발달 초기부터 그리고 양자적인 심리내적 조직화의 가장 기본적인 무의식적 수준에서는 다른 종류의 상호주관성 형식들이 보다 중심적일 것이다. 견딜 수 없는 느낌을 제거하는 위압적인 투사적 동일시는 심지어 가장 초기의 유아기에서도, 상황이 순조롭게 진행될 때조차도 심리 조직의 중심적 양상이 될 수 없다. 비록 좋지 않은 상황이라 하더라도, 점점 더 커지는 불안을 다루기 위해 타자와 함께하는 자기의 감각을 조직하는 다른 방식이 있을 수 있다. 클라인 학파의 메타심리학은 본능 세계의 격동과 파괴성, 타고난 마음이 지향하는 비현실성nonreality을 보편화한다.

정신분석의 본능 이론과 유아의 신체 경험

클라인 학파의 메타심리학은 유아 심리의 기본적, 비환원적, '원초적인' 구강 축출적, 함입적incorporative 판타지 구조를 지닌 가설적 세계에 무의식적 판타지 이론의 토대를 둔다. 이것은 정신의 가장 기본적인 차원에서, 그리고 발달의 가장 초기 순간에 대부분 상당히 보호적, 협조적, 상호적, 긍정적 정서로 가득한 실제적인 초기 경험의 중요성을 과소평가한다. 필자는 클라인 학파 이론의 깊이와 힘을 존경하지만, 그 이론이 그려내는 유아의 이미지는 의식적으로든 무의식적으로든 현실에서든 혹은 판타지 속에서든 실제의 아기가 겪는 것들과는 상당한 거리가 있음을 발견한다.

이러한 비판에 대해, 전통적 본능 이론의 옹호자들은 전통적 본능 이론이 유아와 성인 모두에게 있어 물리적-신체적 영역의 근본적 중요성과 관련된 어떤 것을 포착하는 데 특별한 장점이 있다고 주장한다. 판타지에 대한 전통적 강조점과 유아에 대한 직접 관찰 접근을 통합하게 되면 이러한 반대에 강력한 답변을 내놓을 수 있다. 직접 관찰 접근은 가장 기본적인 심리신체적psychophysical 차원(정동, 운동감각적, 자기수용적 및 여타 몸의 경험, 리듬, 동시성과 비

동시성, 연속적인 상호작용에 대한 다른 세부사항 등)에서 일어나는 구체적이고 생생한 상호작용 과정에 충분한 주의를 기울이기 때문이다. 이러한 요소들을 포괄하는 판타지 이론을 정립하게 되면, 신체 경험을 분석적 담론의 중심에 두려는 본질적 목표로부터 본능 이론이라는 미심쩍은 가정을 놓아버림으로써 클라인 학파 개념과 대부분의 '고전적' 모델이 보여 주는 부담스러운 모호함을 명료화할 수 있다(이로 인해 '이드id'와 같은 핵심 개념들도 다른 시각으로 바라볼 수 있게 된다). '판타지의 본질과 기능'에 대한 수잔 아이작(1948)의 탁월하고도 영향력 있는 클라인 학파의 논문은 그러한 방향성을 제시하고 있지만, 프로이트-클라인 학파의 메타심리학에 대한 그녀의 충성심과 그 시대의 제한된 연구로 인해 한계가 있었다.

또한 이 접근은 클라인 학파의 안팎에서 꾸준히 제기되어 온 투사적 동일시 개념의 발전과 관련된 문제에 대해서도 대응할 수 있다. 투사적 동일시 개념에 대한 한 리뷰에서, 스필리어스Spillius(1988, pp. 84-85)는 다음과 같이 썼다.

> 클라인은 투사가 어떤 신체적 수단에 의해 실행되고, 투사를 받는 사람의 몸의 어느 부분으로 침투되는지 그 정확한 신체적 수단을 꼼꼼하게 명시했다. 심지어 클라인이 처음에 내린 정의는 "증오심에서 배출된, 이러한 해로운 배설물과 더불어, 자아의 분열된 부분도 어머니에게로 혹은 차라리 어머니 속으로 투사된다고 말하는 것이 낫겠다."(Klein, 1946) 고 설명함으로써 배설기관이 투사의 실행 기관임을 명확히 한다. … 그러나 점차 많은 분석가들은, 특별히 두드러지지 않는 한, 판타지의 육체적 기반을 구체적으로 명시하지 않고, 투사한 사람의 마음이 투사를 받는 사람의 마음속에 침투된 것으로 투사를 설명하고 생각하려고 한다.

이 글에서 스필리어스는 클라인 학파의 원래 접근에서 심리성적 단계 이론을 구체화하는 것에 주의를 기울이지만 '판타지의 신체적 기반'을 이해하는 데 다른 관점의 가능성을 고려하지 않는다. 필자는 유아-부모 상호작용에서 실제적인 전승 과정을 관찰하는 일이 이 간극을 메워줄 뿐 아니라, 유아기 및 전이-역전이에 관해 보다 광범위하고 경험에 더 근접한 상호주관적 관점에 이르는 길을 알려줄 것이라고 주장한다.

몸의 경험에 대한 설명은 정말로 발달 및 임상 이론의 중심에 포함되어야 하지만, 정작 강조되어야 할 것은 몸의 전체적 감각이지, 특정 지대에 집중된 형태나, 불쾌한 긴장과 같이 임의로 활성화된 신체 상태가 아니다. 몸의 경험에 대한 욕동-본능 모델의 풍자적 묘사에서 벗어나게 되면, 비로소 개인적·사회적 경험에서 차지하는 몸의 중요한 역할에 대해 풍부하고도 즉각적으로 설명할 수 있는 더 많은 공간이 열리게 될 것이다. 이러한 사실은 다니엘이 아버지에 의해 다뤄진 방식에서도 이미 명백하게 드러난 것처럼(Seligman, 1996), 한 사람의 몸이 다른 누군가가 휘두르는 폭력의 대상이 되는 전체적 감각에서 극단적으로 설명되고 있다(유아 성욕에 대한 유사한 접근으로는 Salo and Paul, 2017 참조). 또한 이미 말했듯이, 동시적인 상호작용 및 심리내적 2인 과정으로 동일시를 설명하는 것이, 함입이나 신진대사처럼 구강적 섭식 은유와 같은 옛 흔적이 남아 있는 서사로 설명하는 것보다 훨씬 더 강력하다.

아기와 몸을 직접 관찰하는 접근은 몸의 경험을 '1인' 영역에, 사회적 경험을 '2인' 무대에 두려는 전통적 견해를 돌파해낼 수 있다. 사회적 경험은 신체적이고, 신체 경험은 사회적이다.

상호주관적 관점에서 동일시와 투사적 동일시 재고: 대상과 함께하는 자기 구조에서 내적 비언어적 상호작용 패턴

지금 기술하고 있는 유아−아버지 상호작용에는 상호주관적/대인관계적 무대에서 내면 상태가 실제로 표현되고 소통되는 상호작용 과정 특유의 관찰 가능한 세부사항들이 포함된다. 이것을 염두에 두면서 이제 우리는 실시간으로 자세히 기술할 수 있는 '2인' 현상으로 투사와 동일시에 접근할 수 있게 되었다. 유아−부모 상호작용에서 다니엘이 겪은 상황의 가장 분명한 요소는 아버지가 아들의 탓으로 돌리는 무자비한 투사적−귀속적projective-attributive 행동이라 할 수 있다. 그는 강압적으로 아들의 신호를 무시하고, 아들을 사랑한다고 느끼면서도 적대적으로 다룬다. 그는 아들을 주체성이 없는 사물처럼 대한다. 그러면서 자신의 무력하고, 적대적이고, 고갈된 '나쁜' 자기 및 대상 표상을 외재화하고 실제화하면서 어떤 성찰적 사고도 하지 않고 그것들을 행동으로 옮기고 아들 탓으로 돌린다.

2인 현상으로서의 동일시

다니엘과 그 아버지 사이의 이런 비성찰적, 강압적, 비대칭적 패턴은 '관계 구성형식', 즉 특정한 '상호주관성 형식'으로 기술될 수 있다. 이미 말했듯이, 자말과 그 아버지의 좀 더 상호적이지만 여전히 비대칭적인 패턴이나, 또 다른 유아–부모 상호관계의 훨씬 더 상호적인 패턴을 비롯하여 다른 많은 구성형식들이 존재한다(16장에 일례로 제시된 레베카 삽화 참조).

고전적 이론은 동일시를 표준 구성형식으로 다루지만, 필자는 각각의 사람은 다른 사람이 갖고 있는 독특한 관계적 차원이 무엇이든 간에, 내용이 문제가 되지 않는 현실과 상상의 차원을 모두 포함하여 그 관계 고유의 특수한 관계적 차원과 동일시한다는 것을 강조하고 싶다. 다니엘과 그 아버지의 경우에는 통제적 투사라는 고통스러운 특징을 지닌, 특정한 유형의 동일시 과정이 존재한다. 이것은 다른 형식의 동일시(가령, 아기 자말의 경우)와는 구별된다. 이 관점은 샌들러(1987), 샌들러와 로젠블랫Rosenblatt(1962), 세이퍼Schafer(1968)의 관점을 정교화하고 그것에 영향을 받았지만 또한 그들의 관점과는 다소 차이가 있다.

2인 현상으로서의 투사적 동일시

다니엘은 아버지가 아무 생각 없이 자신에게 가하는, 무력감을 포함하여 아버지 자신도 인식하지 못하는 관계적–정서적 상태와 '동일시'할 수밖에 없었다. 즉, 아이가 무력감을, 경험하고 관계 맺는 특징적인 양상으로 받아들이게 되면 아버지를 닮아가는 것뿐만 아니라, 이것을 대인관계적 접촉 및 효능감과 연결할 수 있는 유일한 방법은 자신에게 영향을 미치고 통제하려는 타인의 시도를 강압적으로, 심지어는 폭력적으로 무시하는 것이라고 느끼게 될 수도 있다. 이것이 다니엘이 자신의 소망을 아버지에게 느끼게 하는 유일한 방법이었기 때문이다. 또 다른 관점에서 우리는 아이가 아버지의 내재적인 관계 전략 혹은 '내적 작동 모델'을 받아들이고 있음을 볼 수도 있다. 이것은 아이가 세상에서 영향을 미치는 유일한 방법은, 생각되지 않는unthought 만연한 무력감을 최대한 극복하기 위해서 할 수 있는 한 힘껏 밀어낸다는 정동적–관계적 원칙에 따라 무의식적, 전언어적 수준에서 자신의 관계를 조직한다는 것이다(Bollas, 1987 참조).

그래서 이 발달은 아버지의 내적 자기와 대상 세계, 양쪽 모두와 '동일시'를 구축하게 될 것이다. 즉, 다니엘은 아버지처럼 아버지 자신의 '학대자–피학대자'라는 양자의 내적 역할 관계에서 학대자가 될 수도 있다. 하지만 동시에 학대 받는 무력한 자기도 함께 떠안게 될 것이다. 그럴 때 이 동일시는 한쪽 역할과 동일시하는 것이 아니라 양자 관계 시스템과 동일시하는 것이다. 달리 말하자면, 이러한 동일시는 한 입장과 나머지 또 다른 입장 사이를 오가는 것이 특징인, 자기와 타자가 함께하는 양자 관계 내부에 있는 한 사람의 주관성의 지향점인 것이다. 이 관점은 내적 대상 배열configuration이 양자적으로, 그리고 장field과 같은 어떤 것으로 구성된다는 현대적 사고와 관련된다. 또한 이 관점은 내적 대상 세계에는 투사, 내사, 동일시가 편재한다는 클라인 학파의 주장과도 관련된다.

상호주관적/상호작용 개념으로서 '공격자와의 동일시'

이 일반적 접근은 '공격자와의 동일시'라는 특정한 용어를 명확히 하려고 할 때 더 잘 설명될 수 있다. 이 용어는 페렌치(1949a)가 제안했고, 안나 프로이트(1936)가 확장했으며, 보다 일반적으로, 또한 트라우마의 세대 간 전승과 관련해 프레이버그 등(1975)이 매우 설득력 있게 사용했다. 그런 상황에서, 학대하는 공격자와의 동일시는 단지 하나의 대상 표상만을 재생산하는 것이라기보다는 관계 과정을 재생산하는 것이다. 다니엘이 공격자로서의 아버지와 동일시하는 것도 이러한 **전체적인 양자 간의 투사적 동일시 과정의 내재화를 포함한다.** 그런 상태에서 공격자와의 동일시 과정 특유의 성질은 공격자의 이미지가 자기 속에 심리적으로 재배치된다는 전통적인 개념보다는, 동일시의 불가피성과 강압적 양자 간의 지형으로 정의되는 내적 양자 모델로 가장 잘 설명된다. 공격자와의 동일시는 희생당한 자기를 없애지 못한다. 그것은 희생당한 자기를 투사적으로 혼란에 빠뜨린다.

아버지와의 경험이 강렬한 강압적 정서로 학대자-피학대자라는 2인 관계를 중심으로 조직되는 정도에 따라, 다니엘은 2인 상호작용의 두 측면이 일반적인 관계 패턴을 구성하는 것으로 경험하게 될 것이다. 그러한 압박을 받으면서, 다른 대안을 생각할 수 있다는 성찰적 사고도 하지 못한 채, 다니엘과 같은 유아에게는 거의 인식할 수 없는 훨씬 더 압도적인 무력감을 막기 위해 통제적 태도가 '자리 잡을' 수도 있다. 예를 들어, '이름 없는 두려움nameless dread'에 대해 기술한 비온(1962)과 '해결할 수 없는 공포fear without solution'에 대해 기술한 애착 이론가 메리 메인(1995)은 성찰할 수 없는 이런 무력한 피할 수 없음의 감각을 생생하게 묘사했다. 이것은 물론 트라우마 상태의 본질적인 특징 중 하나이고, 그 과정은 이미 주목한 바와 같이 세대 간 트라우마 전승의 중심 메커니즘 중 하나이다(예컨대 Fraiberg et al., 1975 참조).

현대적 통합을 향해서

전반적으로 이 접근은 전이 및 역전이와 관련해 대단히 정교한 클라인 학파의 문헌에서, 현대의 관계적-상호주관적 이론 전반에서, 또한 트라우마와 관련된 급증하는 임상 및 신경발달학 문헌에서 최근 부상하고 있는 논의의 많은 논점들과 일치한다. 현대 클라인 학파는 심리내적 영역과 전이-역전이 영역의 복잡한 상관관계를 가장 날카롭게 분석하는 관찰자들이다. 따라서 최근 부상하는 상호주관적 패러다임과 생각보다 더 많이 겹친다. 분석 상황은 환자들이 자신들의 내적 세계를 경험하고 재연하기 위해 치료사들이 그것을 느끼고 행동하게끔 영향을 미치는 방향으로 준비된다. 클라인 학파 분석가들은 그러한 압력이 일반적으로 어느 정도까지 전이를 구성하는 조건이 될 수 있는지, 그리고 이것을 현실화하기 위한 초석의 하나로 투사적 동일시 개념을 어느 정도까지 사용해왔는지에 특히 민감하다. 우리가 유아의 이미지를 심리적 원시성, 심각한 정신병리, 내인성 본능과의 유사성에서 끊어낼 때, 클라인 학파의 어록에 남아있는 개념들은 일반적으로 양자적 상호작용, 특히 분석 관계에서 발생하는 특별한 종류의 상호작용 및 양자적 영향의 독특한 패턴을 대단히 풍요롭고 놀라울 정도로 경험에 근접한 일련의 용어들로 설명될 것이다.

후주

1 필자는 1인 관계의 영향에 대해 예측하거나 예측 공식을 제안하기보다는, 유아 치료 효과에 대해 우리가 어떤 방식으로 사고할 것인가를 탐구하기 위해서 잠재적인 발달 결과에 대해 가설적으로 생각하고 있는 것임을 강조한다. 그러나 그러한 연속성에 대해 점점 더 활발해지는 연구를 살펴보려면 9장을 참조하기 바란다.

2 여기서 미시적-트라우마에 대한 크라스트노폴Crastnopol(2015)의 설명이 관련된다.

4부

발달과 심리치료에서의
활력, 활동, 의사소통

주관적 시간 경험, 의미와 움직임의
다른 형태에서의 활력과 공허

4부의 두 장에서는 활력과 효능감, 과거와 미래에 대한 개인적 감각, 분리되어 있지만 연결된 몸과 마음의 관계 같은 핵심적인 개인적 경험들을 탐구한다. 세상에서 생기 있게 존재하는 방식은 유아기에서 유래하고, 유아 관찰 연구에서 명백하게 드러난다. 활력에 대한 사고는 정신역동 이론과 임상 현장에 설득력 있는 플랫폼을 제공한다.

16장에서 필자는 개인적인 시간 감각—시간성temporality—이 다른 임상 상황에서 어떻게 조직화되고 경험되는지 탐구하고자 한다. 필자는 유아기 관찰의 예를 사용하여 유아의 운동 활동과 정서적 의사소통 능력에 대한 양육자의 반응이 개인적인 안정감, 생명력 있는 상호주관성, 의미 있는 자기감과 열린 미래에 대한 감각의 발달에 어떤 영향을 주는지 보여 주고자 한다. 필자의 접근은 세상을 살아가는 것이 어떤 느낌인지와 같은 매우 개인적인 핵심 경험과 순간순간의 상호작용을 연결하는 것이다. '미시적' 상호작용의 축적은 분석가가 흔히 묘사하는 '거시적' 구조를 반영하는 동시에 유지하도록 한다.

이 사실을 유념하면서 필자는 '시간성 장애disorders of temporality'라고 부르는 정신병리의 차원을 제안한다. 이런 장애 중 일부는 특히 트라우마로 인해 과거와 현재가 흐려지는 것을 수반한다. 그럼에도 불구하고 16장의 많은 부분은 환자가 새로운 경험이 나타날 수 있다는 희망을 가질 수 없을 때, 아주 짧은 순간이라도 관찰될 수 있는 시간 감각의 근본적인 결함과 연관되어 있다. 필자는 이러한 심리 상황과 만성적으로 반응 없는 부모를 둔 유아의 경험 사이에 유사성이 있다고 제안한다. 그런 경우, 협력하고, 사랑하고, 서로 돌보는 대인관계, 일, 흥미 등을 더 생기있게 만드는 근본적인 활력보다 정서적, 대인관계적 공허가 더욱 두드러진다.

17장은 다니엘 스턴Daniel Stern의 마지막 저작인 『활력의 형태Forms of Vitality』를 다룬 논평의 확장본이다. 1970년대로 접어들 무렵, 스턴은 가장 먼저 유아–부모 상호작용을 상세히 관찰한 사람들 중 한 사람이었다. 그는 강렬한 감정과 의미들을 환기하기 위하여 시공간을 통해 소통하고 움직이는 사람들이 관련된 춤과 다른 예술 형태에서 그 자신의 경험을 통해 이를 관찰하였다. 특유의 방식으로, 미학적 성향을 정신분석 및 정신의학적 관점과 통합할 수 있었던 스턴은 이러한 시각을 유아와 부모뿐 아니라 성인 대상 심리치료로 확장했다. 나아가 그는 현상학적 철학과 인지 및 발달 신경과학과 정동 연구를 포함하는 인접 학문 분야의 다양한 과학적 발견에 진지하게 참여했다.

스턴은 늘 형태form에 관심이 많았는데, 양자 간 사회화 과정에서 상호 몸놀림의 즉각성을 제시하는 데 있어 '유아 관찰자' 중에 견줄 이가 없었다. 여기서 필자는 그의 연구에 대해 분석 이론이 몸의 움직임으로서, **생생한 경험**에, 심상과 감정 모두에 뿌리내리도록 이런 다른 영향들을 통합하는 것으로 이해한다. 스턴은 '활력의 형태vitality forms'를 심리치료 과정은 물론이며 움직임과 음악에, 짧은 혹은 긴 시간 간격을 두고 더 격렬해지거나 덜 격렬해지는 정서의 윤곽을 드러내는 방식에, 그리고 사회적 상호작용에 모두 적용할 수 있는 일반적 공식화로 개념화했다. 그것은 종종 개인적 영역과 사회적 영역 모두에서, 경험되면서 관찰도 가능한 경험의 차원을 가리킨다. 여러 맥락에 다양하게 적용할 수 있다는 것은 이 접근법에 대한 강력한 영향력을 시사한다.

필자는 16, 17장에서 초기 프로이트 학파의 본능—에너지 모델을 수정하고 재구성할 방향을 제안하면서 몸 자체의 생생한 경험 외의 다른 곳에서 나오는 힘보다는 체화된 마음의 직접적인 경험에 본능—에너지 모델의 뿌리를 둔다. 스턴과 마찬가지로, 필자도 유아가 실제 대상, 특히 다른 사람들과의 관계에서 움직임과 정서, 뜨거움과 차가움, 빛과 어둠, 존재와 부재, 접촉과 그 유효성(혹은 그 반대의 것들) 같은 핵심적인 차원의 세계—이 모든 것들은 시간, 공간 감각의 성장에 따라 일어난다—를 건설하는 것을 상상하면서 시작한다. 정신분석에서 관계지향 접근에 대한 비평가들은 본능 이론이 몸을 잃어버리는 것에서 분석을 보호한다고 주장하면서, 관계지향 접근이 '몸을 잃어버리는 것'이라 비판해 왔다. 오히려, 형체가 있는 몸은 유아기 이후 의식적으로, 무의식적으로 주관적으로 이해되고 타자들에게 관찰가능하다는 것이 명백하고 유용하기 때문에, 필자는 본능 이론이 몸의 가치를 떨어뜨린다고 믿는다. 종합하면, 이러한 핵심 경험들은 세상에서 생기 있게 존재하는 방법으로서 주관성과 상호주관성에 대한 기본 감각들로 이루어져 있다. 이러한 방향으로 다시 생각한다면 원래의 '리비도' 개념은 방출되거나 묶이는 성적 에너지라기보다, 활기 있고 관계 맺는 사람의 살아있는 경험의 문제가 된다(필자가 보기에는 비슷한 주제들이 위니컷의 연구에서도 많이 나타난다).

16장
시간 속에서 다시 살아나기
-시간성과 초기 박탈, 미래에 대한 생생한 감각-

시간성: 개인적 경험의 핵심에 있는 시간 감각

시간은 정신분석의 중심이다. 분석은 과거에서 현재를 구별해 낸다. 다양한 형태의 반복과 복원, 진전과 발전이 사례 개념화와 분석 기법의 핵심이다. 관습적으로 우리는 시간을, 일련의 '지금now'으로 재현되거나 직접적으로 표현되는, 무언가 균일한 것으로 생각한다(이때는 앞으로 움직여가는 시계 바늘이나 숫자의 매우 정밀한chronometric 움직임처럼, 그리스어 크로노스chronos가 꼭 들어맞는다). 하지만 정신분석가의 관점에서 보면 시간 감각은 매우 개인적인 현상인데, 지루하든, 뭔가에 열중해 있든, 괴롭든, 즐겁든, 신경증을 앓든, 정신증을 앓든, 처한 상황과 나이, 생애주기에 따라 어느 때는 더 빨리, 어느 때는 더 느리게 흘러가기 때문이다(이때는 그리스어 카이로스kairos가 맞는다). 기억과 역사는 과거와 현재를 연결하면서 다양한 형식과 감정을 취하는데, 보이거나 숨겨지고, 감지되거나 깊이 감춰지고 상상되고, 정서적으로 느껴지고, 이야기로 표현되는 등 계속해서 수많은 다른 방식으로 나타난다. 이 모든 것은 복잡하게 뒤섞여 나타나고, 다시 시시각각, 이곳저곳으로 이동한다. 철학자들은 시간성temporality이란 용어를 사용하여 이러한 근원적인 시간 감각을 포착하는데 이는 끝없이 이어지는 순간의 흐름이라는 일상적인 시간 개념과 대비된다.

한스 로우왈드(1980, pp. 144-145)는 그리 주목받지 못한, 시간 경험에 대한 논문에서 시간이 분석가에게 드러나는 특별한 방식을 다음과 같이 설명했다.

정신분석가로서 우리가 시간을 생각할 때 … 주로 심리적 삶에서 연결하는 활동으로 시간을 경험하는데, 그 안에서 과거, 현재, 미래가 엮이고 짜여 결합된다. … 연속적이라는 일반적인 시간 개념에서처럼 일직선적인 연속체에 있는 불가역성이 아니라, 또 다른 시간 양식 없이는 하나의 시간 양식을 경험할 수 없거나 사고할 수 없고, 서로를 계속 수정하는 상호적인 관계라는 것이다.

프로이트와 동시대인인 마르셀 프루스트Marcel Proust(2002)는 '지금'과 '그때'가 어떻게 같은 순간에 함께 존재하는지 보여 주었다. 마들렌 쿠키의 맛이 마르셀을 어린 시절로 데려다주어 결국 일곱 권짜리 서사 『잃어버린 시간을 찾아서』의 남은 부분을 집필하도록 박차를 가할 때, 그 걸작의 순간이 탄생한다. 물론 프루스트의 이 기념비적 작품은 현재가 과거로 녹아들고 다시금 현재로 스며드는 기억 속에 떠오르는 지각을 굉장히 잘 짜아 층층이 쌓아 올린 여행이다. 이것은 시간과 공간의 흐름을 유례없이 섬세하고 감각적으로 풍부하게 창조해 내면서 시간성과 그 변화를 다룬 20세기의 뛰어난 작품이다.

프루스트는 무척 길어진 시간 여행의 서막이 된 챕터[1] '콩브레Combray'[2]에서 일상적인 시간 이면에 떠다니는 임계성liminality에 관해 다음과 같이 썼다.

잠이 든 한 남자는 자신을 둘러싼 원 안에 일련의 시간hours, 즉 해years와 세계의 순서를 붙잡아 둔다. 남자는 잠에서 깨어나 곧바로 자신이 살고 있는 지구상의 한 시점 즉 잠 깨기 전에 지나간 시간time을 읽으며 본능적으로 일련의 시간을 확인한다. 하지만 시간의 순서는 뒤죽박죽되고 깨질 수 있다. 한동안 불면을 겪고 아침이 다 되어 평소와는 아주 다른 자세로 책을 읽고 있다가 잠에 취한다면 그가 팔을 들어 올린 것만으로도 충분히 태양을 멈추고 물러나게 한다. 따라서 잠에서 깨어나는 순간, 남자는 지금이 몇 시인지 더 이상 모르게 될 것이고, 막 잠자리에 들었던 사실만 기억할 것이다. 예를 들어, 남자가 저녁 만찬이 끝난 뒤 안락의자에 앉아, 평소와는 훨씬 더 다른 자세로 깜박 잠들면 질서가 깨진 세계에서는 혼란이 완성될 테고, 마법의 안락의자는 시간과 공간을 전속력으로 통과하며 그를 여행을 보낼 테고, 눈을 뜨는 순간에 그는 자신이 몇 달 전 다른 나라에서 잠들었다고 믿게 될 것이다(Proust, 2002, p. 5).

---

1) 『잃어버린 시간을 찾아서』의 1부 1권(역자 주).
2) Combray, 프랑스의 지명(역자 주).

탐신 샤우Tamsin Shaw(2013, p. 231)는 몇 마디 말로 이 파악하기 어려운 복합성을 포착했다.

> 인간의 의식은 과거와 현재, 미래를 구분하고, 그 순간부터 이 세 시제를 비튼다. '이러한 구분은 **빛의 번쩍임**이다. … 인간 생명을 보호하는 대기가 **구름**으로 불릴 수 있는 때는 오직 이러한 빛이 터뜨려진 뒤인, 지금뿐이다.'

역사적 시간

집단적 삶의 시간성은 개인적 삶의 시간성만큼 다차원적이다. 고고학자나 역사가들도 (신경과학자나 분석가와 마찬가지로) 시간의 유동성에 대해 잘 알고 있다. 그러나 이 모든 것은 일상적인 상황에서 (시야에 가려져 있기도 하지만) 보이기도 한다. 개개인의 삶은 독특한 방식으로 시간성을 조직하고 부과하는 개인적, 문화적, 역사적 순간에 펼쳐진다. 필자는 예루살렘 구시가지를 바라보면서 이 장의 초고를 썼다. 예루살렘 구도심 1평방 마일 안에는 2천 년 이상 된 유대인 성전의 '통곡의 벽'이 남아 있는데, 이곳에서 예수가 십자가에 처형되고 부활했으며, 무함마드가 승천했고 십자군 행렬이 지나갔다(한참 훗날인 1948년에는 아랍 연맹에게 짓밟혔고, 1967년에는 '6일 전쟁'에서 승리한 후 입성한 이스라엘 방위군에게 짓밟혔다). 그리고 겨우 몇 발짝 떨어진 곳에서, 가수 리한나의 CD, 아이폰, 아르마니 안경테와 히브리어 문자로 쓴 좋아하는 팀 셔츠를 살 수 있다. 이 구도시를 방문하면 프로이트의 지형학적 무의식에, 고고학적으로 쌓아 올린, 더 정확히 말하면, 고고학 이전의 혼돈과 다르지 않은 현기증에 빠져든다. 그런 오랜 시간 축적된 환경의 역사를 알고 있어도 그곳을 처음 방문하는 사람은 마치 꿈에서처럼 기억은 하지만 한 번도 보지 못한 장소를 방문하는 것이다. 그러나 지금의 실제 장소는 현재와 과거가 뒤섞이고 미래에 영향을 미치며 오늘날까지 살아있는 곳이다. 필자는 파르테논 신전에 처음 방문한 사람들에게서도 이런 말을 들었는데 그것은 놀랍도록 새로우면서도, 마치 이전에도 본 것처럼 묘하게 친근한데 이는 기둥과 박공벽으로 이루어진 수많은 신고전주의 건물이 워싱턴에서 상하이에 이르기까지 어디서나 발견되기 때문이라는 것이다.

시간성에 대한 정신분석가의 관심

정신분석은 다소 일직선적인 순서로 하나가 다른 하나를 뒤따르는 일련의 '지금'이라는 일반적인 시간 감각을 해체하여, 이것이 시간의 유일한 형식이 아님을 보여 준다. 로왈드는 (1980, p. 143) 이런 방식으로 정신분석에서 시간이 차지하는 위상을 기술하였다. "우리가 정신분석가로서 시간을 고려할 때, 객관적으로 관찰되거나 주관적으로 경험되는 기간으로서의 시간 개념은 그 타당성의 많은 부분을 상실한다. … 심리적 삶에서 과거와 현재, 미래는, 일차적으로 하나가 다른 하나를 앞서는 것이 아니라 서로를 결정하고 만들어 가는 시간의 양태로 드러난다. …" 알로우Arlow(1986, p. 507)는 이러한 견해에 공감하여 다음과 같이 주장했다. "정신분석은 과거의 사건이 현재 겪는 어려움에 어떻게 영향을 미치는지 이해하려는 노력이기에 근본적으로 시간과 관련이 있다. … 정신분석은 다른 어떤 학문보다 과거, 현재, 미래의 공존과 생각을 분명히 설명해 주고 있다." 이 주제를 다룬 다양한 정신분석 저작은 너무 방대하여 여기서 살펴보기 어렵다.

분석적 세팅은 일반적인 시간 감각을 구조화하는 일상의 사회적, 언어적 배열을 어지럽히고 과거와 현재가 서로를 넘나들고 스며드는 움직임을 촉진한다. 각각의 분석은 '과거라는 피라미드 위에 자리 잡는다.'(메를로 퐁티가 인용한 프루스트 2012/1945). 우리가 소중히 여기는 해석 전략은 현재를 과거로 바꿔놓았다가 다시 되돌리는 것이다. 우리는 어디에나 편재하는 기억을 가져와 현재의 지식을 채색한다. 전이에서 우리는 가장 중요한 개인적—역사적 인물을 위한 상effigy으로 제공되도록 허용한다. 우리는 과거, 현재, 미래가 모두 동일한 장소와 시간을 차지할 수 있다는 듯, 과거, 현재 심지어 미래의 모든 흐름을 담아내는 꿈처럼 환자의 세계에 접근한다. 프로이트(1911)는 일차 과정을 기억과 지각이 구별되지 않고 뒤섞여 일상적인 시간을 넘어서는 것으로 정의할 때, 각 개인의 정신적 삶의 핵심에 시간의 명백한 선형성이 급격하게 혼란스러워질 수 있다고 주장했다(1장 참고). 꿈, 환상, 그리고 전이는 이것의 가장 두드러진 예이다. '동일한' 분석가와 만나는 각기 다른 환자들의 경험에 독특한 차이가 나는 것은 모든 분석 시간에 과거가 중심적이고 편재해 있다는 것을 반영한다.

배린저와 배린저Baranger and Baranger(2008, p. 800)는 이것을 다음과 같이 표현했다.

[분석의] 장에서 시간의 측면은 일상적인 상황에서 경험하는 시간과는 전혀 다르다. 분

석의 시간은 현재인 동시에 과거이자 미래이다. 그것은 새로운 상황으로서의 현재인데, 이는 환자의 역사에서 경험한 대상들과는 본질적으로 다른 태도를 취하는 사람과 관계하는 것이기 때문이다. 그러나 환자의 역사에서 모든 갈등스러운 상황은 자유롭게 반복될 수 있기 때문에 그것은 동시에 과거이기도 하다. 현재와 과거, 미래가 혼재된 시간의 모호성은 환자가 역사를 깨닫도록 할 뿐만 아니라 소급해서 역사를 수정하도록 한다. 이 역사는 지금까지 주어져 왔던 트라우마와 파괴적 상황으로 엄청난 무게를 지닌다. 시간적 모호성 상태에서 이런 상황들을 재경험할 때 비로소 그런 상황들에 대해 새로운 의미들을 부여할 수 있게 된다. 환자들은 출생이 힘들었고, 어린 아기일 때 굶주렸고, 유모의 젖을 먹었다는 등등을 알고 있다. 만약 이런 트라우마 상황이 다시 다루어지고 훈습되고 다른 시간적 관점으로 재통합된다면 이제는 체념하며 변화할 수 없는 중압감으로 경험되지 않을 수 있다.

시간에 대한 정신분석 접근의 한계

다수의 핵심적인 정신분석 담론들은 과거와 현재가 뚜렷이 구별된다고 제시할 정도로, 다시 말해 과거 뒤에 현재가 오는 일반적인 순차성sequentiality을 과장함으로써 시간성의 모호함을 제한할 수 있다. 정신분석 전통과 이론이 개인의 역사와 그 변천에 얼마나 섬세한 반응을 보이든, 정신분석가는 시간의 은유보다는 분리, 파편, 애착, 대상 등 공간적 은유를 더 많이 쓰는 경향이 있다. 포스트 모던의 다중 자기 이론에서조차 과거의 사건이 왜곡될지라도 현재에 영향을 미치면서, 다중자기들을 어떤 형태와 시간적 차원을 지닌 것으로 생각한다. 따라서 우리는 일반적으로 어떤 종류의 시간 질서—비록 숨겨져 있더라도—를 가정한다. 그리고 환자가 앞으로 나아가는 삶의 방식을 형성하도록 노력하면서 환자의 삶과 어려움에 관한 회고적(뒤로 거슬러 올라가는) 서사를 개념화하려고 한다.

이런저런 방식으로, 이후에 분석가들은 우리 모두가 지니고 살아가는 독특한 형태의 시간성을 고려하지 않고, 시간성 특유의 다양성을 간과할 때가 있다. 우리는 시간성을 당연한 것으로 여겨서 변하지 않는 것이라고 오해한다. 이미 언급한 문헌들에도 불구하고, 시간 감각은 다른 유사한 근본 영역만큼 많은 관심을 받지 못했다고 하는 것이 맞을지도 모른다. 40년도 더 지난 로우왈드(1980, p. 138)의 다음과 같은 언급은 당연히 오늘날에도 타당하다. "이 주제를 다룬 정신분석 문헌은 최근 몇 년 동안 다소 증가했다고는 하지만 드물다."

시간성, 의도성 그리고 상호주관성: 인간관계 세계로 확장

현상학적 철학은 세상과 적절한 관계를 맺는다고 느끼는 데 있어 시간성이 맡은 본질적인 역할에 집중한다. 즉, 시간은 존재 자체의 핵심 중의 핵심이다(가장 탁월한 예로는 Heidegger, 1962 참조). 따라서 시간성은 '의도성intentionality', 즉 가장 기본적인 의미에서 '대상을 향하는 방향'이 있다는 감각(Crane, 1995, p. 412), 거기에 있는 현존과 대상의 세계가 있다는 감각(인식, 곧 '의도성')과 관련이 있다. 이것을 대인관계 세계에서 자기와 타인의 살아 있는 경험과 몸의 수준에 적용하면, 우리는 주관성과 상호주관성이 비슷하게 시간성 및 의도성과 밀접한 관련이 있다고 말할 수 있다. 타인의 몸짓에 반응하고 그 몸짓의 의사소통 가능성을 확장하는 사람은 그 타인에게 더 넓은 시간과 공간, 움직임과 감정, 따라서 궁극적으로는 의미의 현장에 존재한다는 감각을 전달한다. 신체적으로 생생하게 살아 있는 것이 중요하다는 점에서 우리는 관계에서 의미에 대해 배운다. 그리고 또 다른 이에게 우리가 무엇을 말하려고 하는지 알리는 것과 관련된 의사소통에 대해 배운다. 표상 그리고 궁극적으로는 언어와 문화는 이와 같은 관계적-상호주관적 기반에서 생긴다. 이것은 우리가 어머니와 아기 이야기를 하든, 환자와 분석가, 아니면 대화를 나누는 두 친구 이야기를 하든 간에 사실이다.

상호주관성 그리고 시간성에 대한 개인적 감각: 유아-부모 상호작용 예시

생애 초기 발달을 연구한 정신분석가들은 이러한 역동을 구체적으로 밝혔으며 핵심 욕구, 정서, 대인관계적 상호작용과 교제 전반을 강조했다.

아기는 먹든, 놀든, 잠자든, 바라보든, 이런저런 소리를 듣든, 이리저리 움직이든, 자신의 주위환경에 몰입하는 것처럼 보인다. 좀 더 큰 아동이나 성인보다 더 분명하게, 유아는 직접적인 감각 운동성sensorimotor 활동에 몰두하며 자란다. 아기들을 관찰하면 그런 경험의 핵심적 차원으로 창이 열린다. 이런 식으로 유아 관찰은 현상학적 관점과 공명한다. 마이클 레빈Michael Levin(사적 대화, 2010)이 기술했듯, '하이데거에게 인류는 가장 심원한 수준에서 우리 세계 안에 존재하는 동시에 우리 세계의 일부로 존재한다. … ' 메를로퐁티(2004, 2012/1945)는 정신적 삶을 생기게 하는 데 있어 직접적인 지각 및 운동 활동의 중요성을 강조했다. 그에게 시간성과 의도성, 주관성과 상호주관성은 모두 체현된 마음의 기원에 의존되어 있다.

일반적으로, 자신의 행동(욕구와 정서를 포함하여)을 인식하고, 그것의 효과를 인식하는 것은 세상에서 생생하게 존재한다는 감각에 결정적이다. 이러한 몸짓은 본래, 정동, 정신생리학적 상태, 움직임 등과 관련된 유아의 신체 경험에서 나온다. 이러한 몸짓은 타인에게 인식되고 반응되면 대인관계 세계로 확장되는데, 이때 이러한 몸짓은 더 넓고 더 활기 넘치는 공간, 특히 시간의 지형으로 확장되기 때문이다. 유아의 손짓이나 고통스러운 울음이든, 혹은 성인 피분석자의 (약간 기대하는) 이해받고 싶은 소망이든, 그 어떤 것을 중심으로 하든, 누군가 계속 반응해 주면 그 순간은, 최악의 상황에서도, 그냥 무너지기보다는 계속 이어지는 것처럼 느껴진다. 볼라스(1987)는 생기를 불어넣는 원초적인 관계 형태로서 '변형 대상 transformational object'을 개념화할 때 이것을 포착했다. 이렇듯 대체로 대인관계의 반응성은 타인과 관련된 개인의 의미와 주체성의 감각, 곧 상호주관성과 주관성의 발달을 뒷받침한다.

다소 견고한 시간성과 의도성의 감각은 다음 상황의 한 부분일 수밖에 없다. 유아의 상호작용 상대가 유아의 맨 처음 몸짓(혹은 정서든 움직임이든, 배고픔이나 더위, 추위 같은 신체 상태든)에 반응할 때, 그 순간은 시간 속으로, 그리고 시간을 넘어 확장된다. 이상적으로 말하면, 양육자의 반응은 상황을 계속 유지하게 하거나 아기의 상황을 더 좋은 방향으로 변화시켜서 변화의 흐름 한가운데서도 연속성이 유지된다. 이것이 견고한 시간 감각의 핵심이다. 리쾨르Ricoeur(1988, p. 70)는 '미래성coming-towards과 기존성having-been, 현재성making-present의 조화 속에서' 미래 감각이 생기는 것을 포착한다. 대체로, 유아의 몸짓에 대한 양육자의 반응은 아기에게 자신이 세상에 영향을 미친다는 설득력 있는 증거가 된다. 유아는 자신이 다른 어딘가로 가리라 전혀 예상하지 않고도,—이를테면 다음에 무슨 일이 생길지 모르는 채 고개를 들어 눈길을 마주치거나 손을 들어 올리거나, 몸속의 고통 혹은 그 (비슷한) 무엇 때문이든 저절로 울음소리를 내거나 해서—아직 한계가 정해지지 않은 자신의 환경 속으로 자신을 확장해 간다. 세심한 양육자가 알아차리고 반응하면 이러한 확장은 시공을 초월해, 아기에게 시간과 공간의 세계라는 느낌을 전해 주는 것으로 변형되고, 그 안에서 아기가 이미 행한 어떤 것은 소통하려는 의도로, 그것에 뒤따를 다른 어떤 것으로 이어진다. **상호주관성, 의도성** 그리고 **시간성**의 동시적이고 뒤얽힌 핵이 나타난다. 이때 어머니와 유아는 수용적인 세계에서 일관되게 타인과 함께하는 자기를 공동-창조하는데, 이는 동일한 양자적 행동-순간에 창조되고 동일시될 때 발견된다. 신체 활동을 할 때, 물리적 공간과 시간의 확장이라는 두 요소는 긴밀히 엮이고, 그 조화 속에서 발생하고 발달하는데, 그 결과 두 요소는 대상과 함께하는 자기 감각의 일관성과 효율성을 높이며, 상황이 순조로우면 시간이 흘러도 유지된다.

존재의 계속성, 반응적 환경, 그리고 시간성과 활력의 발달

위니컷(1958b)은 '존재의 계속성'에 대해 그리고 문화를 낳는 잠재적 공간 안으로 그것이 어떻게 진화하는지 설명하면서 이 근본적인 과정을 포착했다. 생후 2개월의 아기가 낮잠에서 깨어나, 눈을 뜨고, 머리를 한쪽으로 돌리는 모습을 상상해 보라. 이 모든 행동은 아기가 최근에서야 할 수 있게 된 것들이다. 아기가 고개를 돌리면 어머니는 그것을 알아차리고, 아기가 왼쪽에서 오른쪽으로 고개를 돌리면 (어머니 쪽에서 보면 오른쪽에서 왼쪽으로지만) 자신의 얼굴을 아기의 시야 안으로 움직여 주며, 아기의 방향에 맞추었을 때는 더 활짝 웃어 준다. 그러면 아기는 미소를 짓고 (아기가 주도성을 가지고 어떤 것을 하기 시작하고) 어머니는 감격해서 소리를 지르며, 아기를 신나게 한다. 이러한 일련 흐름은 한동안 계속될 수도 있다. 위니컷 학파의 용어에서, 아기의 자연스러운 몸짓(눈을 뜨고, 고개를 돌리고, 미소를 짓는)은 그 이상의 어떤 것이다. 다니엘 스턴(2010)은 '활력의 형태'를 개념화하면서 이런 교류에는 삶을 좌우하는 효과가 있다고 설명했다(17장 참조).

수없이 반복되어 온 이 같은 일련의 일들이 정교해지면서, 아기의 효능감, 그리고 대상(여기서는 가장 결정적인 대상, 즉 엄마)과 연결되어 있다는 느낌을 증진시키기(실제로는 창조하기) 위해 시간, 움직임, 몸짓, 정서가 연결되면서 시간 감각이 창조되고 유지된다. 이러한 순간에 시간 감각은 상호주관적인 활력과 뒤얽힌다. 어머니가 아기의 첫 몸짓(고개 돌리기)에 어울리는 반응을 하지 않았다면, 이후로는 당연히 활기 없게 시간이 흘러갔을 것이다.

유아-부모 상호작용과 생기 넘치는 미래에 대한 생생한 감각의 발달

이러한 역동은 유아-부모 상호작용에 대한 어떤 묘사를 통해 예증되고 명료해질 수 있다. 어머니 Ms. A와 그녀의 3개월 된 딸 레베카의 동영상은 반응적 상호작용이 어떻게 앞으로 나아가는 미래에 대한 감각을 만들어 내는지 보여 준다. 상담실이 아닌 장소에서 첫 면담의 전반부가 끝날 때까지 레베카는 어머니의 품에 안겨 있었다. 그 후에 관찰자는 어머니에게 레베카를 바닥에 내려놓아 달라고 요청한다. 어머니는 노래를 부르듯 말하면서 레베카의 관심을 사로잡자, 레베카는 어머니의 목소리 리듬에 맞추어 그녀의 발을 뒤로 앞으로 움직이기 시작했다. 이 반응에 주목하면서 어머니는 자신의 손을 레베카의 발 위에 살짝 얹고는 어린 딸의 움직임에 따라 손이 움직이게 놔둔다. 그러자 레베카는 움직임을 확장하는데, 이것은 이미 청각적, 정동적, 운동적 수단을 통해서 이루어지는 원시-대화proto-conversation의 일부다. 움직임은 훨씬 더 의미 있는 몸짓으로 변하는데, 그 몸짓은 시공간 안에서 확장되면서, 상호주관적 영역에서 의사소통적 의미 패턴의 일부가 된다. 이러한 확장은 어머니의 손이 닿음으로써 물리적 공간이 확대되는 것뿐 아니라, 손과 발이 조화롭게 움직이는 순간 어머니와 아기 사이의 연결이 더해지는 관계적 시공간을 포함한다.

그러나 이러한 가장 기본적인 반응이 부재할 때, 혹은 양육자가 유아를 겁먹게 하거나 자신의 의지나 투사를 유아에게 강요할 경우, 상황은 금세 악화될 수 있다. 정서적 무감각, 혼돈, 무력감, 심지어 지속적인 심리적 응급상황을 동반하는 만성적인 내적 무기력이 시작될 가능성이 있다. 몸짓은 반응 없이 머물고, 순식간에 얼어붙고, 나아가 아무것도 아닌 것이 되며, 아기는 상호주관적 자기가 형성되기도 전에 죽어가는 대상과 남게 된다. 감각, 동작, 느낌이 사람들 사이로 흐를 때만, 공간은 시간의 흐름 속에서 윤곽을 띠게 된다. 비반응적 양육자는 아기의 자기self를 굶주린 채로 남겨놓을 뿐 아니라 결국 삶을 남겨놓지 않는다.

또 다른 양육자-유아 상호작용이 이를 잘 예증한다. 22개월 된 클라우디아가 탁자 위에 놓인 블록을 살펴보고 있는 동안, 어머니 재키는 그녀의 뒤에 앉아 면담자와 잡담을 나누거나 잠깐 멍하니 허공을 바라보고 있었다. 재키는 입술을 움직이고 이따금 머리를 움직이는 것 외에는 다른 움직임을 거의 보이지 않았다. 클라우디아는 무언가 할 일을 찾는 것 같이 보이지만, 그저 이 블록에 관심을 보였다가 또 저 블록에 관심을 보이다가는 하나를 집어 들었다가 다시 내려놓는 행동을 반복한다. 결국 클라우디아는 자신의 관심을 사로잡은 작은 장난감 자동차를 발견하고는 조심스럽게 몸을 돌려 그것을 어머니에게 들어 보인다. 하지만 재키는 클라우디아를 힐끗 쳐다보고는 무시한 채, 자신이 하던 일로 돌아간다. 클라우디아는 어머니의 다리를 부드럽게 밀어올리며 다시 자동차를 보여 주려 애를 썼지만 아무 소용이 없다. 재키는 클라우디아에게 어떤 의미 있는 반응도 하지 않은 채 면담자와 단조롭고 표정 없는 대화를 이어간다.

여기서 정서적 교류와 관심을 공유하는 순간이나 과정으로 변했을 수도 있는 시도들은 무의미한 것이 되어 버렸다. 재키의 무반응으로 인해 클라우디아는 상호주관적-대인관계적 공간으로 확장되는 그런 시도들이 효능감과 생기 있는 시공간에서 살아있다는 감각을 만들어 내기 위해 구체적 대상과 다른 사람을 연결하려는 의도성으로 전환될 잠재력을 제공해 줄 것이라 느끼지 못한다. 그러나 이러한 가능성이 부인될 때, 그 결과 지루함과 절망이 남게 된다. 시간 감각은 앞으로 나아간다기 보다는 정체된다. 필자가 앞으로 설명하겠지만, 이것은 정신병인학에서 반복에 대해 우리의 이론이 통상적으로 언급해 온, 고통스러운 과거와 현재의 혼동을 말하는 것은 아니다. 오히려 이것은 다가오는 미래로 결코 나아갈 수 없고 활력 없는 현재에 멈추어 있는 것이다. 움직이는 몸과 정동은 시간의 연속성의 한 부분으로 그것들을 드러내는 반응을 하지 않기 때문이다.

이러한 종류의 생기 없음에 대한 다양한 보상 '전략'이 많은 정신분석 문헌에 잘 설명되어 있다. 모든 종류의 대인관계적 관계성을 포함하는 이러한 예에는 신체적 고통과 약물, 육체적 질병 등을 포함하는 신체화somaticization와 광적이거나 조적인 관심과 활동, 직업적 야망과 그 외의 야망, 심지어 정신증적 증상들이 포함된다. 좀 더 조직화된 경험하기를 대신하는 '베타 요소'에 대한 비온(1965)의 개념화는 이러한 범위의 현상들을 포착한다. 위니컷(1960b)은 유아기에 도전적인 환경 조건에 직면하여 개성과 존재의 외관을 유지하는 삶의 방식을 묘사하기 위해 '거짓 자기' 개념을 제안한다. 그는 이러한 조건에서 엄마가 유아의 자발적인 몸짓에 대한 반응에 실패한 것이라고 설명한다.

시간성 장애

일단 시간성이 우리의 중심적인 관심이 되면, 과거, 현재, 미래가 어떻게 상호관련 되어 있는지에 관해 오류와 실패를 포함하지 않는 분석 사례를 상상하기는 힘들다. 배린저와 배린저(2008, p. 800)는 모든 분석이 시간성의 분석이라는 점을 강조한다.

> 대부분의 환자들은 미래가 없다고 느껴서 분석에 온다. 그들은 이런 감옥에서 풀려날 가망이 없는 신경증의 죄수이다. … 분석을 받으려는 시도는 미래를 다시 열고 존재를 다시 지향하려는 마지막 시도를 의미한다. … 이런 조건에서 현재를 기반으로 과거와 미래를 구성하는 변증법적 과정은 어느 정도 자유로워질 수 있다.

전반적으로, 우리가 세상과 맺는 관계의 바로 그 핵심에 놓여있는, 경험의 측면으로서, 문제시되는 시간 감각 배열의 일부를 포착하기 위해 필자는 '시간성 장애'라는 개념을 사용할 것을 제안한다. 이런 맥락을 따라서, 로우왈드(1980, p. 140)는,

> 우리의 분석적 작업에서, 이를테면 전이의 작용에서, 현재에서 기억하고 예상하는 무의식적이고 의식적인 영향에서, 그리고 원초적이고(과거에서 유래한) 고차원적인('현재의') 동기 사이의 상호작용에서 과거, 현재, 미래를 구별할 때 … 심리적 삶의 적극적인 양식으로 과거, 현재, 미래 사이의 상호적인 관계를 고려하라고 제안했다.

환자가 시간 자체뿐만 아니라 과거, 현재, 미래 사이의 관계를 경험할 때 겪는 어려움에는 다소 독특한 차이점들이 있는 것으로 보인다. 이런 목록들을 더 확대하면 유용할 것이다. 그러나 이런 맥락을 따라서 우리가 어떻게 생각하기 시작할 것인지 제안하고 필자의 관점을 설명하기 위해, 지금 필자는 두 가지 광범위한 유형을 상세히 묘사할 것이다. 첫째, 과거와 현재는 서로 뒤섞인다. 필자는 적어도 지금은 이것을 '**동시성 장애**disorders of simultaneity'라고 부를 것을 제안한다.

그러나 다음에 나오는 대부분의 내용은 상호주관적인 영역에서 핵심적인 시간 감각의 본질적 결함인 '**연속성 장애**disorders of subsequency'와 관련이 있다. 여기서 현재와는 달리, 앞으로 나아가는 방식으로 펼쳐지는 미래에 대한 느낌은 그 자체로 제약이 있다. 미래는 과거 및 현재와 다를 수도 있는 감각이 제한적이라면, 시간성 그 자체의 짜임에 어려움이 있다. 이런 상황에서 내재적 수준의 정동적-관계적 참여가 상호주관성의 틀을 만들 때 과거, 현재, 미래는 별 의미가 없다. 세상에 대한 근원적인(눈에 띄지는 않더라도) 감각은 매우 단조롭고 무엇이든 달라질 수 있다는 인식이 없는 듯, 상황은 정말 바뀌지 않는다고 느낀다. 이것은 클라우디아의 어머니 재키가 아이의 흥미, 정서 그리고 어머니의 관심을 끌려는 시도를 무시했을 때 보였던 클라우디아의 단조로움을 묘사하는 데서 잘 드러난다. 이럴 때 클라우디아는 다른 사람들이 자신을 주도성과 주체성의 중심으로 인식할 때 생기는 활력 있는 상호교류의 느낌을 갖지 못한 채, 자신이 하는 것은 전혀 중요하지 않다는 감각을 갖게 되었다 (Slavin, 2016).

동시성 장애: 발달-역사적 시간 속에 트라우마 이후 고착

현재와 과거의 경계가 흐려지는 첫 번째 패턴은 고전적 정신분석 설명에서 가장 광범위하게 논의되었는데, 그 패턴에서 반복되지만 작업되지 않은 과거는 현재의 경험을 퇴색시킨다. 필자가 1장에서 설명한 대로, 프로이트의 신경증 이론은 트라우마가 과거로부터 해결되지 않은 채 현재까지 지속되어 압도하는 심리적 상황에 무의식적 동기가 고착되는 결과를 공식화했다. 한편, 트라우마가 반복될 거라는 임박한 위협을 회피하기 위해 다른 종류의 방어적 노력이 진행됨에 따라 트라우마의 결과들이 예상되고 두려워진다.

물론 프로이트는 과거가 현재를 압도하고 미래의 새로움을 막으면서 냉혹하게 지속되는 것을 너무 견딜 수 없을 때 생기는 문제에서 정신병리를 설명해 내는 첫 번째 열쇠를 발견했다. 이는 동시성이 과도하여 연속성을 압도하는 고전적인 트라우마 이후 상태의 반복이다. 이상적으로, '현재'는 과거와 분리된 것으로 경험되는데, 다시 말하면, '지금'이라는 현실은 암묵적으로 기억과 구별된다. 그러나 트라우마 이후 스트레스 환자는 트라우마를 과거에 일어났지만 지금은 일어나지 않을 어떤 것으로 경험하지 못한다. 대신에, 그 또는 그녀는 일상적인 시공간과 동떨어진 두 사건―'과거'와 '현재'―이 혼재된 무한 반복에 갇혀 기억 속에서 공포를 일으키는 관리할 수 없는 사건이 어떤 상황에서든 일어날 것이라 예상하게 된다. 이러한 과정은 증상과 전이의 핵심이다. 즉, 증상은 과거의 상처를 은폐하는 동시에 반복하는 한편, 전이는 (환자는 자각하지 못하지만) 과거의 상처를 더 공공연히 드러낸다. 증상과 전이 둘 다 과거와 현재가 동시적인 것이 되게 한다. 즉 과거 역사의 영향은 통합되기보다는 비대해지는 동시에 해리된다.

이 관점에서 보면, 분석 작업은 (회복이 어떤 형태를 띠든) 현재와 미래를 문제가 되는 과거로부터 구출한다. 현대의 많은 역사 비평가, 특히 정신분석의 영향을 받은 비평가들이 주장한 대로, 이러한 곤경은 심리내적 세계뿐 아니라 문화와 정치에도 영향을 미친다(특히 Caruth, 1995; Faimberg, 1988; LaCapra, 2001 참조). 예를 들면, 필자가 앞서 언급한 이스라엘 방문 동안 많은 동료 정신분석가들이 이스라엘의 유대인과 팔레스타인 모두 트라우마 이후 사고에 사로잡혀 있다고 했다. 즉, 유대인은 홀로코스트라는 판형을 통해, 그리고 팔레스타인인은 이스라엘 정부에게서 가혹한 처우를 받았다는 시각으로, 현재를 이해했다.

시간적-역사적 장의 다각적 영향: '사후작용'

프로이트 역시 현재의 경험이 실제로 기억을 변화시킬 수 있는 것처럼, 현재가 어떻게 과거를 재배열하거나 심지어 규정할 수 있는지 보여 주었다. 기억이 판형과 은유를 통해 과거를 재구성하는 것처럼, 트라우마는 현재를 재구성함으로써 스스로를 재구성한다. 이와 마찬가지로, 최근 발생한 사건은 이전에 발생한 사건에 대한 인식을 바꾼다. 이것이 그 유명한 **사후작용**Nachträglichkeit이다. 각 개인의 현재 상황과 최근 진행되는 발달이 '인생사'에 영향을 미치는 것과 마찬가지로, 모든 사람, 모든 세대에겐 저마다 '역사적' 과거[1]에 관한 고유한 버전이 있다. 트라우마는 그 두려운 이미지 안에서 고통스러우리만큼 과거와 현재 모두를 구성하고 재구성한다. 따라서 트라우마는 다가올 미래가 제시하는 가능성에 영향을 끼치기도, 심지어 없애버리기도 한다.[2]

이 모든 것은 트라우마 이후 상태보다는 좀 더 일반적인 시간성에 한층 더 역동적인 요소가 있음을 암시한다. 과거에 대한 감각은 보통 현재의 영향을 받는다는 것이다. 이는 세계적 차원에서 뚜렷하게 나타나는데, 국가는 많은 국민이 자신의 정체성을 생각하고, 느끼고, 바꾸게 하는 방식으로 자국의 역사에 관한 설명을 다시 고친다. 이것은 작은 규모로도 진행된다. 여러분이 이 글을 읽을 때, 다음에 읽을 글이 지금 읽고 있는 것을 경험하는 방식에 영향을 줄 것이다. 그러므로 이 '지금'은 그때의 지금과 같지 않을 것이다. 이는 새로 부상하는 '과거pastness'(더 이상 '지금'이 아니고 '그때'가 될) 때문이며 오래전을 포함해, 이전이나 이후에 일어난 다른 것과 동화됨에 따라 그 의미가 변할 것이기 때문이다. 현재 진행 중인 신경과학과 심리학 분야의 트라우마 및 기억에 관한 연구는 이러한 사실을 뒷받침하며, 기억에 대해 과거 순간을 그대로 재생하는 심리 기제가 아니라 다양한 환경적, 생리적 상황의 영향을 받는 유동적이며 역동적인 체계로 개념화한다.

붕괴에 대한 공포: 지금 실제로 일어나고 있다! (그때는 알아차리지 못했지만)

두 번째 변화는 첫 번째와 비슷하지만, 중요한 임상적 함의가 다른 방식으로 나타난다. 어떤 환자는 트라우마 사건을 앞으로 일어나리라 예상하는 것이 아니라 지금 실제로 일어나는 듯 경험한다.

위니컷(1963)은 이런 이해를 특별하고 매우 가치 있게 임상에 적용한 것에 대해 상세히 설명했다. 그는 「붕괴에 대한 공포Fear of Breakdown」라는 논문에서 끔찍한 일이 **지금 당장** 일어나고 있다는 환자의 관점 때문에 무력감과 일시적인 지남력 장애disorientation를 극심하게 경험하는 것에 주의를 돌렸다. 여기서 트라우마는 (예상되는 것이 아니라) 지금 실제로 진행된다고 느껴진다. 따라서 이것은 또 다른 공포감과 추가적인 무력감을 수반하는데, 곧 닥칠 트라우마에 대한 공포는 그와 동시에 매우 끔찍한 일이 반복되는 경험과 관련되어 있기 때문이다. 더욱이, 과거와 현재, 미래가 뒤섞이기 때문에 전체적인 심리 상태는 극도로 혼란스러우며, 이로 인해 붕괴의 가능성은 더 커진다. 예를 들면, 필자가 어느 환자에게 그녀가 어렸을 때 그녀의 어머니에게 우연히 일어났던 비극적인 트라우마 사건처럼, 그녀가 필자에게 화를 낸 뒤 필자가 죽으면 어쩌나 두려워하는 것 같다고 말했을 때, 그녀는 단호하게 필자의 생각을 바로잡아 주었다. "아뇨! 선생님은 이해 못 해요. 선생님은 지금 죽어가고 있으니까요!"

이 같은 상황은 종종 트라우마 앞에서 과거의 해리 경험과 관련되어 있을 때 특히 어려울 수 있다. 압도하는 기억은 어떤 의미에서 기억된 적이 없기 때문이다. 이것은 트라우마 자체가 실제 경험으로 인정되지 않고 발생 당시에는 해리되었지만 해리된 양태로 여전히 경험되고 있는 그 사건과 복잡하게 관련되어 있다. '붕괴'는 지금 일어나는 동시에, 격렬하게 요동치며 몸과 마음을 채운다. 위니컷(1974, pp. 104-105)은 이를 다음과 같이 요약했다.

> 그동안 나는 붕괴에 대한 공포는 아직 경험하지 않은 과거의 사건에 대한 공포일 수 있다는 점을 보여 주고자 노력했다. 그것을 경험하고자 하는 욕구는 정신신경증 환자가 분석에서 기억해 내려고 하는 욕구와 같다. … 나의 경험에 따르면, 환자에게 붕괴, 즉 환자의 삶을 파괴한다는 공포는 **이미 일어났다**는 이야기를 들려줘야 하는 순간이 있다. 그것은 무의식 속에 숨겨진 채로 있다는 것이다. 여기서 무의식은 정신신경증 환자의 억압된 무의식도, 프로이트가 신경생리학적 기능과 매우 비슷한 정신의 일부로 공식화한 무의식도 아니다. … 이 특별한 맥락에서 무의식이 의미하는 것은 자아 통합이 어떤 것은 포함할 수 없다는 것이다. 자아는 모든 현상을 개인의 전능성 영역으로 모으기에는 너무 미성숙하다.
>
> 이 지점에서 질문이 있다. 왜 환자는 과거에 일어난 이 문제로 계속 불안해할까? 답은 원초적 고통에 대한 최초의 경험은 자아가 (어머니(분석가)의 보조적 자아-지원 기능을 가정하면서) 먼저 그 경험을 현재의 경험으로, 전능한 통제로 모으지 못하면, 과거 시제가 될 수 없다는 것이다.

(고딕체는 원문)

따라서 이러한 임상 상황에서 압도하는 상황은 원초적이고 강제적으로 발생했을 때조차 결코, 실제로 경험되지 않았다. 위니컷은 해리의 역동을 강조하면서 이런 역동에서는 압도하는 경험이 현재에서 계속 진행되고 있을 때조차 그런 경험이 일어났다고 생각하지 못한다. 그것은 무의식적 형태로라도 기억에 남아 있는 것이 아니라, 당장이라도 닥칠 것 같으면서도 동시에 존재하지 않는다.

연속성과 그 부침: 반응 없는 대상과 텅 빈 미래

이제 필자는 시간의 짜임 자체에 존재하는 난제를 집중적으로 다루려 한다. 그것은 현재가 그렇듯 미래 역시 끔찍한 과거와 구분될 수 없다는 것이 아니라, 경험의 범주로서의 미래에는 차원성dimensionality이 거의 존재하지 않는다는 것이다. 즉, 시간성 자체는 붕괴되거나 불분명하거나 부재한다. 끔찍한 과거가 지속되기 때문만이 아니라, 의미 있는 정서적, 대인관계적 영역에서 벌어지는 일이 정연하게 흘러갈 가능성이 훼손당하거나 박탈당하기 때문이기도 하다. 이것은 물론 시간적 순서의 문제라기보다는 오히려, 주관적인 자기 감각의 기본 원리로서의 시간적 연속성의 장애다.

이러한 시간 속 삶의 형태는 활기 넘치는 상호주관성의 기본적인 결함, 곧 자기-일관성과 주체성에 관한 일반적 감각의 진공 상태, 즉 관계성 및 정서 영역에서 보이는 '의도성'의 결함과 관련이 있다. 이러한 상황에서는 일반적인 절망을 넘어서, 사물과 사람에 대한 일종의 미분화된 감각이 자리 잡게 될 수도 있다. 상황이 변할 리 없다는 감정이 일상적인 경험의 밑바탕에 놓여있는 것이다. 이는 부모에게 흥미와 감정, 관심을 얻으려는 시도를 무시당하고, 자신이 하는 모든 일이 하찮다고 느끼며, 자신이 관심을 보이는 것이 중요하고 또 효과를 발휘하는 세계를 펼쳐주고자 타인이 자신을 인정할 때 일어나는 활기찬 상호작용을 느낄 수 없는 유아의 이미지와 유사해 보인다.

필자는 클라우디아와, 감정 반응을 제대로 받지 못한 유아 이미지를 떠올리며, 이 같은 경험은 적어도 만성적으로 트라우마를 입었거나 방치된 경험이 있는 환자에게서 쉽게 관찰할 수 있다는 것을 제시하고자 한다. 몇 가지 점에서 이런 유형의 무시간성timelessness은 유사-표상적quasi-representational 반복에서 확인할 수 있다. 한편으로는 사회적 상호작용 욕구와 기본적인 보살핌이 충족되지 못하는 아동이 공통으로 보이는 특징으로, 시공간이 끝없고 쉼 없다는 느낌을 반복적으로 경험하는 것이다. 다른 한편으로는 아기의 몸과 마음의 상태 그리고 사회적 연결을 살피는 주의 깊은 사람이 외부세계를 중재해 주지 않으면 혼돈과 압도하는 혼란스러운 경험이 반복된다. 이러한 상황은 가정 환경이 언제, 어떻게 변할지 예측할 수 없거나 폭력적일 때 특히나 견디기 어렵지만, 아무도 아동의 이해를 돕기 위해 애쓰지 않으면, 심지어 '평범한' 가정 환경도 아동에게는 당혹스럽고 혼란스러울 수 있다.

이러한 특이한 형태의 시간성은 분석에서 뚜렷이 드러나지 않는 경우가 흔하다. 때때로 우울과 같은 것은 '상황이 나아지지 않는다.'는 보다 포괄적인 감각을 드러낼 때가 있는데, 최근에 필자의 환자가 보고했듯이, 이 상태는 결코 아무것도 달라질 수 없다는 만연된 절망감으로 해석되었다. 달라지지 않는다는 암울한 느낌이 환자의 삶과/또는 분석시간에 자주 나타난다. 어떤 치료에서는 만성적인 무의미함과 지루함, 심지어 적막감이 나타나기도 하는데, 때때로 이 같은 감정은 말로 표현되는 이야기가 언뜻 흥미진진하고 일관될 때도 지속된다. 이때 분석가는 흥미를 잃을 수도 있고 심지어 이해할 수 없을 만큼 졸립기도 하다. 그동안 필자는 이 같은 많은 상황에 맞닥뜨리면, 환자가 근원적인 해리와 결정적인 분리detachment, 그리고 이 둘과 관련된 형태의 정신증과 유사한 과정이 있었는지 탐색했으나, 원초적 환상보다는 음울한 적막함 같은 느낌이 특징인 더 분산되고 비어 있는 상태만 확인했을 뿐이다(Green(1973/1999)의 '공허한(혹은 창백한) 정신증' 혹은 Kristeva(1989)의 '검은 태양' 참조).

다른 양상의 경우, 환자는 이상화한 분석가 및 분석 관계의 이미지에 의존한다. 처음엔 이런 양상이 새로운 경험과 내적 구조에 토대를 제공할 수 있는 동시에 앞으로 나아가는 발달에 도움이 되는 애착의 바람직한 토대처럼 보일 수도 있다. 그러나 시간이 흘러도 깊이 있는 어떤 변화도 일어나지 않는다. 이상화된 관계를 보호하려면 막대한 대가를 치른다. 달리 말해 이상화된 관계는 영원해야 하며, 공간의 실제성 그리고 아마 그 무엇보다도 시간의 실제성의 방해를 받지 않아야 한다는 것이다(다시 Loewald, 1980 참조). 휴가와 회기의 종료, 분석가의 가족 관계나 동료, 관심사 등에 대한 정보, 심지어 상담실 가구가 바뀌는 것도 환자의 마음을 어지럽힌다. 이러한 것들이 분석가와의 영원한 연결이라는 기반을 위협하기 때문이다. 이런 환상은 그렇게 활기차지도 의미 있지도 않은 나날에 간간이 나타나는 이정표나 거리 표지도 없는 황폐한 길처럼 길게 뻗어 있으면서, 우울하고 반응 없는 부모와 끝없는 시간을 보낸 실제 경험이 내재된 기억의 이상화를 반영할 수도 있다. 환자는 이러한 경험을 이상화해서, 심지어 소중히 간직해서 양육자와 함께 보낸 얼마 안 되는 친밀한 시간의 조각들을 간직하고 더 가치 있게 평가할 수도 있다. 하지만 그런 조각들은 여전히 좌절도 거의 없는 세계를 드러내는데, 이는 반응을 끌어내고자 하는 평범한 몸짓의 리듬이나 욕구가 나타난다 하더라도, 희미하기 때문이다. 이러한 주제와 관련된 다양한 양상들이 있는데, 이런 양상들은 흔히 끔찍한 심리적 재앙 등에 대한 보상이나 방어로 이해될 수 있다.

임상적 예시 및 함의: 사무엘

'연속성 장애'에 대한 이와 같은 개념화는 임상적 예시와 더불어 한층 더 정교해진다. 사무엘은 범죄와 폭력으로 악명 높은 미국의 가난한 라틴계 동네에서 우울한 미혼모의 5남매 중 넷째 아이로 태어났다. 어쩌다가 한 번씩 관심을 주는 사무엘의 어머니는 힘겨운 일상을 근근이 살아갔다. 필자는 사무엘과 함께하는 동안, 울어도 부모가 관심을 보이지 않는 아기의 모습을 자주 상상했다. 사무엘은 아장아장 걷던 시기에 아파트 계단에서 굴러떨어진 일을 떠올렸다. 아무도 달려오지 않아 결국 어린 사무엘은 무릎이 긁히고 팔에 멍이 들며 계단을 기어서 올라갔는데, 참 미련한 아이라는 소리만 들었다. 고작 몇 분을 함께 보낼 때조차 사무엘의 어머니는 잠이 들고는 했다. TV에서 방영하는 야구경기를 보다가 그들의 고향 출신의 선수를 보고 그가 기뻐하는 것을 어머니가 함께해 줄 때 그는 즐거워했다. 하지만 그런 열정의 순간이 지나면 사무엘의 어머니는 아무런 설명도 하지 않고 방을 나갔다. 마찬가지로 손위 형제들의 가혹한 괴롭힘도 어머니는 전혀 알아채지 못했다. 사무엘이 교구 목사에게 학대를 당했을 때도 어머니가 할 수 있던 말이라고는 "패트릭 목사님은 좋은 분이야."가 전부였다.

필자가 사무엘이 겪은 끔찍한 일들에 공감했을 때도 사무엘에게는 무언가 다른 것이 중요해 보였다. 사무엘은 아직 일어나지 않았기에 달라질 수 있는 새로운 현재라는 의미의 미래에 대한 감각이 전혀 없었다. 따라서 이것은 반복의 결함이라기보다는 연속성의 결함이었다. 즉, 사무엘은 자신이 가장 중요한 것에 영향을 미칠 수 있으리라고는 아예 기대하지 못했다. 그렇기에 어떻게 그가 무언가 바뀔 거라 느낄 수 있었겠는가? 이 모든 것은 다음과 같은 근본적인 질문을 제기했다. "기억과 희망의 시간을 살지 않으면서 어떻게 누군가를 사랑할 수 있을까? '당신과 함께하는 내가 있어 당신이 여기에 존재한다.'는 것을 구현해 줄 사람이 없다면, 도대체 당신은 어디에 존재할 수 있단 말인가?"

이상화 실패로 인한 극적 환멸

사무엘은 30대 후반에 심한 환멸이 우울을 촉발하여 위기가 닥치자 분석을 받으러 왔다. 그는 대학과 로스쿨을 수료할 만큼 학교 성적이 좋았고, 과도하게 발달된 지능을 너무 일찍부터 사용하여 박탈감을 보상받았다. 사무엘은 어렸을 때 받은 부당한 대우를 상쇄할 길을 찾고자 무의식적으로 희망하면서, 어느 정도 인정받고 정의를 위해 싸우고자 하는 소망을 발견할 수 있는 명예 회복의 무대로 법률가로서의 야망을 이상화했다. 그러나 직업적 현실과 그의 성격으로 인해 도전할 수 있는 일이 많지 않음을 깨닫게 된 사무엘은 자신의 삶을 변화시켜 줄 무언가를 찾으려는 마지막 희망으로 분석을 받으러 왔는데, 무엇보다도 중요한 인간관계가 얼마 없었다.

분석의 초기 단계에서 사무엘이 극도로 혼란스럽고 불안해질 수도 있었지만 가끔 진전이 지연되면서도 치료 동맹은 분명하게 맺어졌음을 알 수 있었다. 하지만 휴가가 다가오고 일상적인 공감의 실패를 비롯한 필자의 개인적인 특성의 징후들과 맞닥뜨리면서 사무엘은 분석이 자신이 바랐던 만병통치약이 아니면 어쩌나, 극도로 멀어지거나 사로잡히거나 공포에 휩싸이게 되지는 않을까 두려워했다. 그는 모든 면에서 만연된 무력감과 환멸감, 절망감으로 무너지고는 했다. 사무엘이 살아남을 수 있었던 것은 그것이 무엇이든 그를 지탱해 주었던 스스로 창조한 상상 속 미래의 꿈 때문이었다. 환상 속 미래에서 가짜 희망 대상들과 거짓 자기의 세계에 의지하며 가까스로 버틴 것이다. 이렇게 하는 데 엄청난 에너지가 필요했다. 그가 다르게 살았을 수도 있는 진공을 채운 것은, 진정한 시간성이 아니라 대상으로서 미래를 이상화한 것이었다.

그런데 이상화한 대상이 기대를 저버리자 사무엘은 이러한 일루전을 유지할 수가 없었다. 결국, 그는 시공간 속에서 움직이지 않는 반응 없는 대상과 남겨졌다. 분석이 실제적이고 연결되어 있고 효과적이라 하더라도, 아직 변형에 이르지 못할 때, 현실이 그를 점점 붕괴되는 쪽으로 몰고 갔다. 이런 상황에서는 어떤 확장도 있을 수 없었고 모든 것을 상실했으며 그 어떤 것도, 시간성도 존재하지 않았다. 필자가 사무엘의 과거를 이해하여 그에게 어떤 진실한 것을 제공한다 하더라도 사무엘의 주관성에는 그것을 이해할 방식이 없었다. 사무엘은 황폐한 풍경과 얼어붙거나 홍수가 난 강과 공포스러운 공격자들이 나오는 악몽을 끊임없이 꾸었다. 잠시 충족된 것처럼 느껴졌을 수도 있는 직업적인 기회를 더 갖는 것도 이제는 단지 망각될 텅 빈 구멍처럼 느껴졌다.

다른 두 세계에 사는 분석가와 환자

이제 사무엘은 두려움과 절망에 젖어 얼어붙은 듯 꼼짝 않고 앉아 있고는 했다. 그가 느끼는 정서적 고통과 그에 따른 공허감을 필자가 이해하고 있다고 전할 때도 사무엘은 계속 필자가 그를 이해할 수록, 필자가 자신과는 다른 세계에 산다고 느꼈다. 처음에 필자는 그 차이가 계층과 민족성의 문제이자, 필자에게는 가족과, 성공한 듯 보이는 직업이 있다는 사실과 관련된 문제라고 생각했고, 물론 이런 차이는 매우 중요하다. 하지만 이것 말고도 사무엘과 필자는 시간성과 의도성, 상호주관성이라는 세계에 존재하는 방식이 근본적으로 달랐다. 시간과 관련된 사무엘과 필자의 감각은 필자가 처음 깨달은 것보다 더 큰 차이가 있었다.

일반적으로 분석적 모체가 방해받을 때는 심지어 분석 시간이 끝날 때와 같은 '최소한의' 방해조차 일부 환자에게는 몹시 견디기 힘든 일이 된다. 이러한 방해는 반응 없는 대상이 여지없이 돌아온다는 신호가 되기 때문인데, 이런 대상은 대상이 아니라 시간성이나 활력이 없는, 죽은 공간일 뿐이다. 환자는 끔찍할 정도로 불일치하는 두 세계 사이에 남겨지게 되는데, 한 세계는 미래도 있고 의미를 기대할 수도 있지만, 다른 세계에는 아무것도 존재하지 않는다. 환자가 근본적으로 일관되지 않고 예측할 수 없는 우주에서 살고 있다는 점에서, 이런 상황은 환자가 자신을 '미친' 것처럼 느끼게 하는 부수적인 결과도 낳을 수 있다. 이를 순수한 퇴행으로 오해해서는 안 된다. 오히려 분석 관계가 진전될 가능성이 보임에 따라 작동을 시작하는 '엇결성 붕괴incoherence breakdown'로 보아야 한다. 이 상황을 퇴행으로 오해하면 보호적 해리protective dissociation가 무너질 수도 있다.

필자가 이런 상황을 잘 알고 있음을 사무엘에게 알릴 수 있게 된 것이 사무엘에게 도움이 됐다. 필자는 '존재의 계속성에 대한going-on-being' 확신이 있었지만, 사무엘은 그렇지 않았다. 이로 인해 사무엘은 먼 과거에도 박탈당했고 최근에도 박탈당한 한 가지 경험을 떠올렸다. 이해받지 못했다는 사실이 그에게 어떤 의미일지 필자는 약간 이해할 수 있을 것 같았다. 여기서 필자는 이것이 다른 상황이라면 분석가와 환자가 이야기 나누지 않았을 모든 내용에 정서적으로나 형식적으로나 우선한다는 점을 강조하고자 한다.

내면의 핵심에서 일어난 실패를 이해하면 분석가의 생각이 진전된다: 시간 화되지 않는 대상에 대한 역전이

또한 이런 종류의 생각은 이 같은 상황에서 나타나는 독특한 역전이를 다루는 데 도움이 되었는데 우리를 사로잡고 있는 무의미함과 체념을 필자가 어떻게 떠맡는가에 대해 생각할 방법을 제시해 주었기 때문이다. 필자는 일부 환자들에게 일어난 일에 대한 끔찍한 감정들을 공감하고 인내할 준비가 어느 정도 되어 있는 것 같다. 하지만 모든 것의 저변에 깔린 불가해한 수준에서 지속되고 존재하는 듯한, 보다 만연된 고요한 망각의 느낌을 표현할 말과 내적 이미지를 찾아내는 것이 더 어려웠다. 시간과 움직임에서 상호주관성의 순간을 형성하는 것이 과연 무엇인지 생각하면 분석가가, 환자의 내적 세계가 드러나건, 드러나지 않건, 그 세계에 접촉하는 데 도움이 될 것이다. 이것은 절망을, 아직 존재한 적 없을지도 모르는 몸짓으로 바꿀 수 있다. 의도성의 순간은 유지될 수 있고, 그러면 약간의 의미가 생성된다.

환자의 시간성, 의도성, 상호주관성에 대한 감각 그리고 분석가가 관심에 전념하기: 분석가가 결론을 내리지 않는 것의 가치

분석가가 관심에 전념하는 것의 특별한 역할은 여기서 더 큰 의미를 띠기도 한다. 즉, 분석가는 결론을 내리는 대신, 어떤 형태로든 환자의 원형적 몸짓proto-gestures에 접촉하는 데, 그리고 역시 어떤 방식으로든 그것을 드러내는 데 자신을 사용한다. 머리를 끄덕이거나 의미 없는 소리(심지어 그 형편없는 '어-허') 같은 단순한 반응도, 이제까지 반응 없던 대상과 살았던 환자를 다른 어딘가로 데리고 가는 시간 속으로 인도한다. 인식은 상호주관성을 유지하는 것처럼 시간 감각을 유지한다. 미래가 있는 것과 상호주관적으로 사는 것은 서로 관련되어 있다.

이것은 위니컷(1965b)의 '자발적 몸짓spontaneous gesture' 개념을 상세하게 설명해 준다. 이때 위니컷은 아기가 규정되지 않은 공간으로 어떻게 움직여 가는지 보았는데, 이것은 계획되지도 자기를 의식하지도 않고 또한 그 핵심에서는 의도하지도 않았기에 자발적이었다. 아기는 그 결과를 예상하지 못한다. 그러나 주변의 수반적인 반응을 접하면 본래의 몸짓은, 아기가 이런 결과를 예상하지 못하더라도, 의미 있고 의도적인 것으로 변한다. 어머니가 갓난아기의 세계에 완전히 몰입하는 것('일차적 모성 몰두')은 이러한 발달의 전제 조건이다. 레베카의 어머니는 주의를 집중하고 정동 반응과 운동 반응을 하게 되면서, 자연스럽게 아기의 발가락을 잡고 흔드는 '자신을 발견하게' 되었다. 마찬가지로 세심한 분석가는 그 어떤 양태로든—정서적이든, 비언어적이든, 명쾌하게 해석적이든, 실제적 임상 세팅, 경청, 그 외 다른 행동을 하든—의도성과 확장의 보편적인 대상으로 사용되어 그런 자연스러운 반응을 할 수 있도록 한다.

종합하면 우리는 상호 작용mutual interaction의 장場 전체가 주체의 발달에 기여한다고 생각할 수 있다. 물론 이것에는 환자의 가장 격렬하며 견딜 수 없는 정서를 처리하는 것도 포함된다. 누군가는 이것을 '투사적 동일시'의 측면에서 생각할지도 모른다. 하지만 이것의 대부분은 거리감 있게 느껴지지도, 정서적으로 그렇게 격렬하게 느껴지지도 않는다. 오히려 일상적인 분석에서 흔히 일어나는 일이다. 특히 정신분석 저작물에서, 정신분석가들은 강렬하고 극적이며 결정적인 순간에 가장 압도되기 때문에, 지속적인 분석 작업의 점진적인 효과에 충분히 흥미를 느끼지 못할 수도 있다.

시간 속의 삶은 그곳에 또 다른 사람, 즉 움직일 수 있는 충분한 공간을 열어 놓는 사람이 있을 때 시작된다. 그 다른 사람이 움직임을 시작하고 그것이 그렇게 대단하지는 않아도 그것과 관련된 어떤 것을 할 때 우리는, 일종의 사후작용afterwardness으로, 어떻게 그 몸짓이 소통될 수 있고, 시간을 확장할 수 있는지 인식하게 된다. 가끔 환자들은 몹시 괴로워 하면서든, 시간 속에 그 순간을 표시하고 확장해서든, 심지어 분석가가 도와줄 수 있으리라 기대하지도, 희망을 품지도 않고서 어떤 것들을 내놓는다. 분석가가 이것을 감당할 수 있다면 무언가 창조적인 것이 계속 일어날 수도 있다. 반면 그렇지 않으면 상황은 막막하게 느껴질 수 있다. 이런 상황은 마치 악기는 있는데 연주할 곡이 없는 상황 같다. 한마디로 소음이다. 불협화음일 때도 있고, 뭔가를 긁는 소리와 내지르는 외마디 소리일 때도 있고, 그저 백색 소음이거나 죽음과 같은 침묵일 때도 있다.

종결 노트

우리는 종결 과정에서 애도를 기대하지만, 그런 일이 항상 일어나는 것은 아니다. 시간성의 발달에 대한 관심은 때때로 실제로 일어나는 일의 또 다른 차원을 비추게 된다. 환자가 이전에는 깨닫지 못한 과거를 애도하고/하거나 새로운 시간성과 의도성을 계발해서 주체가 되기를 배웠든 그렇지 못했든, 우리가 단지 바랄 수 있는 것은 환자가 저 앞에 미래가 있고 자신이 확장 가능한 시간의 세계에 살고 있다고 느끼며 정신분석을 떠나는 것이다. 이때 확장 가능한 시간의 세계에서 시간은 과거가 그 필연적인 영향력을 발휘하는 바로 그 순간에 열리는 어떤 것 내부로 움직여간다. 펼쳐지는 시간 속에 살게 되는 것은 분석을 통해 얻을 수 있는 크나큰 혜택이다.

후주

1 발터 벤야민Walter Benjamin(1968, p. 261)은 이렇게 주장했다. "역사는 구조의 주체로, 이때 구조의 현장은 균질하고 공허한 시간이 아니라, 현재의 존재로 가득 찬 시간이다."

2 핼버스탬Halberstam(2005) 등은 '퀴어 타임queer time'에 관한 글을 쓰면서 몇몇 유형의 트라우마 이후 상황은 관습적인 문화가 지닌 속박하고 배타적인 사회 구조를 넘어설 가능성을 열 수 있다고 제안한 바 있다.

17장
활력의 형태와 그 외의 통합들
-정신분석의 핵심에 대한 다니엘 스턴의 공헌[1]-

처음부터 정신분석은 미술을 시작으로 정치학과 문화, 역사를 거쳐 자연과학과 사회과학에 이르기까지, 폭넓은 자료와 관련되어 있었다. 특히 물리학과 신경생물학 분야에서 두드러졌던 과학적 패러다임의 변화는 초기 프로이트 학파의 메타심리학에 근거한 몇몇 가정들을 약화시켰고, 해석학과 페미니즘에서 일어난 것과 같은 철학적, 정치적 변화는 이전에 방법론적으로 확실하게 여겼던 것 중 일부를 혼란에 빠뜨렸다. 당연히 프로이트는 다른 학문 분야, 특히 자연과학 및 물리학과 연구방법을 일치시키는 것의 가치를 확신했다. 폭넓은 문제를 해결하는 데 매진했던 발달지향론자인 에릭슨과 위니컷은 이 점에서 프로이트를 가장 설득력 있게 계승한 몇 안 되는 후계자들 중에 속한다. 필자가 언급했듯이, 발달지향적 사고는 기본적인 문제에 적용하기 적합한데, 왜냐하면 그런 사고가 전인적 인간과 아주 어린 유아를 주목하기 때문이고 이때 유아는 흔히 인간의 동기부여와 조직에서 가장 근본적인 것이 무엇이냐는 문제에 실마리를 제공하는 존재로 여겨진다.

현대 정신분석학자이자 소아정신과 전문의 중에서 다니엘 스턴은 이러한 연구의 선구자였다. 정신분석가 대부분은 스턴을 선두에 있는 메타심리학자라기보다는 선구적인 발달지향론자라고 생각한다. 하지만 전체적으로 보면 스턴의 연구는 정신적 삶에 대한 보다 보편적이고, 임상에서 반향을 일으키며, 유연한 분석 모델을 제안하는데, 여기서 정신적 삶은 생생한 경험과 직접 연결되어 있고, 실제의 몸과 정서에, 그리고 마음 내부뿐 아니라 마음들 사이에서 시시각각 일어나는 현상에 기반을 둔 것이다. 이 모든 것은 생생한 의미-만들기와 의미-처리하기로 이어져, 세포와 신경전달물질만큼 작은 기본적인 단계부터 움직임과 감정 같은 중간 과정을 거쳐, 언어와 예술 같은 집단적인 사회, 문화적 형식에 이르는 삶의 모든 과정을 통합한다. 스턴의 연구는 정신분석과 가장 근접한 현대 과학 분야인 신경과학과 발달 심리학 및 인지 심리학, 철학과 예술을 직접적인 이론의 토대로 삼는다.

스턴은 가장 먼저 유아와 양육자를 직접 관찰한 연구자 중 한 사람이자 분석가로서, 자신이 관찰한 것을 정신분석 이론과 임상 작업의 핵심적인 문제에 적용했다. 스턴(1971)은 초기의 매우 독창적인 논문에서 한 어머니가 생후 3개월 반 된 쌍둥이 각각과 주고받는 상이한 상호작용을 연구하고자 영상의 프레임 분석을 이용했다. 이는 통찰과 연구 전략 모두에서 획기적인 발전이었다. 스턴은 눈 깜짝할 사이에 연출되는 돌봄에서 무수한 의미와 감정을 확인했다. 스턴은 샌더, 브라젤톤, 브루너, 엠데, 그린스펀, 코너, 트레바텐 같은 소수의 선구적인 동료들과 더불어, 특히 시각, 청각, 미각, 촉각이 작동하면서 함께 일어나는 몸의 비언어적 활동을 통해 전달되고 구성되는 의미와 감정의 세계를 제시했다. 이 논문을 처음으로 읽은 우리에게는 우리의 개념적 이해의 범위를 넘어서는 듯 보였던 세계가 명확히 보였다. 그것은 마치 우리가 (어머니와 유아 사이에서뿐 아니라 심리구조의 형성 과정과 정신분석 회기 중에도) 진행된다고 알기는 했지만, 어떤 형태로 진행되는지는 미처 알지 못했던 상호작용을 관찰하여 기술하는 것이 이제는 가능해 보이는 것과 같았다. 이러한 연구는 정신분석과 (신경과학, 유아 발달 심리학 전체를 비롯한) 다른 분야의 연구 방향이 더 상호주관적인 관점으로 전환되는 것을 예견하는 동시에, 뒷받침했다. 이 외에도 유아-부모 간 상호작용에 관한 분할 화면split-screen, 프레임 분석은 오늘날에는 당연하게 여기는 새로운 연구 기법의 장을 열었고, 이 기법은 정신분석 상담과 커플 관계, 경찰 조사 등 모든 종류의 사회적 상호작용에 적용되는데, 순간을 100분의 1초만큼 짧게 나눌 수 있는 첨단 기술 덕분에 보강되었다 (스턴은 영상물로 연구를 시작했다).

스턴의 첫 저작인 『최초의 관계The First Relationship』(1977)는 유아 상호작용의 첫 단계에 대한 결정적인 연구 보고서로 남아 있는데, 아기와 그 부모가 생후 첫 순간부터 점점 복잡해지고 의미가 풍부해지는 대화를 어떻게 직조해 가는지 떠올릴 수 있을 만큼 상세하게 기술하고 있다. 스턴은 『유아의 대인관계 세계The Interpersonal World of the Infant』(1985)에서 이 최초의 연구를 한층 깊이 다루면서 발달에 대한 그리고 정신적 삶이 어떻게 형성되는가에 대한 여러 기초적인 정신분석 가정들에 의문을 제기하고 수정했다. 정신분석적 발달 이론을 변형시키는 이 책은 1980년대에 가장 중요한 정신분석 저작들 중 하나였다. 저평가되었던 『아기의 일기Diary of a Baby』(1990)는 아기가 자신의 경험을 말로 표현할 수 있다면 어떻게 묘사할지 상상하는 시도로, 현재까지 학술적 문헌으로나 대중 문학으로나, 유아의 내적 세계에 관한 가장 뛰어난 기술로 여겨지며, '이 달의 책 클럽'에서 그 달의 책으로 선정한 도서이기도 하다. 『모성 자리The Motherhood Constellation』(1995)는 모성의 심리와 유아—부모 심리치료를 정신역동 관점에서 통합한 권위 있는 저작이다. 대담하고 뛰어나며 혁신적일 뿐 아니라, 바로 활용 가능한 『심리치료와 일상 속의 찰나The Present Moment in Psychotherapy and Everyday Life』(2004)는 인지 신경과학과 현상 철학, 발달 연구를 통합하여 치료 행위에 대한 새로운 이론을 제안했으며 이는 폭넓은 관심을 모았다. 스턴이 학장으로 있던 '보스턴변화과정연구모임'의 연구(2010)는 발달 및 신경과학 연구를 정신역동 및 정신분석 임상 이론에 적용한 가장 중요한 논문 가운데 하나로 여겨진다. 이 모임의 중심적인 주장을 제시하는 이 논문(Stern et al., 1998)은 출간 이래 지금까지 가장 많이 인용되는 정신분석 논문 가운데 하나이다.

스턴은 마지막 저작인 『활력의 형태: 심리학, 예술, 심리치료와 발달의 역동적 경험 탐구 Forms of Vitality: Exploring Dynamic Experience in Psychology, the Arts, Psychotherapy, and Development』(2010)를 출간하면서 가장 독창적이며 통합적이고 정밀한 이론가라는 입지를 굳혔다. 자신의 정신분석적 뿌리에 충실했던 스턴은 의식적, 무의식적 경험의 '밑바탕'을 실제로 구성하는 것이 무엇인지 관심을 기울였다. 그리고 그는 '역동적인 활력의 형태'라는 개념이, 늘 성찰을 통해 인식되는 것은 아니지만 사람들 마음속에서 실제로 진행되는 것과 흡사한 깊이 있고 포괄적인 모델의 근거를 제공한다고 제안한다. 스턴은 언제나 가장 국제적인 정신분석 저술가들 중 하나였는데, 이 마지막 저작에서 가장 큰 야망을 품고 있었다. 그는 정신분석을 재구성하기 위해 그것을 초월하도록 영감을 불어 넣어준 여러 원천을 중점적으로 다뤘다. 그리고 아기에 관한 자신만의 독특한 지식과 느낌을 적용해서 성인의 경험과 심리구조의 여러 핵심적 차원에 접근했다. 그는 유럽 대륙의 철학, 특히 현상학에 이끌렸다. 이 외에도 오랫동안 공연예술(특히 춤)에 관심이 많았으며, 최근에는 정동 및 인지 신경과학과 그외 다른 연구를 발달에 대한 심리학적 및 정신분석적 모델 연구에 적용했다.

스턴은 이처럼 명백히 다른 자료들을 통합하는 감각이 뛰어났다. 스턴은 엄격함을 잃지 않고 예술에서 과학으로 우아하게 이동할 수 있는, 비선형적인 비범한 사상가였다(스턴이 관심을 두었던 여러 과학은 비선형 역동체계 이론에 근거하고 있다). 스턴은 자신의 분석적 자료들을 배경에 두긴 했지만, 결과적으로 프로이트의 여러 초기 목적과 일치하는 역동적, 지형학적 모델의 창의적 재구성 과정에서 이런 자료들과 활발한 대화를 나눈다(이미 스턴은 최근 들어 재조명받는 발생적genetic, 발달적 관점에 중심적인 공헌을 한 인물이다). 『활력의 형태』는 몸의 체계가 세상과 결합하여 어떻게 정신적 삶을 창출하는지 설명하고자 신경과학을 적용한 프로이트의 독창적 '프로젝트'를 21세기에 완수한 저작이다.

스턴(2010, p. 8)은 이 책의 서두에 '활력의 형태'라는 개념을 소개하면서, "역동적인 활력의 형태는 움직이는 타인을 마주 대할 때 느끼는 모든 경험의 가장 근본적인 형태"라고 언명했다. 이것은 마음에 떠오르는 대로 시간과 공간을 넘나들면서 감각운동 지각sensorimotor perception과 자기−인식을 의식의 요소로 통합하는 기본적인 형태들gestalt이다. 이것은 이미 이런 더 높은 수준의 형태로 변형을 겪고 통합되었으므로 지각의 단위에 불과한 것이 아니라 정신 현상들이다. 즉, 이러한 형태는 "물리적 성질에 직접 근거하는 것이 아니"다(2010, p. 30). 마음에서 실제로 일어나는 것을 곧바로 이해하는 데 몰두한 스턴은 활력의 형태는 다섯 가지 역동적 특징이 동시에 연결되어 있다고 설명한다. 즉, "움직임, 시간, 힘, 공간, 의도/방향성, 이런 것들이 모두 합해져서 활력의 경험이 일어난다"(2010, p. 4). 이 견해를 정교하게 다듬으면서 스턴은 서로 다른 활력의 형태를 묘사하는 33개 낱말 목록을 제시하는데 이는 전체 다수 중 소수에 불과하다는 사실을 상기시킨다. 그중에는 '폭발하는exploding' '치밀어 오르는surging' '머뭇거리는tentative' '나른한languorous'도 있다(2010, p. 8).

그런 다음, 이러한 다양한 몇 가지 형태들의 그래픽 도면에는 수직축에 강도가, 수평축에 시간이 제시되었다(스턴의 독자에겐 친숙할 것이다). 예를 들면, '폭발하는'은 강도의 급속한 증가를 나타내는 가파른 오르막 곡선으로 그려지고, '시드는fading'은 덜 가파른 하강 곡선으로 그려진다. 물론 그래픽 도면은 약간 정기적으로 올라갔다 내려가면서 기복이 있는 울퉁불퉁한 등고선으로 되어 있다. 이런 단어와 심상들을 보면 스턴이 시간 속의 움직임을 어느 정도까지 활력 형태의 결정적인 요소로 여겼는지 알 수 있다(11장과 16장 참조). 필자는 스턴이 객관적 사건으로서의 움직임보다, 자신과 타인의 움직임에 대한 내적 경험에 관심을 두었다는 점을 다시 한번 강조하고자 한다. 역동적인 활력의 형태는 일종의 정신적 에너지로서, 시공간을 가로지르는 움직임, 강도, 힘에 대한 주관적 경험을 품고 있다. 이에 대한 스턴의 글에서 인용한 다음의 긴 글은 그의 관점을 상세히 보여 준다.

이 정신적 에너지를 표현하는 낱말 대부분이 부사나 형용사다. 여기에 담긴 것은 정서가 아니다. 동기부여가 된 상태도 아니며 순수한 지각도 아니다. 양상이 없으므로 엄밀한 의미의 감각도 아니다. 도달하려는 상태도 없고, 구체적인 수단도 없으므로 행위도 아니다. 이 에너지는 시간의 윤곽, 살아있다는 감각, 어딘가로 간다는 느낌과 함께 갈라진 틈

사이로—움직임 속으로—내려간다. 또 어떤 특정한 내용과도 관련이 없으며, 내용이라기보다는 형태에 가깝다. 그리고 '어떻게' 방식, 스타일에 관심이 있지 '무엇'이나 '왜'에는 관심이 없다. … 역동적 형태의 활력은 움직이는 타인과 마주할 때 경험하는 모든 것의 근본이다.

(Stern, 2010, p. 8)

따라서 스턴은 발달, 인지, 신경과학 연구와 생생한 경험 사이의 실질적인 연결고리를 찾는 장기간 공들인 연구에 합류하는 방향으로 가장 명확하게 움직이고 있음을 보여 준다. 스턴의 신중하고 경험에 근접한 접근 덕분에, 이러한 노력을 하다 빠지기 쉬운 함정(분석가들에게는 특히 익숙한)을 피할 수 있고, 나아가 더 난해한 이론적, 임상적 혼란을 명료하게 할 상당한 가능성을 볼 수 있다. 예를 들면, 스턴은 일부 감각 뉴런이 복수의 감각 정보에 동시에 반응함을 보여 주는 최근 연구를 보고하면서, 경험의 핵심 구성요소를 일으키는 것은 서로 다른 감각 양식들(예컨대 강도와 힘, 시간성 같은)의 공통 속성이라는 견해를 지지한다.

스턴은 움직임의 중심성과 관련된 다양한 자료를 제시한다. 물론 운동 피질의 거울 뉴런에 관한 최근의 연구는 탁월하지만 그 함의가 충분히 주목받지 못한 데다, 같은 방향으로 논의되는 다수의 자료 출처 가운데 하나로 제시된다. 11장에서 개략적으로 설명한 대로, 이 분야의 주요 연구자 중 한 사람인 비토리오 갈레스(2009)는 움직임의 내적 경험에 초점을 맞추었는데, 우선 자신의 움직임을 느끼는 자기수용proprioceptive 감각에, 다음에는 타인의 움직임을 관찰하는 상호 관련 경험에 집중했다. 갈레세는 후자를 '체화된 시뮬레이션', 곧 다른 사람이 일어서는 것을 지켜볼 때 느끼는 일종의 운동 공감motor empathy이라고 묘사했는데, 이같은 공감은 관찰자가 계속 앉아 있더라도 그에게서 매우 유사한 감각을 일으킨다. 가장 존경받는 뛰어난 발달지향 연구자 중 한 사람인 콜린 트레바덴(2009, pp. 508-509)은 스턴의 기본적인 이론 체계에 공명하여 다음과 같이 서술하고 있다.

인간의 뇌에서 일어나는 자발적인 에너지 진동으로 인해 인간의 몸에서 이루어지는 동조적 움직임은 잠재적인 지능prospective Intelligence을 공유한다. … 우리의 몸짓과 표정, 목소리는 창조적으로 '흘러나오면서' 예상되고 상상되는 사건을 다른 사람의 마음과 소통한다. 이런 창조적 흐름은 꿈을 꾸게 하고 기억을 되살아나게 하고 … 심리치료뿐 아니라, 실질적 협력과 우정, 교육을 위한 대화에 생기를 불어넣는다.

이후에 스턴은 전반적으로, 인간이 어떻게 생각하며, 무엇이 생생한 경험을 구성하는지 밝혀내는 데 집중했다. 스턴이 후설Husserl과 메를로 퐁티, 수잔 랭거Susanne Langer같이 이런 접근을 옹호한 현상주의 철학자들에게 영향을 받은 것은 명백하다. 이 외에도 스턴의 이 저서에는 춤과 음악, 영화와 연극처럼 시간에 기반한 예술time-based-arts을 다룬 중요한 부분이 있는데, 특히 움직임과 몸짓, 순간의 아름다움과 형식적 우아함에 주의를 기울이게 하는 작품을 다뤘다. 미학은 언제나 스턴에게 영감을 불러일으켰지만, 이 책에서 그는 유아-부모 상호작용에서 드러나는 안무choreography와 율동에 대한 민감한 감정의 예술적 근원을 가장 포괄적으로 제시한다. 특히 무용 기법과 그것을 묘사하는 문자언어, 즉 라반식 댄스 표기법Labanotation에 대한 지식, 그리고 저명한 안무가였던 고故 제로미 로빈스Jerome Robbins와 전위적 연극 감독인 로버트 윌슨Robert Wilson과의 개인적인 친분을 소개한다.

스턴은 유아-부모 상호작용과 심리치료를 풍부하게 관찰할 때와 마찬가지로, 의식의 세부사항에 관한 연구는 '찰나present moments'라는 개념에 근거해 있는데 그는 사람들이 매우 짧은 시간 간격(몇 초에서 몇 분)에 대해 설명하는 것을 미시분석하면서 이 개념을 연구했다. 예를 들어, 어떤 사람의 간단한 아침 식사에 대해 연상들, 신체 경험, 시각과 소리, 기억, 의도, 환상, 이미지 등을 연이어 떠올렸기 때문에 인터뷰를 끝마치는 데 몇 시간이 걸렸다(물론 분석가들은 모든 순간이 그렇게 많은 정신 활동과 의미를 담고 있다는 사실에 놀라지 않을 것이다).

다른 책에서처럼 이 책에서도 스턴(2010, pp. 135-136)은 임상 실제에 미시분석을 적용하였다. 스턴은 활력의 형태가 '일부 수준'에서 그리고 '몸짓이나 표정, 입말spoken phrases이나 보통 1초에서 10초간 지속되는 생각의 출현' 같은 작은 '의미의 단위'로 실현되기 때문에 분석가의 관심이 더 미세해져야 한다고 제안한다. 이런 의미의 순간에 주의를 기울이면 말이나 이야기의 주제에 큰 관심을 기울일 때보다 환자의 현재는 물론 과거의 경험에도 더 바로 가닿을 수도 있다. 스턴은 기억이 흔히 감정과 활력 형태를 바탕으로 조직화되고, 핵심적인 심리내적 구조는 짧은 시간 간격 사이에, 사고 및 사회적 상호작용에 상응하는 양상으로, 일부 수준에서 드러난다는 것에 주목한다. 스턴은 『찰나The Present Moment』에서처럼 '모래 한 알'에서 세계를 볼 수 있다는 현상학적 관점을 따른다. (William Blake, Stern, 2004에서 인용).

마찬가지로, 또 정신적 삶은 대상, 특히 타인과의 역동적 상호작용의 세계에 바탕을 두고 있다는 자신의 견해와 일관되게, 스턴은 개인적 의미는 상호주관적인 맥락 속에서 가장 명확히 설명되며 무의식적인 '상호심리적interpsychic' 상호작용은 의미 있는 심리 변화를 위한 최고의 기회를 제공한다고 강조했다. 더 나아가 분석 개념들을 수정하면서 스턴은 동일시와 공감이 대인관계적 몸—마음 교류를 통해 '경험을 공유하거나 교환하는'(2010, p. 140) 인간의 기본 능력에 의해 매개되는 주로 비언어적인 과정이라고 설득력 있게 분석한다. 그는 '즉흥 음악 치료'의 '기본적인 치료 방법들'을 묘사하면서 이러한 견해에 생기를 불어넣었다(Wigram, Stern, 2010에서 인용). '반영하기mirroring, 흉내 내기imitating, 모방하기copying' '맞추기matching' '공감적 즉흥연주' '그라운딩grounding, 안아주기, 담아주기' '대화하기'가 이런 치료법들이다(2010, p. 139). 이런 특정한 기술어는 대상 선택과 정서 이입, 흥분과 각성을 비롯해 분석가에게 더 친숙한 용어들에 배어 있다(각성은 스턴의 활력 개념에서 특히나 중요하다).

　종합하면, 활력의 형태를 개념화한 스턴은 상호주관적, 대인관계적 영역을 통해 심리내적 영역의 출현에 면밀한 관심을 쏟게 되었으며, 치료적 변화를 촉진하는 생명력과 자발성의 가치를 높이 샀다. 이 점에서 스턴은 여러 세대에 걸쳐 활약한, 특히 미국의 관계지향 학파와 영국의 독립학파 출신의 분석적 혁신자들과 많은 공통점이 있다. 그는 헬러와 헤이널Heller and Haynal(1997)의 연구 보고서로 이 책의 결론을 삼았다. 이 두 사람은 비디오로 촬영된, 자살을 시도했던 환자의 표정을 살펴보는 치료사와 실험 평가자는 환자가 다시 자살을 시도할지 여부를 예측할 수 없는 반면, 같은 실험 평가자가 치료에 임하는 치료사들의 얼굴을 면밀히 살펴보면 그 여부를 예측할 수 있다는 사실을 발견했다. "환자의 행동에서 보이는 무언가가 치료사에게 (무의식적으로) 알려주는 활력의 형태를 분명 불러일으켰을 것이다. … 어쩌면 나는 너무 멀리 걸음을 내딛고 있는지도 모른다. 하지만 그런 확장은 활력의 형태가 전면에 등장할 때 더 깊이 탐구하게 하는 임상적 가능성을 증명한다. …"(Stern, 2010, p. 148)

　물론 의식과 심리구조에 대한 이 새로운 접근은 무의식적인 정신 과정을 어떻게 개념화하는지 질문을 제기할 것이다. 스턴은 이 문제에 관해 광범위하게 접근하는 최근의 추세를 따르는데, 이 문제에는 억압되지 않을 때도, 알아차리거나 성찰하기 어려운 행위나 감정 패턴도 포함된다. 이런 무의식적 인식의 가장 잘 알려진 예는 스턴과 보스턴변화과정연구모임의 동료들(2010; Lyons-Ruth, 1998)이 제안한 '관계에 대한 내재적 앎'일 것이다. 또한 스턴은 절차적 지식(Clyman, 1991)과 해리(Bromberg, 1988; Freud, 1938) 개념들을 비롯하여 다른 모델들도 언급한다. 무의식 과정에 대한 이 관점이 외부 대상, 특히 타인과 맺는 관계 네트워크를 포함하지만, 분석가 대부분에게 더 친숙한 억압에 의해 조직된 개인내적 유아론intrapersonal solipsistic 형태를 배제하지는 않는다.

　이 책 전반에 걸쳐 정신분석 이론의 기본 쟁점에 대한 복잡한 공명은 계속 유지된다. 스턴(2010, p. 6)은 아인슈타인이 "말로 생각하는지 그림으로 생각하는지 질문을 받았을 때 …

'나는 시공간에서 움직이는 힘과 양의 측면에서 생각하는 것은 아닙니다.'라고 답했던"것을 인용했다. 스턴에게 이런 대답은 '역학에 대한 물리학자의 언어, 곧 움직이는 힘의 변화 과정 또는 급격한 변천'을 실증하는 것이었다. 물론 마음에 관한 프로이트의 모델은 힘이라 생각한 정신물리학적 역동을 중심으로 하고 있으며 나아가 그 역동이 정신적 시공간에 등장하는 것으로 개념화했다. 이런 시각에서 보면 활력의 형태에 대한 개념화는 활기차고 역동적인 '삶의 본능'이라는 개념으로 해석될 수 있는데, 이것은 현재의 신경생물학의 관점에서 새롭게 수정된 것이다. 프로이트가 정신분석을 처음 제안했을 때 정신분석에 부합시키고자 했던 과학(생물학, 물리학 특히 뇌과학)의 발달에 자신의 모델을 일치시키려는 그런 노력을 프로이트가 반겼으리라 쉽게 상상할 수 있다.

　실제로 스턴은 이 지점에서 본능과 마음의 지형에 관한 전통적인 이론에서 급격히 돌아섰다. 스턴은 프로이트의 관점을 좇아 몸을 자신의 모델의 중심에 두었으나 이때의 몸은 원초적인 전—사고pre-thought로 체계화되고자 지각의 영역으로 힘을 밀어 넣는 것은 아니다. 오히려 이때의 몸은 처음부터 정신적 삶의 근원에서, 즉 서로 협력하여 경험을 구성하는 감각과 움직임의 정신신체적 기반에서 능동적인 역할을 하는 요소인데, 이때 경험은 힘과 에너지의 역동을 중심으로 조직된다. 따라서 정신적 삶은 근본적으로, 생물이든 무생물이든 대상과의 상호작용과 활동으로 구성된다. 정신적 삶의 사회적 기원에 관한 스턴의 초기 관심은 이 모델을 예견할 뿐 아니라 이 모델을 따르고 있는데, 타인은 모든 대상들 중 가장 흥미롭고, 자신의 움직임과 감정을 유지하고 성찰하며 증폭시켜서 시공간 속으로 확장시키기 위해 독특하게 움직이고 느끼는 반응을 할 수 있기 때문이다. 따라서 스턴의 마지막 저서인 『활력의 형태』는 초기 발달에 관한 상호주관적인 모델, 곧 의식의 기본적인 감각운동의 기원에 대한 스턴의 관심을 종합한 것이며 기본적인 상호주관적 동기 체계에 관한 더 최근의 제안을 담고 있다.

　이 모든 주장은 특히, 스턴이 선봉에 선 동시에 의존했던 최근의 연구 경향에 몰두하지 않은 연구자들에게는, 이단적이진 않더라도, 매우 논쟁적으로 보일 수도 있다. 그러나 정신분석은 인접한 예술과 과학에 진심으로 유연하게 적응함으로써 그 잠재력을 최대한 발휘할 것이다. 백 년도 더 된 여러 과학 이론에서 비롯한 핵심 가정을 그대로 유지하는 것은 상식에도 반하지만, 프로이트가 초기에 「과학적 심리학을 위한 프로젝트Project for a Scientific Psychology」(1895)에서 의도한 것에도 반한다. 현대 정신분석은 신경과학, 발달 심리학, 사회 심리학에서 도입한 폭넓은 지식과, 우리가 유일하게 주장할 유산인 100년 동안 모든 종류의 마음에 진지하게 몰두해 온 것을 통합할 가능성을 가지고 있다. 다니엘 스턴이 이러한 통합에 공헌한 바를 과소평가해서는 안 된다.

후주

1 17장의 많은 부분은 애초에 다니엘 스턴의 마지막 저작인 『활력의 형태』의 서평(Seligman, 2011)으로 쓴 것이다. 여기서는 스턴이 유아기 연구를 정신분석에 적용한 함의에 관한 더 일반적인 논의로 확장된다. 필자는 여기서 스턴의 연구를, 획기적인 유아 관찰에서 방향을 돌려, 프로이트의 기본적인 동기 모델을 급진적이며 실질적으로 수정한 것으로 개관했다.

5부
인식과 혼란 그리고 불확실성

-일상적 분석에서 나타나는 비선형적 역동-

　필자가 관심을 기울였던 비선형 역동체계nonlinear dynamic systems(NLDS) 이론에 기반을 둔 5부의 첫 장인 18장은 분석가와 환자 모두 일상적인 분석에서 상당한 불안과 불확실성을 견딘다는 폭넓은 관찰로 시작한다. 정신분석적 사고의 가장 독특하고 매력적인 특징 중 하나는 범주화 및 비선형적 설명에 저항하는 정신 과정에 초점을 맞추는 것이다. 정신분석 치료사는 겉으로 보기에 장애가 있는 의사소통에서 의미를 찾고, 일상생활에서 흔히 접하는 이해하기 어려운 것들에 세심하고 철저한 주의를 기울일 때 드러나는 뜻밖의 우여곡절을 받아들인다. 정신분석은 아이를 보살피는 것과 마찬가지로, 흔히 불편하고 예측할 수 없으며 '골치 아프다.' 분석 작업에 동의할 때 환자는 정신분석이 자신에게 도움이 되리라고 믿고, 이런 종류의 경험을 견디겠다고 동의하는 것이다. 특별한 분석 관계와 분석에서 무엇이 일어나는지 주의를 기울이는 분석가의 헌신이라는 맥락에서, 불확정성에 참여하는 것은 변화를 촉진하는 주된 요소가 된다. 이러한 것들은 다양한 이론적 신념을 포괄하는 정신분석적 감수성의 특징들이다.

　필자는 NLDS 이론에 의해 보완된 발달적 관점과 현상학적 관점에 근거하여, 모성 몰두와, 분석 현장의 변화 요소인 분석가의 성찰적 집중 사이에 몇몇 유사점을 검토해 보고자 한다. 분석가가 행동을 자제할 수 있음으로써 환자가 지금까지 되풀이해 온 감정 및 관계 패턴을 암암리에 변화시키는 길이 열린다. 비록 그 패턴이 폐쇄된 체계의 일부지만 이제 사려 깊고, 상호 조절된 속도로 개방될 수 있다. 이것은 애착 이론, 유아 상호작용 연구 그리고 필자가 13장과 15장에서 제시한 비온의 '생각하기' 이론 등의 통합과 연결된다.

　5부의 첫 장인 18장은 초기 프로이트 학파의 전통에서부터 최근 부상 중인 관계적 관점에 이르는 통찰들의 통합 가능성을 탐구하는 논문들의 일부이다. 필자의 기고문과 아울러 스티븐 쿠퍼Steven Cooper와 켄 코벳Ken Corbett, 아드리엔 해리스의 다양한 논문들이 수렴되는 주제는 **관계론자들** 간의 상호작용에 대한 열의가 환자와의 강렬한 정서적, 대인관계적 활동 중에 열려 있고 고요하며 집중된 마음을 지닌 분석가의 특별한 성향으로 얻게 된 기회를 불필요하게 평가절하하는지에 관한 것이었다.

　19장에서는 NLDS 이론을 소개하면서, 이 이론이 현대 정신분석의 임상적, 개념적 사고를 뒷받침하는 기본적인 과학적 사고체계라고 주장하는 동시에, 현재 진행 중인 다양한 관련 과학 분야의 발전과 정신분석을 결합한다. 그렇다고 '과학'이 진리 혹은 인식론적 가치의 최종 결정권자라는 실증주의의 함정에 걸려드는 것은 아니다. 비선형적 체계 접근은 정신분석과 같은 감수성을 구현한다. 즉, 이 접근은 변화하는 패턴들, 복합성, 유동과 흐름, 모호함과 질서의 상호작용, 안정성과 불안정성, 불확실성과 발생적 혼돈의 본래 가치를 강조한다. 14장의 마크의 사례에서 드러난 복합적 변화는 동일한 감수성에 도달하는 직접적인 임상적 창을 제공했다.

　필자는 이 장을 통해 일상의 임상적 사고의 기초가 되는 언어와 이미지를 제공하도록 직관적이고 경험에 가까운 방식으로 체계 이론이 활용될 수 있기를 희망한다. 그와 같은 방식으로 생각하면, 분석가는 은유와 미학을 활용해 당연시되기 쉬운 기본 가정들에 대해 더 정확하고 입체적이며 즉각적일 수 있다. 정신역동적 사고의 가장 중요한 이론인 비선형 역동 접근은 복합성과 심지어 신비스러움에 대한 정신분석적 친화력을 유지하면서도 다른 학문 분야와 연결하는 폭넓은 그릇이 되어 준다. 어떤 면에서 NLDS를 정신분석적 메타심리학 안으로 들여오면, 정신분석을 내부적으로는 물론 인접 학문과도 통합해 줄 포괄적인 이론을 정립하려는 자아 심리학자들의 야심에 찬 목표가 확장된다. 그러나 이 역동체계 모델은 앞선 시도들이 지녔던 지나치게 이론 위주의 경직성을 피한다.

　20장에서는 루이스 샌더가 행한 유아 관찰연구와 NLDS 이론, 현재의 생물학과 물리학을 비롯한 '자연' 과학을 대담하게 종합하는 이 광범위한 통합적 연구를 계속 다룰 것이다. 이처럼 샌더는 심리구조와 동기, 치료 행위에 관한 분석적 접근을 재고했으며, 환원주의나 인식론의 순진함 혹은 암묵적인 반反심리학적 태도를 배제한 채, 정신분석과 과학적 패러다임을 결합하려 했던 프로이트의 연구를 갱신했다. 그리고 체계들 안에서 요소들 간의 역동적 관계를 강조했다. 자연 체계 기능의 여러 차원들 사이의 유사성을 끌어낸 샌더는 '생물학'의 기초 단계인 세포와 기관을 시작으로 해서, 이후 정신분석가들이 지대한 관심을 기울이는 심리적 및 대인관계적 현상으로 연구 영역을 넓혀갔다. 샌더는 이렇듯 폭넓고 포괄적인 '관계적 메타심리학'으로 향한 길을 열었다. 최초로 유아의 생애 초기 발달을 주의 깊게 살펴본 정신분석가 중 한 사람으로 평가받는 샌더는 후대의 발달지향 정신분석가와 연구자들에게 존경을 받았으며 이들에게 계속 막대한 영향을 미쳤다.

18장
주의를 기울이는 동안 느끼는 혼란
─치료적 변화의 동인으로서의 분석적 태도─

이 장은 분석적 관계에서 일어나는, 실제로 매일 일상생활에서 발생하는 현상에 대한 광범위한 관찰로 시작한다. 즉, 분석가는 평소 늘 환자에게 세심한 주의를 기울인다. 이것이 매우 중요하다는 것에 대부분 동의하면서도 이 근본적인 사실을 간과할 때가 종종 있다. 놀라운 일이지만, '무관심에서 관심'으로 태도를 바꾸는 것을 힘들어하는 이들 중에 관계지향 분석가들도 있는데, 특히 분석가의 능동적 참여라는 특징을 고려할 때 그렇다. 더 일반적으로 말하자면 이러한 관점은 많은 이에게 명백해 보일지 모르지만, 분석적 임상 작업과 기관 문화의 지속적인 압박보다 덜 중요하게 여겨진다. 많은 정신분석적 메타심리학과 임상에서 제시되는 것들은 일상적인 분석 과정을 이루는 구체적이고 독특한 활동에 관한 포괄적인 설명과는 다소 거리를 두고 작동한다.

분석가와 환자의 일상적인 활동의 또 다른 부분은 둘 다 상당한 불안과 불확실성을 견딘다는 점이다. 실제 정신분석은 체계 이론가들이 주장했듯이 불쾌하고 예측 불가능하며 '혼란스러운' 것이 보통이다. 실제로 환자는 정신분석이 자신을 변화시켜 주리라 믿기에 이 같은 경험을 견디겠다고 동의하는 것이다. 분석 상황에 주의를 기울이는 분석가의 헌신과 특별한 분석 관계의 맥락에서, 불확정성에 참여하는 것은 변화를 촉진하는 주된 요소가 된다.

분석가가 만성적으로 느끼는 당혹감의 창조적 역할:
분석가의 경험에서 혼돈이 차지하는 중심적 역할

당혹스럽고 불확실한 기분과 심리적 태도는 우리의 일상적인 작업에서 흔히 경험하는 현상이지만, 겉으로 드러나지 않을 때가 많다. 이러한 기분은 때때로 분석을 방해하는 듯 보이지만 실제로는 분석 과정의 핵심이다. 이것의 한 가지 원인은 포착하기 힘들고 이해하기 어려운 마음의 특성 때문인데, 이 특성은 정신분석이라는 프리즘을 통해 볼 때 특별히 더 그렇다. 하지만 역동체계 이론을 주의 깊게 살펴보면, 불확실성은 변형적이고 혼란스러운 분석 과정의 특성을 반영하는 것으로 보인다. 분석가는 변화 가능성을 접하게 될 때 혼란스러워질 수도 있다.

이러한 상태가 빈번하게 발생하게 될 때 몇 가지 요인이 있는데, 이러한 요인은 개별 사례마다 다양하게 나타난다. 일반적으로 말하면, 처리되지 않은 강렬하고 고통스러운 정서들은 혼란의 중심이 된다. 나아가 이러한 감정은 보통 뚜렷이 드러나지 않고 거의 지각되지 않은 형태로 정신분석 현장에 존재하는 경우가 흔해서, 상황을 몰아감에도 불구하고 인식되지 못한 채로 남아 있다. 분석가는 어느 순간 갑작스럽고, 예상할 수 없고, 표현할 수 없으며, 금지된 듯 또 서로 맞지 않는 생각과 감정을 상대로 씨름하고 있는 자신을 발견하게 될지도 모른다. 그러는 내내 환자는 어딘가 다른 곳에 있을 것이다. 더욱이 언제나 일어날 수 있는 투사와 동일시, 공감으로 인해 누가 누구에게 무엇을 느끼게 하는지를 구분하는 것이 어려워진다. 게다가 전이와 역전이가 늘 동시에 나타나지는 않는다는 점이 이 모든 것을 더 혼란스럽게 하는데, 심지어 분석가와 환자가 마음을 터놓고 소통할 때도 그렇다.

불안정한 기분을 만성적으로 느끼게 하는 또 다른 요인은 정신분석에서 일어나는 변화는 흔히 점진적이고 불규칙하며, 오랜 시간이 흐른 후에야 분명해진다는 점이다. 불확실성에 지속적으로 빠져드는 것이 얼마나 중요한지 보여 주는 징후는 주기적으로 만나 서로의 사례를 경청하는 사례 연구 모임의 동료들이 해당 사례의 치료사보다 변화를 더 잘 알아차릴 때 나타난다. 사례 발표자는 그저 발표를 이어가지만 동료들은 무언가 새로운 것이 등장했다는 것을 알아차린다. 분석가는 진행 중인 상황에 익숙해지고 습관에 젖기 쉬운데, 이런 경향이 분석가의 시선을 미묘하게 가릴 수도 있기 때문이다. 체계 용어로 보면 일상적인 분석 작업은 변동과 흐름, 이러한 변화에 포함된 유동과 전환에도 불구하고, 시간의 흐름에 따라 더 포괄적이고 복잡한 체계를 세우는 것을 포함한다.

앞서 언급한 대로, 분석에 따른 변화의 점진적이고 일상적인 차원에 주목하면, **관계적** 분석 사례 보고가 오해를 살 수 있는 측면을 볼 수 있게 된다. 강력하고, 심지어 감각적이며, 감정적이고 변형적인 재연enactment을 강조함으로써, 분석에서 불확정성에 대한 점진적이며 힘겨운 훈습을 그 중심적 위치로부터 주의를 분산시킬 수 있다. 일부 전통적 분석가들은 이 것을 **관계** 분석가들이 일반적으로 분석 과정을 섬세하게 파악하지 못한다는 의미로 해석했지만, 이것은 보통 편견에서 비롯된 오해이다. 고전적인 정신분석 문헌에는 실질적으로 정의가 덜 된 무언가가 모호하게 전개되는 것을 파악하기보다는, 분석가가 환자에게 결정적인 해석을 해 주거나 새롭게 이해한 투사적 동일시에서 맞닥뜨린 교착 상태를 풀 단서를 발견하는 지점에 초점을 맞추는 사례가 충분히 보고되어 있다.[1]

여기에는 여러 일반적인 문제들이 작용한다. 분석가는 자신이 선호하는 개념을 확인해 주거나 최소한 예시하는 순간들을 강조하는 경향이 있다. 이러한 접근에는 언급되어야 할 것이 있다. 우리는 치료하는 과정에서 우리 자신의 이론을 따르고, 따라서 이러한 이론을 재연하는 상호작용을 만들어 내고 이런 방식에 따라 우리의 상호작용을 해석할 가능성이 있다는 것이다(Seligman, 2006). 그러나 이런 경향으로 인해 우리는 매일매일의 활동이 우리가 깨달은 것보다 어떻게 변화에 더 중심적인 역할을 하는지에 대한 보다 일상적인 어떤 측면들을 간과하게 된다.

역동적 변화의 근원으로서의 불확실성

그러므로 이러한 방향으로 따라가는 것은 분석가의 일상적인 임상 작업에 있어 기본이다. 분석에 임할 때 우리는 각자의 일을 하는 대부분의 사람들과 다르게 반응한다. 분석가 대부분은 보통의 상황이라면 당연히 불확실성을 줄이고 문제를 해결하며, 타인과의 관계에서뿐 아니라 심리내적으로도 타인과 자신의 경험에 익숙해진다. 이렇게 되려면 어느 정도 품이 들 수도 있다. 하지만 일을 처리하고 나아가 지속적인 안정감을 준다는 점에서 가끔은 가치 있다 할 것이다.

그러나 변화 자체를 지향하는 분석 상황의 독특한 특성 가운데 하나는 이 같은 해결은 단기간에 되지도 않지만, 어쩌면 중기적으로도 해결되지 않으리라는 점이다. 정신분석은 불안과 불확실성에 대한 '세트 포인트'가 각기 다르다. 내적 세계에 대한 관심은 실제 대상에 미치는 영향력에서부터 멀어져, 비어 있는 열린 시공간으로 초점이 이동된다. '유능한 분석가'는 효과적인 변화 가능성이 보일 때까지 해결을 미루는 경향이 있다. 이것은 고통에 직면해서도 상황이 가장 좋은 방향으로 해결될 수 있다는 열린 마음과 낙관주의에 의해 뒷받침된다. 이처럼 희망을 갖는다는 것은 역설적이다. 그것은 고통에도 마찬가지의 관심을 둔다는 것을 의미하기 때문이다(Mitchell, 1993).

어떤 진단이든 치료사가 얼마나 많은 불안을 견뎌내는가에 영향을 끼친다. 모든 조건이 같다면, 치료사는 더 심각한 인격 구조를 다룰 때 불안과 불확실성을 조절하고 제한할 가능성이 더 크다. 나아가 분석가 저마다 지향하는 임상 이론은 다양한 사례를 이해하고 처리하는 방식에 영향을 미친다. 분석가의 이론적 신념은 자신이 어디에 집중하는지, 자신의 경험을 어떻게 체계화하는지에 영향을 미치는데, 이는 치료 과정 동안 행하는 특유의 개입보다 훨씬 더 중요할 수도 있다. 예를 들면, 현대 프로이트 학파는 모든 조건이 같다면, 트라우마보다는 구조적인 갈등의 관점에서 사고할 가능성이 더 크다. 구조적 공식화는 트라우마에 관한 공식화보다 형식 측면에서 더 뚜렷한 특성이 있는 까닭에, 구조적 관점으로 사고하는 분석가는 환자의 이야기를 경청할 때 마음이 덜 요동치고 덜 불안하며 덜 막연하게 사고할 가능성이 크다. 인격과 세대 차이 역시 이 점과 관련이 매우 깊을 것이다.[2]

각기 다른 정신분석학파 및 그 사고와 동일시함으로써 얻어지는 확실성 혹은 적어도 유능감은 분석 과정 곳곳에서 막연함에 직면할 때 느끼는 불안을 완화해 줄 수도 있다. 이는 무엇보다 분석이 상당히 개인적이고 사적이며 두 사람 사이에 이루어지는 독특한 작업이어서, 다음에 해야 할 일에 관한 좀 더 '객관적인' 표지 설정의 가능성을 제한하기 때문이다. 이 말이 시간이 너무 오래 걸려서 불확실성을 해결하는 방향으로 작업할 수 없다는 의미는 아니다. 그럼에도 내 생각에 더 보편적인 문제는 불확실성을 견디지 못하는 것인데, 이렇게 되면 결국 분석 공간은 폐쇄되고 말기 때문이다. 성급한 해석, 특히 전이에 대한 성급한 해석, 성급한 위안, 분석가에게 어떻게 행동해야 할지 알려주는 기법의 기반으로 좌절을 사용하는 것, 상담비와 못 지킨 약속 같은 문제 있는 분석 관계에 대처하는 이른바 '방침들', 그리고 (성찰적인 것과 반대되는) 반사적인 자기-개방, 이런 것이 불확실성을 견디지 못하는 예다. 이러한 전략적 행동은 오히려 핵심 불안 등 다루기 힘든 감정을 소홀히 하게 하여 마음을 산만하게 한다고 할 수도 있을 것이다.

초보 분석가와 자신에게 맞게 변형한 기법에 지나치게 충실한 분석가는 특히나 이러한 함정에 빠지기 쉬운데, 이는 무슨 일이 일어나고 있는지 상황을 잘 파악하는 분석가가 되고 싶은 소망에서 비롯되거나, 분석가가 불안을 견뎌내지 못하는 것을 가리기 위해 불안은 반드시 해소되어야 할 상황으로 오인하는 데서 비롯된다. 이러한 동기 때문에 분석가들의 임상적, 이론적 성향이 소환되기는 하나, 이것은 흔히 이론 및 학파의 이상화에 영향을 받으며 그에 따라 섣부르게 된다. 직업적 정체성에 대한 분석가 특유의 관심이 작동될 때가 종종 있는데, 예를 들면 우리 중 일부는 현실적이든 상상력을 동원해서든, 특정 동료들이 우리에게 기대하리라 여기는 것들을 행할 것이다. 그 결과, 우리가 가치를 두는 일련의 학파 혹은 견해에 위안을 느끼며 동일시하고 그에 따라서 외로움이나 열등감으로 인한 두려움에 덜 시달릴 것이다. 때로는 현실의 또는 가상의 특정 동료에 대해 경쟁적 우위에 서는 상상을 한다. 물론, 이 모든 것 외에도 역전이의 압력이 상당하다.

최근 필자는 분석 훈련을 시작한 꽤 섬세한 치료사인 팀을 지도해 주었다. 팀의 훈련 프로그램에 대한 대화에서 우리가 전이를 강조한 것은 적절했지만, 필자에게는 팀이 이 전이를 지나치게 열정적으로 적용하는 것으로 들렸다. 아무튼 팀은 치료 초기에 환자에게 자신의 감정을 이야기해야 한다는 압박을 느꼈다. 그것도 회기 초기에, 상당한 거리감이 느껴지는 여성 피분석자와 진짜 무언가를 시작하기 전에 말이다. 예를 들어, 피분석자가 값비싼 선물을 원하는 그녀의 여자 친구 이야기를 한 시간 정도 했을 때, 팀은 바로 상담비 이야기를 했다. 마치 팀은 상담실에 있는 환자가 아니라 가상의 환자와 이야기하는 것 같았다. 버만 Berman(2004)은 훈련 중인 분석가가 감독자의 편견을 무의식적으로 받아들여, 그것을 환자를 도우려는 진지한 소망 이외의 다양한 동기에 무비판적으로 적용할 가능성이 어느 정도나 되는지 주목했다.

그동안 팀과 필자가 임상 감독에서 다룬 것은 팀이 아무것도 하지 않는 것을 편하게 느끼도록 하는 것이었다. 즉, 확실성에 대한 욕구나 내면화한 스승과 동료를 만족시키고자 하는 야망에 내몰리지 않고, 아무것도 하지 않는 행동 그 자체에 주의를 기울이고 그로 인해 희망을 품도록 하는 것이었다.[3] 팀과 필자가 신뢰감을 쌓아가자 상황이 훨씬 여유 있고 편안해졌다. 그러자 환자가 새삼, 감동적일 만큼 진전이 있었다.

팀은 차츰 불편함을 잘 견딜 수 있게 되었다. 일상적인 불안과 불확실성 외에 팀 특유의 근심에는 초보 분석가가 되는 것과 관련된 염려도 있었다. 이를테면 열등감을 느낀다거나, 아직 익숙하지 않은 직업 정체성을 이상화하거나 잘못된 행동을 하면 어쩌나 하는 두려움 같은 것들이다. 우리는 이러한 특정한 문제는 대부분 논의하지 않았지만, 필자는 팀의 불안이 행동화되거나 억제되기보다는, 자신이 집중할 수 있는 공간을 마련하는 틀을 만들도록 돕고자 했다. '옳은 일'을 이해하려 애를 쓴다고 생각했을 때조차, 환자와 각을 세우는 태도로 분석하면 주의력이 흐트러지기 때문에, 점점 향상되는 주의력은 그 자체로 팀이 환자마다 다르게 작업할 수 있게 하는 핵심 요인이었다.

필자는 이 지점에서 다양한 불안과 그 밖의 내적, 제도적 현실이 어떻게 어떤 종류의 혼란에 대해 바람직한 가능성을 열어주는 것으로 여기는 게 아니라 없애버려야 할 것으로 다루게 만드는지 설명하고자 한다. 불확정성과 다중성, 예측 불가능성은 우리의 삶 곳곳에 존재한다. 견디기, 설명하기, 참여하기 나아가 포용하기는 정신분석의 미학이자 치료 모델의 핵심이다. 실제로 학문으로서의 정신분석은 불확정성을 탐구하는 과정에서 이루어졌다. 이러한 사실이 인식될 때가 있기는 하지만, 가끔은 우리 중 다수나 일부는 우리 자신의 분석 전망을 수정하는 것이 적절할 수도 있다. 우리는 분석가와 피분석자의 주의를 다른 곳으로 이끄는 예측 가능성과 질서라는 두 요소에 똑같이 호감을 느낄 수밖에 없다. 하지만 **벌어지는 상황에 혼란스러워하고 길을 잃을 수 있다고 받아들이면 실제로 해방감을 느끼게 된다** (Cooper, 2010; Steven Cooper, 사적 대화, 2013 참조).

이렇게 할 수 있는 정도만큼 이 작업이 즐길 수 있는 일이라는 것을 필자는 알게 되었다. 치료실에서 보내는 하루하루는 엉성한 지도를 들고 머물 곳을 찾느라 대부분의 시간을 보내지만, 그곳이 어디가 될지, 그 과정에서 누구를 보고 만날지는 잘 모르는 채 이 도시에서 저 도시로 여행을 다니는 것과 어느 정도 비슷하다. 중요한 것은 관심을 잃지 않고 계속 자각하고 주의를 기울이며, 못 견딜 만큼의 불편함을 느끼지 않는 것이다. 이렇게 하루를 보내고 상담실을 떠날 때 몹시 피곤하나 이상하게도 심리적으로는 생기를 되찾게 된다. 밤에 집에 돌아가지 못하면 어쩌나 하는 걱정 없이 좀 낯선 곳들을 다녀왔기 때문이다. 상당한 분석 경험이 없이는 이 같은 상황에서 자신감을 품기 어려울지 모르지만, 우리의 작업을 이런 상황에 도달하기 위한 것으로 볼 수도 있다고 생각한다. 우리는 종종 얻게 되는 이런 즐거움을 동료와 학생들이 지속적으로 느낄 수 있도록 충분히 지원하고 독려해야 한다.

존재로서의 주의 집중

이것은 정신분석의 핵심 미덕인 주의 집중attention의 중심적 역할과 바로 연결된다. 근래 필자의 연구의 가정은 필자가 주의를 기울이고 계속 그 상태를 유지한다면, 어느 사이에 환자와 필자는 뭔가 유익한 일을 하고 있다는 것을 알게 된다는 것이다. 다시 말하지만 이러한 방향성은 세트 포인트로 작용한다. 이런 유리한 시점에서, 실제로 계속 관여하면서 주의를 기울이는 것은 당면한 목표, 곧 우리가 끊임없이 궤도 밖으로 밀려나지만 되돌아가려고 애쓰는 지향점이다. 프로이트(1912)는 분석가에게 평소의 선입견을 보류할 것을, 그리고 '자유롭게 떠다니는 주의'를 유지하기 위해 분석 상황의 심적 태도에서 무언가를 끌어내려는 노력을 중단할 것을 요구하면서 이와 유사한 내용을 언급했다. 비온(1970)은 분석가가 '기억하지도 말고, 욕망을 품지도 말고' 경청해야 한다고 조언하면서 이것을 명확하게 밝혔다.

　서로 다른 여러 분석 학파에서 이와 관련된 주목할 만한 실례들이 나왔는데, 이 사실이 의미하는 것은 이러한 덕목이 대개는 비이론적이라는 점이다. 환자의 이야기를 경청할 때 평소의 편견을 비우듯이 주의와 가능성의 새로운 공간에 공명하는 분석가들이 있다. 에릭 에릭슨과 조셉 샌들러, 베티 조셉과 당연히 엠마뉴엘 겐트Emmanuel Ghent가 떠오른다(겐트에게 경의를 표한 Jessica Benjamin의 논문(2005) 참조). 이 석학들을 떠올리면 이따금 우연히 만났던 선禪 수행자들이 생각난다(Baba Ram Dass와 Allen Ginsburg, 그리고 샌프란시스코에 있는 한 선원에서 봤던 일본 출신의 저명한 수행자가 떠오르는데, 그는 마치 중력을 제거한 것처럼 발을 바닥에 대지 않고 방으로 걸어 들어왔다. 필자는 실제로 이 사람은 명상에 들 때 쇠사슬로 묶어놓아야 할지도 모른다고 생각했다). 위니컷(1965a, p. 594)은 분석가의 감수성과 주의 집중의 연관성에 주목하며 다음과 같이 썼다.

　　환자의 욕구와 만나는 분석가는 … 환자의 미성숙과 의존성에 반응하면서 분석가 자신의 감수성이 발달하는 것을 자각해야 한다. 우리는 이것을 자발적인 상태로 주의 집중하는 분석가에 대해 프로이트가 묘사한 것의 확장으로 생각할 수 있다.

　혹자는 이러한 주의 집중을 섬세한 수동성으로 생각하고 싶을지도 모르겠다. 그러나 역설적으로 그렇다고 하더라도, 그것은 생명력 있고 창의적이며 에너지가 넘치는 것이다. 이런 방식으로 작업하는 분석가는 설령 아무것도 일어나지 않는 것처럼 보여도 자신이 뭔가를 하고 있다고 느낀다(분석가의 뇌는 기능적 자기공명영상법(fMRI)에서 매우 역동적인 반응을 보일 것이라 생각한다). 디멘(사적 서신, 2014)은 코벳의 의견과 살라몬Salamon의 견해를 혼합하여 다음과 같이 기술했다.

이러한 성찰 상태에서, 분석가는 '사실과 논리에 성급하게 도달하려고 하지 않으면서 불확실성, 불가사의, 의구심에 머물러 있을 수' 있고, 우유부단함이나 '알지 못함unknowing' 이라는 것을 견딜 수 있게 되고 그것을 바람직할 뿐 아니라, 기대할 수 있는 것으로 만든다. 퀴어 이론가 게일 살라몬은 코벳의 견해를 논하면서 다음과 같이 이 견해를 확장한다. 알지 못함은 모른다는 것not-knowing이 아니라 하나의 적극적인 상태다. 즉, '알지 못하는 것'은 이미 가지고 있는 '지식을 수정하거나 본래의 모르는 상태로 되돌리는 것'을 말한다. 이는 판단을 보류하고, '지식의 한계를 정하는' 것이 아니라 '한계설정을 넘어선 무언가에 참여하는 것'이다. 임상에서 분석가와 피분석자 사이의 위계를 설정하고 또 없애는 경로인 알지 못함은 분석가가 '더는 지식의 영토 안에 있는 것이 아니라 … 다른 무언가에도 참여'한다는 것이다.

자신의 주의에 집중하는 분석가의 주의

물론, 정신분석은 명상적 영성 훈련과는 다르다. 정신분석이 궁극적으로 지향하는 것은 평화나 심지어 명료함이 아니라, 변동과 좌절, 불안이 동반되더라도 현실에서 발견되어야 하는 자유다. 이와 유사한 흐름을 따라, 분석가가 늘 명확하게 주의를 유지하거나, 늘 기억과 욕망에서 자유로울 거라 기대할 수도 없다. 이러한 기대는 분석가도 한 인간이라는 사실을 부정하는 일일 것이다. 프로이트와 비온이 제시한 방침이 유용한 한에서, 그것은, 순수한 상태로 절대 유지될 수 없다고 예상하면서도, 이상적인 규범이자 준거 기준이 된다고 이해해야 한다. 이러한 순수한 명료함이 와해되고 분산되는 것을 예상할 수 있다. 사실, 와해와 분산은 분석가의 자기–성찰적 주의 집중의 주요 접점인데, 여기서 분석가는 자신을 떨쳐내려고 하는 것과 자신에게 다가오는 것, 그리고 자신의 마음 상태가 환자의 마음 상태와 연결되는 방식에 주의를 집중한다. 따라서 분석가의 주의 집중에 대한 관심은 그 자체로 가치 있는 사고 방식에 관한 안내일 뿐 아니라, 분석이 진행되는 과정에서 일어나는 온갖 이해할 수 없는, 때로는 수없이 다양한 느낌, 이미지, 인상과 지각 등을 조직하고 선택하는 방식이기도 하다.

예를 들어, 필자가 환자 때문에 혼란스러워하는 것을 깨달으면, 필자는 어느 순간 혼란에 빠졌고, 그 순간에 무엇이 일어났고, 그 이후로 어떤 것에 주의를 빼앗겼는지 떠올리려고 최대한 애를 쓴다. 항상 이런 노력을 기울였더니 필자는 예상보다 훨씬 더 생산적인 이해가 가능해졌을 뿐 아니라 평정을 되찾고 주의를 더 잘 기울일 수 있었다. 예를 들면, 필자는 이따금 '머릿속에 어떤 노래가 떠오르는' 것을 느낄 때가 있는데, 그 노래는 일견 신비스러울 정도로 환자의 자료와 상당한 관련이 있을 때가 많다. 필자의 머릿속에서 '다신 속지 않으리 Won't Get Fooled Again'라는 노래가 들리면 환자가 약물 남용 문제를 털어놓을 준비가 안 되어 있다는 느낌을 알아차리게 된다.

한 환자가 자신이 근래 어떻게 평소답지 않게 혼란을 느끼기 시작했는지 들려주었다. 우리가 그의 아버지가 끊임없이 호된 훈계를 했다는 이야기를 나누고 있었을 때, 그는 자신이 서 있는 마루 밑에 기억들이 머물고 그것은 그를 모호하고 텅 비게 만드는 것 같다고 했다. 그동안 필자는 영화 〈바스터즈: 거친 녀석들〉(타란티노, 2009)에서 파리의 한 극장이 폭발해서 불길에 휩싸이는 장면을 생각하고 있었는데 이 폭발로 나치의 최고위 지도부와 미국 침투조 군인 다수와 이 폭파를 계획한 프랑스 레지스탕스 모두 희생되었다. 확실히 정신이 산란해진 필자는 앞서 본 영화장면 때문에 '몽상'에 빠지기 시작했다는 사실을 깨달았다. 프랑스 농부가 마룻바닥 밑에 한 유대인 가족을 숨겨 보호해 주고 있었는데 게슈타포가 그 가족을 적발하여 죽이는 장면이었다. 작은 영화관에 있는 모든 사람을 충격에 빠뜨리는 저 끔찍한 불바다 지옥의 이미지로 인해 필자는 환자의 어린 시절이 얼마나 감당하기 힘들었을지 더 많이 상상을 할 수 있었던 것이다. 그리고 나서야 필자는 환자의 기억이 환자가 상상한 것보다 훨씬 더 불안하고 혼돈스러운 것은 아니었을까 궁금했다는 말을 환자에게 할 수 있었다.

이 접근 역시 우리 분석가의 역량에 대한 자신감의 근거를 제공할 뿐 아니라, 환자와 훈련 중인 치료사 모두에게 정신분석 방법이 명백하게 비실용적인 것의 일부를 자신있게 설명하는 근거를 제공한다. 구체적이고 실용적인 해결책을 절박하게 (그리고 때로는 회의적으로) 구하는 환자에게 어려운 상황의 한복판에서 일어나는 현상에 대해 느끼는 감정과 그 외의 측면에 주의를 기울이면, 이제까지 없던 더 나은 결과를 얻을 가능성이 있음을 믿는다고 답하곤 한다. 물론 이 접근법이 실제적인 해결책을 제시하고, 긴급한 상황에 대해 질문하고, 환자가 치료에 다소 시간이 걸릴 수 있음을 설명하고, 필자의 반응을 기술하고, 해결책에 대한 구체적인 해석을 제공하는 것 등을 비롯한 다른 선택지를 배제하는 것은 아니다. 마찬가지로 우리가 하나의 사례를 어느 정도 이해하게 된 뒤, 임상 감독을 받는 수련자가 다소 절망적인 어조로 '그럼 전 어떻게 해야 하나요?' 하고 물으면, 필자는 우리가 논의해 온 것에 '주의를 기울이라'는 조언을 할 것이다(이것은 야구에서 배팅하는 것과 같다. 타석에 서 있을 때, 당신은 사실 방망이를 어떻게 휘두르겠다는 계획을 세우지 않으며, 더욱이 점수에 신경을 쓰면 절대안 된다. 대신 공을 주의해 보려 할 것이고, 공을 잘 보면 공을 훨씬 잘 칠 것이고, 점수를 올릴 가능성이 훨씬 커질 것이다).

살아있는 체계로서의 정신분석: 불확정성과 역동적 변화

살아있는 체계는 복합적이고 서서히 진전되는 변형의 영향을 받으며, 역동적인 환경조건에 따라 변화를 겪는다. 그리고 물질과 에너지, 정보를 조직화하면서, 여러 내적 과정들을 서로 관련시키고 그것들을 환경과 연결시킨다. 그렇게 나아가려면, 유연하고 복잡하며 다층적이어야 한다(이를테면 핵 DNA에서 UN에 이르기까지 인간의 체계들human systems 사이의 상호작용을 생각해 보라). 활발하게 발전하는 살아있는 체계들은 상황에 적응하며 온갖 정보를 생성하고 활용한다. 그리고 예측하기 쉬운 선형적 방식으로 새로운 사건에 반응하는 대신, 각기 저마다 다른 수준으로 자신들을 재조직한다. 이와 관련된 좋은 예는 가족 내에서 진행되는 발달 양상이다. 아기가 태어나면 주변의 모든 것이 변화를 겪는다. 즉, 부모의 관계도 변하고, 어쩌면 어머니나 아버지가 일을 그만둘지 모르고, 돈에 대한 걱정이 서로 다를 수도 있으며, 조부모가 개입할 수도 있다. 그리고 이 모든 변화는 다른 변화에 영향을 미칠 것이다. 한편 유아와 부모는 유아의 생리학적, 해부학적, 정서적, 인지적, 심리사회적 발달을 뒷받침하는 관계성을 만들고 유지하게 하는 다양한 방식으로 서로에게 영향을 미치는데, 이 모든 발달은 문화적 · 경제적 환경의 영향을 받는다. 나아가 이러한 모든 요소는 경험 및 습관과 관련된 일련의 전체 양상의 일부, 즉 성장하는 아동의 정체성과 인격, '나 다움'으로 존속하고 또 알려진다.

적응 체계는 연속성이 있는 동시에 시간의 흐름에 따라 변화한다. 아이가 학교에 갈 나이가 되면 모든 것이 다시 바뀐다. 신경 및 근육 체계와 심리 체계가 변하고, 사회적 세계가 이전과 매우 달라지며, 가족 질서가 새롭게 바뀔 가능성과 심지어 그 필요성이 요구되는데, 여기서도 한 가지 요인이 변하면 다른 요인이 그 영향을 받는다. 어머니는 다시 직장에 나가고, 밤에는 숙제하느라 바빠진다. 일단 '평범한' 것들까지 이런 식으로 생각하게 되면, 진전되는 하나의 통일체 내의 복합성과 불안정성, 연속성을 점차 인식하게 된다.

정신분석가들은 불확실성과 혼돈에 잠재한 적응 가능성에 경도되는 경향이 있는데 임상 작업에 집중할 때 특히 그렇다. 정신분석에는 주기적으로 반복되는 리듬과 패턴, 과정들이 있다. 또한 체계가 변화하고 새로운 과정의 '규칙들'이 적용되는 듯한 재조직화의 결정적 순간들이 있다. 분석은 유동적이고 불확실하며 변화하고 불안정하다. 즉, '혼란스럽지만' 형식은 있다. 벌어지고 있는 상황이 무엇인지 우리가 항상 말할 수는 없지만, 그렇다고 아무런 근거 없이 작업하는 것은 아니다. 혼돈 속의 질서라는 조합은 복합성 이론가들이 가장 기본적으로 여기는 개념이다. 체계 이론가들과 마찬가지로, 분석가들은 국제 경제학에서든, 아동 발달이나 뇌과학에서든, 원자 물리학이나 투자 신탁 회사 관리에서든, '혼란스러움' 속에서 의미와 진전 잠재성을 본다.

문학과 철학이 수렴되는 관점에서 보면, 바켈라드Bachelard(1969/1984, pp. xvi-xvii)는 명백히 무질서한 과정 중에 자발적인 창조적 상상력에서 나오는 정서적 영향력이 있음을 확인했다.

> 그런 경우에는 매우 흔히, 인과관계와는 반대로, 즉 정서적 반향에서 … 우리가 시적 이미지의 진정한 가치를 발견한다는 것이다. … 시적 이미지가 인과관계와 독립적이라고 말하는 것은 다소 심각한 주장이다. 그러나 심리학자와 정신분석가가 언급하는 근거로는 새로운 이미지가 지니는 의외의 본질을 절대 설명할 수 없다. 마찬가지로 새로운 이미지의 창조 과정에서 생기는 낯선 마음에 끌리는 이유도 설명할 수 없다. 시인은 자신의 과거 이미지를 나에게 씌우지 않지만, 그럼에도 시인의 이미지는 당장 내 안에 뿌리내린다.

비선형성과 불확실성 그리고 현대 정신분석

모든 분석가-피분석자 조합은 뚜렷한 계획 없이도 저마다 독특한 양상을 발전시킨다. 비선형체계 이론의 관점에서 보면, 과정이 혼돈스럽다는 것이 그것이 조직화되어 있지 않다는 것을 의미하는 것은 결코 아니다. 인간의 사회적 삶은 다양한 형식과 영역에서 다양한 수준으로 영위되며, 이러한 다양한 요소는 고유한 형식과 특성을 지닌 더 큰 체계로 결합한다. 이 사실은 모든 분석에 해당된다. 즉, 짧은 순간의 상호작용은 하나의 게슈탈트로, 분석 회기의 리듬과 의미, 느낌의 일부이며, 이 형태는 다시 분석 전반에 대한 감각의 일부가 되는

데, 이러한 감각은 다양한 순간에 어느 정도 특정한 차원성과 느낌을 갖는다. 이러한 '순간들' 하나하나를 바라보는 시각은, 분석의 전 과정이 서서히 발전해 감에 따라, 심지어 이러한 순간이 그런 발전에 기여할 때조차도 변화할 것이다.

신중한 분석은 폐쇄적이면서도 경직된 체계를 불안정하게 만드는데 이는 변형 가능성을 강화하고자 함이며 아주 야심찬 목표다. 통찰과 인식, 새로운 경험, 발달과 발달을 위한 공급 등 우리의 모든 변화 과정은 이전의 폐쇄된 체계에 투입되는 새로운 요소로 이해할 수 있다. 이런 균형깨기disequilibration 과정이 적절히 조율되고, 체계 안에 동원하고 확장될 수 있는 다른 경향들이 있다면, 새로운 패턴이 나타나서 자리를 잡을 수 있다. 그러나 이 탈균형disequilibrium이 과도하거나 너무 갑작스러우면 훨씬 더 큰 희생을 치르는 경직된 방식으로 체계가 해체되거나 재조직될 수도 있다. 시의적절한 분석적 해석으로든, 또는 환자가 주요 증상에서 벗어나 새로운 단계에 수반되는 불안을 견딜 수 있는 지점에서 인지행동 치료사가 다음 행동 목표를 정하려고 할 때든, 유용한 심리치료는 보통 조율된 탈균형이 포함된다. 어떤 사례는 기존 체계에 충격을 가하는 도전이 있으면 다루기 어려워지기도 하는데, 이때는 분석가와 환자가 다소 유익한 영향을 발휘하여 해결할 수도 있다.

정신분석 치료에서 변화는 보통 점진적으로 일어난다(이 말이 '돌파구breakthrough'가 없다는 뜻은 아니지만, 이러한 진전이 정신분석 문헌이 보여 주는 만큼 보편적이지는 않다는 말이다[4]). 비선형 이론가들에 따르면 체계는 굳어진 양상을 극복하려면 많은 에너지가 필요하며, 따라서 이러한 불안정한 단계에서 하는 작업은 오래 걸리고 우리를 지치게 하는 것은 흔히 있는 일이라는 것이다. 상황이 요동치면 체계는 변화에 저항하려는 경향이 있다. 그리고 우리가 둘 이상의 서로 다른 체계 패턴들—정동과 내적 대상, 전이/역전이와 방어 등의 패턴들— 사이에서 주저하면 시간 간격이 길어질 수도 있다. 분석가에게 사려 깊고 신중한 마음 상태를 유지하는 능력이 있다는 것은, 불확실하고 불안하며 종종 정서적으로 요동치는 상황에서 이러한 예민한 판단을 내리는 데 필요한 분석적 자질을 갖추고 있다는 것을 의미한다.

비선형 역동체계 이론

다양한 학문에 바탕을 두고 탄생한 비선형 역동체계 모델은 이 모든 것을 구체적으로 설명하는 데 유용하다. 복합성, 끊임없는 변화, 미묘하고 파국을 초래하는 변화 과정들의 얽힘, 비선형성, 같으면서도 동시에 다르게 느껴지는 변화 양상들, 사소하고 심지어 우연한 사건들이 전반적인 패턴에 영향을 미치는 큰 변화로 이어질 가능성, 이 모든 것들이 비선형 역동체계 모델이 중요시하는 것들이다. 몇십 년 전에 개발된 이러한 모델은 상당한 경험적, 임상적, 수학적 근거가 있지만, 무엇보다 우리의 의도에 부합하는 가장 중요한 이론이다. 그 이유는 우리가 행하는 심오하고 복잡하며, 종종 드러나지 않는 분석 작업 절차를 더 유용하고 더 쉽게 전달되도록 하기 때문이다. 자연계 및 무생물계의 많은 현상 역시 자주 인용되는 날씨의 사례에서처럼 이러한 양상을 따른다. 이에 관해서는 19장에서 자세히 설명할 것이다.

따라서 비선형 역동체계 이론은 불확정성과 역동적 변화라는 자연적 가치를 강조하고, 불확실성을 배제하라는 압력에도 탄력적이며, 유연하고 개방적인 사고방식을 유지하려는 분석가의 노력을 뒷받침한다. 처음에는 추상적으로 보이지만 이러한 이론은 분석가와 환자가 **실제로 함께 행하는 것**—불확실성과 복합성, 끊임없는 변화 속에서 긴장이 일어나는 동시에 해결의 순간에 이르다가 한층 심한 긴장으로 바뀌는 가운데 서로를 느끼면서—은 중추적이면서도 보편적인 요소를 정확하게 파악한다. 비선형 역동체계 이론들은 폭넓고 섬세하고 복합적이어서 순간순간, 시시각각, 매주마다 오락가락하는 분석가와 피분석자 간 상호작용의 다양성과 밀도를 수용할 수 있다(특히 Boston Change Process Study Group, 2010; Coburn, 2013; Seligman, 2005; Thelen, 2005 참조). 대체로 이 틀 안에서 모호함과 당혹감은 역동적인 2인 정신분석 체계의 변형적 잠재력을 나타내는 척도로 여겨진다. 비선형적 체계 관점에서는 불확실성과 혼돈을 유동성 있는 체계의 특징으로 간주하는데 이런 특징은 부적응의 경직성이라는 위험을 감수하더라도, 더 잘 적응할 수 있는 새로운 양상이 되기도 한다. 이러한 지향성은 주의 집중, 관심, 이해에 대한 분석가의 확고한 헌신에 영향을 미치고 이를 정당화한다. 이런 헌신은 완고하고 비적응적인 행동과 경험 패턴의 변화를 촉진하고, 다른 변화 과정이 효과를 낼 수 있도록 배경이 되어 준다.

주의 집중과 관계-분석적 실천

정신분석은 두 사람이 참여하는데, 한 사람은 정서적 욕구와 고통에 시달리고 걱정이 많으며 명시적으로 도움받기를 원하고, 다른 사람은 상대방에게 도움을 주는 데 동의한다. 분석가들에게 필요한 것은 결과적으로 영성적 실천에서 요구되는 것과는 아주 다르다. 최근의 **관계적** 태도는 참여와 몰입, 주의 집중이 동시에 유지되어야 하는데, 이 모든 것은 요구되고 도와주려는 것에 실제로 무엇이 포함되는지에 관한 우리의 지식 속에 조직되어 있다. 물론 이것은 매우 버거운 일이다. 이것은 분명해 보일 수 있지만, 분석가가 어떤 행동을 취하거나 그렇지 않으면 분석 현장의 영향을 받는 것이 이러한 헌신과는 모순된다는 오해가 그동안 있었다.

분석가들이 분석 현장의 영향을 받는다고 확실히 인정한다고 해도 이것이 열려 있고, 주의 깊고, 관찰하는 것이 중요하다는 것을 모른다는 것은 아니다. 부상하는 **관계적** 접근은 다른 몇몇 분석 지향에서도 그렇듯이, 주의 집중과 이해를 바탕으로 작동되지만, 더 현실적인 면에서 분석가들 스스로 이 접근에 스며들 때는 환자의 영향을 받을 수밖에 없다. 어떤 의미에서 분석 작업은 늘 안정되거나 불안정할 수 있는데, 이는 한편으로는 예측 불가능성과 비일관성, 심지어 혼돈에 대한 기본적 인식과, 다른 한편으로는 분석가와 환자에 의해 공유되고 서로 다른 독립적인 방식으로 경험되고 다뤄지는 더 조직화되고 안정된 것에 대한 욕구 사이의 긴장을 중심으로 이루어진다. 이러한 차이는 말하기와 재연, 사적인 사고와 그 밖의 온갖 개별 경험과 공동 경험, 상호 조절 및 인식, 좌절과 혼동 등을 포함하는 다양한 형태로 나타난다. 종합해 보면, 분석이 원만하게 진행되면 이러한 여러 요소는 더 여유롭고 자유롭게 불확실성과 불안을 견디면서 서로 성장하는 능력을 갖게 된다.

그동안 **관계적** 분석가들이 분명하게 주장한 것은 긴밀한 관계를 맺을 때 분석가가 환자를 가장 잘 이해할 수 있으며, 환자가 위험에 처할 때 다르게 상상할 수 있다는 것이다. '**관계적 혁명**'으로 인해 분석가의 마음이 몸에서 분리되어 있다는 이상화를 자유롭게 파괴할 수 있게 되었다. 과거를 동경하는 일부 동료에게는 이 같은 변화가 비극적이거나 심지어 이단적으로 보일지 모르지만, 그간 관계적 분석가들은 분석적 신화에 현실감이 깃들 방법을 찾는 데 앞장섰다. 분석가는 아무것도 하지 않음으로써 주의를 기울이는 데 도움이 되려면, 우리가 익히 아는 아무것도 하지 않음의 여러 덕목을 유념해야 한다. 주의를 기울인다는 것은 결코 아무것도 하지 않는 것이 아니기 때문이다. 주의 집중과 아무것도 하지 않음에 가치를 두면서 환자에게 몰두하는 우리의 역설적인 관심은 분석이 원만하게 진행된다면 변화를 촉진할 수 있는 안정적이지만 균형을 깨는 요소가 될 수 있다.

매우 섬세한 고전적인 분석 감독자와 마지막으로 만났을 때, 당시 감독자에게 필자가 제출한 사례에서 트라우마 환자에게 도움이 됐던 새로운 관점들인 몇몇 현대의 이론을 어떻게 생각하는지 물었다. 그는 부끄러운 기색도 없이 그런 논문을 읽어본 적이 없다고, 심지어 코헛의 저작도 읽어보지 않았다고 털어놓았다. 그러고는 되풀이해 들어도 될 만한 말을 덧붙였다. "하지만 40년 동안 분석작업을 하면서 배운 게 하나 있다면, 두 사람이 마음을 모은다면, 두 사람 중 한 사람이 상대방을 이해하려 애쓴다면, 뭔가 좋은 일이 일어나리란 것이네" (Herbert Lehmann, 사적 서신, 1997).

후주

1 분석가가 행동을 취하거나 피분석자의 영향을 받는 것이 이러한 장점과 서로 모순되지 않는다는 **관계적** 정신분석을 비평하는 이들은 그동안 한 가지 오해를 품고 있었다. 이들 비평가 중 일부는 절제와 불만족이라는 환자들의 '고전적인' 습관을 뛰어난 주의력과 명확성으로 혼동한 것이다. 필자의 생각엔 이 같은 오해는 일반적인 사실도 아니고 사실이어야 할 필요도 없다. 그동안 **관계** 정신분석은 모든 사례에서 현대 정신분석가가 갖춰야 할 주요 기술은 **주의를 기울이면서 몰두하는 것**이라고 강조했다. 이 두 요소는 서로에게 긴장을 일으키기 때문에 역설적이고 어려울 수 있다. 현대의 관계적 접근도 '고전적인' 정신분석 지향에서 나타난 것처럼 주의 집중 및 이해를 바탕으로 정립되었다. 이로 인해 분석 현장에서 우리 자신이 변형되는 가운데 일어나는 이러한 가치를 구현할 수밖에 없는 더 현실적인 생각을 갖게 되었다.

2 예를 들어, 자기-개방에 대한 의견 차이는 흔히 신조의 문제이기도 하지만, 분석가의 개인적 특성에 따라서도 달라진다. **관계** 기법에 대한 일부 비평가는 자기-개방에 대한 관계적 관심이 여러 요소 중에서 불확실성의 적정량에 대한 세심한(직접 표현되지는 않더라도) 방식을 어느 정도 반영하는지, 제대로 평가하지 않는다. 그 이유는 매우 완고한 비평가 중 일부가 하는 행위, 즉 가장 유익한 수준의 긴장을 조성하는 대신 방법론이란 미명에 숨어서 욕구를 좌절시키는 것을 피하기 위함이다. 반면 **관계** 분석가는 관찰 연구를 많이 할수록 더 많은 도움이 된다고 판단하면 때때로 자기-개방을 활용한다. 때때로 이런 움직임은 유용하게 지속될 수도 있는 불안을 분산시키려는 노력이다.

3 이 같은 동일시와 자기애적인 분투는 흔히 이론적 지향과 관련된 집단의 이상, 또는 분석을 방법으로 이상화하는 집단 사고의 배후에 있는 추진력이 된다.

4 앞서 언급한 대로, 가장 기억할 만한 **관계적** 사례 보고 중 다수가 이러한 불일치의 인상적인 실례들을 기술한다. 그동안 이 유형의 사례는 축적된 다수의 임상 논문들의 한계를 극복했고, 전이-역전이에서 나타나는 와해들을 분류하고 극복해 가는 가치를 밝히는 데 가장 중요한 자료가 됐다. 그러나 이러한 유형의 사례보고가 지니는 호소력으로 인해 분석적 양자, 즉 분석가와 환자가 이런 불확실성을 협의하는 동시에 다시금 깊이 생각하는, 이런 저런 덜 감각적인 평범한 일상생활의 어떤 점이 가려질 수도 있다.

19장
정신분석의 기본 틀로서의 역동체계 이론
−발달과 치료 행위의 변화 과정−

　필자는 18장에서 가장 독특하고 매력적인 정신분석 특징 중 하나가 유형 분류 및 선형적 설명이 매우 어려운 정신 과정에 그 초점을 맞추는 것이라는 견해를 제시했다. 분석가는 불확실성을 견디며, 혼란스럽고 심지어 통제할 수 없는 의사소통에서 의미를 찾아내고, 일상에서 흔히 접하는 복잡한 문제를 면밀히 들여다볼 때 드러나는 예기치 않은 우여곡절을 기꺼이 받아들인다. 비선형적 역동체계 이론과 정신분석은 둘 다 패턴, 모호함과 질서의 성쇠, 시간의 흐름에 따르는 안정성과 불안정성, 불확정성 및 발생적 혼돈의 자연적 가치 등에 관심을 기울인다(Bak, 1996; Prigogine, 1996). 비선형적 역동체계 이론은 난해하고 지나치게 복잡해 보일지 모르지만, 직관적이며 경험에 근거한 방식으로 접근할 수 있어서, 분석가의 일상적인 임상적 사고, 상호작용, 경험의 기초가 되는 많은 기본 가정을 포착하는 언어와 이미지를 제공할 수 있다. 우리는 체계 이론에 사용된 은유들 덕분에 당연시하면서도 그 안에 내포되어 있는 기본 가정들에 대해 더 정확하고, 풍성하게, 즉각적으로 다가갈 수 있다. (Gladwell, 2000; Gleick, 1987; Kelso, 1995; Prigogine, 1996; Sardar and Abrams, 1998 참조).

　역동체계 이론은 정신분석에서 어떤 일들이 일어나는지 이해하는 데 필요한 근본적인 통찰을 제공한다. 따라서 현대 정신분석가 대부분은 서로 영향을 주는 지속적이고 복잡한 패턴에 몰두하는 분석가와 피분석자를 쉽게 떠올릴 수 있다. 즉, 그들이 다른 어떤 가정을 세우든, 정신분석이 양자적이며 역동적 체계라는 견해에 동의한다. 각각의 정신분석은 다른 체계들을 규정짓는 다수의 동일한 기본 과정으로 조직화 된다. 체계 이론은 우리의 기본적인 연구 가설의 방향을 설정해 주는 배경 이론인 정신분석적 메타심리학에 대해 사고할 새로운 길을 제시해 준다. 체계 이론의 유망한 특징 중 하나는 심리적 현상을 더 단순한 수준의 설명으로 축소시키지 않으면서 자연과학과의 연결을 제시한다는 점이다. 역동체계 이론은 선형적이지도, 환원주의적이지도 않다. 그리고 심리학적-주관적 차원의 분석을 대신하지도 않는다. 심리학적-주관적 분석은 우리 작업에 꼭 필요한 것이므로 역동체계 이론이 정신분석에서 그것이 지닌 가장 상상력이 풍부한 가치를 배제하는 것은 아니다.[1]

역동체계 이론은 생명이 있든지 없든지 간에, 모든 종류의 조직 내의 서로 다른 요소와 과정 간의 관계에 기본적으로 관심을 기울이는데, 조직들은 시간이 흐르면서 더 큰 환경과 교류하며 진화하기 때문이다. 현대 음악과 불교에 예지력 있는 관심을 쏟았던 엠마뉴엘 겐트 (1992, p. xx)는 **관계** 정신분석의 출현에 기여한 자신의 영감적 역할에 대해 다음과 같이 기술했다.

> 관계적이라는 용어에 담긴 더 심오한 의미는, 그것이 외부의 사람 및 사물 간의 관계뿐 아니라, 내적 표상들과 의인화된 것들 간의 관계도 중요시한다는 것이다. 그것은 물리적, 생리적 과정으로부터 신경생물학적 과정을 거쳐 궁극에는 심리적, 어떤 경우 심지어 영적인 과정에 이르는 연속된 여러 과정들 중에서 … 구체화된 통일체 및 관계들과 대조되는 과정을 중요하게 여긴다.

역동체계 이론의 간략한 개관

지난 수십 년 동안 다양한 분야의 과학자들이 새로운 사고 체계를 받아들여 왔다. 즉, 비선형적 역동체계 이론은 생명 있는 체계는 물론 생명 없는 체계에도 질서를 부여하는 과정 전반을 연구한다. 이러한 과정은 날씨와 대양의 파랑, 해안의 형태, 교통 패턴, 소비자의 선택과 아동의 운동 능력 발생 같은 일상적인 현상들을 조직한다. 그리고 세포 호흡과 우주론, 입자 물리학 같은 기초적 과정들을 구체적으로 묘사한다.

체계의 변화 패턴에 주의를 기울이다 보면 비환원적, 비선형적 접근, 즉 원인과 결과가 쉽게 설명되지 않는―실상 늘 결과와 원인이 서로를 변형시키는―복잡하고 변화하는 지대에 도달하게 된다. 다양한 수준으로 조직된 체계는 스스로를 재조직하며, 예측하기 쉬운 선형적인 방식으로 반응하기보다는 서로를 재조직한다. 맥락은 결과에 결정적인 영향을 미치고, 전체는 그 부분들을 합한 것보다 더 크다. 각 체계를 구성하는 요소들 사이의 관계가 요소의 성질을 바꾸기 때문이다.

필자는 6장에서 기질적으로 자극에 과민하게 반응하는 영아를 상상했는데, 이 영아는 자신의 신호를 읽고 부드럽고 서서히 다가와 혼란스러운 과잉 자극을 피하게 해 줄 어머니와 더 잘 지낼 가능성이 더 크다. 이 어머니는 침범적인 어머니와 대비해서 뚜렷한 차이를 드러냈는데, 침범적인 어머니가 갖는 생동감은 아기에게는 압도적일 가능성이 크다. 과다 각성에 취약한 것 자체를 하나의 변수로 편리하게 이해해서는 안 되는데, 상황에 따라 다른 결과로 나타날 것이기 때문이다. 시간이 흐르면서 이 영아는 반응을 잘해 주는 어머니 덕분에 향상된 조직화 능력을 발달시킬 가능성이 있는 한편, 침범적인 어머니 손에 자라는 영아는 감각 자극을 참아내기가 훨씬 더 어려울 것이다. 분석가와 환자 양자도 이와 유사한 방식으로 작동한다. 즉, 말이 많은 분석가는 간섭받는다는 전이를 일으킬 수 있고, 말수가 적은 분석가는 같은 환자에게 어린 시절 경험 중 방치된 측면의 느낌을 불러일으킬 수 있다.

교류적 사고는 체계 사고의 핵심 측면이다

더 정교한 실례를 찾고자 한다면 날씨를 생각하면 되는데, 날씨는 가장 흔히 인용되는 비선형적 역동체계의 한 예이다. 물론 날씨는 기온과 습도, 대기의 이동, 대류와 대양의 영향 등 다양한 물리적 상태들을 반영한다. 어떤 날씨 체계에서든 다양한 요인들이 독특한 일련의 관계를 형성하는데, 이러한 관계는 더 큰 체계 속으로 조직화된다. 해양의 수분이 상승해서 구름이 되고, 바람이 구름을 이동시킨다. 수분과 구름, 바람은 육지 위를 이동하며 육지와 영향을 주고받는다. 이러한 현상 각각은 전체 날씨 체계의 하부 체계로 생각할 수 있다. 한마디로 특정 장소의 날씨를 결정하는 것은 이러한 하부 체계들이 배열되어 더 큰 패턴 속으로 편입되는 방식이다. 기온과 지표의 온도, 기압 같은 다른 여러 요인을 고려하지 않고는 구름의 습도로 비가 올 확률을 예측할 수 없다. 구름 안에 수분이 거의 없으면 어떤 구름도 비로 변하지 않고 수분과 냉기가 증가하면 대체로 비가 된다. 이 관계는 선형적이지 않다.

체계 이론은 기본적으로 작업 감수성의 근거가 되어주는데, 이 감수성은 당연한 것으로 여겨지지만, 겉으로 드러나지 않을 때가 많다. 분석가는 늘 단일한 요인 혹은 개입의 효과는 전반적인 상황의 영향을 받는다는 내재적인 인식에 근거하여 결정을 내린다. 역동체계 이론의 일반 원칙은 날씨의 경우와 같다. 즉, 체계의 전반적인 패턴의 변화가 중요하다는 것이다. 14

장에서 제시한 마크의 사례에서, 지켜지지 않은 약속 시간에 대해 필자가 비용을 부과한 방식의 결과는 마크와 필자 두 사람의 인격에 따라, 나아가 우리가 상호작용할 때 이 두 인격이 어떤 것을 일으키는지에 따라 좌우되었고, 뒤이어 일어난 모든 일도 이것의 영향을 받았다.

이러한 종류의 체계 변화는 종종 **최초 상황에 대한 민감한 의존**이라는 용어로, 더 흔하게는 임계점이란 용어로 논의되며, 날씨 혹은 교통뿐만 아니라 문화 양식, 도시 인구통계, 질병의 변화 같은 현상에 폭넓게 적용된다(Gladwell, 2000). 자주 인용되는, 베이징에 있는 나비 한 마리의 날갯짓이 마이애미에 허리케인을 일으킨다는 나비 효과의 예가 이 개념을 잘 설명한다. 나비의 날개는 극히 미미하지만 공기의 속도를 높여, 기상 패턴을 새로운 폭풍 체계 속으로 기울게 할 수 있다.

체계는 자신을 이 방향 또는 저 방향으로 변화시킬 수 있는 경향성을 일반적으로 강화시킨다. 이런 현상은 앞서 언급한, 자극에 과민한 유아의 예에 잘 설명되어 있는데, 어머니의 섬세한 돌봄이 자극을 처리하는 유아의 능력을 강화시키고 이런 상태가 되면 유아는 더욱 건강하게 성장한다. 성인 분석가는 분석에서 진보적인 발달이 일어나면 환자가 친밀감을 느끼며 좀 더 편안해지게 되는 것처럼 위와 비슷한 시너지 효과를 보게 되는데, 이로 인해 새로운 낭만적인 관계가 시작되기도 하고 분석은 한층 더 진전되기도 한다. 이러한 변화는 분석이 순조롭게 진행될 때도, 교착 상태에 빠질 때도 자주 일어나기 때문에 아동 치료사들은 이런 종류의 변화에 특히 민감하다.

이런 방식은 물론 다른 방식으로도, **역동체계는 자기−조직적이다.** 아동의 발달 과정은 대체로 이와 비슷하다. 새로운 적응 능력과 과정들이 일단 작동하기 시작하면, 그것들은 체계의 서로 다른 부분들로서 서로에게 반응하거나 또는/그리고 변화하는 환경에 반응함으로써 자신을 강화할 수 있다. 새로운 능력들은 흔히 비슷한 시기에 만들어지고, 함께 나타나기 때문에 하나로 합쳐져서 새로운 발달 단계로 나아간다. 예를 들면, 유아는 태어난 지 1년이 되어갈 무렵 걷기를 배우고, 한두 명의 양육자와 집중적인 애착을 형성하며, 새로운 여러 인지 능력이 발달하기 시작할 것이다. 이런 상황은 부모 한쪽이 일터로 복귀하게 되는 (혹은 그것을 촉발하는) 계기가 될 수 있다. 이와 유사한 체계 변화가 효과적인 임상적 개입을 한 경우에도 일어날 수도 있다. 필자는 원인이 밝혀지지 않은 학습장애를 겪던 여덟 살짜리 환자가 상담 치료의 도움을 받은 뒤, 치료의 원인이었던 자기−의심과 충동성이 극적으로 개선되면서 그에 따라 학업 수행력이 올라가는 사례를 보고 이 사실을 확인했다. 또한 친구 관계도 꽤 좋아지고 교사들도 이 아이를 더 긍정적으로 보게 되었다. 직접적인 체계 변화(Kelso, 1995)에는 축소 인간[1]도, 기계 속 유령[2]도 필요하지 않다. 왜냐하면 재조직화 하려는 경향은 적응 체계의 특성이기 때문이다. 체계의 이러한 모든 특성은 분석가가 분석 과정에서 변화가 일어나도록 하는 것이 무엇인지 생각하는 데 영향을 미치는데, 이 문제는 곧 논할 것이다.

방법론에 관한 유의점: 정신분석과 과학

역동체계 이론은 분석가와 환자가 실제로 행동하고 사고하는 방식에 더 부합하는, 이전과는 다른 종류의 과학적 지향점을 제안한다. 이런 연결은 경험적인 실험을 통해 정신분석의 가정을 증명하거나 정신분석 기법이 효과적임을 확인해 주는 데는 한계가 있었던 다른 많은 이론들과는 다르다. 우리는 복합성 이론 덕분에, 정신분석이 심리치료 매뉴얼 안에 포함될 수 없다는 이유만으로 과학적이지 않다고 할 수 없다는 것을 알게 되었다. 물리학과 생물학, 그리고 정신분석과 더 인접한 심리학(특히 발달 심리학) 같은 다수의 양적 과학이 역동적이고 복합적인 모델에 의지하고 있는데, 그 이유는 새로운 접근들이 그 모델들을 수용할 수 있게 되었고 또한 양적 과학 자체의 비선형적 접근이 최근에 제기되는 데이터(이전의 가정과 방법에 이의를 제기하는)로 인해 도전을 받아왔기 때문이다. 그중 가장 눈에 띄는 분야에는 원자물리학과 의학 유전학도 있다. 이 같은 진전은 현재 '빅 데이터' 등에 적용될 수 있는 강력한 연산 방식의 지원을 받는데, 이 연산 방식은 변수 자체의 양이 변함에 따라 서로 맺고 있는 관계도 따라서 변하는 다수의 변수들과 연관되어 있다.

그러므로 그룬바움(1984)처럼 경험주의적 검증을 중요시하는 대응 이론correspondence theory의 관점에서 정신분석을 비난하는 이들뿐 아니라, 보험회사 그리고 의학 이론을 열정적으로 옹호하는 이들처럼 정신분석을 비과학적이라고 생각하는 이들에게 맞서, 복합성 이론complexity theory은 정신분석을 뒷받침한다. 그렇다고 우리가 자연과학의 지지를 받는 것에 우

---

1) homunculus, 19세기 소설에서 자주 등장하면서 대중화된 이 개념은 역사적으로는 완벽한 인간의 형태를 갖춘 축소 인간의 창작을 가리켰다. 개체 발육에서 완성되어야 할 개체 낱낱의 형태와 구조가 발생이 시작될 때부터 존재한다는 의학 학설인 전성설前成說뿐 아니라 민간전승 및 연금술 전통에 그 개념적 뿌리가 있다. 사전적 의미는 '극미인(전성설에서 정자 속에 있다고 믿었던 작은 인체), (연금술사가 만들었다는) 인공 소인, (인간의) 태아, (해부학 실습용) 인체 모형' 등이다(역자 주).
2) ghost in the machine, 영국 철학자 길버트 라일Gilbert Ryle이 데카르트의 육체와 정신의 이원론을 비판하기 위해 쓴 『마음의 개념Concept of Mind』(1949)이라는 저서에서 처음 사용한 표현으로, 물리적 실체에 담긴 의식 혹은 마음을 의미한다. 라일은 인간의 의식과 마음이 뇌의 영향을 크게 받는다고 믿었다(역자 주).

선권을 주거나 그것을 확신의 기준으로 삼아야 한다는 말은 아니다. 필자는 '과학'을 마치 그 것이 상당히 더 우수하다고 보기보다는, 철학과 신경과학, 사회−비판 이론 등, 분석과 연관 될 수 있는 다양한 담론을 고려하는, 보다 해석학적 접근을 택했다. 발달 연구를 논하면서 언급했듯이, 정신분석과 혁신적인 과학 연구방법 및 연구결과를 연계시키는 것이 유용한 데 는 충분한 이유가 있다. 그러나 필자는 은유적, 유추적, 관념적 적용에 훨씬 더 많은 관심이 있다.

역동체계 이론에 주목하면 우리가 서로에게 무엇을 하고 어떻게 말하는지 이해하고 조직 화하는 데 도움을 받을 수 있다. 이제 혁신적인 정신분석가들은 실증주의적 환원주의에 굴 복하지 않고도 분석적 사고를 자연과학에 더 접목시킬 수 있게 되었다. 비선형적 체계 이론 은 과학에 의해 지지되는 관점을 제시하지만, 현대 구성주의적−상호주관주의적 관점과 조 화를 이루는데 이 관점은 특히 분석 상황에서 경험하는 현실과 진실에 대한 변하기 쉽고 역 동적인 특성을 중시한다. 이러한 관점에서 우리는 비선형적 역동체계 이론이 정신분석을 위한 새로운 메타심리학의 출현을 촉진할 가능성을 생각할 수 있다.[2]

비선형적 역동체계로서의 정신분석

정신분석은 다른 체계들과 마찬가지로 역동적 과정을 통해 조직화되는 역동적, 양자적 관계이다. 각각의 분석은 상황이 어떻게 진행되어야 하는지에 관한 분명한 계획 없이, 그 자 신만의 방식으로 발전하면서, 스스로 조직화하는 복합적인 체계이다. 사실 분석가의 기본 과제 중 하나는 분석 과정의 복잡한 전개와 변화를 거치면서 일관성과 안정성 같은 안전감 의 주요 근원들을 (아무리 눈에 띄지 않는 것이라 하더라도) 보호하는 것이다. 그리고 분석가 는 이 과제를 마치 어머니가 아기를 돌보는 것처럼, 분석가의 책무 중 일부라고 당연시하는 경우가 많다(현대 프로이트 학파의 논의와 관련해서는 Sandler의 논문 「Background of Safety」 (1960) 참조). 안아주기와 담아주기 같은 많은 중요한 개념은 분석가의 이러한 행동에 초점 을 맞춘 것이다(이러한 대상관계 개념을 **관계적** 접근에 맞게 수정한 개념은 Slochower, 1996 참 조). 다시 말하자면 체계 이론은 분석가의 일상적인 작업이 지니는 중요한 측면에 주의를 기 울여서 이를 조명하고 더 충실히 설명하는 것이다. 이 과정에서 체계 이론은 특히 유아−부 모 관계에 관한 발달적 사고와 정신분석 치료 행위를 연관시키는 방향을 제시하는데, 이것은 유아기와 정신병리 사이, 혹은 분석적인 돌봄과 부모–자녀 관계 사이의 관계를 단순하게 유추하는 것 이상이다.

부모와 치료사 모두는 앞으로 무슨 일이 일어날지 예측할 수 없고 우리의 개입이 부분적으로 그리고 대체로 드러나지 않게 이루어지는 새로운 맥락에서, 그 효과를 알아차릴 수 있는 불확실한 상황에서 중요한 선택을 하게 된다. 마크와의 분석 작업에는(또한 14장에서) 필자가 분석비 청구 절차를 변경하고, 마크에게 필자의 아버지 이야기를 들려주는 결정을 한 것을 포함하여 이러한 몇 가지 결정을 하는 지점들이 나타나 있다. 분석가–환자 2인 분석 체계 안에서 두 사람이 복잡한 교류를 한 결과, 분석 과정에 점진적인 변화가 나타났는데, 이 경우의 다양한 '결정'은 관습적인 의미의 결정이 아니라 마크와 필자의 인격과 과거, 경제적 및 문화적 상황을 포함하여 복잡하게 뒤얽힌 여러 과정에 깊이 연루되어 있는 결정이다. 그런데 분석적 의사–결정은 필연적으로 불확실한 과정으로, 그것의 예측 가능성은 어쩔 수 없이 제한적이다. 기지의 발휘, 적절한 시기 선택, 직관력 등 더 묘사하기 어려운 어떤 분석 기법들은 점차 드러나는 분석 체계의 패턴에 의식적, 무의식적 주의를 기울여야만 활용할 수 있다. 이 같은 서로 다른 요인과 그 요인들 간의 상호관계가 충분히 인식되는 것이 매우 어렵다는 사실로 인해, 분석 작업이 본래 당혹스러운 일이라는 전반적인 인식은 더 강해진다.

복합성과 분석적 감수성

역동체계 언어는 분석에서 '무언가 일어나는 느낌'(Damasio, 1999)을 자세히 포착한다. 분석을 실행하는 대부분의 분석가와 그 외의 많은 사람들에게 정신분석은 아주 흥미로운 작업일지 모르지만, 분석 언어는 분석가의 전문적 기술과 전반적인 정체성을 구성하는 본질적이며 일상적인 경험의 즉각성을 아우르는 데는 미흡하다. 역동체계 모델은 우리가 무슨 일이 일어나는지 알지 못한다는 느낌, 또한 누군가에게 도움을 주려면 인내해야 한다는 익숙한 느낌을 설명할 정교하고 과학적인 토대를 제공한다.

정신분석은 안정과 불안정, 진보와 퇴보, 반복과 새로움이 어우러지는 가운데, 공간 및 형태의 변화, 그리고 여러 심리적 차원, 형상, 경향의 조정 및 재조정으로 인해 발생하는 끊임없는 복잡함과 우여곡절, 반복 속의 새로운 순간들로 가득하다. 복합적인 관념, 환상, 표상, 관계 패턴, 느낌 등 모든 것이 합쳐져, 시간이 흐름에 따라 변화하면서 서로를 변형시킬 뿐만 아니라 그들 간의 상호관계도 변화시킨다.

그러므로 정신분석가는 재배치dislocation와 이동relocation이 계속되는 느낌과 씨름할 수밖에 없다. 각각의 분석은 특정 장소의 날씨와 같다. 즉, 변화 가능성은 크지만, 그 수가 무한하지는 않다. 날씨가 언제 변할지 확언하는 것은 불가능하지만 날씨가 변하리라는 것은 알고 있다. 주로 앉아서 하는 분석가의 작업은 종종 심신을 지치게 한다. 분석가는 우리의 마음뿐만 아니라 몸 안에서 일어나는 여러 요소와 그 요소들 간의 관련성을 추적하는데, 이러한 것들은 늘 변하기 때문이다. 텔렌과 스미스Thelen and Smith(1994, p. xvi)는 비선형적 역동체계 이론을 유아의 운동 발달에 적용한 기념비적 연구에서 아동 발달의 특징을 '혼란스럽고 유동적이며 상황에 민감하게 반응하는' 것으로 보았다. 복잡한 체계 이론은 (세포 생화학 차원에서든 뇌의 구조, 혹은 국제경제학 차원에서든) 이런 관점을 뒷받침한다. 정신건강 공동체, 나아가 문화 전반에서 분석적 사고의 중요한 역할 중 하나는 심리적 삶 또한 그렇다는 사실을 긍정하는 것이다. 분석가는 열정을 바쳐 혼란스러움 속에서 의미를 찾으려 한다(Boston Change Process Study Group, 2010; Tronick, 2005).

유연성이라는 미덕: 복합 체계 그리고 기법에 있어서의 상황-특정성

체계 이론은 정신분석 기법을 규정하지는 않지만, 얼마나 많은 기법 관련 문제들이 특정 순간에 그 분석 체계의 특별한 특성에 좌우되는지 밝혀준다. 한마디로 체계 이론은 상황-특정적이다. 기상 체계를 조절하는 특정한 패턴이 특별한 조건에 따라 변하는 것과 마찬가지로, 임상에서 내리는 결정도 상황에 따라 변한다. 일반적인 패턴들이 있고 그것을 아는 것이 도움이 되지만 각 분석적 양자dyad는 저마다 독특하다.

구성주의, 불확실성 그리고 복합 체계

20세기 물리학을 일신한 베르너 하이젠베르그Werner Heisenberg는 물리적 현상을 측정하다 보면 그 현상이 변한다는 사실을 밝혔는데, 측정은 정확할 수 없기 때문이다. 탁월한 물리학자 리차드 파인만Richard Feynman(1963, p. 138)은 하이젠베르그의 "불확실성 원리는 양자 물리학을 '보호한다.'"고 기술하였다. 이와 유사하게 우리는 정신분석 모델에 내재하는 모호성이 일상적인 분석 작업 안에서 우리가 무엇을 하고 어떻게 생각하는지에 관한 기본적인 특성을 어느 정도까지 반영하는지 계속 주의를 기울임으로써 정신분석을 보호한다. 복합 체계 이론이 명확하게 밝혀주는 것은 다음과 같은데, 즉 복합 체계의 미래를 예측하는 것은 매우 어렵다는 점 그리고 부적절한 정보를 바탕으로 결정을 내리는 경우가 불가피하지는 않더라도 빈번하다는 점이다. 더욱이 분석가의 개입은 분석가가 개입하려는 상황을 변화시킨다. 이 모든 것을 통해 우리가 더 충분히 이해하게 되는 것은, 확실성을 갖고 개입할 수 있는 것 자체가 현실적인 분석적 야망은 아니며, 무엇을 할지 아는 것이 매우 중요할 수도 있지만, 무엇을 할지 모를 수 있음이 중요한 기술이라는 점이다.

복합성과 비선형적 인과성: 임상적 함의

임상 작업을 할 때 선형적 인과성의 관점으로 사고하면 마음이 놓일지 모른다. 하지만 선형적 접근은 '과학적 엄밀함scientific rigor'이라는 인상을 남김에도 불구하고 상당히 제한적이며, 과학적으로도 비유적으로도 분석 상황의 자료와 부합하지 않는다. 그런데도 일부 분석가는 환원주의적 태도로 분석을 진행한다. 예를 들면, 사례토론 모임에 참여하는 분석가들이 환자의 마음과 분석 상황에서 무슨 일이 일어나는지에 대한 전반적인 느낌을 묘사하는 언어를 찾으려고 노력하는 대신, 하나의 요인이 다른 요인을 대체한다는 듯, 너무나 빈번히 과거나 환상 같은 것에서 한 가지 요인을 끌어낸다. 비슷한 맥락으로 일부 분석가는 환자가 분석 외의 관계에 대해 말하는 것을 전이 또는 욕구의 반영으로 거의 자동적으로 해석한다. 이 모든 현상은 어느 정도는 정신분석 문화, 곧 치료사들이 의견을 주고받는 소집단과 분석가의 언어가 만들어지는 대집단 사이의 역동이라는 불가피한 측면을 반영한다. 하지만 분석가는 생생하고 통일된 언어의 부재로 인한 영향을 과소평가해서는 안 되는데, 이러한 언어는 서로 다른 차원과 지점들 사이를 오가며, 그것들을 아우르는 더 큰 패턴을 만드는 것을 가능하게 하기 때문이다. 사실 분석가는 불확실성을 견뎌야 분석을 할 수 있다. 분석가가 불확실성을 견디지 못하거나 자신이 사용하는 언어로 인해 인내를 발휘하지 못하게 된다면, 편협하고 제한적으로 초점을 맞추게 됨으로써 분석적 설정setup에 내재하는 폭넓은 가능성을 제한할 수도 있다. 다음의 사례는 이런 면을 보여 준다.

임상 예시: 자레드

자레드는 직업적 성공 및 사랑하는 이와 친밀한 관계를 방해하는 불안의 문제에서 벗어나기 위해 정신분석을 받으러 왔다. 겉으로는 활달하고 호기심 있어 보이는 자레드의 심리 저변은 복종의 양상으로 가득 차 있었는데, 처음에는 필자가 자신을 치유할 해석을 해 줄 것이라는 희망에 부풀어서 자신의 상태를 조리 있게 표현했다. 권위에 대한 수동적인 반항과 은근한 불신은 모순되게도 이 방어를 공고하게 해 주는 동시에 갈등을 일으키는 자기-부정 self-negation을 안정된 상태로 유지시켰다.

자레드는 사춘기에 분석을 받은 적이 있었는데 당시 분석가는 자레드가 반항과 우울을 반복하는 것을 그가 네 살 때 겪은 부모님의 이혼에 대한 반응과 결부시켜 설명했다. 필자에게 분석을 받으러 왔을 때 자레드는 이미 이 환원주의적 접근방식에 익숙해 있어서, 실제로 필자와 긴밀한 관계를 맺거나 분석적인 역동에 깊이 얽혀들지 않고도, 자신이 겪는 여러 문제의 원인을 밝히기 위한 지적인 탐구 작업에 참여할 수 있었다. 이런 방식은 해석이 수정되어야 한다는 우려와 반항을 숨기는 동시에 드러내 주었다.

그것은 자레드의 스타일을, 스스로의 성격적 방어들 특히 자신의 경험을 주지화하고 지나치게 단순화하려는 경향이 있는 환자라고 계속 보게 했을 것이다. 하지만 필자는 예전 분석가가 선형적 설명에 지나치게 의존했을 거라고 추측한다. 아마도 자레드의 현재 경험이 선형적이며 위계적인 원인에서 비롯되었다고 환원시킨다면 그의 인격에 내재한 방어적이며— 그리고 둔감시키는—어떤 면이 강화되었을 것이다. 더욱이 분석가가 이 접근으로 자레드의 경험을 보다 복합적으로 충분히 인식하는 데는 한계가 있었기 때문에, 그의 부모님이 이혼한 뒤로 자레드가 질문을 해도 상투적인 무심함으로 일축했던 것처럼, 복잡하고 갈등에 시달리는 자신의 경험을 분석가가 무시할지 모른다는 두려움은 더 분명해졌다. 자레드는 정작 자신이 도움을 받아야 할 그 치료 과정에서 외부인인 것 같았다. 그는 아버지에 대해 양가적인, 그러면서도 아버지를 이상화하는 거짓 순종으로 이 같은 느낌을 상쇄했었는데, 이러한 양상은 필자와의 분석에서도 반복되었고 분석 작업이 자신의 고통을 제거해 줄 단 하나의 아이디어를 제공할 것이라는 자레드의 견해는 경쟁적이고 때로는 부정적인 거짓 순종을 은폐하고 있었다. 과거와 현재, 심리내적 현실과 외적 실재, 분석-내적intra-analytic 과정과 일상생활 사이에서 일어나는 이 일련의 복잡한 교류는 체계 이론에 의해 가장 잘 묘사된다.

이 사례가 새로운 견해는 제시하지 않고, 이전 분석가가 유전적 해석에 지나치게 의존한 것을 '노련한 분석가'라면 했음직한 행동과 대조하여 보여 준다고 이의를 제기할 사람도 있을 것이다. 필자는 이런 주장에 동의하지 않는다. 그러나 환원주의는 가장 바람직한 분석에서조차 고개를 든다. 그리고 이처럼 간략한 사례가 파인만의 주장대로, 복잡한 체계 이론이 어떻게 구조적 모델과 관계적 모델에 대한 편협한 이해에 맞서 분석가를 보호할 수 있는지 예시한 다. 체계 이론은 좋은 치료사라면 이미 행하는 것을 상세히 설명한다. '두 가지-모두'식의 사 고는 정신분석 방법과 관련된 더없이 유용한 요소인 동시에, '이것 혹은 저것'식의 접근보다 는 체계적 사고에 더 부합할 뿐만 아니라 환자 대부분 마음에 들어 한다.

더 나아가 임상 상황에 맞게 환언된 체계 언어는 종종 환자가 말할 수 있는 직접적인 방식 을 제시해 주기도 한다. 환자들의 성격 유형에 따르는 '대가와 유익', 그리고 성격 유형이 얼 마나 경직되고 반복적인지를 터놓고 이야기하는 것이 도움이 될 수 있다. 때때로 필자는 전 이에 갇힌 환자에게 전이에 휘말리면 그들이 어떻게 '새로운 정보를 활용하지 못하는지' 이 야기해 준다(이때 13장에서 다룬 전이와 메타인지에 관한 몇몇 견해를 환기해 준다). 사실 이러 한 용어는 일부 분석가가 관행처럼 쓰기보다는 다수의 환자가 일상적으로 사용하는 경우가 더 많긴 하지만, 때로는 발달적 담론과 충동, 방어 등을 설명하는 데 더 난해한 용어들이다.

정신병리, 치료 행위 그리고 체계의 변화

분석가는 체계 이론 덕분에 정신분석에서의 치료 행위에 대해 생각해 보게 된다. 사람들 은 왜 '더 잘할 수 있을' 것 같을 때 꼼짝 못 하게 되는가? 정신분석은 어떻게 그처럼 강력한 효과를 발휘해, 평생 지속된 환자의 행동 패턴을, 그것도 환자가 처한 많은 상황으로 인해 그 패턴이 강화될 때조차 그 패턴들을 변화시킬 수 있는가?

정신병리: 심리 체계의 경직성과 균형

사람들이 분석 치료를 받게 되는 문제들은 폐쇄적이며 경직된 체계를 반영하는 것으로 볼 수 있다.[3] 체계 이론가는 적응 체계가 어떻게 더 **포괄적**이며 재구성적인 체계로 성장하 여, 새로운 환경에서 얻는 새로운 에너지와 정보를 망라하는지 묘사한다. 하지만 폐쇄된 체 계는 새로운 정보와 참신한 기회를 받아들이고 이에 반응하기보다는, 반복적이고 유연하지 못해서 변화하는 환경에 적응하지 못한다. 이러한 경직성이 의미하는 것은 새로운 경험이 과거의 반복 혹은 내적 세계의 외적 표상 이외에 어떤 것으로도 받아들여질 가능성이 거의 없다는 것이다. 이러한 패턴은 계속 반복되는데 그 이유는 유용하다고 인식되는 다른 패턴이 거의 없기 때문이다.

역설적이게도 심리적 허약함은 경직된 체계를 불러온다. 그런 경직성이 붕괴 가능성을 높인다고 해도 그러하다. 자기 강화self-amplifying라는 역동체계의 특성은 다소 '대가가 큰' 적응에 도움이 된다. 반면에 폐쇄된 체계는 더 나은 효과를 낼지도 모를, 새로운 해결책을 받아들이지 않는다. 심리적 양식styles은 느끼고 관계 맺는 어떤 방식들은 강화시키는 한편, 그외의 방식들은 약화시킨다. 심리가 불안정한 아프리카계 미국 아동이 수업 시간에 반항을 하면 교사는 그를 '불량한 아이'라고 판단하여, 그 아동이 '폭력적'일 거라는 인종적 편견에 근거한 부정적 이미지가 더 악화된다. 그 결과 이 아동은 더 반발하게 되고 교사의 미심쩍은 투사는 확증을 받는다. 이러한 현상은 전문적인 영역, 친밀한 관계, 그 밖에도 폭넓고 다양한 삶의 상황에서 나타난다. 이것은 체계의 자기-조직화self-organizing 특성이라는 용어로 프로이트의 반복 강박을 재공식화한 것이다.

이런 사고가 체계 언어로 주조되는 경우는 흔치 않았다고 해도, 사실 많은 분석적 사고에 내포되어 있다. 그러나 페어베언(1958, p. 380)은 변화에 대한 환자의 저항에서 폐쇄된 체계가 차지하는 중요성을 기술했는데, 이는 극적인 예외적 기술이다.

> 이제 나는 저항의 모든 원인 중 가장 중요한 원인을, 환자의 내적 세계가 폐쇄된 체계로 유지되는 것이라고 여기게 되었다. 내가 제안한 정신 구조 이론의 용어로 보면, 폐쇄된 체계가 유지된다는 것은 다양한 자아 구조들과 그들 각각이 맺는 내적 대상들 사이의 관계는 물론, 내적 대상들 간의 관계 또한 항구적으로 지속된다는 뜻이다. 그런데 이러한 관계의 본질이 증상과 성격적 편향의 근본적 원인이므로, 환자의 내적 세계를 이루는 폐쇄된 체계에 구멍을 뚫어, 이 내적 세계가 외부 현실의 영향을 쉽게 받아들일 수 있도록 하는 것은 여전히 정신분석적 치료의 또 다른 목표가 된다.

(고딕체는 원문)

루이스

그러한 폐쇄적 양식 때문에 큰 대가를 치를 때조차 많은 사람들은 이런 부적응적 양식을 당연하게 받아들이며, 이것에 도전하는 분석가는 심한 좌절을 경험할 수도 있다. 많은 환자들이 학대와 유기, 죄의식을 느꼈던 기억과 환상 때문에 분석가의 도움이나 친밀한 태도를 위협으로 받아들인다는 것은 잘 알려진 사실이다. 필자의 환자인 루이스는 어린 시절 성적 학대를 당했기 때문에 치료에 안착할 때까지 엄청난 어려움을 겪었는데, 필자가 실제로는 자신을 이용한다는 생각이 확인되는 것으로 여겨지는 모든 언행에 미심쩍게 반응했다. 만찬에 참석했다가 어느 순간 친절하고 자신에게 정말 관심이 있어 보이는 남자와 함께 있는 것을 깨달은 루이스는 불안하고 혼란스러워져서 만찬장을 떠나야 했다. 과거의 경험이 현재 상황을 압도해 버린 것인데, 그 결과 루이스는 자신에게 유용할 새 적응 가능성을 활용할 수 없었던 것이다.

유인자 상태와 변화에 대한 저항

유인자 상태attractor states는 특정 조건에서 체계를 구조화하는 전반적인 양상으로, 방정식처럼 그래프로 나타내면 종종 말구유처럼 보인다. 유인자 양상이 일단 제자리를 잡고 나면, 그 상황을 해체하고 다시 조직화하기 위해서는 새로운 에너지가 상당량 필요하다. 예를 들면, 대부분 직무에서 윈도우 소프트웨어를 사용하는 한, 마이크로소프트사는 기업 소프트웨어 시장을 지배하며 강력한 도전에도 저항할 수 있을 것이다. 상거래가 진행되려면 통일성이 있어야 하기 때문에, 상황 전체를 바꾸려면 이러한 양상에 중대한 변화가 있어야 할 것이다.

환자는 그동안 정서적인 반영이 막혀 있던 심리 세계 및 대인관계 세계에서 살았기 때문에, 감정을 말로 표현하면 변화가 있을 거라는 제안에 때로 회의적으로 반응한다. 그들은 진실한 의사소통은 안 좋은 결과를 낳으리라고, 혹은 진정한 의사소통이 중요하지 않다고 '알고 있는' 것이다. 필자는 환자가 상황이 달라질 수 있다는 상상을 좀처럼 할 수 없음을 이해하고 있다고 환자에게 알리는 게 유용함을 일찍이 깨달았다. 필자가 한 환자에게 이렇게 말했을 때처럼 말이다. "당신은 내게 화를 낼 수 있고 그럼에도 내가 여전히 당신을 돌볼 수 있다는 것을 당신은 믿을 수 없겠지요."

치료의 원동력으로서의 균형깨기: 기지 발휘하기, 타이밍 그리고 상황 흔들기

한편 사람들이 분석 치료를 받으러 올 때 그들의 체계는 이미 어느 정도 압박을 받는 상태에 있다. 즉, 균형이 깨지기 시작했다는 의미이다. 개인적인 상실과 관계의 실패, 직업적 좌절처럼 살면서 겪는 사건은, 안정되어 있지만 지나치게 경직된 체계에 도전을 주는 것일 수 있다. 예를 들어, 우리는 대부분 나이가 들어감에 따라 생애주기에 따른 중요한 삶의 목표, 이를테면 삼사십 대에 결혼이나 직업적 성공에 이르지 못한 것에 신경을 쓰게 된다. 실제 상황과 생애 주기에 따른 압박 사이의 불화는 점차 드러나는 심리 체계 불안정화의 전형적인 예이다. 또는 결혼이나 양육, 업무 협력 같은 대인관계에서 중압감을 느낄지도 모른다. 이것은 개인적 환경과 사회적 환경 사이의 탈균형disequilibrium이다. 아동과 성인 모두 발달 단계들 사이의 변화는 비슷하게 일어나는데, 이러한 변화는 새로운 시작을 위한 준비일 뿐만 아니라 경직성을 약화시키는 것이기도 하다. 움직이지 않으면 주의집중이 안 되는, 초등학교 입학을 앞둔 여섯 살 소녀는 입학 전에는 부모와 유치원 교사와는 아무런 문제 없이 지냈을지도 모른다. 하지만 초등학교에 들어가서 자기 자리에 앉지 않을 수 없는 상황을 맞으면 전에 없던 곤란한 상황이 잇따라 일어나고, 만약에 근원적인 적응 장애가 있다면 그것이 수면 위로 떠오를 수도 있다.

탈균형이라는 관점으로 생각하는 것은 특정한 개입을 공식화하는 데 도움이 된다. 예를 들어, 분석의 초기 몇 회기에서, 그와 같은 불화를 다음과 같이 말함으로써 분명하게 표현하는 것이 도움이 될 수도 있다. '당신은 조직에서 버틸 수 있을까 염려하게 되면서, 본인의 평소 행동 양식이 더이상 도움이 안 된다는 걸 느끼게 된 거군요.' 다시 한번 말하지만, 이것은 평범한 기법이지만, 체계 이론 모델은 이 기법을 명확히 설명한다.

정신분석은 균형깨기disequilibration를 만들어 내고 변화시키고 확대한다. 통찰, 인식, 새로운 경험, 발달, 발달에 필요한 공급 등, 분석가가 흔히 고려하는 모든 변화과정은 이전의 폐쇄된 체계에 새로운 것들이 투입되는 것으로 개념화할 수 있다. 일반적으로 이러한 요소가 투입되면 이미 확립된, 그러나 비적응적이었던 패턴이 붕괴하게 되고 이 붕괴가 확대되면서, 더 적응적인 패턴이 나타나도록 촉진된다. 만약 균형깨기 과정이 적절히 조정되고, 체계 내에 동원 및 확대 가능한 다른 경향들이 존재한다면, 새로운 패턴들이 나타나서 체계를 장악할 수 있다. 하지만 탈균형이 극심하고 너무 갑작스럽게 나타난다면, 체계는 해체되거나 큰 대가를 치르는 더 경직된 방식으로 다시 조직화될 수도 있다.

그런 불안정한 순간에 작업하다 보면 긴장이 팽팽해질 수 있다. 상황이 요동칠 때조차 체계는 변화에 저항한다. 분명 큰 대가를 치르면서라도 지금껏 계속 적응해 왔기 때문에, 체계는 지금까지 존속했을 것이다. 능숙한 치료사는 이것을 직관적으로 이해하고, 불안을 비롯한 감정들이 강렬해질 때 그에 상응하는 개입의 균형을 맞추고 조정하지만, 이것은 대부분 암암리에 이루어진다. 부모도 많은 시간 거의 같은 것을 하게 된다. 변화하려면 많은 에너지가 필요하다는 유인자 상태 이론의 주장은 변화를 겪는 불안정한 환자(혹은 아동들)와 작업하는 일이 어떻게 그 같은 격변을 거치며, 이행의 순간들이 얼마나 힘든 일인지 설명해 준다. 체계 이론은 분석가가 일상적으로 하는 일들을 명확히 보여 준다.

대럴

지나치게 단순화해서 요약하긴 했지만, 여기 예증이 되는 실례가 있다. 대럴은 23세의 게이였는데 어린 시절 만성적으로 트라우마를 입었다. 대럴의 어머니는 자주 격정적으로 감정을 분출했는데, 때로는 화를 냈고 때로는 절망한 듯 흐느껴 울었다. 부모의 결혼생활은 폭력이 난무했으며, 아버지는 마음이 무너질 때 위로를 받으려고 아들을 붙잡고 아내가 자신에게 얼마나 굴욕감을 느끼게 하는지 하소연하곤 했다. 대럴의 아버지는 성적으로 자극적이어서 벌거벗은 채 몇 시간 집 주위를 돌아다니고, 대럴이 욕실에 있는 동안 샤워를 하고 수건으로 몸을 닦았는데, 암암리에 아들이 그 모습을 지켜보게 했다(대럴은 아버지가 자신의 동성애 감정을 표현한 것은 아닐까 생각했는데, 아버지는 그 사실을 거의 의식하지 못했을지도 모른다). 치료를 받으러 오기 전, 대럴은 이러한 경험이 내면에 남긴 고통에 적응하면서 직장이나 이 정도로 얕은 사회관계에서 표면상 매력적인 겉모습을 유지하는 한편, 의례적으로 치르는 그의 성생활은 경직된 역할 놀이가 되었다.

대럴은 습관적으로 성적으로 순종적인 한 남자와 안정적이고 친밀한 관계가 자리를 잡아가자 치료를 받으러 왔다. 그는 자신이 유지하던 기존의 성행위 양상이 새로운 소중한 관계를 위협하지는 않을까 불안해했는데, 왜냐하면 두 사람 모두 같은 역할을 할 수는 없었기 때문이다. 치료 첫해 내내 대럴과 필자는 강력한 라포를 발달시켰다. 대럴은 몹시 불안해할 때가 있었지만, 서서히 과거가 어떤 방식으로 반복되고 어떻게 현재 상황에서 방어되는지 이해할 수 있었다. 직장에서는 전반적인 사회적 기능을 잃지 않으면서도 자기 목소리를 낼 수 있게 되었고, 성생활은 정형적이며 굴종적인 양상에서 어느 정도 벗어나게 되었다.

대럴은, 관계가 진전되고 있었지만 새로운 관계에서 오는 긴장으로 인한 탈균형 상태에서, 기존의 대응 체계를 갖고 치료를 시작했다. 분석 작업은 이러한 패턴을 몇몇 다른 경로를 통해 와해시킨다. 협력적 치료 관계, 과거와 성격적 방어를 연결시키는 통찰, 그리고 불안은 그냥 덮어 버리거나 행동화하는 것이 아니라 이해하는 것임을 확인하는 새로운 경험 등이 이러한 경로에 해당한다. 한편 덜 강제적이며 더 유연하게 생각하고 관계 맺을 수 있는 새로운 가능성이 열렸고, 이것은 애초 균형깨기를 야기했던 바로 그 요인들—새로운 파트너, 치료의 직접적인 효과, 직장에서 다재다능함을 보여 상사와 동료들에게서 보상을 받았다는 이 추가적인 사실—이 이 같은 새로운 가능성을 떠받쳐 주었다.

변화 과정으로서 강화와 약화: 치료 행위의 상승 작용

대럴의 치료는 폐쇄된 체계의 개방이 어떻게 인격 경향의 균형을 바꿀 수 있는지—더 반복적이고 폐쇄적인 다른 체계들을 약화시키거나 중단시키면서, 더 유연하고 개방적일 수도 있는 하부 체계나 잠재 가능성을 강화하면서—보여 준다. 내적 세계의 변화는 외부 세계에서 포착되고 내면 세계로 피드백 될 수 있다. 일과 같은 어떤 한 영역에서 일어나는 변화는 친밀한 관계 같은 다른 영역에 영향을 미친다.

이와 유사하게 설명하자면, 그동안 유아기 연구자들은 작은 적응적 변화가 긍정적인 피드백 고리 안에서 확대되면서 실질적 영향을 미치게 되는 초기 양육 체계의 자기-복원self-righting 경향을 기술했다(Sameroff and Emde, 1989; Seligman, 1994). 예를 들면, 산후우울증에서 회복 중인 어머니는 아기가 점점 증가하는 어머니의 관심에 열심히 반응하면서, 아주 빠르게 어머니가 새롭고 더 즐거운 상호작용 조절을 하게 한다는 것을 깨달을 수도 있다. 이는 어머니가 우울증에서 더 빨리 회복되도록 할 수도 있다. 어머니의 기분이 좋아지고, 더 긍정적인 내적 표상이 재활성화되고 강화되면서, 어머니는 더 긍정적인 정동과 즐거움을 느끼며 아기를 돌볼 수 있게 된다. 이 같은 환경에서 상황은 매우 빠르게 변한다. 정신분석에도 이러한 경향이 존재한다. 즉, 전이를 분석하면 기존의 성격학적 패턴이 무너질 수도 있고 이로 인해 새로운 분석 외적인 대인관계를 맺을 수 있게 된다. 이런 상황이 되면 역으로 피분석자는 기존의 기대를 대체할 것들이 있다는 느낌이 더 강해질 수 있다. 때때로 이 과정은 분석 외적인 사건이 상황을 주도함으로 인해 반대 방향으로 진행될 수도 있다.

아동 치료사들은 특히 이러한 변화에 익숙한데, 이 변화는 아동의 발달 과정을 변화시키는 삶의 중대한 사건, 발달상의 압력 및 구체적 개입과 동시에 일어나기도 한다. 아동 심리치료에서 발달 체계의 전체적인 의미가 변하는 특별한 순간이 있는데 그때 여러 요인이 한꺼번에 변하기도 한다. 일례로 학업 성적이 향상되는 아동은 친구도 새로 사귀게 되고, 부모들은 사이가 좋아지면 직장 생활도 나아진다. '선형적 분석가linear analyst'와 작업한 청년 자레드가 필자와 만난 뒤에 보인 발달이 이 점을 더 상세히 보여 주고 있다.

자레드

분석이 진행되면서 자레드는 불안한 억제들로 인해 바라던 직업적 성취와 사랑이 어떻게 방해받았는지 더 자세히 설명했다. 예를 들면, 직장에서 그는 유능했지만 조심스러워했다. 특히 권위 있는 연장자에게 비난받거나 실망감을 느낄지 모른다는 두려움 때문에 그는 성공에 꼭 필요한 일을 맡지 못했다. 치료를 받는 동안 자레드는 실제로 자신이 이 남자들에게 얼마나 경쟁심을 느꼈는지 볼 수 있었고, 그들이 마음먹기에 따라 언제든 위협을 할 것이라 상상되기 때문에 이상화된 아버지의 이미지를 유지할 수 있었다는 것도 알게 되었다. 그의 아버지는 매우 성공한 사람이었지만 아버지를 칭송하는 많은 이들보다 자레드가 훨씬 잘 아는 바로는 정서적으로 피상적이고 까다로운 사람이었다. 아버지의 한계에 더 솔직해지면서 자레드는 자신의 능력을 더 대놓고 드러내 보일 수 있었고, 그 결과 자신의 공격성에서 더 많이 자유롭게 되었다. 이 공격성과 뒤섞여, 필자와의 작업 관계는 부정적 전이 상황에서조차 협력적이고 성찰적이었는데, 이는 과거에 대한 통찰의 효과를 증대시켰다. 직장에서 더 적극적이 된 것뿐 아니라 자레드는 한 여성과 맺었던 양가적 관계를 끝내고 마침내 강렬한 매혹을 느낀 다른 여성과 결혼했다.

그러나 아버지가 완전히 떠나지 않았으면 하는 갈망이 충족되지 않았고, 이와 동시에 그가 얼마나 분석에 의존하는지를 알게 되는 것은 자레드를 더 힘들게 하는 것이었다. 첫 아이의 출생은 이 특별한 균형 상태에 극적인 영향을 끼쳤다. 딸과 그리고 결국은 아내와 애정 어린 친밀한 관계를 맺을 새로운 가능성이 열렸기 때문이다. 자레드는 이로 인해 자신이 아버지에게 얼마나 실망했는지 더 분명하게 깨달았다. 어느 순간 자신이 딸에게 꼼짝 못 하는 걸 알아차린 그는 어린 시절에 갈망했던 것과 실제로 경험한 것 사이의 간극이 얼마나 큰지 즉각 강렬하게 깨달았다. 딸이 태어나기에 앞서 분석 과정에서 이런 문제를 미리 다루었기에, 어린 딸과 사랑에 빠질 준비를 더 잘할 수 있었고, 이 새로운 사랑은 분석 과정을 향상시켰다. 또한 자레드는 의존적인 전이도 더 잘 견딜 수 있게 되었다.

분석 작업에서는 이처럼 뒤얽힌 과정이 흔하다. 그러나 그 형태는 종래의 정신분석 이론만으로는 분명하게 드러나지 않으며, 많은 점에서 비선형체계 이론으로 분석할 때 더 명료하게 밝혀진다.

최적의 참신함: 새로운 경험과 반복의 균형 잡기

발달론자와 분석가 모두 피분석자의 기대와 욕구, 욕망과 적당한 거리를 유지하며 작업하는 것이 중요하다고 강조한다. 비선형적 체계 이론들은 체계의 '새롭게 떠오르는 특성들'에 관해 논의하면서 이 점을 정확히 포착한다. 코헛(1977)은 최적의 좌절이 새로운 심리구조의 발달을 촉진한다는 견해를 제안했는데, 최적의 좌절은 현 상태를 유지하게 해 주는 불충분한 좌절, 혹은 해체로 이어질 수 있는 지나친 좌절과도 대비된다. 배컬Bacal(1985)은 이 견해를 최적의 반응성 개념으로 확장했다. 통찰-중심의 분석가들은 이전에 막아 버린 생각들로 인해 현재의 방어 구조가 압도되지 않도록 해석이 현재의 방어 구조와 가까워야 하지만, 또한 그런 구조에 개입하지 않을 만큼 거리를 두고 있어야 한다고 조언했다.

이러한 원칙은 일반적인 발달 지향적 관점과도 궤를 같이 한다. 비고츠키(1962)가 개념화한 '근접 발달 지대zone of proximal development'는 바람직한 분석 작업에 적용되는데, 이런 지대는 도전을 제시하는 현재의 역량과는 충분히 떨어져 있으면서도 새로운 능력과 구조에 대한 감각을 뒷받침할 만큼은 가까운 영역이다. 이는 최고의 배움은 최적으로 참신한 조건에서 일어난다는 일반적인 심리학 연구결과와 일치한다. 이러한 역학은 유아-부모 상호작용이든, 환자-치료사 상호작용이든, 미시분석적으로 종종 관찰할 수 있다(자말 주니어의 아버지가 사탕 상자를 아들의 손이 닿지 않는 곳에 놓아두자 어린 자말이 안간힘을 써서 결국 사탕 상자를 잡는 15장의 일화 참조).

인간의 발달 과정과 마찬가지로, 변화는 장기간에 걸쳐 서서히 진행되는데, 특정한 순간 분명해졌다가는 치료가 새로운 균형 상태equilibria로 접어들면(또 새로운 균형 상태를 벗어나면) 점점 희미해진다. 분석적 치료사들은 각각의 사례에서 드러나는 독특한 상황에 조심스럽게, 보통은 상당히 세심하게 주의를 기울이면서 다른 심리치료사들보다 훨씬 더 환자에게 맞는 관계를 제공한다. 우리의 기법적인 많은 결정에는 그 제약을 존중하면서도 다소 폐쇄된 체계에 새로운 것을 도입하기 위해 적절한 방법을 찾는 것도 포함되는데 결국 이는 환자와 접촉하는 지점과 의미의 범위를 뚜렷하게 한다.

대럴

예를 들어, 대럴은 (어머니의 격렬한 감정 분출과 아버지의 부적절한 성적 자극으로 트라우마를 입었는데) 정형화된 성생활이 바뀌면서 더 불안해졌으며, 더 많은 기억을 회복하고 부모에게 더 큰 분노를 느끼게 되었다. 그는 분석 과정과 필자를 칭찬하는 것으로 불안을 관리했으며, 새로운 통찰이 얼마나 중요한지를 열정적으로 필자에게 알려주었다. 이것의 기저에서는 그의 대상을 순종적이고 과시적으로 관리하려는 이전 태도가 반복되고 있었다. 그는 필자를 자신이 새로 얻은 통찰 이야기로 즐거워하는 사람으로 공손한 척 대하면서도 무엇인가 틀어진 것을 자신이 얼마나 두려워하는가에 대한 더 깊은 감정과 인식은 회피하고 있었다. 이런 재연된 전이-역전이 패턴을 알아차리긴 했지만, 필자는 처음에는 대럴이 이러한 패턴에 의지할 필요가 있다고 느끼면서 이에 대해 도전하는 것을 억제했다. 바꿔 말하면, 대럴의 체계의 이 부분은 아직 균형이 깨어져서는 안 되었다. 대신 필자는 대럴이 늘 새로운 생각을 내놓기보다는, 고통스러운 감정을 철저히 포장하지 않고 더 자발적으로 이야기할 수 있는 가능성을 드러나지 않게 강조하려고 했다.

전환점과 임계점, 돌파: 초기 상태에 대한 민감성

매우 일상적인 분석 작업은 오랜 시간에 걸쳐 더 복잡하고 포괄적인 구조를 세우는 것이 필요하다고 할 수 있다. 정신분석에서 일어나는 변화는 점증적이고 불규칙하며, 오랜 시간이 지나야만 분명해진다(몇 달에 한 번씩 다른 분석가의 사례들을 듣는 사례연구 모임의 동료들이 이러한 변화를 해당 치료사들보다 더 잘 알아챌 수도 있다). 그러나 이와 동시에 돌파, 즉 뭔가 빠르게 앞으로 나아가고 분석이 전환되는 결정적이고 변형적인 순간에 대한 뚜렷한 인식이 있다. 어떤 이론적 관점을 따르든, 모든 분석가는 이러한 순간을 주목할 만한 것으로 여기지만, 그것이 어떻게 일어나는지에 대한 분명한 합의는 거의 없다. 분석가가 아닌 사람들은 이런 순간을 의심스럽게 여기며 흔히 가장 과학적이지 않은 정신분석 현상의 하나로 본다. 그러나 초기 상태에 민감하게 의존한다는 역동체계의 관점, 곧 임계점 이론은 분석에서 일어나는 명백히 한정된 사건이 살아있는 체계의 토대가 되는 변화 과정을 어떻게 가능케 하는지 설명해 준다. 이 이론을 염두에 두면, 우리는 우리 자신을 그 과정에 몰두해 본 적 없는 이들과는 소통될 수 없는 비밀스럽고 사적인 과정에 연관된 사람들이라 생각하지 않아도 된다.

임계점 개념(Gladwell, 2000 참조)을 다양하게 적용할 가능성은 유럽 역사 속의 한 실례에서 잘 드러난다. 제1차 세계대전의 도화선이 된 페르디난트 대공의 암살이 바로 그 예다. 유럽의 지정학적 체제가 출렁이던 시기, 대공의 사살은 20세기 유럽 정치를 급진적으로 바꾸게 될 과정의 시동을 걸었다. 다른 사건 때문에 전쟁이 일어났을 수도 있지만, 그 전쟁의 결과는 달랐을 것이다. 어떤 선동적인 사건이 없었다면 상황은 매우 다르게 전개되었으리라는 상상이 가능하다.

다양한 관점의 분석가들은 방식은 다르지만, 모두 정점을 묘사한다. 프로이트(Breuer and Freud, 1895)는 최초의 사례들을 이런 추세의 스타일로 설정했다. 즉, 프로이트는 환자의 히스테리성 마비의 성적 근원에 대한 단 한 번의 해석으로 즉각 증상을 제거했다. 이후, 욕동-방어에 기반한 많은 분석가들이 환자의 인식을 변화시키고 증상을 극적으로 완화하는 결정적인 해석을 묘사했다(예를 들면, Erikson, 1950/1963; Fraiberg, Adelson, and Shapiro, 1975 등 참조). 현대 클라인 학파를 이끄는 베티 조셉(2000)은 매우 다른 개념적 관점에서 정신분석 사례 하나를 묘사했다. 그녀와 피분석자는 꽤 유쾌하고 분명 생산적인 분석을 진행했는데, 어쩌다 무언가를 놓쳤다. 베티 조셉은 이 치료의 근본적인 전환점을 기술했는데, 그녀는 환자의 우호적인 태도 때문에 진정한 분석이 진척되지 못한다는 인식과 함께 이 전환점을 맞았다. 중도학파 분석가인 사이밍톤Symington(1983)은 아직은 다른 목소리로 미리 계획하지 않은 무의식적인 몸짓 같은, 분석가가 행한 특정한 '자유 행동'이 어떻게 분석 과정을 변화시키는지 설명했다.

이러한 순간은 보통 상호주관적-관계적 문헌에도 보고된다. 조디 데이비스Jody Davies(2004)는 그녀 자신이 꽤 몸이 좋지 않았던 어느 한 주 동안 이전에는 남을 얕보던 환자가 그녀에게 따뜻한 혼합음료를 가져다 주었을 때 발생한 전환점을 묘사했는데, 그 음료는 그녀가 어린 시절 병을 앓을 때 어머니가 그녀에게 주었던 음료였다. 보스턴변화과정연구모임(2010)은 그동안 환자의 자기 조직화self-organization에 변화를 주고, '양자의 의식 확장'을 촉진하는 '만남의 순간'의 중요성을 강조했다(Tronick et al., 1998, p. 290 참조).

이러한 임계점은 다음과 같은 상황에서처럼 무척 고통스럽고 불행한 결과로 이어질 수도 있다.

재닌과 그녀의 아기

때로 체계는 덜 진보하는 방향으로 기운다. 엘살바도르 이민자이며 미혼에 스무 살인 재닌의 사례가 이 현상을 잘 예시한다. 어렸을 때 구타를 당한 그녀는 약물 남용과 폭발적인 폭력의 전과가 있다. 그녀는 에이즈 양성반응을 보였고 결국 노숙자가 되었다. 그러나 임신을 하게 되자 그녀는 자신을 염려해 주는 이모와 열정적인 사회복지사를 포함한 대인관계적이고 관료적인 여러 지원을 활용하기 위하여 스스로를 조직했다. 살 집도 마련되었고, 그녀의 유아-부모 치료사는 그녀가 정말 유능하고 양육적인 엄마가 될 수도 있겠다는 생각이 들었다. 임신은 후원과 원조를 찾아내고 유지하는 재닌의 잠재력을 증폭시켰다. 다양한 종류의 지원은 그러한 잠재력을 계속 지원할 수 있고, 아기가 태어나면 이러한 능력이 훨씬 더 커지리라는 희망이 있었다.

그녀의 에이즈 병세가 너무 복잡했기 때문에, 아기의 출생은 고급 비즈니스 경쟁을 위해 설립된 호텔 같은 엘리트 대학 출산 센터에서 이루어졌다. 재닌은 이곳을 자신에게 상당히 어울리지 않는 곳으로 느꼈다. 문화적, 계층적 차이는 그녀와 간호직원들 사이에 긴장과 심지어 의심을 불러일으켰다. 이러한 긴장은 지역 병원에서는 덜했을 것이다. 이런 상황에서 그녀는 막 움트기 시작한 그녀의 여린 자신감을 상실하였고 자기 방어적이고 대립적인 거친 반응성을 조절하는 능력을 잃었으며, 결과적으로 그녀는 직원의 부정적 기대를 충족시킬 가능성이 더 커졌다.

이러한 상황에서 특별한 사건이 결정적인 움직임을 일으켰고 이는 재닌의 친권을 종료시키는 계기가 되었다. 이때가 임계점이었다. 한번은 재닌이 한 간호사에게 무섭게 화가 난 반응을 보였는데, 적어도 그 보고를 들은 치료사에게 그 간호사는 무신경하고 화를 돋우는, 어쩌면 라틴계는 아닐지라도 이민자들에게 편견을 갖고 있는 것처럼 보였다. 출산 후 재닌은 아기에게 매우 부드러웠지만, 아동보호기관은 병원 사회복지사의 권고에 따라 재닌과 아기를 떼어놓았다. 충격을 받은 재닌은 절망감과 분노를 느꼈다. 그 후 몇 주에 걸쳐 아들을 제한적으로 방문하는 동안, 재닌은 매우 거칠고 냉담했다. 결국 재닌은 친권을 상실했다. 병원에 머무는 동안에 겪은 사건들은 재닌의 인격의 파괴적이고 고립적인 패턴을 증폭시켰는데 이것은 그녀의 과거 이력과 현재 상황을 모두 반영하는 것이었다.

유능한 부모가 되기 위한 재닌의 노력은 병원 환경의 비교적 작은 기부와 거친 간호사와의 특별한 상호작용에도 아주 민감한 섬세한 역동이 수반되는 것이었다. 이 경우, 이론적 일반화로서 드러날 때 아주 추상적으로 보일 수 있는 역동적인 과정들은 비극이 전개되는 거의 참을 수 없을 정도로 비통한 경로로 나타났다.

부분과 전체: 프랙털과 자기-유사성

'프랙털fractal'에 대한 비선형 역동체계 이론의 개념화는 일반적으로 분명하게 표현되지 않는 두 가지 주요 분석적 가정을 밝힐 수 있다. 즉, 분석의 반복되는 특징을 기반으로 환자의 심리에 대해 추론할 수 있고, 분석에서 개입하는 것은 그 외부에서 중요한 영향을 미칠 수 있다는 것이다. 우리는 성격 스타일과 핵심 갈등을 설명하고 변화시키기 위하여 이중적 대상 관계 또는 충동-방어 패턴의 전이에 대해 일반화하고 자신 있게 개입한다. 예를 들어, 환자가 동료에게 화를 낸 것 때문에 걱정하면 필자는 그녀와 필자와의 갈등에 대해 언급하고 싶어진다. 발달 단계 이론은 유사한 정형화에 의존한다. '구순애orality'에 대한 프로이트 학파의 개념화 아이디어는 먹기의 통합적 형태를 확장하여, 외부 관계의 '소화'에 대한 은유적 이미지를 구성하고 이를 의지할 수 있는 내적 대상으로 변형한다. 클라인(1946)은 이것을 더 발전시켜 유아에 의한 나쁜 대상의 '추방'을 논의했다.

프랙털 이론에서 그동안 복합성 이론가들은 유사한 것들을 정교화했다. 프랙털 체계는 자기-유사성self-similarity의 원칙을 특징으로 한다. "어떤 하부체계도 … 그 전체 체계와 동일하다"(Sardar and Abrams, 1998, p. 35). 눈송이 가장자리 윤곽—끝에 세 개의 점이 있는 돌출부—은 다양한 반복으로 재현되어 각 점 자체의 끝이 세 개의 점을 갖는 식이다.

다른 예로는 나무의 부채꼴 모양이나 폐의 기도가 시스템의 일반적인 형태를 재현하는 방법이 있다. 기본적인 형식은 체계의 다양한 수준에서 반복된다. 여기서 체계 이론은 확립된 과학적 패러다임을 따르는 기본 추론 절차 중 하나를 지원한다. 우리는 일상적으로 분석 상황을 프랙털 체계로 취급한다. 즉, 분석 관계는 환자의 전반적인 역동의 프랙털이다. 전이는 이것들의 프랙털이다. 그리고 우리는 분석에서 일어나는 일이 환자의 전반적인 생활 방식에 변화를 가져올 수 있다는 가정에 의존한다.

복합성의 간소화: 그다지 복합적이지 않은 체계로서 정신분석

필자는 지금껏 분석적 양자의 정교한 복합성에 집중했음에도 불구하고, 여기에는 이면이 있다. 강도가 비슷한 다른 대부분의 관계와 비교하면, 분석 관계는 비교적 통제되고 절제된 체계다. 일상생활에서의 많은 불규칙성과 불확실성은 과정에서 걸러지고, 몇 가지 잘-정의된 차원에 따라 구축된다. 즉, 시기, 장소, 기간은 신뢰할 만하고 예측 가능하다. 접촉은 제한적이다. 기본 교류는 시간에 대한 지불과, 책임에 관한 직업적 비대칭성 측면에서 규정된다. 체계를 단순화하면 감정과 환상, 관계 패턴과 방어 같은 정신분석의 가장 중요한 특징에 주의를 집중할 수 있다.

이것이 분석이 이루어지게 되는 배경이다. 각각의 분석은 핵심 이슈를 작동시킬 만큼 복잡하기는 하지만, 이러한 이슈가 일상적인 사회적 상호작용에서 모호해지는 수많은 방식을 피할 수 있을 만큼 단순하기도 하다. 엄청나게 복합적인 영역에서 심리적 패턴들은 인식에서 쉽게 멀어질 수 있다. 대신에 다른 사람들과 기관들이 내적 현실을 실현하고 확인할 때 그 패턴들이 작동하고 반복되는데, 이때 피분석자의 특정 인격에 있는 그 패턴의 뿌리가 흐려진다.

비선형 역동체계 이론과 발달의 심리 역동: 보편적인 정신분석 메타체계를 향하여

정신분석의 역사 전반에 걸쳐 정신분석은 공통된 가정을 공유하는지 아닌지, 만약 그렇다면 이것이 무엇인지에 대한 논쟁으로 어려움을 겪었다(예를 들면, Wallerstein, 1991).

복합성의 패턴들이 시간이 흐르면서 그리고 다양한 수준의 심리 과정에서 조직하고 재조직하면서 변화하는 것을 강조하는 모델로 인해 이런 논의는 어느 정도 명료해지고 유연해질 수 있다. 게다가 복합성에 기반한 방향으로의 움직임은 이론의 위상을 반영할 것이다. 즉, 정신분석 이론에서 조직된 혼돈은 증상이나 장애가 아니라, 분석적 연구 분야의 다면적 성질―우리 주제의 문제가 복잡하기 때문에 우리의 이론이 통일되지 않는다는 관점―을 반영한 것으로 볼 수 있다.

견고한 발달적 접근과의 연결은 비선형 역동체계 이론 모델을 더 넓은 분석의 장으로 이끄는 데 매우 생산적이었다. 프로이트의 심리성적―구조적 모델에 대한 에릭슨의 강력한 재해석은 레베카 샤문 샤녹Rebecca Shahmoon Shanok과 필자(1996)가 주장한 대로 상호주관적 접근뿐 아니라 체계 사고를 기대했다. 통합과 조절, 상호성과 같은 원리를 조직하는 체계를 중심으로 새로운 이론을 정립한 에릭슨은 발달 심리학과 역사, 인류학, 정치학을 포함한 다른 사회과학의 다양하고 새로운 아이디어에 대한 분석을 시작했다.

필자가 3, 4장에서 밝힌 대로, 발달 관점은 정신분석적 장이 복합성을 포용하도록 밀어붙인다(Sally Provence, 사적 서신, 1983). 현실 세계에서 아동을 관찰하는 것은 우리에게 더 크고 '더 중층의thicker' 그림을 보도록 요구한다('중층 기술thick description'이라는 매우 유용한 착상에 관한 자세한 설명은 Geertz, 1973 참조). 유아 연구 분석−발달론자들은 발달 심리학과 신경과학으로부터 체계 이론의 통찰을 분석 영역으로 가져올 때 더욱 확고해졌다. 이 점에서 샌더(2002)의 연구는 특히 혁신적이었다(20장 참조). 최근 스턴(2010, 17장 참조)과 쇼어(2012)는 이 프로젝트를 더욱 발전시킨 많은 사람들 중 하나이다. 이것은 피분석자와 분석가의 성격에 의해 과도하게 결정된 양방향 2인 체계의 새로운 상호주관적−관계 모델과 상승 효과를 발휘했으며, 해석학적−구성주의 인식론과도 상승 효과를 냈다. 따라서 분석적 장의 다른 차원들이 강조되었는데, 그중에는 모호함, 복합성, 인식론적 불확실성, 다중관점주의, 공동−구성 및 진화 과정에 대한 관심 등이 있다. 이전의 정신분석 문헌에서 이러한 특징들이 무시되지는 않았지만, 여기서는 유감스러운 장애나 (더 나쁜 경우) 결함 있는 생각, 빈약한 기술 또는 분석가 개인의 문제 등으로 인한 결과보다는 미덕으로 취급되었다. 이제 이러한 문제들은 주변으로 밀려나는 것이 아니라, 임상 이론화의 중심으로 승격되었다.

정신분석은 주로 심리적 대인관계 체계 수준에서 삶의 과정을 정리하고 조율하는 패턴을 종종 매우 복잡한 방식으로 변화시키려고 한다. 그러므로 우리는 질서와 혼돈의 경계에 정기적으로 머물게 될 것이라 예상된다. 이것은 생물이든 무생물이든 체계의 본질이고 그러한 맥락에서 우리의 분석 경험은 기본적인 의미를 갖는다.

후주

1. 비선형 역동체계 이론을 정신분석에 적용하고자 하는 계속되는 노력에 지금까지 많은 분석가가 공헌했다. 샌더(2002)의 노력이 탁월한 것은 그 적용 범위가 매우 넓고 혁신적이었기 때문이다(20장 참조). 그 외로 언급할 만한 이들로는 베컬과 헤르조그Bacal and Herzog(2003), 비비와 라흐만(2002), 찰스Charles(2002), 코번Coburn(2002), 갈라처−레비Galatzer−Levy(2002), 겐트(2002), 해리스(2005), 밀러(2004), 쇼어(1994), 셰인과 코빈Shane and Coburn(2002), 스톨로로우Stolorow(1997)가 있다.
2. 프로이트의 '과학적 심리학을 위한 프로젝트Project for a Scientific Psychology'(1895)는 이 견해에 놀랍도록 공명한다.
3. 로즈 굽타Rose Gupta는 이 개념적 해석을 명확히 하는 데 도움을 주었다.

20장
핵심 원리 찾기
−루이스 샌더의 생물학적, 심리학적, 관계적 요소와
현대 발달 정신역동의 종합−

　루이스 샌더는 유아 관찰 연구와 비선형 역동체계 이론, 현대 생물학과 물리학 등 '자연'
과학을 종합하면서 심리구조와 동기, 치료 행위에 관한 정신분석 접근을 재고했다. 그는 이
러한 관점에서 정신분석을 과학적 사고체계와 연결하려 한 프로이트의 작업을 업데이트하
면서 폭넓고 포괄적인 최고의 관계적 메타심리학을 보여 주었다. 샌더는 체계 안의 요소들
사이의 역동적 관계를 강조하면서 방법론과 내용을 모두 혁신했다. 이 장에서는 샌더의 정
신분석과 발달 연구의 폭넓고 깊이 있는 통합을 설명하고자 한다.

　샌더는 우리 시대 가장 야심 차며 포용력 있고 조예 깊은 정신분석 이론가의 한 사람이었
다. 그러나 그의 연구는 발달 정신분석 학계 밖에서는 아직 널리 알려지지 않았다. 샌더는
이런 전문가들 중에서 여전히 지적 대부로 존경받는다. 그는 초기에 유아를 관찰한 집단의
누구보다도 앞서 명료하게 유아 관찰을 시작하여, 다른 유아 관찰자들에게 영향을 미치고
영감을 준 지위를 지금까지도 유지하고 있다. 유아 관찰의 이론적 함의를 탐구하면서 샌더
는 심리적 구조와 동기에 관한 근본적인 질문과 관련하여 체계 이론에 물리학과 신경과학,
일반 생물학을 도입하는 매우 대담한 종합을 제안했다.

　샌더는 홀대를 당할 때도 있지만, 우리 시대의 위대한 혁신가 중 하나이다. 그는 체계적
유아 관찰 연구를 시작한 최초의 분석가 중 한 사람이며 그가 창안한 생애 초기 발달을 연구
하는 기본 틀framework은 정신분석학계에 꼭 필요한 개념화 가운데 하나다. 샌더가 정신분석
과 신경과학적, 생물학적 이론화를 통합한 것은 정신분석의 근원을 생물학에서 찾으려 했던
프로이트의 프로젝트를 업데이트하려는 최고의 노력이 될 수도 있다. 샌더는 '욕동'과 같은

케케묵은 의사생물학pseudobiological 개념들이 정신분석에서 몸과 생물학의 역할을 유지시킨다고 주장하면서 이러한 개념을 옹호하는 이들을 논박했다. 샌더 덕분에 우리 분석가들은 현대 생물학의 메타-패러다임에 접근할 수 있는데, 이 사고 체계는 헬름홀츠Helmholtz의 기계론적 사고 체계가 프로이트와 그의 동시대 분석가들에게 필요했던 것만큼 우리 분석가들의 현재 사정과 요구에 부응한다.

필자가 샌더를 기리는 심포지엄을 준비할 때 그에 대한 칭송은 놀라운 것이었다. 가장 뛰어난 동료들이 전폭적으로 지지했다. 혁신적 이론가인 아놀드 모델의 반응이 대표적이었다. 그는 환자들을 만나느라 바빴지만 "루이스를 기리는 일이라면 뭐든 상관없네. 언제 가면 될지 말만 하게."라고 답했다. 베리 브라젤톤은 일정을 조정해 보려고 몇 주 동안 애썼지만 결국 시간을 낼 수 없었던 반면, 제시카 벤자민은 일정을 조정해 참석할 수 있었다. 맨 먼저, 발달 관찰에서 상호 조절 개념을 적용한 이론가들 중 한 사람인 에드워드 트로닉Edward Tronick은 기분mood에 관한 정신분석 이론에 혁신적인 공헌을 했는데, 자신의 주요한 관찰 개념을 샌더의 이름을 따서 명명했다. 심포지엄에서 다룬 것을 책자로 출간할 때 스테판 미첼은 굳이 하던 일을 멈추고 소논문을 써주었다. 이 순간 필자는 다시 한번 샌더가 왜 그토록 존경받는지 생각해 본다.

발달 관찰과 이론적 상상의 통합

샌더는 어린 시절을 보낸 캘리포니아의 나파 카운티에 있는 소유지에서 살다가 2012년 그곳에서 94세를 일기로 생을 마감했다. 그리고 그곳에서 사망 직전까지 70년간 공헌한 유아 정신건강 및 유아 연구 단체들에 계속 참여했다. 샌더는 1950년대에 유아와 그 부모를 관찰하기 시작했는데, 당시만 해도 많은 임상가들은 신생아에게 마음이 있다는 생각을 거의 하지 못했으므로 신생아는 아무것도 모른다고 믿었다. 샌더의 관찰은 그의 정확한 시각만큼이나 참신하고 창의성이 풍부했다. 예를 들면, 그는 초창기에 실행한 한 실험(sander, 1988)에서 태어난 지 7일 된 신생아 어머니 몇 명에게 아기에게 젖을 먹일 때 스키마스크를 써달라고 요청했다. 그 결과 신생아들이 젖을 빨다가 어느 특정한 순간, 충격을 받은 듯 반응한다는 사실을 알아냈다. 이 연구가 보여 준 것은 유아가 이미 대인관계적 기대를 발달시켜왔다는 것뿐 아니라, 유아를 연구하는 모든 분야의 연구자들이 상상했던 것보다 훨씬 더 복잡하게 신생아가 어머니의 돌봄과 상호작용하는 원형적 표상 체계protorepresentational system 와 아울러, 조직화된 내적 세계를 갖고 있었다는 것이다. 대부분의 학문적 연구와 다르게, 샌더의 연구는 독창적이면서도 자연주의적이었다. 이 장 후반부에서 설명하게 될 후기 실험에서, 샌더는 최초의 돌봄 교류caregiving transaction가 심리구조에 미치는 역동적 효과를 다룬 선구적인 연구에서, 아기가 젖을 달라고 할 때마다 젖을 먹이는 결과와 정해진 시간에 맞춰 젖을 먹일 때의 결과를 비교했다.

샌더의 연구는 임상적으로도 개인적으로도 즉각적인 반향을 불러일으켰다. 다름 아닌 제시카 벤자민(2002) 같은 정신분석가는 소위 육아 전문가들이 샌더가 밝혀내기 시작한 것을 알고 있었다면, 샌더의 연구결과 덕분에 자신이 첫 아이를 얼마나 다르게 보살폈을지 설득력 있게 묘사했다. 샌더는 신중한 발달 연구자의 길을 계속 걸으면서도 중요한 것들을 발견했다. 그는 보기 드문 능력으로, 심오한 이론적 차원들을 포용하는 동시에 주의를 기울여야 할 현상의 본질적인 측면을 자세히 살폈다. 일례로 샌더는 또 다른 논문(2002)에서 어느 수준의 체계든, 생물 체계의 자기-조직화 특성은 정신분석 임상 작업의 주요 요소임을 밝히고자, 반딧불이의 집단행동을 묘사했다.

원대한 이론을 향하여:
생물학, 역동체계 이론, 정신분석적 메타심리학

샌더는 신생아 발달의 특별한 순간들을 다룬 독특한 연구에서 출발해, 자신에게 늘 중요한 이론적 연구를 실행했는데, 그것은 정신분석적 발달 연구와 심리치료에 적용할 수 있는 기본원리를 찾기 위해 삶에 관한 몇몇 지식 영역을 통합하는 것이었다. 그는 굉장히 폭넓게 유아 연구, 현대 신경과학, 비선형 역동체계 이론, 이론 생물학에 의지하면서 이론 생물학과 더 넓은 체계 이론들을 연결시켰다.

이 같은 진전의 세부적인 측면들은 정교하게 다듬을 가치가 있다. 샌더는 생후 처음 몇 주 동안 유아의 요구에 따른 수유와 정해진 시간에 따른 수유의 결과를 비교한 논문(1988)에서, 돌봄의 매우 구체적인 세부 사항이 세포 수준에서부터 양자 간 대인관계 체계에 이르기까지 점점 복잡해지는 생물 체계를 조절하는 동일한 원리에 따라 패턴화되면서 어떻게 심리구조 형성에 영향을 미치는지 밝혔다. 이처럼 샌더는 심리구조를, 유아의 욕구와 관심을 주위 환경의 반응에 맞게 조정하는 개별 유기체의 능력 문제로 이해하는데, 이 모든 것은 시공간의 독특한 리듬을 타고, 정동으로 충만하여 의미의 층을 쌓아 올린다. 가장 뛰어난 유아 연구에서처럼, 일상적인 세부 사항과 가장 추상적인 관심사들은 하나로 합쳐져, 관찰 가능한 현상에 바탕을 둔 심층적인 심리구조 이론을 제공한다. 이렇듯 샌더는 면밀한 유아 관찰에서 얻은 개념적 근거를 하나 제시했는데, 이 관찰은 유아-부모 관계가 향후 아동기 및 성인기에 미치는 영향에 관한 더 새로운 경험적 연구결과를 예견했다(9장 참조). 보스턴변화과정연구모임의 회원으로, 이 모임에 영감을 주었던 샌더는 앞장서서 이 접근법을 임상 정신분석에 적용했으며, 환자-치료사 상호작용에 면밀히 주의를 기울이는 것이 어떻게 더 깊은 차원의 심리적 삶에 접근하게 되는지 증명했다.

이 연구의 요약문에서 인용한 다음의 글은 샌더가 유아의 가장 평범한 순간들을 관찰한 것이 어떻게 현대 정신분석의 핵심 질문들에 이르게 되었는지 보여 준다.

나의 연구(Sander, 1975)가 생물학적 체계와 조우한 것은 ⋯ 24시간 신생아 침대를 모니터하면서부터였다. 신생아가 누워 있는 압력-민감 패드 덕분에, 모니터는 심박동수와 호흡수, 24시간 내내 실시간으로 일어나는 움직임의 양상을 기록할 수 있었다. 모니터는 돌보는 이가 침대 옆에 있을 때와 없을 때, 아기의 울음, 신생아가 침대에 있을 때와 없을 때 등도 자동으로 기록했다. ⋯

예를 들면, 우리는 생후 10일 동안, 신생아의 상태와 상관없이, '신생아의 요구'에 따라 젖을 먹인 신생아의 표본과 정확히 4시간마다 젖을 먹인 신생아의 표본을 비교했다. 신생아는 평소 리듬에 맞춰 24시간 내내 대략 4시간마다 깼다. 그러나 요구에 따라 젖을 먹인 신생아는 3~4일 만에, 하루에 한두 번 더 오랜 수면 기간을 보이기 시작했다. ⋯ 달리 말하면, 요구에 따라 젖을 먹은 신생아의 잠들고 깨는 리듬은 돌보는 이의 하루 24시간 일과와 같은 리듬을 타기 시작했다. 이처럼 양육자가 신생아에게 젖을 먹이려는 시간과 신생아가 불안정해지고 허기를 느끼는 때가 일치하기 시작하면서 신생아-양육자 체계의 일관성이 나타났다. ⋯

그러나 신생아의 상태와 상관없이 24시간 동안 4시간 간격으로 젖을 먹은 신생아는 이러한 변화를 보이지 않았다. 즉, 이 아기들은 낮과 밤을 새롭게 체계화하지 않았지만, 야간 12시간에도 주간 12시간과 마찬가지로 자주, 그리고 오래 깨어 우는 일이 계속됐다.

여기서 우리는 신생아와 양육자의 욕구가 합쳐지면서, 둘 사이의 역동적 긴장을 해소하는 과정에서 유아가 자기를 조절하는 '심리적 실행체'의 역할을 확인할 수 있다. … 유아는 더 큰 체계 안에서 하나의 체계가 되는데, 다른 리듬과 일치하기도 하고 벗어나기도 하면서 주기의 길이에 변화를 주거나 혹은 늘이거나 줄이는 생체 리듬의 능력도 같이 지니게 된다.

샌더와 핵심 질문

아무리 추상적으로 들리더라도, 이렇게 이론화하는 것은 아기와 어머니가 서로에게 행하는 행동에 대한 강렬한 즉각성을 바로 보여 준다. 샌더는 부모가 유아의 주도성을 어느정도 빠르게, 어느 정도 충분히 따르는 경우, 상호 조절이 자기 조절 능력을 키운다고 설명한다. 즉, 거친 사랑은 아기를 더 강하게 하지는 못한다. 그는 유아를 태어나는 순간부터 인간이라고 보았으며, 이 견해를 명확히 하고자 창의적인 경험적 연구는 물론 혁신적인 이론화도 활용했다. 언제나 뛰어난 과학자였던 샌더는 느낌이 의미를 깨닫는 지름길이라는 것을 이해하고는 정동적인 동시에 신체적 행위가 이루어지는 지점에 연구의 초점을 맞췄다. 샌더는 또 심리구조 발달에 관한 생물심리사회적, 관계적 모델을 개발했는데, 인격은 태중에서는 아니더라도, 탄생의 순간부터 유아가 인간 환경에 적극적으로 관여함에 따라 발달한다고 보았다. 생물 체계의 특성이 제시하는 경로를 따르는 유아는 자신을 형상화한 그 환경에 영향을 미치는데, 이는 인간에게 독특하면서도 동시에 서로에게 특별한 무엇을 창조하기 위해서이다. 프로이트와 에릭슨, 위니컷의 연구처럼 샌더의 연구에서도, 보편적 삶의 진실과 개개 삶의 고유성의 조우는 가장 훌륭한 정신분석 이론화의 토대가 된다.

샌더는 생후 3년 안에 일어나는 발달 단계를 상세하게 다룬 최초의 모델 중 하나를 만들었으며, 이것은 뒤따라 만들어진 몇몇 모델의 표본이 되었다. 샌더는 종적縱的-발달 연구를 주도하기도 했는데, 이 연구 자료는 이제 겨우 활용되기 시작했다. 샌더의 연구는 스턴과 브라젤톤, 그린스펀과 비비, 엠데 같은 새 세대의 정신분석적 유아 연구자들에게 힘을 실어주었으며, 동료 연구자들을 계속 분발하게 했다. 앨런 쇼어(1999, 사적 대화)는 샌더의 통합을 자신의 혁신적 연구를 가능케 한 근본적인 영감이라고 기꺼이 믿었다.

샌더와 과학, 정신분석 이론

샌더의 연구는 최근의 자연과학 이론을 정신분석에 가장 독창적으로 적용한 예에 속하는데, 조직화와 통합, 활동과 특이성, 율동성과 인식 같은 중심 개념들을 포함하고 있다(샌더는 이런 방식으로 자아 심리학 연구의 영향을 반영하고, 업데이트하며, 확장하는 동시에 정교하게 한다). 샌더의 비선형 역동체계 모델을 독창적으로 응용하면, 생명의 작용은 본래 환경과의 끊임없는 교류 속에서 안정적이지만 유연한 형식을 찾도록 본질적으로 동기화된 현상으로 이해하게 된다. 그런데 안정적이고 유연한 이 형식들은 내적, 외적 관계들이 이 같은 형식을 구성하는 재료와 에너지를 체계화함에 따라 독특한 형태와 리듬을 띤다. 일례로 현대 생물학자 잉버Ingber(1998)는 세포 물질이 유연하면서도 안정적인 형태로 체계화되는 과정을 묘사하고자 텐세그리티tensegrity[1]라는 용어를 만들어 냈다. 이런 형태는 유기체가 물리적, 기능적 정체성을 유지한 채 주위 환경과 서로 영향을 주고받도록 한다. 신경과학자는 보다 높은 추상화 수준에서 그러나 다음과 같은 형태에 대한 유사한 감각으로, 발달하는 뇌 조직을 뉴런의 집합체로 묘사하는데, 기억 그리고 궁극적으로 의식 같은 정신 현상이 생기도록 일관되게 조직화된 기능 체계를 형성하는 것으로 묘사한다(Damasio, 1999; Edelman and Tononi, 2000 참조). 물리적, 생리적, 심리적 현상들은 생명 과정이라는 통일된 체계의 부분들로서, 상호 관련되어 있고 서로 영향을 주고받는다고 이해된다.

따라서 샌더의 놀라운 성취는 이러한 발달을 정신분석가와 발달 심리학자에게 가장 큰 영향을 미치는 질문에 적용하는 것이었다. 즉, 자기-경험, 인식, 의미-만들기, 대인관계, 그리고 사람들은 어떻게 변화하는가 등이다. 생애 초기의 돌봄의 상호 관계에 대한 그의 이론화가 아기와 어머니가 실제로 무엇을 하는가에 대한 일상적인 디테일에 어떻게 접근해야 하는지 안내하고 자유롭게 하는 것과 마찬가지로, 그의 명쾌한 개념들은 최근에 등장한 일련의 임상 개념에 메타심리학을 제공하는데, 이러한 개념은 환자-분석가 상호작용을 변화 과정의 중심인 역동체계로 규정한다. 심리치료 과정에 관한 샌더 자신의 연구는 심리적 주체, 재조직화, 다층적 인식 과정, 그리고 개인과 환경이 주고받는 특정한 상호작용 과정의

---

1) tensional integrity(긴장 상태의 안정성)의 축약어 혹은 인장tension과 구조적 안정structure integrity의 합성어로, 긴장 상태의 안정 구조를 의미하는 건축학 용어이다(역자 주).

의미 만들기 등을 점점 강조하는 것과 함께 효과가 상승되었다.

이렇듯 샌더는 오늘날의 과학이 최근 진행된 정신분석 내부의 혁신을 지지한다는 사실을 보여 준다. 이러한 명료화가 놀라운 일이 되어서는 안 된다. 다양한 과학 분야의 혁신들이 서로 영향을 미치는 것은 충분히 기대될 수 있기 때문이다. 하지만 이러한 일관성을 추구하려는 노력이 프로이트에게 중요했음에도 불구하고 정신분석은 생물학과 신경과학, 물리학의 새로운 발전을 따라가지 못했다. 모델(2002, p. 55)이 샌더의 연구를 논하면서 언급한 대로 "프로이트가 활용한 생물학은 이제는 백 년 전의 것이다." 다양한 요인이 이러한 지체를 부추겼다. 다른 방면의 지식이 폭발적으로 증가함에 따라 이러한 비분석 분야의 연구결과를 해석하고 통합하는 일이 점점 더 어려워졌다. 이뿐 아니라, 전통적인 분석가들은 새로운 생물학 및 신경과학의 연구결과가 프로이트의 독창적인 메타심리학적 가정들에, 더 광범위하게는 프로이트에 대한 전반적인 이상화를 약화시킬 수 있는 가능성에 좌절을 느낄 수도 있다. 정통 프로이트 학파는 때때로 욕동 이론 덕분에 정신분석 내부에 생물학적 요소가 존속한다는 그럴듯한 주장을 편다. 이들에게는 생물학이 정신분석에서 주장될 수 있는 유일한 방법은 본능 이론을 긍정하는 것뿐인 듯하다.

샌더는 이런 식으로 정신분석과 과학을 종합함으로써 어느 것도 단순하게 환원하지 않고 21세기 과학을 향해 문을 열었다. 역동체계 이론들은 명백히 반―환원주의적anti-reductionistic이다. 샌더는 프로이트가 언급한 일부 물리학 용어를 인용할 때도, 새로운 과학 이론과 최근 이루어지는 정신분석 이론화의 관점에서 함축된 의미를 재작업한다. 일례로 그는 유기체의 에너지가 정신적 삶에 활기를 불어넣는 방식에 대한 프로이트의 개념을 수정한다. 샌더는 압출 같은pulsionlike 생물학적 힘이라는 이제는 구태의연한 이미지를 생화학적으로 알려진 에너지 모델로 대체하는데, 이 에너지 모델은 세포 단계에서 시작해 궁극에는 인격과 대인관계 체계에 이르는 생물물리학적 체계라는 위계 속에서 조직화된 분자를 통하여 생물 체계 내에 구축된 것이다. 여기서 사회적 요인과 생물학적 요인은 '최초 원인'으로 기능하는 생물학 차원의 '기본 원리'가 있다고 가정하는 대신, 서로를 구성해 주는, 따라서 분리할 수 없는 것으로 이해된다. 에너지라는 용어는 일단 프로이트 학파의 정설에서 해방되면 경험과 유사한 형태로 자유롭게 활용된다('오늘은 기운이 없어요.' '감기 기운이 있어요.' 혹은 '뉴욕은 기운이 넘치는 도시예요.' 같은 표현처럼 우리는 개인의 에너지에 대해 이야기할 때도, 우리의 생물심리사회적 기능과 그것을 구어체로 연결할 때도 그 의미를 알고 있다). 더욱이 샌더의 지향성에는 개인의 에너지를 사회적 요인과 문화적 요인에 국한하는 요소가 전혀 없다. 샌더의 연구가 지니는 포괄적 경향은 그 방법론 및 주제와 궤를 같이 하는데, 여기서 주제란 자기—발달과 주변 세계에 대한 충분히 가능한 인식의 통합이다.

샌더와 정신분석적 지향점

방법론인 동시에 마음의 원리인 통합에 대한 샌더의 전반적인 관심은, 에릭 에릭슨(1950/1963)과 하트만, 크리스와 로웬슈타인(Hartmann, 1956) 같은, 그가 정신분석가로 일하기 시작한 당시 이름을 떨친 탁월한 자아 심리학 이론가들의 영향을 반영한다. 즉, 샌더(1994, 사적 대화)가 적응과 상호 조절, 그리고 일상적인 현실이라는 틀 안에 있는 생물학적, 개인적, 사회적 요인의 통합을 중요시한 것은 에릭슨(1950/1963, 1959)의 유아에 대한 연구 방법을 적용하고 개선하는 것이다(또한 Sander, 1995 참조). 오늘날 활동하는 자아 심리학자 다수는 그동안 이론과 임상 실제의 불일치를 강조했지만, 샌더는 계속 이 둘의 틈을 좁히는 데 전념했다. 지금까지 샌더가 무엇보다 우선시한 것은 이러한 통합 논의가 계속 진행되는 동시에 유지되도록 하는 것이다.

다른 점에서도 그렇지만, 이 점에서 특히 샌더는 현대 미국의 상호주관주의적 관계론자와 공통점이 많다. 그리고 관계를 중시하는 그의 태도는 내생적이고 유아론적 동기가 우선한다는 견해를 폐기하는 최근의 흐름과 정확하게 일치한다. 샌더는 본래 체계에 관심이 많았는데, 인식과 심리기관, '만남의 순간' 같은 그 특유의 개념 중 다수는 **관계론자**의 개념과 매우 유사하다. 샌더는 이처럼 다른 유아 관찰자들과 견해를 같이하는데, 이 유아 관찰자들의 연구는 관계적 혁신 전반의 선봉에 선 동시에, 그 혁신 전반을 뒷받침했다.

따라서 우리는 샌더의 연구가 역동체계 이론에 근거를 둔 동시에 현재 자연과학 분야에서 진행되는 발전과 연관되어 있는 '관계적 메타심리학'의 가능성을 탐구한다고 이해할 수도 있다. 즉, 샌더는 드러나지 않게 '관계적'이라는 말이 함축하는 바를 확장하여 사람들과 그들의 내적 표상 사이의 관계뿐 아니라, 삶 자체를 조직화하는 사회문화적 요소에서부터 미시적인 화학적, 물리학적 요소에 이르는 다양한 관계까지 포함시켰다. 그리고 이 같은 다양한 수준의 관계들 자체가 상호 관련되어 있는데, 이 패턴은 종의 차원은 물론 개별 인간 차원에서도, 인간이 된다는 것이 무엇인지 느끼고 깨닫는 데 꼭 필요한 것이라는 견해를 제시한다(19장에 인용된 Ghent, 1992 참조).

샌더는 자신이 서로 다른 학문의 지식을 통합하는 목적은 인생 자체의 필수 과제의 하나인 '함께 모으기'와 유사하다고 밝혔다. 결국, 샌더의 연구 과제는,

인간이 자신의 환경에 대한 인식 안에서 자신의 자기-인식을 경험하는 다양한 방식을 탐구하는 것이었다. 이 탐구는 끊임없이 발달하는 뇌와 그 뇌가 경험에 근거하여 세계와 관계를 맺는 것이 조직화 과정에서 결합할 방법을 제시한다. 조직화 과정은 인식 경험이 확장될 때 새로운 차원의 전체성이 등장하도록 하여, 결국 주변 세계에서 무엇이 일어나고 있는지 인식하면서, 스스로 조직하는 자기에 대해 점점 더 포괄적인 일관성을 띠게 한다. 그리고 치료 과정의 목표는 이러한 조직화 과정을 촉진하는 것이다.

(2002, p. 39)

정신분석가에게 중요한 것은 세포 수준에서 일어나는 현상만큼이나 본질적으로 '생물학적인' 현상이며, 치료 과정은 생명 작용의 한 형태이다. 생물학은 필연이 아니며, 우리가 누구인지 배우는 또 다른 방법일 뿐이다.

참고문헌

Ainsworth, M. (1978). *Patterns of attachment: A psychological study of the strange situation*. Mahwah, NJ: Lawrence Erlbaum Associates.

Althusser, L. (1971). *Essays on ideology*. London: Verso.

Alvarez, A. (1992). *Live company: Psychoanalytic psychotherapy with autistic, borderline, deprived and abused children*. New York: Routledge.

Alvarez, A. (2012). *The thinking heart: Three levels of psychoanalytic therapy with disturbed children*. New York: Routledge.

Ammaniti, M. and Trentini, C. (2009). How new knowledge about parenting reveals the neurobiological implications of intersubjectivity: A conceptual synthesis of recent research. *Psychoanalytic Dialogues, 19*, 537-555.

Angell, R. (1975, November 17). Agincourt and after. *The New Yorker*, pp. 146-168.

Arlow, J. A. (1986). Psychoanalysis and time. *Journal of the American Psychoanalytic Association, 34*, 507-528.

Aron, L. (1990). One-person and two-person psychologies and the method of psychoanalysis. *Psychoanalytic Psychology, 7*, 475-485.

Aron, L. (1996). *A meeting of minds: Mutuality in psychoanalysis*. Hillsdale, NJ: Analytic Press.

Aron, L. and Anderson, F. S. (1998). *Relational perspectives on the body*. Hillsdale, NJ: Analytic Press.

Aron, L. and Harris, A. (Eds.) (1993). *The legacy of Sandor Ferenczi*. Hillsdale, NJ: Analytic Press.

Aron, L. and Starr, K. (2013). *A psychotherapy for the people: Toward a progressive psychoanalysis*. New York: Routledge.

Atwood, G. E. and Stolorow, R. D. (1984). *Structures of subjectivity: Explorations in psychoanalytic phenomenology*. Hillsdale, NJ: Analytic Press.

Bacal, H. A. (1985). Optimal responsiveness and the therapeutic process. In A. Goldberg (Ed.), *Progress in self psychology* (Vol. 1, pp. 202-227). Hillsdale, NJ: Analytic Press.

Bacal, H. A. and Herzog, B. (2003). Specificity theory and optimal responsiveness: An outline.

Psychoanalytic Psychology, 20, 635-648.

Bachelard, G. (1984). *The poetics of space*. Boston, MA: Beacon Press (original work published 1969).

Bak, P. (1996). *How nature works: The science of self-organized criticality*. New York: Copernicus Books.

Balint, M. (1968). *The basic fault: Therapeutic aspects of regression*. Evanston, IL: Northwestern University Press.

Baranger, M. and Baranger, W. (2008). The analytic situation as a dynamic field. *International Journal of Psychoanalysis, 89*, 795-826.

Bass, A. (2014). Three pleas for a measure of uncertainty, reverie, and private contemplation in the chaotic, interactive, nonlinear dynamic field of interpersonal/intersubjective relational psychoanalysis. *Psychoanalytic Dialogues, 24*, 663-675.

Bass, A. (2015). The dialogue of unconsciouses, mutual analysis and the uses of the self in contemporary relational psychoanalysis. *Psychoanalytic Dialogues, 25*, 2-17.

Bateman, A. and Fonagy, P. (2009). Randomized controlled trial of outpatient mentalization-based treatment versus structured clinical management for borderline personality disorder. *American Journal of Psychiatry, 166*, 1355-1364.

Beebe, B. (2004). Symposium on intersubjectivity in infant research and its implications for adult treatment, IV. Faces-in-relation: A case study. *Psychoanalytic Dialogues, 14*, 1-51.

Beebe, B., Cohen, P., Lachmann, F. and Yothers, D. (2017). *The mother-infant interaction picture book: Origins of attachment*. New York: Norton.

Beebe, B., Jaffe, J., Markese, S., Buck, K., Chen, H., Cohen, P., Bahrick, L., Andrews, H., and Feldstein, S. (2010). The origins of 12-month attachment: A microanalysis of 4-month mother-infant attachment. *Attachment and Human Development, 12*, 3-141.

Beebe, B., Knoblauch, S., Rustin, J., and Sorter, D. (2005). *Forms of intersubjectivity in infant research and adult treatment*. New York: Other Press.

Beebe, B. and Lachmann, F. M. (1988). The contribution of mother-infant mutual influence to the origins of self- and object-representations. *Psychoanalytic Psychology, 5*, 305-337.

Beebe, B. and Lachmann, F. M. (2002). *Infant research and adult treatment*. Hillsdale, NJ: Analytic Press.

Beebe, B., Lachmann, F. M., Markese, S., and Bahrick, L. (2012). On the origins of disorganized attachment and internal working models: Paper I. A dyadic systems approach. *Psychoanalytic Dialogues, 22*, 253-272.

Beebe, B., Lachmann, F. M., Markese, S., Buck, K. A., Bahrick, L. E., Chen, H., and Jaffe, J. (2012). On the origins of disorganized attachment and internal working models: Paper II. An empirical microanalysis of 4-month mother-infant interaction. *Psychoanalytic Dialogues, 22*, 352-374.

Benjamin, J. (1988). *The bonds of love: Psychoanalysis, feminism and the problem of domination*. New York: Pantheon.

Benjamin, J. (1995). *Like subjects, love objects: Essays on recognition and sexual difference*. New

Haven, CT: Yale University Press.

Benjamin, J. (2002). The rhythm of recognition: Comments on the work of Louis Sander. *Psychoanalytic Dialogues, 12*, 43-53.

Benjamin, J. (2004). Beyond doer and done to: An intersubjective view of thirdness. *Psychoanalytic Quarterly, 73*, 5-46.

Benjamin, J. (2005). From many into one: Attention, energy, and the containing of multitudes. *Psychoanalytic Dialogues, 15*, 185-202.

Benjamin, W. (1968). *Illuminations: Essays and reflections*. New York: Schocken Books.

Berman, E. (2004). *Impossible training: A relational view of psychoanalytic education*. Hillsdale, NJ: Analytic Press.

Bernheimer, C. and Kahane, C. (Eds.) (1990). *In Dora's case: Freud-hysteria-feminism*. New York: Columbia University Press.

Bick, E. (1968). Notes on infant observation in psycho-analytic training. *International Journal of Psychoanalysis, 49*, 558-566.

Bion, W. R. (1962). The psycho-analytic study of thinking. *International Journal of Psychoanalysis, 43*, 306-310.

Bion, W. R. (1965). *Transformations*. London: Maresfield.

Bion, W. R. (1967). Notes on memory and desire. *The Psychoanalytic Forum, 2*, 3.

Bion, W. R. (1970). *Attention and interpretation: A scientific approach to insight in psycho-analysis and groups*. London: Tavistock.

Black, M. J. (2003). Enactment: Analytic musings on energy, language, and personal growth. *Psychoanalytic Dialogues, 13*, 633-655.

Blanck, R. and Blanck, G. (1994). *Ego psychology: Theory and practice*. New York: Columbia University Press.

Bleger, J. (1967). Psycho-analysis of the psycho-analytic frame. *International Journal of Psychoanalysis, 48*, 511- 519.

Bloom, H. (1997). *The anxiety of influence: A theory of poetry* (2nd ed.). New York: Oxford University Press.

Bollas, C. (1987). *The shadow of the object: Psychoanalysis of the unthought known*. London: Free Association Press.

Boston Change Process Study Group. (2010). *Changein psychotherapy: A unifying paradigm*. New York: Norton.

Bowlby, J. (1969). *Attachment and loss, vol. 1: Attachment*. New York: Basic Books.

Bowlby, J. (1973). *Attachment and loss, vol. 2: Separation, anxiety and anger*. New York: Basic Books.

Bowlby, J. (1980). *Attachment and loss, vol. 3: Loss*. New York: Basic Books.

Bowlby, J. (1988). *A secure base: Parent-child attachment and healthy human development*. New York: Basic Books.

Brandt, K., Perry, B. D., Seligman, S., and Tronick, E. (Eds.) (2014). *Infant and early childhood mental health: Core concepts and clinical practice*. Washington, DC: American Psychiatric Publishing.

Brazelton, T. B. and Cramer, B. G. (1990). *The earliest relationship: Parents, infants and the drama of early attachment*. Reading, MA: Addison-Wesley.

Brazelton, T. B., Koslowski, B., and Main, M. (1974). The origins of reciprocity: The early mother-infant interaction. In M. Lewis and L. A. Rosenblum (Eds.), *The effect of the infant on its caregiver* (pp. 49-76). New York: John Wiley & Sons.

Breuer, J. and Freud, S. (1895). Studies on hysteria. In J. Strachey (Ed. and Trans.), *The standard edition of the complete psychological works of Sigmund Freud* (Vol. 2, pp. 1-309). London: Hogarth Press.

Britton, R. (1992). Keeping things in mind. In R. Anderson (Ed.), *Clinical lectures on Klein and Bion* (pp. 102-113). London: Routledge.

Britton, R. (1999). *Belief and imagination: Explorations in psychoanalysis*. London: Routledge.

Bromberg, P. M. (1998). *Standing in the spaces: Essays on clinical process, trauma, and dissociation*. Hillsdale, NJ: Analytic Press.

Bromberg, P. M. (2011). *The shadow of the tsunami and the growth of the relational mind*. New York: Routledge.

Caper, R. (1997). A mind of one's own. *International Journal of Psychoanalysis, 78*, 265-278.

Carlton, L. and Shane, E. (2014). Gerald Edelman's project: How Gerald Edelman's theory of consciousness completes Darwin's theory of evolution and provides a basis for a brain-based psychoanalytic perspective. *Psychoanalytic Inquiry, 34*, 847-863.

Caruth, C. (Ed.) (1995). *Trauma: Explorations in memory*. Baltimore, MD: Johns Hopkins University Press.

Charles, M. (2002). *Patterns: Essential building blocks of experience*. Hillsdale, NJ: Analytic Press.

Chodorow, N. (1978). *The reproduction of mothering: Psychoanalysis and the sociology of gender*. Berkeley, CA: University of California Press.

Chodorow, N. (1999). *The power of feelings: Personal meaning in psychoanalysis, gender, and culture*. New Haven, CT: Yale University Press.

Civitarese, G. (2005). Fire at the theatre: (Un)reality of/in the transference and interpretation. *International Journal of Psychoanalysis, 86*, 1299-1316.

Civitarese, G. and Ferro, A. (2012). The secret of faces: Commentary on paper by Rachael Peltz. *Psychoanalytic Dialogues, 22*, 296-304.

Clarkin, J. F., Yeomans, F. E., and Kernberg, O. F. (2006). *Psychotherapy for borderline conditions: Focusing on object relations*. Washington, DC: American Psychiatric Association.

Clyman, R. B. (1991). The procedural organization of emotions: A contribution from cognitive science to the theory of therapeutic action. *Journal of the American Psychoanalytic Association, 39*, 349-382.

Coburn, W. J. (2002). A world of systems: The role of systemic patterns of experience in the therapeutic process. *Psychoanalytic Inquiry, 22*, 655-677.

Coburn, W. J. (2013). *Psychoanalytic complexity: Attitudes that matter in psychoanalysis and psychotherapy*. London: Routledge.

Cooper, S. H. (2010). *A disturbance in the field: Essays in transference-countertransference engagement*. New York: Routledge.

Cooper, S. H. (2014). The things we carry: Finding/creating the object and the analyst's self-reflecting participation. *Psychoanalytic Dialogues, 25*, 615-620.

Cooper, S. H., Corbett, K., Seligman, S. (2014). Clinical reflection and ritual as forms of participation and interaction: Reply to Bass and Stern. *Psychoanalytic Dialogues, 24*, 684-690.

Corbett, K. (2009). *Boyhoods: Rethinking masculinities*. New Haven, CT: Yale University Press.

Corbett, K. (2014). The analyst's private space: Spontaneity, ritual, psychotherapeutic action, and self-care. *Psychoanalytic Dialogues, 25*, 637-647.

Cozolino, L. (2010). *The neuroscience of psychotherapy: Healing the social brain* (2nd ed.). New York: W.W. Norton.

Crane, T. (1995). Intentionality. In T. Honderich (Ed.), *The Oxford companion to philosophy* (pp. 412-413). Oxford: Oxford University Press.

Crastnopol, M. (2015). *Micro-trauma: A psychoanalytic understanding of cumulative psychic injury*. New York: Routledge.

Damasio, A. (1999). *The feeling of what happens: Body and emotion in the consciousness*. New York: Harcourt Brace and Company.

Darwin, C., Ekman, P., and Prodger P. (1872/1998). *The expression of the emotions in man and animals* (3rd ed.). London: Harper Collins.

Davies, J. M. (2004). Whose bad objects are we anyway? Repetition and our elusive love affair with evil. *Psychoanalytic Dialogues, 14*, 711-732.

Davies, J. M., and Frawley, M. G. (1994). *Treating the adult survivor of childhood sexual abuse: A psychoanalytic perspective*. New York: Basic Books.

Davis, L. (2016). Eleven pleasures of translating. *New York Review of Books*, December 8. Downloaded from www.nybooks.com/articles/2016/12/08/eleven-pleasures-of-translating/

Demos, E. V. (1988). Affect and the development of the self: A new frontier. In A. Goldberg (Ed.), *Frontiers in self psychology: Progress in self psychology* (Vol. 3, pp. 27-54). Hillsdale, NJ: Analytic Press.

Dent, V. (2009). The bright forms shining in the dark: Juliet Mitchell's theory of sibling dynamics as illuminated in A. S. Byatt's 'The Chinese Lobster.' *Psychoanalytic Dialogues, 19*, 155-168.

DiCorcia, J. A., and Tronick, E. (2011). Quotidian resilience: Exploring mechanisms that drive resilience from a perspective of everyday stress and coping. *Neuroscience & Biobehavioral Reviews, 35*(7), 1593-1602.

Dimen, M. and Goldner, V. (1999). *Gender in psychoanalytic space: Between clinic and culture*. New York: Other Press.

Dollard, J. and Miller, N. E. (1950). *Personality and psychotherapy: An analysis in terms of learning, thinking, and culture*. New York: McGraw Hill.

Dupont, J. (Ed.) (1995). *The clinical diary of Sandor Ferenczi* (M. Balint and N. Z. Jackson, Trans.). Cambridge MA: Harvard University Press.

Edelman, G. and Tononi, G. (2000). Reentry and the dynamic core: Neural correlates of conscious experience. In T. Metzinger (Ed.), *Neural correlates of consciousness: Empirical and conceptual questions* (pp. 139-151). Cambridge, MA: MIT Press.

Edgcumbe, R. and Burgner, M. (1972). Some problems in the conceptualization of early object relationships-Part I: The concepts of need satisfaction and need-satisfying relationships. *Psychoanalytic Study of the Child, 27*, 283-314.

Ehrenberg, D. B. (1992). *The intimate edge: Extending the reach of psychoanalytic interaction*. New York: W. W. Norton.

Ekman, P. and Friesen, W. V. (1969). The repertoire of nonverbal behavior: Categories, origins, usage, and coding. *Semiotica, 1*, 49-98.

Elise, D. (1997). Primary femininity, bisexuality and the female ego ideal: A re-examination of female developmental theory. *Psychoanalytic Quarterly, 66*, 489-517.

Ellis, B. J., Boyce, W. T., Belsky, J., Bakermans-Kranenburg, M. J. and Van Ijzendoorn, M. H. (2011). Differential susceptibility to the environment: An evolutionary-neurodevelopmental theory. *Development and Psychopathology, 23*, 7-28.

Emde, R. N. (1983). The prerepresentational self and its affective core. *Psychoanalytic Study of the Child, 38*, 165-192.

Emde, R. N. (1988a). Development terminable and interminable: I. Innate and motivational factors from infancy. *International Journal of Psychoanalysis, 69*, 23-42.

Emde, R. N. (1988b). Development terminable and interminable: II. Recent psychoanalytic theory and therapeutic considerations. *International Journal of Psychoanalysis, 69*, 283-296.

Emde, R. N., Biringen, Z., Clyman, R. B., and Oppenheim, D. (1991). The moral self of infancy: Affective core and procedural knowledge. *Developmental Review, 11*, 251-270.

Emde, R. N. and Sorce, J. E. (1983). The rewards of infancy: Emotional availability and maternal referencing. In J. D. Call, E. Galenson, and R. Tyson (Eds.), *Frontiers of infant psychiatry* (Vol. 1, pp. 17-30). New York: Basic Books.

Erikson, E. H. (1950/1963). *Childhood and society*. New York: Norton.

Erikson, E. H. (1958). *Young man Luther*. New York: Norton.

Erikson, E. H. (1959). *Identity and the life cycle*. New York: International Universities Press.

Erikson, E. H. (1964). *Insight and responsibility: Lectures on the ethical implications of psychoanalytic insight*. New York: Norton.

Erikson, E. H. (1968). *Identity: Youth and crisis*. New York: Norton.

Erikson, E. H. (1969). *Gandhi's truth*. New York: Norton.

Faimberg, H. (1988). The telescoping of generations: Genealogy of certain identifications. *Contemporary Psychoanalysis, 24*, 99-117.

Fairbairn, W. R. D. (1952). *An object relations theory of personality*. New York: Basic Books.

Fairbairn, W. R. D. (1958). On the nature and aims of psychoanalytical treatment. *International Journal of Psychoanalysis, 39*, 374-385.

Fast, I. (1985). *Event theory: A Piaget-Freud integration*. Hillsdale, NJ: Lawrence Erlbaum Associates.

Ferenczi, S. (1949a). Notes and fragments (1930-32). *International Journal of Psychoanalysis, 30*, 231-242.

Ferenczi, S. (1949b). Confusion of tongues between the adults and the child (The language of tenderness and of passion). *International Journal of Psychoanalysis, 30*, 225-230.

Ferro, A. (2002). *In the analyst's consulting room*. London: Routledge.

Feynman, R. P. (1963). *Six easy pieces*. Cambridge, MA: Perseus Books.

Fonagy, P. (2000). Attachment and borderline personality disorder. *Journal of the American Psychoanalytic Association, 48*, 1129-1146.

Fonagy, P. (2001). *Attachment theory and psychoanalysis*. New York: The Other Press.

Fonagy, P. and Bateman, A. (2008). Mentalization-based treatment of borderline personality disorder. In E. L. Jurist, A. Slade, and S. Bergner (Eds.), *Mind to mind: Infant research, neuroscience and psychoanalysis* (pp. 139-165). New York: The Other Press.

Fonagy, P., Gergely, G., Jurist, E., and Target, M. (2002). *Affect regulation, mentalization and the development of the self*. New York: The Other Press.

Fonagy, P., Gergely, G., and Target, M. (2008). Psychoanalytic constructs and attachment theory and research. In J. Cassidy & P. R. Shaver (Eds.), *Handbook of attachment: Theory, research, and clinical applications* (2nd ed., pp. 783-810). New York: Guilford Press.

Fonagy, P., Steele, M., Steele, H., Leigh, T., Kennedy, R., Mattoon, G., and Target, M. (1995). Attachment, the reflective self, and borderline states: The predictive specificity of the Adult Attachment Interview and pathological emotional development. In S. Goldberg, R. Muir, and J. Kerr (Eds.), *Attachment theory: Social, developmental and clinical perspectives* (pp. 233-277). Hillsdale, NJ: Analytic Press.

Fonagy, P. and Target, M. (1996). Playing with reality: I. Theory of mind and the normal development of psychic reality. *International Journal of Psychoanalysis, 77*, 217-234.

Fosha, D. (2000). *The transforming power of affect: A model of accelerated change*. New York: Basic Books.

Foucault, M. (1978). *The history of sexuality, vol. 1: An introduction*. New York: Vintage.

Fraiberg, S. (Ed.) (1980). *Clinical studies in infant mental health: The first year of life*. New York: Basic Books.

Fraiberg, S. (1982). Pathological defenses in infancy. *Psychoanalytic Quarterly, 51*, 612-635.

Fraiberg, S., Adelson, E., and Shapiro, V. (1975). Ghosts in the nursery: A psychoanalytic approach to the problem of impaired infant-mother relationships. *Journal of the American Academy of Child Psychiatry, 14*, 387-422.

Freud, A. (1936). *The ego and the mechanisms of defense*. New York: International Universities Press.

Freud, A. (1963). The concept of developmental lines. *Psychoanalytic Study of the Child, 18*, 245-265.

Freud, A. (1965). *Normality and pathology in childhood: Assessments of development*. Philadelphia, PA: University of Pennsylvania Press.

Freud, A. and Burlingham, D. T. (1943). *War and children*. New York: Medical War Books.

Freud, S. (1895). Project for a scientific psychology. In J. Strachey (Ed. and Trans.), *The standard edition of the complete psychological works of Sigmund Freud* (Vol. 1, pp. 283-294). London: Hogarth Press.

Freud, S. (1905a). Fragment of an analysis of a case of hysteria. In J. Strachey (Ed. and Trans.), *The standard edition of the complete psychological works of Sigmund Freud* (Vol. 7, pp. 1-222). London: Hogarth Press.

Freud, S. (1905b). Three essays on the theory of sexuality. In J. Strachey (Ed. and Trans.), *The standard edition of the complete psychological works of Sigmund Freud* (Vol. 7, pp. 225-245). London: Hogarth Press.

Freud, S. (1909). Analysis of a phobia in a five-year-old boy. In J. Strachey (Ed. and Trans.), *The standard edition of the complete psychological works of Sigmund Freud* (Vol. 10, pp. 1-149). London: Hogarth Press.

Freud, S. (1911). Formulations regarding the two principles of mental functioning. In J. Strachey (Ed. and Trans.), *The standard edition of the complete psychological works of Sigmund Freud* (Vol. 12, pp. 213-226). London: Hogarth Press.

Freud, S. (1912). Recommendations to physicians practicing psycho-analysis. In J. Strachey (Ed. and Trans.), *The standard edition of the complete psychological works of Sigmund* (Vol. 12, pp. 111-112). London: Hogarth Press.

Freud, S. (1913). Totem and taboo: Some points of agreement between the mental lives of savages and neurotics. In J. Strachey (Ed. and Trans.), *The standard edition of the complete psychological works of Sigmund Freud* (Vol. 8, pp. 1-162). London: Hogarth Press.

Freud, S. (1914a). On narcissism: An introduction. In J. Strachey (Ed. and Trans.), *The standard edition of the complete psychological works of Sigmund Freud* (Vol. 14, pp. 73-102). London: Hogarth Press.

Freud, S. (1914b). Remembering, repeating and working through. In J. Strachey (Ed. and Trans.), *The standard edition of the complete psychological works of Sigmund Freud* (Vol. 12, pp. 145-156). London: Hogarth Press.

Freud, S. (1917a). Mourning and melancholia. In J. Strachey (Ed. and Trans.), *The standard edition of the complete psychological works of Sigmund Freud* (Vol. 14, pp. 243-258). London: Hogarth Press.

Freud, S. (1917b). Fixation to traumas: The unconscious. In J. Strachey (Ed. and Trans.), *The standard edition of the complete psychological works of Sigmund Freud* (Vol. 16, pp. 272-285). London: Hogarth Press.

Freud, S. (1917c). Some thoughts on development and regression-Aetiology. In J. Strachey (Ed. and

Trans.), *The standard edition of the complete psychological works of Sigmund Freud* (Vol. 16, pp. 339-357). London: Hogarth Press.

Freud, S. (1917d). The paths to the formation of symptoms. In J. Strachey (Ed. and Trans.), *The standard edition of the complete psychological works of Sigmund Freud* (Vol. 16, pp. 358-376). London: Hogarth Press.

Freud, S. (1920). Beyond the pleasure principle. In J. Strachey (Ed. and Trans.), *The standard edition of the complete psychological works of Sigmund Freud* (Vol. 18, pp. 1-63). London: Hogarth Press.

Freud, S. (1923). The ego and the id. In J. Strachey (Ed. and Trans.), *The standard edition of the complete psychological works of Sigmund Freud* (Vol. 20, pp. 75-176). London: Hogarth Press.

Freud, S. (1926). Inhibitions, symptoms and anxiety. In J. Strachey (Ed. and Trans.), *The standard edition of the complete psychological works of Sigmund Freud* (Vol. 19, pp. 1-66). London: Hogarth Press.

Freud, S. (1927). The future of an illusion. In J. Strachey (Ed. and Trans.), *The standard edition of the complete psychological works of Sigmund Freud* (Vol. 21, pp.1-56). London: Hogarth Press.

Freud, S. (1930). Civilization and its discontents. In J. Strachey (Ed. and Trans.), *The standard edition of the complete psychological works of Sigmund Freud* (Vol. 21, pp. 57-146). London: Hogarth Press.

Freud, S. (1933a). Sandor Ferenczi. *International Journal of Psychoanalysis, 14,* 297-299.

Freud, S. (1933b). Why war? In J. Strachey (Ed. and Trans.), *The standard edition of the complete psychological works of Sigmund Freud* (Vol. 22, pp. 195-216). London: Hogarth Press.

Freud, S. (1938). Splitting of the ego in the process of defence. In J. Strachey (Ed. and Trans.), *The standard edition of the complete psychological works of Sigmund Freud* (Vol. 23, pp. 271-278). London: Hogarth Press.

Fromm, E. (1941/1999). *Escape from freedom.* New York: Henry Holt.

Gabbard, G., Miller, L., and Martinez, M. (2008). A neurobiological perspective on mentalizing and internal object relations in traumatized borderline patients. In E. L. Jurist, A. Slade, and S. Bergner (Eds.), *Mind to mind: Infant research, neuroscience, and psychoanalysis* (pp. 202-224). New York: Other Press.

Galassi, J. (2012). The great Montale in English. *New York Review of Books,* November 8. Downloaded from www.nybooks.com/articles/2012/11/08/great-montale-english/

Galatzer-Levy, R. M. (2002). Emergence. *Psychoanalytic Inquiry, 22,* 798-727.

Gallese, V. (2009). Mirror neurons, embodied simulation, and the neural basis of social identification. *Psychoanalytic Dialogues, 19,* 519-536.

Gay, P. (1988). *Freud: A life for our time.* New York: W. W. Norton and Company.

Geertz, C. (1973). *The interpretation of cultures.* New York: Basic Books.

Geissman, C. and Geissman, P. (1998). *A history of child psychoanalysis.* London: Routledge.

Ghent, E. (1992). Foreword. In N. J. Skolnick and S. C. Warshaw (Eds.), *Relational perspectives in psychoanalysis* (pp. xiii–xviii). Hillsdale, NJ: Analytic Press.

Ghent, E. (2002). Wish, need, drive: Motive in the light of dynamic systems theory and Edelman's selectionist theory. *Psychoanalytic Dialogues, 12*, 763–808.

Giamatti, A. B. (1977). The green fields of the mind. In K. S. Robson (Ed.), *A great and glorious game: Baseball writings of A. Bartlett Giamatti* (pp. 7–14). Chapel Hill, NC: Algonquin Books of Chapel Hill.

Gilmore, K. J. and Meersand, P. (2014). *Normal child and adolescent development: A psychodynamic primer*. Washington, DC: American Psychiatric Publishing.

Gladwell, M. (2000). *The tipping point: How little things can make a big difference*. Boston, MA: Little, Brown.

Gleick, J. (1987). *Chaos: Making a new science*. New York: Penguin.

Goldner, V. (2014). Romantic bonds, binds, and ruptures: Couples on the brink. *Psychoanalytic Dialogues, 24*, 402–418.

Green, A. (1973/1999). *The fabric of affect in psychoanalytic discourse* (A. Sheridan, Trans.). London: Routledge.

Green, A. (2000). Science and science fiction in infant research. In J. Sandler, A. M. Sandler, and R. Davies (Eds.), *Clinical and observational psychoanalytic research: Roots of a controversy* (pp. 41–72). London: Karnac Books.

Greenberg, J. and Mitchell, S. (1983). *Object relations in psychoanalytic theory*. Cambridge, MA: Harvard University Press.

Greenberg, L. S. and Johnson, S. M. (1988). *Emotionally focused therapy for couples*. New York: Guilford Press.

Greenson, R. R. (1967). *The technique and practice of psychoanalysis, vol. 1*. New York: International Universities Press.

Greenspan, S. I. (1979). *Intelligence and adaptation: An integration of psychoanalytic and Piagetian developmental psychology*. New York: International Universities Press.

Greenspan, S. I. (1981). *Psychopathology and adaptation in infancy and early childhood*. New York: International Universities Press.

Greenspan, S. I. and Pollock, G. H. (Eds.) (1989). *The course of life, vol. 1*. Madison, CT: International Universities Press.

Grigsby, J. and Schneiders, J. L. (1991). Neuroscience, modularity and personality theory: Conceptual foundations of a model of complex human functioning. *Psychiatry, 54*, 21–38.

Grotstein, J. S. (1994). Projective identification reappraised: Part I. *Contemporary Psychoanalysis, 30*, 708–746.

Grotstein, J. S. (1995). Projective identification reappraised: Part II. *Contemporary Psychoanalysis, 31*, 479–511.

Group for the Advancement of Psychiatry (GAP). (1966). *Psychopathological disorders in childhood: Theoretical considerations and a proposed classification*. New York: Group for the Advancement of Psychiatry.

Grunbaum, A. (1984). *Foundations of psychoanalysis: A philosophical critique*. Berkeley, CA: University of California Press.

Guralnik, O. and Simeon, D. (2010). Depersonalization: Standing in the spaces between recognition and interpellation. *Psychoanalytic Dialogues, 20*, 400-416.

Halberstam, J. (2005). Queer temporalities and postmodern geographies. In *In a queer time and place: Transgender bodies, subcultural lives* (pp. 1-20). New York: New York University Press.

Harris, A. E. (1991). Gender as contradiction. *Psychoanalytic Dialogues, 1*, 197-224.

Harris, A. E. (2005). *Gender as soft assembly*. Hillsdale, NJ: Analytic Press.

Harris, A. E. (2012). Psychoanalysis and political culture. Paper presented at the Annual Meeting of the International Association of Relational Psychoanalysis and Psychotherapy, New York.

Harris, A. E. (2015). 'Language is there to bewilder itself and others': Theoretical and clinical contributions of Sabina Spielrein. *Journal of the American Psychoanalytic Association, 63*, 727-767.

Harrison, A. M. (2003). Change in psychoanalysis: Getting from A to B. *Journal of the American Psychoanalytic Association, 51*, 221-257.

Harrison A. M. (2005). Herd the animals into the barn: A parent consultation model of child evaluation. *Psychoanalytic Study of Child, 60*, 128-157.

Harrison, A. M., and Tronick, E. Z. (2007). Now we have a playground: Emerging new ideas of therapeutic action. *Journal of the American Psychoanalytic Association, 55*, 853-874.

Hartman, S. (2011). Darren and Stephen: Erotic interludes in political transference. In M. Dimen (Ed.), *With culture in mind: Psychoanalytic stories* (pp. 19-23). New York: Routledge.

Hartmann, H. (1956). *Essays on ego psychology*. New York: International Universities Press.

Hartmann, H. (1958). *Ego psychology and the problem of adaptation*. New York: International Universities Press.

Heckman, J. (2008). Schools, skills, and synapses. Retrieved from http://ftp.iza.org/dp3515.pdf.

Hegel, G. W. F. (1977). *Phenomenology of spirit*. Oxford: Oxford University Press.

Heidegger, M. (1962). *Being and time*. Oxford: Blackwell.

Heimann, P. (1950). On counter-transference. *International Journal of Psychoanalysis, 31*, 81-84.

Heller, M., and Haynal, V. (1997). The doctor's face: A mirror of his patient's suicidal projects. In J. Guimon (Ed.), *The body in psychotherapy* (pp. 46-51). Basel: Karger.

Herman, J. L. (1992). *Trauma and recovery*. New York: Basic Books.

Hesse, E. and Main, M. (2000). Disorganized infant, child, and adult attachment: Collapse in behavioral and attentional strategies. *Journal of the American Psychoanalytic Association, 48*, 1097-1128.

Hofer, M. A. (2014). The emerging synthesis of development and evolution: A new biology for psychoanalysis. *Neuropsychoanalysis: An Interdisciplinary Journal for Psychoanalysis and the Neurosciences, 16*(1), 3-22.

Hoffman, I. Z. (1998). *Ritual and spontaneity in the psychoanalytic process: A dialectical-constructivist view.* Hillsdale, NJ: Analytic Press.

Hollander, E. and Berlin, H. A. (2008). Neuropsychiatric aspects of aggression and impulse control disorders. In S. C. Yudofsky and R. E. Hales (Eds.), *The American psychiatric association textbook of neuropsychiatry and behavioral neurosciences* (pp. 535-565). Washington, DC: American Psychiatric Association Press.

Horney, K. (1935). The problem of feminine masochism. *Psychoanalytic Review, 22,* 241-257.

Hug-Hellmuth, H. (1921). On the technique of child-analysis. *International Journal of Psychoanalysis, 2,* 287-305.

Iacoboni, M. (2008). *Mirroring people: The new science of how we connect with others.* New York: Farrar, Straus and Giroux.

Ingber, D. E. (1998). The architecture of life: A universal set of building rules seems to guide the design of organic structures–from simple carbon compounds to complex cells and tissues. *Scientific American, 278,* 48-58.

Isaacs, S. (1948). The nature and function of phantasy. *International Journal of Psychoanalysis, 29,* 73-97.

Jacoby, R. (1975). *Social amnesia.* Boston, MA: Beacon Press.

Jaffe, J., Beebe, B., Feldstein, S., Crown, C., and Jasnow, M. (2001). Rhythms of dialogue in early infancy. *Monographs of the Society for Research in Child Development, 66,* 1-132.

Joseph, B. (1985). Transference: The total situation. *International Journal of Psychoanalysis, 66,* 447-454.

Joseph, B. (1988). Transference: The total situation. In E. B. Spillius (Ed.), *Melanie Klein today: Developments in theory and practice: Vol. 2: Mainly clinical* (pp. 52-60). London: Routledge.

Joseph, B. (2000). Agreeableness as an obstacle. *International Journal of Psychoanalysis, 81,* 641-649.

Jurist, E. L. (2005). Mentalized affectivity. *Psychoanalytic Psychology, 22,* 426-444.

Jurist, E. L., Slade, A., and Bergner, S. (Eds.) (2008). *Mind to mind: Infant research, neuroscience and psychoanalysis.* New York: Other Press.

Kelso, J. A. S. (1995). *Dynamic patterns: The self-organization of brain and behavior.* Cambridge, MA: MIT Press.

Kerman, J. (1994). *Write all these down: Essays on music.* Berkeley, CA: University of California Press.

Kernberg, O. F. (1976). *Object relations theory and clinical psychoanalysis.* New York: Jason Aronson.

Klein, M. (1932). *The psycho-analysis of children.* London: Hogarth Press.

Klein, M. (1935). A contribution to the psychogenesis of manic-depressive states. *The International Journal of Psycho-Analysis, 16,* 145-174.

Klein, M. (1940). Mourning and its relation to manic-depressive states. *International Journal of Psychoanalysis, 21,* 125-153.

Klein, M. (1946). Notes on some schizoid mechanisms. In J. Riviere (Ed.), *Developments in psychoanalysis* (pp. 292-320). London: Hogarth Press.

Klein, M. (1952). Some theoretical conclusions regarding the emotional life of the infant. In M. Klein,

P. Heimann, S. Isaacs, and J. Riviere (Eds.), *Developments in psychoanalysis* (pp. 198-236). London: Karnac Books.

Klein, M. (1961). *Narrative of a child analysis: The conduct of the psycho-analysis of children as seen in the treatment of a ten-year-old boy.* London: Hogarth Press and the Institute of Psycho-Analysis.

Klein, M. (1975). *Envy and gratitude and other works, 1946-1963* (M. R. Khan, Ed.). London: Hogarth Press.

Knoblauch, S. (2000). *The musical edge of therapeutic dialogue.* Hillsdale, NJ: Analytic Press.

Knoblauch, S. (2005). Body rhythms and the unconscious: Expanding clinical attention with the polyrhythmic weave. *Psychoanalytic Dialogues, 15,* 807-827.

Kohut, H. (1977). *The restoration of the self.* New York: International Universities Press.

Kojève, A. (1969). *Introduction to the reading of Hegel.* New York: Basic Books.

Kristeva, J. (1989). *Black sun* (L. S. Roudiez, Trans.). New York: Columbia University Press.

Kuhn, T. S. (1970). *The structure of scientific revolutions* (2nd ed.). Chicago, IL: University of Chicago Press.

Kwawer, J. S. (no date). Origins, theory, and practice: 1943-present. Retrieved from www.wawhite. org/index.php?page=our-history.

Lacan, J. (1949). *The mirror stage as formative of the function of the I as revealed in psychoanalytic experience. In Écrits: A selection* (pp. 1-6). New York: Norton.

Lacan, J. (1953). Some reflections on the ego. *International Journal of Psychoanalysis, 34,* 11-17.

LaCapra, D. (2001). *Writing history, writing trauma.* Baltimore, MD: Johns Hopkins University Press.

Lachmann, F.M. (2001). Some contributions of empirical infant research to adult psychoanalysis: What have we learned? How can we apply It?. *Psychoanalytic Dialogues, 11,* 167-185.

Laing, R. D. (1961). *The self and others.* London: Tavistock.

Laing, R. D. (1971). *Knots.* New York: Pantheon.

Laplanche, J. (1999). *Essays on otherness.* London: Routledge.

Levi-Strauss, C. -L. (1949/1971). *The elementary structures of kinship.* Boston, MA: Beacon Press.

Lichtenberg, J. D. (1983). *Psychoanalysis and infant research.* Hillsdale, NJ: Analytic Press.

Lichtenberg, J. D. (1989). *Psychoanalysis and motivation.* Hillsdale, NJ: Analytic Press.

Lidz, T. (1968/1983). *The person: His and her development throughout the life cycle.* New York: Basic Books.

Lieberman, A. F., Ippen, C. G., and Van Horn, P. (2005). *Don't hit my mommy! A manual for child-parent psychotherapy with young children exposed to violence and other trauma* (2nd ed.). Washington, DC: Zero to Three.

Likierman, M. (2002). *Melanie Klein: Her work in context.* London: Continuum International.

Linehan, M. M., Kanter, J. W., and Comtois, K. A. (1999). Dialectical behavior therapy for borderline personality disorder: Efficacy, specificity, and cost effectiveness. In D. S. Janowsky (Ed.), *Psychotherapy indications and outcomes* (pp. 93-118). Washington, DC: American Psychiatric Association.

Loewald, H. W. (1960). On the therapeutic action of psychoanalysis. *International Journal of Psychoanalysis, 41*, 16-33.

Loewald, H. W. (1979). The waning of the Oedipus complex. *Journal of the American Psychoanalytic Association, 27*, 751-775.

Loewald, H. W. (1980). *The experience of time. In Papers on psychoanalysis* (pp. 138-146). New Haven, CT: Yale University Press.

Lyons-Ruth, K. (2006). The interface between attachment and intersubjectivity: Perspective from the longitudinal study of disorganized attachment. *Psychoanalytic Inquiry, 26*, 595-616.

Lyons-Ruth, K. and the Boston Change Process Study Group (1998). Implicit relational knowing: Its role in development and psychoanalytic treatment. *Infant Mental Health Journal, 19*, 282-289.

Mahler, M. S. (1972). On the first three subphases of the separation-individuation process. *International Journal of Psychoanalysis, 53*, 333-338.

Mahler, M. S., Pine, F., and Bergman, A. (1975). *The psychological birth of the human infant*. New York: Basic Books.

Main, M. (1995). Discourse, prediction and studies in attachment: Implications for psychoanalysis. In T. Shapiro and R. N. Emde (Eds.), *Research in psychoanalysis: Process, development, outcome* (pp. 209-245). Madison, CT: International Universities Press.

Main, M. (2000). The organized categories of infant, child, and adult attachment: Flexible vs. inflexible attention under attachment related stress. *Journal of the American Psychoanalytic Association, 48*, 1055-1097.

Main, M., Hesse, E., and Kaplan, N. (2005). Predictability of attachment behaviors and representational process at 1, 6, and 19 years of age. In K. Grossman, K. Grossman, and E. Waters (Eds.), *The Berkeley longitudinal study* (pp. 245-304). New York: Guilford Press.

Main, M., Kaplan, N., and Cassidy, J. (1985). Security in infancy, childhood and adulthood: A move to the level of representation. In I. Bretherton and E. Waters (Eds.), *Growing points of attachment theory and research* (pp. 66-104). Chicago, IL: University of Chicago Press.

Main, M., and Solomon, J. (1990). Procedures for identifying infants as disorganized/disoriented during the Ainsworth Strange Situation. In M. T. Greenberg, D. Cicchetti, and E. M. Cummings (Eds.), *Attachment in the preschool years: Theory, research and investigation* (pp. 121-160). Chicago, IL: University of Chicago Press.

Makari, G. (2008). *Revolution in mind: The creation of psychoanalysis*. New York: Harper Collins.

Marcuse, H. (1955). *Eros and civilization*. New York: Vintage.

Mayes, L., Fonagy, P., and Target, M. (2007). *Developmental science and psychoanalysis: An integration*. London: Karnac Books.

Meltzer, D. (1978). *The Kleinian development*. London: Karnac Books.

Meltzoff, A. N., and Moore, M. K. (1977). Imitation of facial and manual gestures by human neonates. *Science, 198*, 75-78.

Merleau-Ponty, M. (2004). *Basic writings*. In T. Baldwin (Ed.). London: Routledge.

Merleau-Ponty, M. (2012/1945). *Phenomenology of perception* (D. Landes, Trans.). London: Routledge.

Miller, M. L. (2004). Dynamic systems and the therapeutic action of the analyst: II. Clinical application and illustrations. *Psychoanalytic Psychologist, 21*, 54-69.

Mitchell, J. (1975). *Psychoanalysis and feminism*. London: Allen Lane.

Mitchell, J. (2000). *Mad men and medusas: Reclaiming hysteria*. New York: Basic Books.

Mitchell, S. A. (1988). *Relational concepts in psychoanalysis: An integration*. Cambridge, MA: Harvard University Press.

Mitchell, S. A. (1993). *Hope and dread in psychoanalysis*. New York: Basic Books.

Mitchell, S. A. (1997). *Influence and autonomy in psychoanalysis*. Hillsdale, NJ: Analytic Press.

Mitchell, S. A. (2000). *Relationality: From attachment to intersubjectivity*. Hillsdale, NJ: Analytic Press.

Mitchell, S. A. and Black, M. J. (1995). *Freud and beyond: A history of modern psychoanalytic thought*. New York: Basic Books.

Modell, A. H. (1990). *Other times, other realities: Toward a theory of psychoanalytic treatment*. Cambridge, MA: Harvard University Press.

Modell, A. H. (2002). An appreciation of the contribution of Louis Sander. *Psychoanalytic Dialogues, 12*, 55-63.

National Research Council and Institute of Medicine (2000). *From neurons to neighbourhoods: The science of early childhood development*. Washington, DC: National Academy Press.

Ogden, P., Minton, K., and Pain, C. (2006). *Trauma andthe body: A sensorimotor approach to psychotherapy*. New York: W. W. Norton.

Ogden, T. H. (1982). *Projective identification and psychotherapeutic technique*. Northvale, NJ: Jason Aronson.

Ogden, T. H. (1986). *The matrix of the mind*. Northvale, NJ: Jason Aronson.

Ogden, T. H. (1992). The dialectically constituted/decentered subject of psychoanalysis, I: The Freudian subject. *International Journal of Psychoanalysis, 73*, 517-526.

Ogden, T. H. (1994a). *Subjects of analysis*. Northvale, NJ: Jason Aronson.

Ogden, T. H. (1994b). The analytic third: Working with intersubjective clinical facts. *International Journal of Psychoanalysis, 75*, 3-20.

Ogden, T. H. (2007). On talking as dreaming. *International Journal of Psychoanalysis, 88*, 575-589.

Palombo, J., Bendiscen, H.K. and Koch, B.J. (2009). *Guide to psychoanalytic developmental theories*. New York: Springer.

Panksepp, J. and Biven, L. (2012). *The archaeology of mind: Neuroevolutionary origins of human emotions*. New York: W.W. Norton.

Parsons, T. (1964). *Social structure and personality*. New York: Free Press.

Perry, B. D. (2007). *The boy who was raised as a dog: And other stories from a child psychiatrist's notebook*. New York: Basic Books.

Perry, B. D., Pollard, R. A., Blakely, T. L., Baker, W. L., and Vigilante, D. (1995). Childhood trauma, the neurobiology of adaptation, and 'use-dependent' development of the brain: How states become traits. *Infant Mental Health Journal, 16*, 271-291.

Pine, F. (1985). *Developmental theory and clinical process*. New Haven, CT: Yale University Press.

Pizer, B. (2003). When the crunch is a (k)not. *Psychoanalytic Dialogues, 13*, 171-192.

Pizer, S. (1992). The negotiation of paradox in the analytic process. *Psychoanalytic Dialogues, 2*, 215-240.

Plomin, R., Loehlin, J. C., and DeFries, H. C. (1985). Genetic and environmental components of 'environmental influences.' *Developmental Psychology, 21*, 391-402.

Polan, H. J., and Hofer, M. A. (2008). Psychobiological origins of infant attachment and its role in development. In J. Cassidy & P. R. Shaver (Eds.), *Handbook of attachment: Theory, research, and clinical applications* (2nd ed., pp. 158-172). New York: Guilford Press.

Porges, S. W. (2011). *The polyvagal theory: Neurophysiological foundations of emotions, attachment, communication, self-regulation*. New York: W. W. Norton & Company.

Prigogine, I. (1996). *The end of certainty: Time, chaos and the new laws of nature*. New York: Free Press.

Proust, M. (2002). *Swann's way* (L. Davis, Trans.). New York: Penguin.

Rapaport, D. (1959). *A historical survey of psychoanalytic ego psychology*. New York: International Universities Press.

Rayner, E. (1990). *The independent mind in British psychoanalysis*. London: Free Association.

Reich, W. (1927/33). *Character analysis* (3rd ed.). New York: Noonday Press.

Renn, P. (2012). *The silent past and the invisible present: Memory, trauma, and representation in psychotherapy*. New York: Routledge.

Ricoeur, P. (1988). *Time and narrative* (vol. 3). Chicago, IL: University of Chicago Press.

Ringstrom, P. A. (2001). Cultivating the improvisational in psychoanalytic treatment. *Psychoanalytic Dialogues, 11*, 727-754.

Rizzolatti, G., and Craighero, L. (2004). The mirror neuron system. *Annual Review of Neuroscience, 27*, 169-192.

Rizzolati, G., Fadiga, L., Gallese, V., and Fogassi, L. (1996). Premotor cortex and the recognition of motor actions. *Cognitive Brain Research, 3*, 131-141.

Rosenfeld, H. A. (1971a). A clinical approach to the psychoanalytic theory of the life and death instincts: An investigation into the aggressive aspects of narcissism. *International Journal of Psychoanalysis, 52*, 169-178.

Rosenfeld, H. A. (1971b). Contributions to the psychopathology of psychotic patients: The importance of projective identification in the ego structure and object relations of the psychotic patient. In E. B. Spillius (Ed.), *Melanie Klein today* (Vol. 1, pp. 114-135). London: Routledge.

Roth, J. (1924/1987). *Hotel savoy* (J. Hoare, Trans.). New York: Overlook Press.

Roth, J. (1932/2011). *The Radetsky march* (J. Neugroschel, Trans.). New York: Penguin.

Rozmarin, E. (2012). Introduction: The bonds of love at 25. *Studies in Gender and Sexuality, 13*, 237-

239.

Said, E. (1978). *Orientalism*. New York: Pantheon.

Saketopoulou, A. (2014). Mourning the body as bedrock: Developmental considerations in treating transsexual patients analytically. *Journal of the American Psychoanalytic Association, 62*, 773–806.

Salo, F., and Paul, C. (2017). Understanding the sexuality of infants within caregiving relationships in the first year. *Psychoanalytic Dialogues, 27*, 320–337.

Sameroff, A. J. (1983). Developmental systems: Context and evolution. In P. Mussen (Ed.), *Handbook of child psychology* (Vol. 1, pp. 237–294). New York: Wiley.

Sameroff, A. J. and Chandler, M. J. (1975). Reproductive risk and the continuum of caretaking casualty. In F. D. Horowitz (Ed.), *Review of child development research* (Vol. 4, pp. 187–244). Chicago, IL: University of Chicago Press.

Sameroff, A. J. and Emde, R. N. (1989). *Relationship disturbances in early childhood: A developmental approach*. New York: Basic Books.

Sander, L. W. (1975). Infant and caretaking environment: Investigation and conceptualization of adaptive behavior in a system of increasing complexity. In E. J. Anthony (Ed.), *Explorations in child psychiatry* (pp. 129–166). New York: Plenum Press.

Sander, L. W. (1988). The event-structure of regulation in the neonate-caregiver system as a biological background for early organization of psychic structure. In A. Goldberg (Ed.), *Frontiers of self psychology: Progress in self psychology* (Vol. 3, pp. 64–77). Hillsdale, NJ: Analytic Press.

Sander, L. W. (1995). Identity and the experience of specificity in a process of recognition: Commentary on Seligman and Shanok. *Psychoanalytic Dialogues, 5*, 579–593.

Sander, L. W. (2002). Thinking differently: Principles of process in living systems and the specificity of being known. *Psychoanalytic Dialogues, 2*, 11–42.

Sander, L. W. (2008). *Living systems, evolving consciousness, and the emerging person: A selection of papers from the life work of Louis Sander* (G. Amadei and I. Bianchi, Eds.). New York: Analytic Press.

Sandler, J. (1960). The background of safety. *International Journal of Psychoanalysis, 41*, 352–365.

Sandler, J. (1987). The concept of projective identification. In J. Sandler (Ed.), *Projection, identification, projective identification* (pp. 13–26). New York: International Universities Press.

Sandler, J., Dare, C., Dreher, A. U., and Holder, A. (1991). *The patient and the analyst: The basis of the psychoanalytic process*. London: Karnac Books.

Sandler, J., and Rosenblatt, B. (1962). The concept of the representational world. *Psychoanalytic Study of the Child, 17*, 128–145.

Sardar, Z. and Abrams, I. (1998). *Introducing chaos*. New York: Totem Books.

Schachtel, E. G. (1959). *Metamorphosis: On the conflict of human development and the psychology of creativity*. New York: Basic Books.

Schafer, R. (1968). *Aspects of internalization*. New York: International Universities Press.

Schafer, R. (1983). *The analytic attitude*. New York: Basic Books.

Schore, A. N. (1994). *Affect regulation and origin of the self*. Hillsdale, NJ: Lawrence Erlbaum Associates.

Schore, A. N. (2003a). *Affect dysregulation and the disorders of the self*. New York: Norton.

Schore, A. N. (2003b). *Affect regulation and the repair of the self*. New York: Norton.

Schore, A. N. (2012). *The science of the art of psychotherapy*. New York: W.W. Norton.

Schorske, C. (1961/1981). *Fin-de-siecle Vienna: Politics and culture*. New York: Vintage.

Schweder, R. A. (Ed.) (2009). *The child: An encyclopedic companion*. Chicago, IL: University of Chicago Press.

Segal, H. (1957). Notes on symbol formation. *International Journal of Psychoanalysis, 38*, 391-397.

Seligman, S. (1994). Applying psychoanalysis in an unconventional context: Adapting infant-parent psychotherapy to a changing population. *Psychoanalytic Study of the Child, 49*, 481-510.

Seligman, S. (1996). Commentary on 'The irrelevance of infant observation for psychoanalysis,' by Peter Wolff. *Journal of the American Psychoanalytic Association, 44*, 430-446.

Seligman, S. (1997). Historical legacies and contemporary innovation: Introduction to symposium on child analysis, part I. *Psychoanalytic Dialogues, 7*, 707-723.

Seligman, S. (1999a). Integrating Kleinian theory and intersubjective infant research: Observing projective identification. *Psychoanalytic Dialogues, 9*, 129-159.

Seligman, S. (1999b). Attachment, intersubjectivity and self-reflectiveness: Implications of the convergence of emerging attachment theory with psychoanalysis. Paper presented at the annual James Grotstein lecture, Los Angeles, CA.

Seligman, S. (2000). Clinical implications of attachment theory. *Journal of the American Psychoanalytic Association, 48*, 1189-1196.

Seligman, S. (2003). The developmental perspective in relational psychoanalysis. *Contemporary Psychoanalysis, 39*(3), 477-508.

Seligman, S. (2005). Dynamic systems theories as a metaframework for psychoanalysis. *Psychoanalytic Dialogues, 15*, 285-319.

Seligman, S. (2006). The analyst's theoretical persuasion and the construction of a conscientious analysis: Commentary on a paper by Meira Likierman. *Psychoanalytic Dialogues, 16*, 397-405.

Seligman, S. (2010). The sensibility of baseball. *Contemporary Psychoanalysis, 46*, 562-577.

Seligman, S. (2011). Review of Daniel Stern's Forms of vitality: Exploring dynamic experience in psychology, the arts, psychotherapy, and development. *Journal of the American Psychoanalytic Association, 59*, 859-868.

Seligman, S. (2012a). Relational psychoanalysis: New Left origins. Paper presented at the annual meeting of the International Association of Relational Psychoanalysis and Psychotherapy, New York.

Seligman, S. (2012b). The baby out of the bathwater: Microseconds, psychic structure, and psychotherapy. *Psychoanalytic Dialogues, 22*, 499-509.

Seligman, S. (2013). Baseball time. *Raritan: A Quarterly Review, 32*, 54-68.

Seligman, S. (2014a). Paying attention and feeling puzzled: The analytic mindset as an agent of therapeutic change. *Psychoanalytic Dialogues, 25*, 648-662.

Seligman, S. (2014b). Attachment, intersubjectivity, and mentalization within the experience of the child, the parent, and the provider. In K. Brandt, B. D. Perry, S. Seligman, and E. Tronick (Eds.), *Infant and early childhood mental health: Core concepts and clinical practice* (pp. 309-322). Washington, DC: American Psychiatric Publishing.

Seligman, S. (2016). Disorders of temporality and the subjective experience of time: Unresponsive objects and the vacuity of the future. *Psychoanalytic Dialogues, 26*, 1-19.

Seligman, S. (2017). Illusionment and disillusionment in Winnicott, Freud and Aeschylus: For a psychoanalytic panel on the day after the Trump inauguration. Paper presented at the winter meeting of the American Psychoanalytic Association, New York.

Seligman, S., and Bader, M. (1991). The doctorate of mental health program in its social-political context. In R. S. Wallerstein (Ed.), *The doctorate in mental health: An experiment in mental health professional education* (pp. 179-194). Lanham, MD: University Press of America.

Seligman, S. and Harrison, A. M. (2011). Infant research and adult psychotherapy. In G. O. Gabbard, B. E. Litowitz, and P. Williams (Eds.), *American psychiatric association textbook of psychoanalysis* (2nd ed.) (pp. 239-252). Washington, DC: American Psychiatric Publishing.

Seligman, S. and Shanok, R. S. (1995). Subjectivity, complexity, and the social world: Erikson's identity concept and contemporary relational theories. *Psychoanalytic Dialogues, 5*, 537-565.

Seligman, S. and Shanok, R. S. (1996). Erikson, our contemporary: His anticipation of an intersubjective perspective. *Psychoanalysis and Contemporary Thought, 19*, 339-365.

Shane, E., and Coburn, W. J. (Eds.) (2002). *Contemporary dynamic systems theories: Innovative contributions to psychoanalysis.* Hillsdale, NJ: Analytic Press.

Shane, M., Shane, E., and Gales, M. (1997). *Intimate attachments: Toward a new self psychology.* New York: Guilford Press.

Shaw, T. (2013). Nietzsche: The lightning fire. *The New York Review of Books.* Retrieved from www.nybooks.com/articles/2013/10/24/nietzsche-lightning-fire.

Shonkoff, J. P., Boyce, W. T. and McEwen, B. S. (2009). Neuroscience, molecular biology, and the childhood roots of health disparities: Building a new framework for health promotion and disease promotion. *Journal of the American Medical Association, 301*(21), 2252-2259.

Siegel, D. J. (2015). *The developing mind, secondedition: How relationships and the brain interact to shape who we are.* New York: Guilford Press.

Slade, A. (2000). The development and organization of attachment: Implications for psychoanalysis. *Journal of the American Psychoanalytic Association, 48*, 1147-1174.

Slade, A. (2008). Attachment theory and research: Implications for the theory and practice of individual psychotherapy with adults. In J. Cassidy and P. R. Shaver (Eds.), *Handbook of attachment: Theory, research and clinical applications* (2nd ed.) (pp. 762-782). New York: Guilford Press.

Slade, A. (2014). Imagining fear: Attachment, threat, and psychic experience. *Psychoanalytic Dialogues,*

24, 253-266.

Slavin, J. (2016). 'I have been trying to get them to respond to me': Sexuality and agency in psychoanalysis. *Contemporary Psychoanalysis, 52*, 1-20.

Slavin, M. and Kriegman, D. (1992). *The adaptive design of the human psyche: Psychoanalysis, evolutionary biology, and the Therapeutic process*. New York: Guilford.

Sletvold, J. (2014). *The embodied analyst: From Freud and Reich to relationality*. London: Routledge.

Slochower, J. (1996). *Holding and psychoanalysis: A relational perspective*. Hillsdale, NJ: Analytic Press.

Snyder, T. (2010). *Bloodlands: Europe between Hitler and Stalin*. New York: Basic Books.

Spillius, E. B. (1988). *Melanie Klein today: Developments in theory and practice, Vol. 1: Mainly theory*. London: Routledge.

Spillius, E. B., Milton, J., Garvey, P., Couve, C., and Steiner, D. (2011). *The new dictionary of Kleinian thought. The first year of life: A psychoanalytic study of normal and deviant development of object relations*London: Routledge.

Spitz, R. A. (1965). . New York: International Universities Press.

Steiner, J. (1987). The interplay between pathological organizations and the paranoid-schizoid and depressive positions. *International Journal of Psychoanalysis, 63*, 241-251.

Steiner, J. (1993). *Psychic retreats: Pathological organizations in psychotic, neurotic, and borderline patients*. London: Routledge.

Stern, D. B. (1989). The analyst's unformulated experience of the patient. *Contemporary Psychoanalysis, 25*, 1-33.

Stern, D. N. (1971). A microanalysis of mother-infant interaction. *Journal of the American Academy of Child Psychiatry, 10*, 501-517.

Stern, D. N. (1977). *The first relationship: Infant and mother*. Cambridge, MA: Harvard University Press.

Stern, D. N. (1985). *The interpersonal world of the infant*. New York: Basic Books.

Stern, D. N. (1990). *Diary of a baby*. New York: Basic Books.

Stern, D. N. (1995). *The motherhood constellation: A unified view of parent-infant psychotherapy*. New York: Basic Books.

Stern, D. N. (2004). *The present moment in psychotherapy and everyday life*. New York: Norton.

Stern, D. N. (2010). *Forms of vitality: Exploring dynamic experience in psychology, the arts, psychotherapy and development*. Oxford: Oxford University Press.

Stern, D. N., Sander, L. W., Nahum, J. P., Harrison, A. M., Lyons-Ruth, K., Morgan, A. C., Bruschweiler-Stern, N., and Tronick, E. Z. (1998). Non-interpretive mechanisms in psychoanalytic therapy: The 'something more' than interpretation. *International Journal of Psychoanalysis, 79*, 903-921.

Stolorow, R. D. (1997). Dynamic, dyadic, intersubjective systems: An evolving paradigm for psychoanalysis. *Psychoanalytic Psychology, 14*, 337-346.

Stolorow, R. D., and Atwood, G. E. (1992). Three realms of the unconscious. In *Contexts of being: The intersubjective foundations of psychological life* (pp. 29-40). Hillsdale, NJ: Analytic Press.

Stolorow, R. D., Atwood, G. E., and Brandchaft, B. (Eds.) (1994). *The intersubjective perspective*. Northvale, NJ: Jason Aronson.

Stolorow, R. D., Atwood, G. E., and Orange, D. M. (2002). *Worlds of experience: Interweaving philosophical and clinical dimensions in psychoanalysis*. New York: Basic Books.

Stolorow, R. D., Brandchaft, B., and Atwood, G. E. (1987). *Psychoanalytic treatment*. Hillsdale, NJ: Analytic Press.

Stone, L. (1954). The widening scope of indications for psychoanalysis. *Journal of the American Psychoanalytic Association, 2*, 567-594.

Sullivan, H. S. (1953). *The interpersonal theory of psychiatry*. New York: W. W. Norton.

Symington, N. (1983). The analyst's act of freedom as agent of therapeutic change. *International Review of Psychoanalysis, 10*, 283-291.

Tarantino, Q. (Director) (2009). *Inglorious basterds [motion picture]*. United States: Universal Pictures.

Thelen, E. (2005). Dynamic systems theory and the complexity of change. *Psychoanalytic Dialogues, 15*, 255-284.

Thelen, E. and Smith, L. B. (1994). *A dynamic systems approach to the development of cognition and action*. Cambridge, MA: MIT Press.

Tomasello, M. (1999). *The cultural origins of human cognition*. Cambridge, MA: Harvard University Press.

Tomkins, S. S. (1962). *Affect, imagery, consciousness: Vol. I. The positive affects*. New York: Springer.

Tomkins, S. S. (1963). *Affect, imagery, consciousness: Vol. II. The negative affects*. New York: Springer.

Tortora, S. (2005). *The dancing dialogue: Using the communicative power of movement with young children*. Baltimore, MD: Brookes.

Trevarthen, C. (1980). The foundations of intersubjectivity: Development of interpersonal and cooperative understanding in infants. In D. R. Olson (Ed.), *The social foundation of language and thought: Essays in honor of Jerome Bruner* (pp. 316-341). New York: Norton.

Trevarthen, C. (1993). The self born in intersubjectivity: The psychology of an infant communicating. In U. Neisser (Ed.), *The perceived self: Ecological and interpersonal sources of self-knowledge* (pp. 121-172). New York: Cambridge University Press.

Trevarthen, C. (2009). The intersubjective psychobiology of human meaning: Learning of culture depends on interest for cooperative practical work and affectation for the joyful art of good company. *Psychoanalytic Dialogues, 19*, 507-518.

Tronick, E. Z. (1998). Dyadically expanded states of consciousness and the process of therapeutic change. *Infant Mental Health Journal, 19*, 290-299.

Tronick, E. Z. (2005). Why is connection with others so critical? The formation of dyadic states of consciousness and the expansion of individual states of consciousness: Coherence governed selection and the co-creation of meaning out of messy meaning making. In J. Nadel and D. Muir

(Eds.), *Emotional development: Recent research advances* (pp. 293-316). New York: Oxford University Press.

Tronick, E. Z. (2007). *The neurobehavioral and social-emotional development of infants and children.* New York: W. W. Norton.

Tronick, E. Z., Brunschweiler-Stern, N., Harrison, A. M., Lyons-Ruth, K., Morgan, A. C., Nahum, J. P., and Stern, D. N. (1998). Dyadically expanded states of consciousness and the process of therapeutic change. *Infant Mental Health Journal, 19,* 290-299.

Tustin, F. (1981). *Autistic states in children.* London: Routledge and Kegan Paul.

Tyson, P., and Tyson, R. L. (1990). *Psychoanalytic theories of development: An integration.* New Haven, CT: Yale University Press.

Updike, J. (1960). Hub fans bid kid adieu. *The New Yorker.* Retrieved from www.newyorker.com/magazine/1960/10/22/hub-fans-bid-kid-adieu.

Van der Kolk, B. A. (2014). *The body keeps the score: Brain, mind, and body in the healing of trauma.* New York: The Penguin Group.

Van der Kolk, B. A. and Fisler, R. E. (1994). Childhood abuse and neglect and loss of self-regulation. *Bulletin of the Menninger Clinic, 58,* 145-168.

Van IJzendoorn, M. H. (1995). Adult attachment representations, parental responsiveness, and infant attachment: A meta-analysis on the predictive validity of the Adult Attachment Interview. *Psychological Bulletin, 117,* 387-403.

Vygotsky, L. (1962). *Thought and language.* Cambridge, MA: MIT Press.

Wallin, D. J. (2007). *Attachment in psychotherapy.* New York: Guilford Press.

Wallerstein, R. S. (1980). Psychoanalysis and academic psychiatry-bridges. *Psychoanalytic Study of the Child, 35,* 419-448.

Wallerstein, R. S. (1991). *The common ground of psychoanalysis.* Northvale, NJ: Jason Aronson.

Wallerstein, R. S. (1998). *Lay analysis: Life inside the controversy.* Hillsdale, NJ: Analytic Press.

Weinstein, F. and Platt, G. (1969). *The wish to be free: Society, psyche, and value change.* Berkeley, CA: University of California Press.

Winnicott, D. W. (1947). *Hate in the countertransference. In Through paediatrics to psychoanalysis* (pp. 142-156). London: Hogarth Press.

Winnicott, D. W. (1949). *Mind and its relation to the psyche-soma. In Through paediatrics to psychoanalysis* (pp. 243-254). London: Hogarth Press.

Winnicott, D. W. (1951). *Transitional objects and transitional phenomena. In Playing and reality* (pp. 1-25). New York: Basic Books.

Winnicott, D. W. (1956). *Primary maternal preoccupation. In Through paediatrics to psychoanalysis* (pp. 300-305). London: Hogarth Press.

Winnicott, D. W. (1958a). The capacity to be alone. *International Journal of Psychoanalysis, 39,* 416-420.

Winnicott, D. W. (1958b). *Through paediatrics to psychoanalysis.* London: Hogarth Press.

Winnicott, D. W. (1960a). The theory of parent-infant relationship. *International Journal of Psychoanalysis, 41*, 585-595.

Winnicott, D. W. (1960b). Ego distortions in terms of true and false self. In *The maturational processes and the facilitating environment* (pp. 140-152). New York: International Universities Press.

Winnicott, D. W. (1962). A personal view of the Kleinian contribution. In *The maturational processes and the facilitating environment* (pp. 166-170). New York: International Universities Press.

Winnicott, D. W. (1963). Fear of breakdown. In C. Winnicott, R. Shepherd, and M. Davis (Eds.), *Psycho-analytic explorations* (pp. 87-95). Cambridge, MA: Harvard University Press.

Winnicott, D. W. (1965a). *The maturational processes and the facilitating environment*. New York: International Universities Press.

Winnicott, D. W. (1965b). The capacity for concern. In *The maturational processes and the facilitating environment* (pp. 73-82). New York: International Universities Press.

Winnicott, D.W. (1967). The location of cultural experience. *International Journal of Psychoanalysis, 48*, 368-372.

Winnicott, D. W. (1970). *Playing and reality*. New York: Basic Books.

Winnicott, D. W. (1974). Fear of breakdown. *International Review of Psychoanalysis, 1*, 103-107.

Winograd, B. (2014). Black psychoanalysts speak [video]. *PEP Video Grants, 1:1*.

Wollheim, R. (1993). *The mind and its depths*. Cambridge, MA: Harvard University Press.

Zborowski, M. and Herzog, E. (1952). *Life is with people: The Jewish little-town of Eastern Europe*. New York: International Universities Press.

찾아보기

내용

저자 소개

스테판 셀리그만Stephen Seligman은 캘리포니아대학교 샌프란시스코 캠퍼스의 정신의학 임상 교수이며, 『정신분석적 대화Psychoanalytic Dialogues』의 공동 편집장이고, 샌프란시스코 정신분석센터와 북부 캘리포니아 정신분석연구소의 수련 및 감독 분석가이다. 또한 뉴욕대학교 정신분석학 박사후 과정의 임상 교수이며, 미국정신의학 출판사의 『영유아 및 유아기 정신건강: 핵심 개념과 임상 실천』의 공동 편집자이다.

역자 소개

박영란
연세대학교 대학원 교육학 석사
한국임상정신분석연구소(ICP) 정신분석가
정신분석상담센터 마음사이 소장

박혜원
이화여자대학교 대학원 여성학과 석사
한국임상정신분석연구소(ICP) 정신분석가
정신분석심리상담센터 원 대표

송영미
연세대학교 대학원 목회상담학 박사과정 수료
한국임상정신분석연구소(ICP) 공동대표, 교수
송인정신분석연구원 원장

조성민
명지대학교 대학원 미술치료학 석사
한국임상정신분석연구소(ICP) 정신분석가
마음공감정신분석심리상담센터 소장

이은경

명지대학교 대학원 예술치료학과 석사

한국임상정신분석연구소(ICP) & 뉴욕현대정신분석연구소 정신분석가

한국임상정신분석상담센터 나루 소장

최정희

숙명여자대학교 대학원 교육학과 상담전공 석사

한국임상정신분석연구소(ICP) 정신분석가

정신분석심리상담 조인 소장

김양자

한신대학교 정신분석대학원 박사수료

한국임상정신분석연구소(ICP) 정신분석가

김양자심리상담센터 소장

최미선

동덕여자대학교 대학원 통합예술치료학과 박사

한국임상정신분석학회(KSCP) 회장

최미선정신분석심리상담센터 대표

류혜진

상명대학교 대학원 조형예술학 박사

한국임상정신분석연구소(ICP) 정신분석가

정신분석클리닉 마음결 대표 역임

김태완

숙명여자대학교 대학원 아동심리치료전공 박사

한국임상정신분석연구소(ICP) 정신분석가

한신대학교 정신분석대학원 교수

신원일

건국대학교 대학원 서양철학 박사수료

한국임상정신분석연구소(ICP) 정신분석가

참자기 정신분석 심리치료연구소 소장

이현아

카톨릭대학교 대학원 생명윤리 박사수료

한국임상정신분석연구소(ICP) 정신분석가

혜인 정신분석연구소 클리닉 소장

허 준

연세대학교 영어영문학과 학사

한국임상정신분석연구소(ICP) 정신분석가

한국임상정신분석연구소(ICP) 공동대표, 소장

발달-관계 정신분석
-유아기, 상호주관성, 애착에 관한 통합적 접근-
Relationships in Development
-Infancy, Intersubjectivity, and Attachment-

2024년 11월 10일 1판 1쇄 인쇄
2024년 11월 15일 1판 1쇄 발행

지은이 • Stephen Seligman
옮긴이 • 박영란 · 박혜원 · 송영미 · 조성민 · 이은경 · 최정희 · 김양자
　　　　최미선 · 류혜진 · 김태완 · 신원일 · 이현아 · 허　준
펴낸이 • 김진환
펴낸곳 • ㈜**학지사**
　　　　04031 서울특별시 마포구 양화로 15길 20 마인드월드빌딩
대표전화 • 02-330-5114　　팩스 • 02-324-2345
등록번호 • 제313-2006-000265호

홈페이지 • http://www.hakjisa.co.kr
인스타그램 • https://www.instagram.com/hakjisabook

ISBN 978-89-997-3255-3　93180

정가 24,000원

출판미디어기업 **학지사**
간호보건의학출판 **학지사메디컬** www.hakjisamd.co.kr
심리검사연구소 **인싸이트** www.inpsyt.co.kr
학술논문서비스 **뉴논문** www.newnonmun.com
교육연수원 **카운피아** www.counpia.com
대학교재전자책플랫폼 **캠퍼스북** www.campusbook.co.kr